编委会名单

主　编：王洪松

编　委：（按姓名拼音首字母排序）

顾永强　韩文生　何　欣　刘大炜　吕茂相　尚　武
孙　璐　王丽娜　王　芳　王　彤　王敬川　王英伟
武晓红　解廷民　许　兰　杨　军　杨俊丽　杨婷婷
杨学志　尹晓华　张艳萍　张永然

铸魂育人：
新时代高校思想政治工作的探索与实践

中国政法大学2023年学生工作理论研讨会论文集

王洪松 / 主编

中国政法大学出版社

2023·北京

声　明　1. 版权所有，侵权必究。

　　　　2. 如有缺页、倒装问题，由出版社负责退换。

图书在版编目（CIP）数据

铸魂育人：新时代高校思想政治工作的探索与实践：中国政法大学2023年学生工作理论研讨会论文集/王洪松主编. —北京：中国政法大学出版社，2023.8
ISBN 978-7-5764-1078-5

Ⅰ.①铸…　Ⅱ.①王…　Ⅲ.①中国政法大学－学生工作－文集　Ⅳ.①G645.5-53

中国国家版本馆CIP数据核字(2023)第162734号

出 版 者	中国政法大学出版社	
地　　址	北京市海淀区西土城路25号	
邮寄地址	北京100088信箱8034分箱　邮编100088	
网　　址	http://www.cuplpress.com（网络实名：中国政法大学出版社）	
电　　话	010-58908289(编辑部) 58908334(邮购部)	
承　　印	保定市中画美凯印刷有限公司	
开　　本	720mm×960mm　1/16	
印　　张	33.5	
字　　数	535千字	
版　　次	2023年8月第1版	
印　　次	2023年8月第1次印刷	
定　　价	145.00元	

前　言

2022年10月党的二十大胜利召开，习近平总书记在党的二十大报告中指出，教育是国之大计、党之大计。培养什么人、怎样培养人、为谁培养人是教育的根本问题。育人的根本在于立德。全面贯彻党的教育方针，落实立德树人根本任务，培养德智体美劳全面发展的社会主义建设者和接班人。2023年全国教育工作会议强调，要坚持不懈用习近平新时代中国特色社会主义思想铸魂育人，推动立德树人根本任务取得新的重要进展，加快建立健全促进学生身心健康、全面发展的长效机制。这些为新时代新征程的教育事业作出战略谋划，为新时代高校思想政治教育工作提出了新的要求。

近年来，中国政法大学紧紧围绕立德树人这一根本任务，不断深入学习习近平新时代中国特色社会主义思想，充分领悟习近平总书记关于青年成长成才重要论述尤其是总书记考察我校重要讲话精神和勉励语精神，遵循思想政治工作规律、教书育人规律和学生成长规律，因事而化、因时而进、因势而新，不断增强思想政治工作实效性，加快构建目标明确、内容完善、运行科学、成效显著的高校思想政治工作体系。自2010年以来，中国政法大学已连续十三年举办学生工作主题征文，从理论上深入研究思想政治工作的新特点，在实践中不断拓展思想政治工作的新思路，形成了一批具有科学性、实效性和指导性的研究成果。

本书作为2023年度学生工作理论研讨会的论文选集，收录了来自中国政法大学辅导员、班主任、专业教师和党政干部等关于思想政治工作的论文54篇，内容涉及思想引领、党团建设、学业辅导、心理健康教育、资助育人、国防教育、就业创业指导以及网络思想政治教育等方面。论文围绕当前高校思想政治工作的重点、难点和热点问题，聚焦学生成长成才的需求，为增强思想政治工作的实效性提出相应的解决途径和办法。这些成果充分体现了中国政法大学教职员工践行立德树人根本任务的自觉性和落实"三全育人"的主动性，进一步推动了思想政治工作高质量、科学化发展。

落实立德树人根本任务，培养德法兼修法治人才，完善思政育人体系，是学校的责任、使命和担当。希望以本书出版为契机，促进思想政治教育工作理论成果共享和实践经验交流，推进高校思想政治工作高质量发展，使思想政治工作接地气、入人心，在全面贯彻落实党的二十大精神的开局之年，以优异成绩谱写加快建设教育强国新篇章。

本书的出版得到了学校领导的高度重视和中国政法大学出版社的大力支持，在此表示衷心的感谢！在本书编写过程中，我们始终抱着热诚和谨慎的态度开展工作，希望能最大限度地把优秀成果展示给读者，供大家借鉴和学习。然而，由于水平能力有限，书中难免存在不妥和疏漏之处，恳请广大读者批评指正。

编　者

2023 年 8 月

目 录

前 言   1

一、思想引领

习近平法治思想在高校的传播现状和问题分析 /刘 澍   3

大中小法治思政课一体化建设研究：价值、方法与路径选择 /黄天浩   13

高校国际化办学中的学生思想政治工作研究
　　——以中国政法大学比较法学研究院为例 /杨明荃   21

面对00后法学生开展深度辅导的难点及其应对
　　——以"青·诉"个人深度辅导为例 /吴杨洋   30

精准实施"一人一策"重点关注学生帮扶工作探索研究 /李 白   39

大学生矛盾新趋势探讨 /孟祥滨   54

大学生"无聊"感现状调查及应对 /齐 轲   62

对大学生手机游戏及手游消费的调研分析
　　——以中国政法大学部分在校生为例 /李琼华   70

二、全面发展

浅议优化大学生教育评价导向
　　——兼论大学生"唯分数论"现象及克服 /施春梅　　85
依托学生组织建设提升学生骨干综合素质的探索与思考 /李　蕾　　93
外部监督与加强自律：研究生学术道德教育的提升路径 /李　嵩　　102
高等院校大学生廉政教育研究 /刘江涛　　110
本科生专业认同感的影响因素及提升路径
　　——以商学院为例 /王晓曦　　118
新时代政法院校"以美养德 德美融合"思政育人体系研究
　　——以中国政法大学刑事司法学院美育实践为基础 /刘亦阳　荣振铎　　125
大思政格局下的高校共青团美育工作建设 /孙　璐　　136
以党的二十大精神引领新时代劳动教育
　　——以中国政法大学研究生"树人学堂"为例 /刘瑞琴　　144
"三全育人"视角下探索建立法学院大学生乡村振兴社会
　　实践教育体系 /孙　毅　　152
高校图书馆开展志愿服务育人路径探析
　　——以中国法大学图书馆为例 /夏振华　　164
"大思政课"视阈下志愿服务融入高校思想政治教育的实践路径研究
　　——以中国政法大学为例 /赵中名　　172
研究生支教团项目融入高校"大思政"育人格局路径研究
　　——基于易地扶贫搬迁政策下青少年群体社会
　　　融入调研分析 /付睿智　刘禹舟　赵嘉伟　　181

三、校园文化建设

高校共青团对校园文化建设的影响研究述论
　　——以中国政法大学团学组织1952年至2022年的历史
　　沿革为线索／朱　林　　　　　　　　　　　　　　195

"三全育人"视域下的高校校园文化建设研究
　　——以中国政法大学为例／于　丽　　　　　　　　214

碎片化与重构:"互联网+"时代下的高校青年文化建设转型初探／张力元　224

学生活动中的中华优秀传统文化育人开展与创新研究
　　——以"中华文明季"活动为例／张宇飞　王　培　　235

高校红色档案育人铸魂
　　——挖掘校史档案资源,培育校史文化自信／王子聪　244

新媒体环境下高校网络舆情风险治理研究
　　——以高校共青团思政引领工作为视角／黄子洋　　254

四、协同育人

新时代背景下研究生党建与思政教育协同育人机制研究／吴冕君　267

高校研究生党支部高质量建设长效机制探索
　　——以比较法学研究院学生"样板党支部"建设为例／周方正　276

当代高校全员全过程全方位育人研究／柏懿娜　　　　　285

高校二级学院教学管理与学生管理协同育人机制研究
　　——基于"三全育人"视角／姚　瑶　　　　　　　　296

充分发挥教材在人才培养中的铸魂育人作用

——以我校本科教材建设为例 /朱亚峰 姚桐林　　305

关于完善"直博生"培养管理的思考和建议 /刘　凯　　313

五、就业创业指导

新形势下高校毕业生就业现状与对策探索 /高菲斐　　323

全面提升精准化就业工作机制，促进实现大学生高质量就业 /何新宇　　332

高校职业生涯规划教育体系的构建研究 /贾娜琳捷　　342

双专业双学位本科生就业工作提升路径探究

——以中国政法大学法学院为例 /刘彦君　　351

中国政法大学人文学院本科生实习去向调查研究 /卢　迪　　361

"四史"学习教育对高校创新创业教育的功能性研究 /苏　宇　　374

澳大利亚国立大学职业指导对我国高校的启示 /王家启　　384

关于法学专业本科毕业生"慢就业"现象成因分析及对策研究 /吴　静　　391

对后疫情时代下高校就业指导工作的思考 /吴紫夷　　400

后疫情时代大学本科生就业工作思考和研究

——以中国政法大学民商经济法学院2019级本科为例 /代丽丹　　408

职业规划与大学生就业指导关系解析 /杨婷婷　　416

本科生就业选择的困境

——以法学为例 /姚国强　　422

六、心理健康教育

青年大学生积极人格特质与困难解决方式的关系 /陈肖悦　433

后疫情时代大学生心理状态及高校心理健康工作方向探究 /胡佳丽　441

团体辅导在文科院校心理健康课程中的应用 /魏旭晨　449

积极心理学视域下基于大学生心理健康教育需求的团体心理辅导实践
　　——以中国政法大学为例 /苑　阳　458

大学生心理健康必修课以心养心教学模式的探讨 /许晶晶　467

七、队伍建设

论高校辅导员职业发展培养体系 /许慧芳　477

新形势下高校研究生兼职辅导员制度合理性论述 /唐铭泽　487

提高斗争本领
　　——高校辅导员意识形态工作能力研究 /王　彤　497

基于"三全育人"体系建设下新手辅导员困境的几点思考 /高凯杰　505

高校辅导员职业倦怠成因及对策分析 /邱　然　515

一、思想引领

习近平法治思想在高校的传播现状和问题分析

中国政法大学人事处　刘　澍

摘　要：党的十八大以来，以习近平同志为核心的党中央从坚持和发展中国特色社会主义的全局和战略高度定位法治、布局法治、厉行法治，形成了习近平法治思想，开辟了全面依法治国的新境界。在习近平法治思想的指引下，各高校全力办好法学教育，抓好法治人才培养，服务全面依法治国，法治化治校水平显著提高。传播习近平法治思想是高校一项长期的重要政治任务，也是提高依法治校能力的必然要求。但习近平法治思想在高校传播的过程中，仍存在一些问题和挑战，如传播主体冲突，传播内容生动性、准确性和系统性不强，传播话语和传播模式相对单一等。

关键词：习近平法治思想　传播　依法治国

2017年5月3日，习近平总书记在考察中国政法大学时强调，全面推进依法治国是一项长期而重大的历史任务，要坚持中国特色社会主义法治道路，坚持以马克思主义法学思想和中国特色社会主义法治理论为指导，立德树人，德法兼修，培养大批高素质法治人才。没有正确的法治理论引领，就不可能有正确的法治实践。高校作为法治人才培养的第一阵地，要充分利用学科齐全、人才密集的优势，加强法治及其相关领域基础性问题的研究，对复杂现实进行深入分析、作出科学总结，提炼规律性认识，为完善中国特色社会主义法治体系、建设社会主义法治国家提供理论支撑。[1]

---

[1]《足迹｜总书记来过我学校之中国政法大学篇：德法兼修育人　明法笃行报国》，载《中国教育报》2022年6月2日，第1版。

一、习近平法治思想在高校的传播现状

习近平法治思想在高校的传播离不开传播主体和媒介渠道,主要包括系列书籍教材、辅助读物、电视广播、党报党刊等传统媒体;新闻媒体网站、政务新媒体平台、高校融媒体中心等互联网新媒体;有影响力的党政官员、专家学者和网络意见领袖等个人或自媒体。通过这样多层次多类型传播渠道,习近平法治思想得到了较为广泛的传播。

（一）主要的传播主体和媒介

1. 传统媒体的传播

第一,面向高校印发重要专题学习读物和教材,产出了一大批高质量的研究成果。例如,2015年4月,中共中央文献研究室编、中央文献出版社出版的《习近平关于全面依法治国论述摘编》;2020年12月,习近平著、中央文献出版社出版的《论坚持全面依法治国》;2021年9月,由中央宣传部、中国法学会组织编写的马克思主义理论研究和建设工程重点教材《习近平法治思想概论》;2021年11月,由中共中央宣传部、中央全面依法治国委员会办公室组织编写的《习近平法治思想学习纲要》;在《习近平谈治国理政》第一卷至第四卷中,收录、整理了大量习近平总书记围绕全面依法治国发表的一系列重要论述。另外,在中央马工程重点教材《法理学》和教育部国家精品教材《法理学》修订工作中,全面贯彻、有机融入习近平法治思想,有力推动习近平法治思想进教材、进课堂、进头脑,为高校培养高素质法治人才提供了教材保障。

第二,通过广播电视等平台传播。主要包括中央级的中央广播电视总台和地市级广播电视台等,以习近平法治思想和全面依法治国等相关主题的新闻报道、专题片的形式向高校传播习近平法治思想内涵和精神。

第三,通过党报党刊等平台传播。比如在《人民日报》《光明日报》《法治日报》《求是》《参考消息》《半月谈》等报纸和杂志刊发习近平法治思想理论文章和评论。近十年来,《人民日报》《光明日报》《求是》等党报党刊刊发了将近三千篇研究、阐释和宣传习近平法治思想的文章,在传播习近平法治思想的丰富内涵和理论特点等方面发挥了重要作用。

第四,在各类学术期刊上刊载文章、各高校开展各类学术活动,传播习

近平法治思想。检索国内知名的几大文献资料平台检索关键词"习近平法治思想"，截止到 2022 年 10 月 30 日的访问数据，在中国知网有 3383 篇文章，在万方数据有 6225 篇文章，在超星期刊有 3530 篇文章，在人大复印报刊资料有 8561 篇文章，在北大法宝有中央法规 6 条、地方性法规 66 条、法学期刊 233 篇，在中文社会科学引文索引有 196 篇文章。另外，法学核心期刊里也有大量研究习近平法治思想的学术文章发表。再就是面向法学界、法律从业者及法学专业学生以进行普法讲座、学习研讨、理论研究、课堂教学等方式，研究阐释习近平法治思想重要内涵、理论和实践意义，组织产出一大批高水平研究成果。另外，各高校还承担中宣部、教育部、司法部、中国法学会等设立的一系列习近平法治思想研究重大专项和重点课题，举办系列全国性学习研讨班、学术研讨会、理论报告会、法学家论坛等，有力地推进了习近平法治思想的学习研究和宣传贯彻落实。

2. 网络新媒体的传播

主要分为新闻媒体网站、政务新媒体平台和各高校融媒体中心等几个层面。首先是国家级、中央级、省部级、地市级新闻网站，包括人民网、新华网、光明网、求是网、法治网、央广网、中国共产党新闻网等，还有在国际有影响力的网站，比如联合早报网、环球网、中国新闻网、中国网、海外网、国际在线等，例如海外网在 2021 年 8 月 25 日转载了《光明日报》刊发的文章《习近平法治思想的理论逻辑、历史逻辑与实践逻辑》。

其次是通过政务门户网站和新媒体平台传播，包括各级行政机关、承担行政职能的事业单位及其内设机构官网和在学习强国、微博、微信、抖音、人民号、百家号、今日头条等第三方平台上开设的政务账号传播习近平法治思想。比如，中华人民共和国司法部官方网站上开设"学习贯彻习近平法治思想"网站专题，分成习近平法治思想头条、要闻、理论前沿、评论集锦和基层实践等子栏目；中国长安网 2021 年 9 月 27 日转载了人民网新闻《习近平法治思想论坛在京开幕》，对社会各界特别是法学法律界认真学习、深入研究、大力宣传习近平法治思想的最新进展实时报道；再比如截止到 2022 年 10 月 13 日，学习强国发布了习近平法治思想相关文章和内容共 2413 篇，借助 PC 端、手机客户端，立足全体党员、面向全社会，提供了最新、优质的学习内容。

最后是通过高校融媒体中心传播。在习近平法治思想传播实践中，高校融媒体中心也承担了融合传达重要思想、挖掘校园法治新闻报道和舆论引导的使命。以中国政法大学为例，截止到2022年10月15日，学校官网发布、转载"习近平法治思想"相关内容的新闻报道2642篇；学校官方微信平台发布"习近平法治思想"相关内容的新闻推送134篇。

3. 有影响力的党政官员、专家学者和网络意见领袖等个人或自媒体的传播

主要是指通过微信公众平台、视频号、抖音号专题网站、微博平台、抖音、哔哩哔哩（B站）等媒体平台进行习近平法治思想传播。比如，截止到2022年10月30日，哔哩哔哩已开设32个习近平法治思想专栏，罗列了习近平法治思想的理论文章、知识点考点总结等面向不同受众群体的内容。另外，有影响力的党政官员、权威专家学者和网络意见领袖等个人或自媒体也是习近平法治思想重要的传播主体，他们往往在中央级新闻媒体平台上或者法学期刊上发表权威文章。

（二）习近平法治思想传播的内容和鲜明特色

习近平法治思想传播的内容主要包含其重大意义、核心要义、科学内涵、处理关系以及实践要求等。习近平法治思想具有几个鲜明特色，包括鲜明的科学性、政治性、人民性和实践性。

在习近平法治思想传播实践中，习近平法治思想的内容主要是围绕以下几个方面进行传播："四个意义"（政治意义、理论意义、实践意义和世界意义）、核心要义、科学内涵和实践要求。选取以人民网、求是网、共产党员网和光明网为代表的四个党媒网站，以其相关内容搜索量作为采集样本做横向比较（见下表），包含"习近平法治思想的传播意义""习近平法治思想的核心要义""十一个坚持""习近平法治思想的科学内涵""习近平法治思想的实践要求"，表中浅灰色的为该网站关键词搜索量较多的，深灰色的为该网站关键词搜索量较少的，通过该表格呈现出不同内容的传播量和侧重点。

表 1　搜索关键词及搜索结果量

	习近平法治思想传播的意义	习近平法治思想的核心要义	坚持党对全面依法治国的领导	坚持以人民为中心	坚持中国特色社会主义法治道路	坚持依宪治国、依宪执政	坚持在法治轨道上推进国家治理体系和治理能力现代化	坚持建设中国特色社会主义法治体系
人民网	537 982	584 812	392 298	979 358	447 445	36 270	1 170 814	580 339
求是网	1136	1116	777	731	1471	53	1023	1485
共产党网	327	76	749	9380	1748	442	4941	1652
光明网	0	25	205	15 891	977	240	10 345	1300
	坚持依法治国、依法执政、依法行政,共同推进法治国家、法治政府、法治社会一体建设	坚持全面推进科学立法、严格执法、公正司法、全民守法	坚持统筹推进国内法治和涉外法治	坚持建设德才兼备的高素质法制工作队伍	坚持抓住领导干部这个"关键少数"	习近平法治思想的科学内涵	习近平法治思想的时间要求	
人民网	25 524	356 557	287 984	1 295 936	629 736	453 245	599 828	
求是网	144	134	602	418	262	1166	1212	
共产党网	8813	704	81	93	1000	75	193	
光明网	8930	633	223	126	576	10	4	

(以上数据统计截止到 2022 年 10 月 15 日)

二、习近平法治思想在高校传播的问题与挑战

近些年来,在习近平法治思想的有效传播下,我国全民法治观念、法律素养和公民意识不断提升,社会治理法治化程度显著提高,我国法治建设和法治

传播取得了巨大成就。在这个过程中，习近平法治思想在高校的传播仍然存在一些突出问题，亟需我们对其进行不断总结和深入分析，扬长避短，守正创新。

习近平法治思想的传播需要一个动态的过程，不可能一蹴而就，随着时代发展，在传播实践中受制于传播主体相对固定，传播内容生动性、准确性和系统性不强，传播模式和形式相对单一，传播话语微观表达不足，传播者与受众双方互动、反馈不足等问题，导致习近平法治思想在传播过程中仍面临一些问题和挑战。

（一）主流媒体传播的单一性与新媒体的多元性带来的主体冲突

在习近平法治思想传播过程中，传播主体更多以政府组织和官方媒体为主，主体相对单一。原因有以下几个方面：一是主流媒体与新媒体、自媒体相比，对于信息的认识水平、政治思想高度、影响力上具有绝对的权威性，任何社会组织和个人都无法与党和国家的权威性和影响力相提并论；二是我党对于新闻工作党性、人民性统一性的要求，主流媒体对于信息资源和舆论的管理权是其他形式难以替代的，在信息获取过程中逐渐形成了民众对于媒介和传播方的依赖。因此，主流媒体的主体性是多种客观因素综合形成的，坚持其主体性是必然的，如果这个主体性不去坚持的话，也自然会失去主流媒体的地位和资格，这也从根本上导致了无法使人人都成为习近平法治思想传播的主体。

但与此同时，我们也应该看到，习近平法治思想坚持以人民为中心，传播主体也应与群众保持血肉联系。但现实中，习近平法治思想传播和新闻评论的主体，代表个人发声的并不多，民意应该来自民众内心的真情实感，因此，我们应该更多探索如何将主旋律和民意相融合，更好地将政府、社会、学校连接成有机整体。

（二）传播内容生动性、准确性和系统性不强

习近平法治思想传播的内容内涵丰富、体系完整、博大精深。因此在传播过程中容易出现传播内容不够完整，缺乏系统性、整体性、生动性，一定程度上脱离日常生活的问题。

1. 信息传播"失真"现象频发

在习近平法治思想传播的实践过程中，传播者和新闻媒体应当始终保证

依法报道，选题与内容应当符合法律规定，立足求真务实。一方面，习近平法治思想把这一实践理性运用于法治建设，必须保证内容的真实性，且内容应当接地气，与社会现实相关，以达到更好的教育、劝导群众的功能。另一方面，对于习近平法治思想传播的内容应该对基本的法律概念、法律条文等有所了解，避免出现概念性错误，如部分学术期刊论文和地方媒体报道中，仍出现法律名称、法律适用层面的低级错误，还存在概念混用的问题，对读者造成了错误的引导。

2. 传播内容的贴近性不足

习近平法治思想传播面向的是高校师生，其内容应当直观、形象、通俗易懂。广大师生所关注的不仅是我们如何宣传法治思想，更重要的是我们如何进行将法治思想应用于培养法治人才，指导法治教育实践，推动法治发展。

首先，同质化和不接地气的传播内容大量存在。在一些媒体上，对于习近平法治思想内容的传播经常看到千篇一律的程式化报道、生搬硬套照抄文件的空泛说教和贪多求全、嚼之乏味材料式文章堆砌的现象。还没有做到以人弘法，用生动的典型感召人，用感染力提升影响力。缺乏群众喜闻乐见的新闻报道和"沾泥土""带露珠"的鲜活案例，传播的丰富表达不足，没有与人民群众日常生活紧密相关的立法、司法信息做到紧密结合。

其次，传播内容没有明确目标群体。明确重点受众对象进行分众传播，是取得良好传播效果的重要前提。在习近平法治思想传播实践中，没有充分做好分层传播、分类传播和分众传播。其一，面对不同的社会分层，传播者没有充分结合受众群体，使用符合其特点的不同话语表达方式，从而未完全实现传播话语构建的层级化和各取所需、有的放矢。其二，在习近平法治思想传播内容上，没有根据传播主体和叙事重点进行分类化和多样化，没有将民众普遍关心的法治故事与宏大叙事进行区分，也没有完全实现传播渠道、手段和平台的有机融合。其三，分众传播还不到位。"一篇通稿打天下"的传播实践仍然存在，但已无法适应当下的现实要求，应该以精准化的内容包装与投放，才能达到传播效果最大化的目的。例如在法学界，很多专家学者不是通过报纸、微博、客户端来获取思想资讯，而是习惯于通过学术传播平台掌握学术动向，这就说明习近平法治思想传播没有充分地考虑到学术领域的传播需求和习惯。所以，应该多以法学专业视角编发文章，在主题选择、理

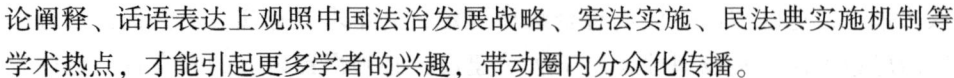

论阐释、话语表达上观照中国法治发展战略、宪法实施、民法典实施机制等学术热点，才能引起更多学者的兴趣，带动圈内分众化传播。

（三）传播模式和形态相对单一

目前习近平法治思想传播的模式以单向传播为主，社会大众是被动的信息接收者，不具备主动性。当前，法治传播的形态仍然以法治宣传为主，在传播方式、传受关系、传播效果等方面仍存在一些问题。

第一，以单向灌输为主，传播形式"一个样"。部分地方政府和媒体对于习近平法治思想传播的形式较为老套乏味、内容较为古板单一，没有鲜活性和现实针对性，仍然存在着"灌输式"教育多、"服务式"教育少的问题，没有完全做到在执法中普法、在学法中用法，难以激发公民学法、用法的积极性。传播不等于宣传，必须多元化探索传播模式，寻找用户共情，更多聚焦用户关心的内容。在形式上通过线上、线下多种途径进行，多融入全媒体要素，保证广泛传播覆盖。

第二，以受众需求为导向的思路没有形成，导致传播供需矛盾。新型的传播方式产生了全新的传受关系，受众不再只是传统线性传播模式的信息接受者，其对主流媒体传播的信息反馈意识与能力不断增强。同时，由于自媒体的出现，从某种程度上来说，广大网民成为传播者与受众的有机统一体。以往仅靠官方机构、组织和传统媒体传播的模式，受制于自身的结构定位，只能以知识性、政策性、信息性传播为主，在无法满足和迎合受众的多样化需求时，一定程度上就产生了传播供需关系的矛盾。

（四）传播话语相对单调，仍以"宏大叙事"为主

话语传播实质意义上讲就是一种叙事性的意义建构，中国特色社会主义法治实践是一场极具深度和广度的治理革命，必然催生出法治话语的传播以及创新的广阔空间，这就要求我们要合理运用"宏大叙事"与"微观表达"的并行来打造适于习近平法治思想宽度和深度呈现的立体化传播样态。不可否认，习近平法治思想的话语传播作为权威性政治话语，其主流传播主体更多以官方话语的倡导推动与学术话语的研究阐释为倚重。在习近平法治思想传播实践中，大部分媒体的新闻报道和各类学术论文中，运用的语言相对单调，庄重有余、活泼不足，语言组织与表达方式固化，"重内容、轻话语"，

话语立场不坚定、话语权再分配导致传播秩序发生变化等因素，较大程度上影响习近平法治思想传播的效果。除了应该注重话语传播主体的角色定位，站稳话语立场，还应该运用"微观视角""微观表达"等，这对习近平法治思想话语传播的实效性意义重大。

首先，"宏大叙事"式表达没有过渡到"个体叙事"式表达。习近平法治思想不仅是党的治国理政在法治领域的宏大政治宣言，还是引领我国法治实践在不同场域展开的根本遵循，必然要贯穿和融入法治实践的微观场景中，即是将较为规范化、政治化的理论话语在不同传播介质、不同受众主体中呈现出更为适宜的表达，以期不断提升思想理论的接受度与认同度，这关系到习近平法治思想在指导法治中国实践的具体场景中、在法治推进的最后一公里处的实效发挥。"轻传播"和"微观表达"能够起到"高大上"的法治理论与大众传播之间的桥梁作用。"轻传播"即用多讲故事、事例等贴合人民生活的方式降低阅读门槛，以通俗易通的文字、尽可能生动的案例作为载体，用"碎片化"的话语表达代替长篇厚重的理论文章，实现学术话语向大众话语的转变。"微观表达"则意味着我们的话语主体要摒弃"胡子眉毛一把抓"的总括性思路，要以话语受众主体的地域性、分层性为视角切入，将习近平法治思想的理论话语有机地嵌入到各类别、各层面受众群体的社会话语体系之中，增强理论话语的穿透力。因此，更应该注重微观场景的重点聚焦，叙事的着力点更要瞄准现时期法治建设的痛点、难点及薄弱环节，切实增强话语传播的针对性、时效性。

其次，不同场景的话语表达模式没有灵活切换。习近平法治思想应该在权威政治性理论话语和生活化话语的不同语境下实现表达的灵动性转化。目前，在习近平法治思想传播的话语表达没有清晰界定和区别党员干部、网民等不同群体特点的语言和交流方式。一是没有与"网语"很好地结合，讲理严肃。特别要紧扣传播实践中的议题设置、舆论引导和价值判断的主导权。二是没有在精准捕捉受众主体的话语接受习惯基础上注重情理的有机结合，促成情感共振，导致传播中出现"传得开却叫不响"的尴尬。三是没有用好网民喜闻乐见、趣味性和亲和力强的网络语言，从而影响了广大网民接受主流观点的效果。

（五）传播互动性弱，信息反馈机制匮乏

就像前文已经提到的，对于习近平法治思想传播的模式多是以单向性为

主导，民众往往是被动的信息接收者，导致民众的参与度和主动性较低。反观其他运用新媒体、自媒体等形式传播的新闻题材，凭借极强的互动性，提升人们的参与感，从而为每个人提供了足够的话语权。

1. 信息互动性弱

当前，随着互联网和信息技术发展，社交媒体和自媒体占据了重要的地位。争分抢秒、即时传播、随时更新的网络速度，互联网上声音又快又多的新态势，倒逼官方媒体、党报评论迫切重视快速反应和传播时效。我们有时会看到，在围绕习近平法治思想相关内容的新闻报道下，存在关闭评论或者是评论受限的情况，在全媒体时代的党报评论，应在确保导向性、真实性的前提下，适当给予民众一定的言论表达的自由空间，充分尊重网络和舆论的自我净化功能。当然，对于发布不当言论、故意传播虚假信息等造成不良社会影响的情况，应该及时进行网络监管和惩治。

2. 信息反馈渠道少

习近平法治思想传播中，政府与民众的沟通渠道和信息反馈机制仍有匮乏。诚然，对于习近平法治思想的重大意义、核心要义、丰富内涵等方面的解读，应该牢牢把握官方媒体的信息发布权威性，第一时间发声定调。但对于相关内容的政策解读、新闻事件以及学术研讨等相对宽松的话题讨论时，也应该加强与公众的同步互动，拓宽信息反馈渠道，进一步完善新媒体环境下舆情事件的互动机制，了解民众实际需求，充分吸纳、及时反馈民众的需求和合理的意见建议，更好地服务于习近平法治思想传播具体实践中去，提升传播效果。

参考文献

[1]《习近平法治思想学习纲要》，人民出版社、学习出版社2021年版。
[2]《习近平法治思想概论》编写组：《习近平法治思想概论》，高等教育出版社2021年版。
[3] 张文显：《习近平法治思想的政理、法理和哲理》，载《政法论坛》2022年第3期。
[4] 江必新：《习近平法治思想是全面依法治国的根本遵循和行动指南》，载《中国法律评论》2022年第4期。
[5] 张天浩：《习近平法治思想：文献综述与研究展望》，载《西华师范大学学报（哲学社会科学版）》2021年第5期。

大中小法治思政课一体化建设研究：
价值、方法与路径选择[*]

共青团中国政法大学委员会　黄天浩

摘　要：统筹推进大中小学思政课一体化建设是用习近平新时代中国特色社会主义思想铸魂育人的重要工作，加强大中小法治思政课一体化建设是坚定青少年坚定中国特色社会主义制度自信的重要举措。在推进过程中，要统筹加强师资队伍建设与课程内容研发，注重一体化的科学方法，设定青年化语境、树立青年化思维、找准青年化视角、强化青年化实践，从坚定法治自信与提升法治素养两方面着手，着力做好习近平法治思想的青少年化阐释工作。

关键词：习近平法治思想　法治思政课　思政课一体化　青少年化阐释

2021年，全国人大常委会印发《关于开展第八个五年法治宣传教育的决议》，中共中央、国务院转发《中央宣传部、司法部关于开展法治宣传教育的第八个五年规划（2021—2025年）》，共青团中央印发《关于贯彻实施"八五"普法规划 深入开展青少年法治宣传教育的意见》，要求坚持以习近平法治思想为引领，深入实施《中长期青年发展规划（2016—2025年）》，以持续提升青少年法治素养为重点，以提高普法的针对性、实效性为着力点，不断深化青少年法治宣传教育，引领青少年做社会主义法治的忠实崇尚者、自觉遵守者、坚定捍卫者，促进法治成为广大青少年的思想共识和基本准则，夯实全面依法治国的青少年群众基础。打造符合青少年认知规律的法治教育体系，统筹开展大中小法治思政课一体化建设是宣传贯彻习近平法治思想的重要手段，也是提升青少年法治宣传教育的创新举措。

---

[*] 项目资助：本文系2022年共青团中央"青少年发展研究"课题"习近平法治思想的'青少年化阐释'"（项目编号：22JH112）的阶段成果。

一、大中小法治思政课一体化建设的价值意蕴

(一) 坚定青少年群体对中国特色社会主义法治道路的自信

党的二十大报告指出,必须坚定不移走中国特色社会主义政治发展道路,坚持党的领导、人民当家作主、依法治国有机统一,坚持人民主体地位,充分体现人民意志、保障人民权益、激发人民创造活力。开展大中小法治思政课一体化建设能够有效引导青少年崇尚宪法与法律权威,坚定对中国特色社会主义法治道路的自信。一方面,大中小法治思政课一体化建设能展现以人民为中心的发展思想。法治建设要实现维护人民根本利益的目标,要让人民群众在每一个司法案件中感受到公平正义,开展大中小法治思政课一体化建设,扎实推进司法案例走进思政课堂,能够让青少年感受到法律制度对人民的高度负责。另一方面,大中小法治思政课一体化能展现中华优秀传统法律文化的独特魅力。通过一体化的法治思政课程,青少年能够发现中华优秀传统法律文化,正确认识我国法制的历史渊源、发展脉络和文化基础,也能让青少年了解国家的法治面貌和法治生态,有效引导青少年对建设社会主义法治国家坚定信心,引导青少年拥护党的领导和社会主义制度。

(二) 推进习近平法治思想在青少年群体中入脑入心

党的二十大报告指出,我们要坚持走中国特色社会主义法治道路,建设中国特色社会主义法治体系、建设社会主义法治国家,围绕保障和促进社会公平正义,坚持依法治国、依法执政、依法行政共同推进,坚持法治国家、法治政府、法治社会一体建设,全面推进科学立法、严格执法、公正司法、全民守法,全面推进国家各方面工作法治化。扎实开展大中小法治思政一体化建设,能够全景展现我国法治建设成就,有效促进习近平法治思想在青少年群体中入脑入心,依托青少年法治教育和思政课一体化建设基地,能够将高校的智识优势和中小学的实践特点结合起来,积极探索贯通培养和一体化育人的规律,通过合作开展青少年法治教育和思想政治理论课的教学研讨活动,不断提升法治教育和思政课教学的实效性,抓好弘扬社会主义法治精神和法治文化的主阵地,让青年人从习近平法治思想的"学习者"转变为"实践者"和"传播者",在全社会形成尊法、学法、守法、用法的良好氛围,让

青年在实践中形成价值认同。

(三) 为弘扬社会文明风尚打牢青年基础

党的二十大报告指出，要弘扬社会主义法治精神，传承中华优秀传统法律文化，引导全体人民做社会主义法治的忠实崇尚者、自觉遵守者、坚定捍卫者。开展大中小法治思政课一体化建设能够为青少年树立规则意识与规范意识，推动青少年加强法律知识学习，掌握运用法律的基础本领。《新时代的中国青年》白皮书指出，"新时代中国青年以更加自信的态度、更加主动的精神，适应社会、融入社会，参与社会发展进程，展现出积极的社会参与意识和能力，成为正能量的倡导者和践行者。"青少年群体是参与弘扬社会文明风尚的有生力量，推进大中小法治思政课一体化建设，能够着力优化有效保障青少年权益免受意外伤害和非法侵害的青年发展型城市安全环境，开展法律宣传推广实践活动也将组织动员青年引领城市文明风尚，有序参与社会治理，围绕建功城市高质量发展，让青少年在城市"更有为"。

二、大中小法治思政课一体化建设的基本原则

(一) 以习近平法治思想的青少年化阐释为原则

习近平法治思想的青年化阐释要贯穿大中小法治思政课一体化建设的全过程和各方面。习近平法治思想是在长期的实践基础上、科学的理论探索中、深厚的历史涵养下形成创立和发展起来的。[1]青年是全面建设社会主义现代化国家的亲历者、奋斗者和受益者，引导青年树立对中国特色社会主义法治道路的坚定信念、对建设社会主义法治国家的坚定信心，进而更加坚定拥护党的领导和社会主义制度是推进大中小法治思政课一体化建设的重要课题。

(二) 以坚定法治自信与提升法治素养为原则

大中小法治思政课一体化建设要以坚定青少年法治自信与提升青少年法治素养为实施重点，以研发大中小一体化法治思政课程与建立分级分层青少年法治素养提升教育体系为主要路径，从法治精神认同度与法律法规知晓度

---

[1]《习近平法治思想概论》编写组：《习近平法治思想概论》，高等教育出版社2021年版，第3页。

两个维度开展主要工作，形成青少年学习、理解、认同、践行习近平法治思想过程中的动机激发、路径铺设、能力培育、效用发挥、素质评价一体化的长效机制。要深入宣传以宪法为核心的中国特色社会主义法律体系，围绕教育、健康、就业、文化、社会参与等重点领域，聚焦日常行为规则意识、校园暴力预防、教育保障、文明网络行为、民事行为参与、消费权益保障等重要方面开展，同时以第二课堂、第三课堂为载体，开展法治文化趣味课程、青少年法治实践、模拟法庭及情景教学、模拟宪法宣誓等多元形式的普法教育。

（三）以分层级多样化的思政金课建设为原则

推动思想政治理论课改革创新，要不断增强思政课的思想性、理论性和亲和力。[1]推进思政课一体化建设要始终保持正确的政治方向，树立以青少年为中心的法治宣传教育导向，着力以习近平法治思想的政治性、人民性、时代性、系统性和实践性为切入点，主动适应不同年龄、群体青少年身心特点和成长需求，分层分类做好法治宣传教育。分层级设计"习近平法治思想的丰富内涵与实践经验""国家治理体系和治理能力现代化的制度保障""中国特色社会主义法治道路"等法治文化思政金课，从政治亮度、人民温度、内涵广度和历史厚度等维度向青少年阐释社会主义法治自信的理论渊源和现实依据，以此坚定青少年的法治自信，激发青少年提升法治素养的内生动力，借助学习理论观点、增强法治实践、强化法律普及、感悟历史文化四条路径，形成青少年法治宣传教育合力。

三、大中小法治思政课一体化建设的科学方法

（一）精耕理论：明晰青少年化语境

夯实理论基础是推进大中小法治思政课一体化建设的首要前提。青少年是习近平法治思想学习研究宣传的重要对象，引导青少年学实、弄通、悟透其核心要义，对于提升法治建设水平具有重要意义。要持续精耕习近平法治思想的青少年化学习情境设计，探索建立以习近平法治思想为主题统领，以

---

[1]《习近平谈治国理政》（第3卷），外文出版社2020年版，第330页。

全面依法治国的政治方向、重要地位、工作布局、重点任务、重大关系、重要保障为基本模块，以"十一个坚持"为专题的系统化课程方案，实现将习近平法治思想作为法治思政课程建设的总纲，融入法治宣传教育的全过程。

（二）调研实践：树立青少年化思维

开展调研实践是推进大中小法治思政课一体化建设的必要举措。习近平法治思想青少年化阐释不能仅仅停留于知识性输出，更应引导青少年以其自身视角开展研究、学习交流。做好习近平法治思想的青少年化研究，广泛开展新时代基层社会治理实践调研、法治主题社会调研等，能够鼓励青少年深入基层，以实地走访、问卷调研、访谈交流的方式观察研究习近平法治思想产生的基层土壤，引导青少年在实践中学习贯彻习近平法治思想，在了解国家基层治理中研究体会习近平法治思想的深刻内涵，感悟我国社会制度的优越性。

（三）融合课堂：找准青少年化视角

找准青少年化视角是推进大中小法治思政课一体化建设的关键环节。进行习近平法治思想的青少年化阐释，尤为重要的是用青少年化视角引导青年在学习领悟习近平法治思想中坚定制度自信，要将习近平法治思想有效融入第一课堂教育教学、第二课堂校园活动、第三课课堂社会实践，设计课堂教学、学生活动、社会实践深度融合的思政育人新情境。要充分发挥学生社团的辐射性作用，建立青少年自主开展习近平法治思想学习的长效机制，提升社团育人的实效性，促进习近平法治思想理论学习常态化。依托少先队、共青团、公益性社团等组织优势，通过习近平法治思想学习教育主题活动、面向少先队、团支部的组织化学习活动、主题队日团日活动，引导青少年感悟习近平法治思想的新时代丰富内涵。

（四）提升素养：强化青少年化实践

深入贯彻践行习近平法治思想是推进大中小法治思政课一体化建设的应有之义。引导青少年在学习习近平法治思想的过程中，要鼓励青少年将理论学习、实践锻炼和素质养成有机结合，积极投身全面建设社会主义法治国家的生动实践。尝试探索建立青少年参与社会法律服务工作体系，成立一批以开展法律援助为主要工作的学生志愿者团队，设计完备的大学生法律援助工作机制，面向社会广泛开展法律咨询、法律援助、普法微课堂、编写普法案例读本等志愿服务工作，让习近平法治思想的理论学习成果转化为青年助力基层法治建设的生动实践。

四、大中小法治思政课一体化建设的可行路径

（一）统筹搭建青少年法治素养提升培养体系

树立以青少年为中心的普法工作导向，主动适应不同年龄层、群体青少年身心特点和成长需求，以持续提升青少年法治素养为重点，以提高普法的针对性、实效性为着力点，深入宣传以宪法为核心的中国特色社会主义法律体系。要定期开展青少年法治教育情况专题调研，以年龄阶段为划分，以"法治自信"与"法治素养"为核心，分层级开展青少年法治教育情况专题调研，从家庭、学校、社会、网络等重点领域切入，了解青少年的法治观念现状、不良行为和严重不良行为的分级预防、干预和矫治。以习近平法治思想为核心内容，设计青少年法治思政教育课堂群组，依年龄层形成"法治思政金课"，推动习近平法治思想进课堂，引领青少年做社会主义法治的忠实崇尚者、自觉遵守者、坚定捍卫者，促进法治成为广大青少年的思想共识和基本准则，夯实全面依法治国的青少年群众基础。

（二）分层级研发法治思政教育课程

小学阶段的法治思政课建设，要注重培育学生的国家观念、诚信观念和遵纪守法的行为习惯。注重教学内容和方式的形象、生动，贴近学生实际，让学生感知生活中的规则，利用情景教学，从生活实际中提炼案例，注重将法治观念与学生能够接触的事件相结合，与学生的理解能力相适应。如以家庭生活为场景，以自我介绍为基本形式，讲解《宪法》中国家、国籍、公民等概念；以升旗仪式为场景，讲解国旗、国歌的象征含义及升旗仪式时的行为规范；以校园生活为场景，倡导学习生活中的文明行为；以校园生活为场景，建立对校园欺凌行为的认知和防范意识；以故事讲解为场景，弘扬中华优秀传统法律文化，形成对公序良俗的基本认识。

初中阶段的法治思政课建设，要注重普及青少年个人成长和参与社会生活必备的基本法律常识。进一步强化青少年守法意识、权利与义务相统一观

念、程序思维，初步建立宪法法律至上、民主法治等理念，培养运用法律知识辨别是非的能力、依法维护自身合法权益的能力、合理参与社会生活的能力。如深化宪法教育，了解宪法修订过程，树立宪法法律至上观念；了解立法机关、司法机关、执法机关的范围、性质和职权。了解社会治安工作，形成依法参与社会公共事务的意识；情景模拟，围绕家庭生活、校园生活、网络生活讲解国家安全、人身安全、财产安全、信息安全等法律常识。围绕《未成年人保护法》认知罪刑法定等原则，强化法律责任意识；讲解法治主题相关文物，深化青少年对中华优秀传统法律文化的理解与认同；初步讲解《联合国宪章》，了解中国在联合国中的地位和重要作用。

  高中阶段的法治思政课建设，要注重根据学生成长需要和认知能力的发展，全面拓展法律常识，有针对性地增加法律知识储备。加大对法治原则、法律理念的教学深度，注重增加课程的参与性和思辨性，结合现实案例，着重引导青少年理解、认同法律背后的价值。引导青年较为全面地了解中国特色社会主义法律体系的基本框架，培养参与法治实践、正确维护自身权利的能力。如了解宪法中的具体制度要求，理解宪法赋予的选举权与被选举权，了解人民代表大会制度；全面了解中国特色社会主义法律体系，认识法律部门，理解主要法律原则；理解民事活动、刑事活动、行政活动中的权利与义务，培养参与公共事务的能力；了解国际法的基本原则，了解我国签署加入的主要国际公约的基本内容。

  高等教育阶段的法治思政课建设，要培养青年具备以法治思维和法治方式维护自身权利、参与社会公共事务、化解矛盾纠纷的能力，牢固树立法治观念，认识全面依法治国的重大意义，坚定走中国特色社会主义法治道路的理想和信念。如理解习近平法治思想中的"十一个坚持"，认识党领导下的社会主义法治建设成就；明确全面推进依法治国的战略目标，了解我国特色社会主义法律体系的构成，形成对中国特色社会主义法治道路的认同；理解法治建设必须坚持为了人民、依靠人民的根本政治立场，理解推进全面依法治国根本目的是依法保障人民权益；理解法治是国家治理体系和治理能力的重要依托，理解适合中国国情和发展需要的现代化治理能力要求；理解共商共建共享的全球治理观，理解和平稳定的国际环境、睦邻友好的周边环境、平等互利的经贸环境、互信协作的安全环境的重要意义。

（三）探索建立法治思政课程评价指标

大中小思政课一体化建设并不意味着将同一套课程适用不同地域、不同接受能力的群体，在推进过程中要结合授课对象所处的地区经济发展情况、教育资源情况、城市文明程度等不同因素"量体裁衣"，充分发挥思政课教师的主观能动作用，开展具有针对性的课程内容研发。但课程建设必须紧紧围绕一体化课程建设的基本原则，遵循科学方法，因此制定一套法治思政课程评价指标尤为重要，通过评价机制为思政课教师进行课程研发提供重要参考。

结合青少年成长规律和法治宣传教育实践经验，从而设定4个一级指标，18个二级指标。一级指标分别为"尊法指标"（P1）、"学法指标"（P2）、"守法指标"（P3）与"用法指标"（P4）。在"尊法指标"（P1）下设置5个二级指标，分别为"坚定制度自信"（Q1-1）、"树立法治信仰"（Q1-2）、"遵守公序良俗"（Q1-3）、"具备是非观念"（Q1-4）、"认同中华优秀传统法律文化"（Q1-5）。在"学法维度"（P2）下设置4个二级指标，分别为"树立宪法权威"（Q2-1）、"理解权利义务"（Q2-2）、"掌握法律常识"（Q2-3）、"了解涉外法治"（Q2-4）。在"守法维度"（P3）下设置4个二级指标，分别为"养成规则意识"（Q3-1）、"建立程序思维"（Q3-2）、"规范行为习惯"（Q3-3）、"认知法律风险"（Q3-4）。在"用法维度"（P4）下设置5个二级指标，分别为"参与法治实践"（Q4-1）、"维护自身权益"（Q4-2）、"化解矛盾纠纷"（Q4-3）、"参与公共事务"（Q4-4）、"融入社会生活"（Q4-5）。

推进大中小法治思政课一体化建设是坚定青少年群体对中国特色社会主义法治道路的自信、推进习近平法治思想在青少年群体中入脑入心、弘扬社会文明风尚的重要举措，也是打通青少年法治教育纵向链条的有效路径，要统筹开展体系构建、师资选配、课程研发、课程评价等工作，让崇尚善法良治的种子在青少年内心扎根。

高校国际化办学中的学生思想政治工作研究

——以中国政法大学比较法学研究院为例

中国政法大学比较法学研究院　杨明荃

在全球化进程、国家对外开放不断深化的新时代，高校需承担为国家培养和输送国际化人才的育人使命，这是高等教育不可回避的时代责任。要真正实现立德树人根本使命，培养出国家急需的国际化复合型人才，学生思想政治工作应当是首要和关键环节。高校在国际化办学过程中应当始终高度重视学生思想政治工作，不断探索系统有效的学生思想政治工作路径。

一、研究意义

思想政治工作是高校各项工作的生命线，是落实社会主义办学方向、贯彻党的教育方针的关键。而国际化办学背景之下，思想政治工作的重要性进一步凸显，高校必须明确做好思想政治工作的重要意义。

（一）思想政治工作是实现教育根本问题的关键环节

党的二十大报告指出："教育是国之大计、党之大计。培养什么人、怎样培养人、为谁培养人是教育的根本问题。育人的根本在于立德。全面贯彻党的教育方针，落实立德树人根本任务，培养德智体美劳全面发展的社会主义建设者和接班人。"高等教育必须旗帜鲜明，将党的教育方针、社会主义办学方向全面贯彻在治校办学各方面、全过程，将发展方向党和国家的发展方向紧密联系在一起，培养党和国家需要的社会主义建设者和接班人。习近平总书记指出："高校思想政治工作关系高校培养什么样的人、如何培养人以及为谁培养人这个根本问题。要坚持把立德树人作为中心环节，把思想政治工作贯穿教育教学全过程，实现全程育人、全方位育人，努力开创我国高等教育事业发展新局面。"思想政治工作是决定能否实现这一根本问题的关键环节，在国际化办学视域之下,更要重视教育方针和办学方向的扎实落地,才能培养出理想信念坚定、政治底色鲜明的人才。

(二) 思想政治工作是严守意识形态阵地的重要手段

党的二十大报告指出:"意识形态工作是为国家立心、为民族立魂的工作。牢牢掌握党对意识形态工作领导权,全面落实意识形态工作责任制,巩固壮大奋进新时代的主流思想舆论。"高校在国际化办学过程中势必受到国外意识形态领域渗透和冲击,严守意识形态阵地,既关乎落实社会主义办学方向、贯彻党的教育方针,也关乎打造风清气正、安全稳定的校园风气和环境。思想政治工作是开展意识形态工作的重要手段,要落实意识形态工作责任制、抓住意识形态阵地,就必须切实落实思想政治工作。

(三) 思想政治工作是学生成长成才的根本保障

学生的世界观、人生观、价值观尚未成熟,容易受到国外文化、思想、观念的不良渗透。党的二十大报告强调:"深入开展社会主义核心价值观宣传教育,深化爱国主义、集体主义、社会主义教育,着力培养担当民族复兴大任的时代新人。"育人的根本在于立德。在涉外办学中,要更为重视用社会主义核心价值观铸魂育人,深入开展思想政治工作,引导学生自觉践行社会主义核心价值观。青年只有将个人发展与时代使命紧密结合,将个人才干发挥到社会主义建设、民族复兴宏大进程之中,才能更好地实现个人理想抱负,成长为可堪大任的时代新人。习近平总书记在党的二十大报告结尾部分深情寄语当代青年:"青年强,则国家强。当代中国青年生逢其时,施展才干的舞台无比广阔,实现梦想的前景无比光明。全党要把青年工作作为战略性工作来抓,用党的科学理论武装青年,用党的初心使命感召青年,做青年朋友的知心人、青年工作的热心人、青年群众的引路人。广大青年要坚定不移听党话、跟党走,怀抱梦想又脚踏实地,敢想敢为又善作善成,立志做有理想、敢担当、能吃苦、肯奋斗的新时代好青年,让青春在全面建设社会主义现代化国家的火热实践中绽放绚丽之花。"

二、风险挑战

在实践中,高校国际化办学过程中开展学生思想政治工作面临许多风险挑战。

首先,学生理想信念缺失和思想缺钙现象较为普遍。当代青年生逢其时,物质文化极大丰富,机遇与挑战同时并存。但由于青年群体的身心发育尚未健全,成长环境单纯、过程顺畅,国外文化思想、网络虚拟舆论环境、功利享乐躺平思想等的冲击,极大影响了其健康正向的世界观、人生观、价值观的建立,在学生群体中理想信念确失和思想缺钙现象较为普遍。如何将个人发展与时代使命紧密结合,深化爱国主义、集体主义和社会主义教育,是考验高校学生思想政治工作的重要课题。

其次,国际化办学环境加大开展学生思想政治工作的难度。高校为实现国际化复合人才的育人目标,在学生培养目标、方式和任务中需融入大量的外国文化思想等教学元素,学生学习使用外语、接收外籍教师的教育指导、研究外国的文化思想体系,在高度国际化、多元化的办学环境中,学生思想政治工作容易被弱化、边缘化,开展学生思想政治工作的难度较大。

再次,学生思想政治工作容易走形式、走过场,效果不佳。学生思想政治工作需面对特点不同、思想多变的学生群体,若仅依靠一门思政课、一堂党课、一次谈话,是难以深入人心、取得实效。思想政治工作是做人心、思想、观念的工作,要想取得实效,达到引领树立远大理想信念的高度,就必须不能流于形式。国际化教育之下的学生,势必是一个思想活跃、观念前卫、文化多元的群体,学生思想政治工作必须采用灵活形式,在保证鲜明的政治底色前提下,采取学生喜闻乐见的形式,真正取得思想政治教育实效。

最后,在国外交流学习期间的学生思想政治工作较难开展和取得实效。跨境学习期间,空间距离较大、地域环境差异、文化教育不同,学生思想政治工作相较于国内院校失去了有利的"软"与"硬"环境,国外留学学生的教育管理中可能出现真空地带。而恰恰是国外留学这个阶段,最易对学生的理想信念和思想观念产生深远影响,实际中也有不少学生最终选择留在国外发展,高校需不断探索在国外留学阶段有效的思想政治工作路径,真正实现学生能送出去也能引回来。

三、工作重点

由此可见,高校在国际化办学中开展学生思想政治工作应当聚焦如下重点:

（一）首要任务：理想信念教育

理想信念教育是学生思想政治工作的首要任务。全力教育培养学生树立成为社会主义建设者和接班人、成长为实现中华民族伟大复兴时代新人的理想信念，这是社会主义办学方向和党的教育方针的根本要求。这同样也是解决学生理想信念缺失、思想缺钙问题急需的根治良药。

要用社会主义核心价值观铸魂育人，深化爱国主义、集体主义和社会主义教育，坚定道路自信、理论自信、制度自信、文化自信，这是理想信念教育的重点。要培养学生用马克思主义辩证观看待问题，正确认识国际化进程和国外文化。党的二十大报告指出："我们要坚持对马克思主义的坚定信仰、对中国特色社会主义的坚定信念，坚定道路自信、理论自信、制度自信、文化自信，以更加积极的历史担当和创造精神为发展马克思主义作出新的贡献，既不能刻舟求剑、封闭僵化，也不能照抄照搬、食洋不化。"

（二）讲究方法：因时而新、以人为本

学生群体思想活跃等特殊性，以及在全球化进程不断加深的时代背景之下，做好学生思想政治工作必须讲求因时而新，固守老经验、老办法可能会流于形式，难以切实回应时代发展需要和学生实际需求。这要求高校必须立足先进思想和民族复兴的大格局，树立以人为本的工作原则，切实走入学生群体、走进学生内心，持续调研了解学生思想动态和行为特点，充分运用好"第一课堂""第二课堂"和"第三课堂"，大力发挥新媒体舆论阵地，才能切实严守意识形态阵地，实现立德树人的根本任务。

（三）最终效果：个人发展与时代使命紧密结合

学生思想政治工作中根本任务是为国家培养社会主义建设者和接班人，所达成的最终效果是学生将个人发展与时代使命紧密结合，将个人理想抱负融入社会主义建设和中华民族伟大复兴之中，培养更多可堪大任的时代新人。正如习近平总书记对广大青年的寄语中所提到的："当代中国青年生逢其时，施展才干的舞台无比广阔，实现梦想的前景无比光明"，"立志做有理想、敢担当、能吃苦、肯奋斗的新时代好青年，让青春在全面建设社会主义现代化国家的火热实践中绽放绚丽之花。"高校思想政治工作要引导青年学生正确对待处理个人、集体和国家的关系，抓住时代机遇，认清时代使命，努力成长

为德智体美劳全面发展的社会主义建设者和接班人。

当今世界百年未有之大变局进入加速演变期,国际环境日趋错综复杂。习近平总书记先后在中央人才工作会议和党的二十大报告中强调,要深入实施人才强国战略,加快建设世界重要人才中心和创新高地。全球化进程不可阻挡,国家实施对外开放、开展对外交往,推行构建人类命运共同体,需要大量优秀的国际化复合型人才。要加大力度培育国际化复合型人才,大力支持学生进入国际组织实习工作,为中国掌握更多话语权、传播中国声音、讲好中国故事贡献青春力量。

四、有效路径

中国政法大学比较法学研究院自2009年成立以来,致力于打造跨法系和地区法律比较研究平台,面向全球招收硕士研究生、博士研究生和博士后研究人员,培养德法兼修、能够独立进行国际交流、具有较强创新能力的国际化、复合型高级法律人才。现共有教职工44人,教师中获国外高校博士学位的占53.12%。截至目前,累计培养比较法学专业研究生超千名。已与二十余所外国及中国港澳台地区的大学和科研机构建立紧密合作关系,累计派出约三百名学生交流学习。研究院在高度国际化办学背景之下,对涉外学生思想工作进行了一定的探索。在比较法学研究院学生思想政治工作实践探索的基础上,针对国际化办学中学生思想政治工作的重点难点,提出如下几点学生思想政治工作有效路径。

(一)深化政治理论学习,将党的建设与学生思想政治工作深度融合

高校治校办学要坚持党的领导,贯彻党的教育方针,党的建设和思想政治工作在学习内容、工作方法、组织设置等各方面均有交叉。将党的建设与学生思想政治工作深度融合,能够进一步强化思想政治工作实效。

1. 统筹工作部署实施

学校层面应当加强顶层设计,统筹党建和学生思想政治工作规划,将党建与思政工作同部署、同落实,推进党建与思政工作同检查、同考核。[1]发

---

〔1〕 参见刘戈:《论高校党建与学生思想政治工作的深度融合》,载《学校党建与思想教育》2020年第2期。

挥党组织的政治属性和组织优势,推进建立学校党委、学院党委、党支部、党员四级责任体系,强化各级主体落实党建和思政工作的责任。

2. 融合学习教育内容

思想政治工作既是意识形态工作,也是思想文化教育工作。[1]2021年,中共中央、国务院印发《关于新时代加强和改进思想政治工作的意见》,强调要深入开展思想政治教育,强化学习习近平新时代中国特色社会主义思想、理想信念、社会主义核心价值观、"四史"和形势政策、社会主义法治教育、忧患意识和斗争精神,等等。党建理论学习与思想政治教育内容有很大部分重合,要在党建工作文件、计划、方案中强化思想政治教育内容,将党的最新理论融入思想政治理论课等思想政治教育中,将党性修养和理想信念教育相互融合、协同推进,深化教育学习效果。

3. 互相借鉴工作方法

发挥好党校学习、主题党日、研学活动等党建活动平台的育人作用,尤其注重发挥党支部战斗堡垒和党员先锋模范作用,落实党建和思政工作协同推进的四级主体责任。持续将党的最新理论融入思想政治课、"第二课堂"教育之中,用党的最新理论武装学生头脑,强化理想信念。运用好出国党员管理和组织生活制度,通过党支部、党员骨干做好出国学生的定期沟通联络和教育工作。

(二)构建多层次育人联动机制,深入落实"三全育人"工作格局

思想政治工作是学校各项工作的生命线。深入落实"三全育人"工作格局,构建"十大育人"工作体系,调动一切力量坚定政治理想信念、促进学生成长发展,培养德智体美劳全面发展的社会主义建设者和接班人。

1. 构建多层次育人联动机制

落实全员、全过程、全方位育人,强化多层次育人联动机制。要强化在派出遴选、学籍管理、教务管理等方面的校院两级协同配合,梳理并一体化推进学校教务处(研究生院)、学生工作部(处)等学校各平行部门的工作环节,保障党政领导与专业教师、研究生导师与辅导员等育人主体之间联络常态畅达并有效联动,构建学校、学院、学生和家长四级联动沟通管理机制,

---

[1] 宇文利:《完善思政工作体系,服务立德树人》,载《光明日报》2022年11月22日,第15版。

真正发挥各育人主体协同联动，一体化推进学生思想政治工作，做好出国留学学生教育管理。

2. 贯通"第一课堂"和"第二课堂"

2022年，教育部等部门印发了《全面推进"大思政课"建设的工作方案》，文件强调：建设"大课堂"、搭建"大平台"、建好"大师资"，推动思政小课堂与社会大课堂相结合，推动各类课程与思政课同向同行。党的二十大报告中也指出："用社会主义核心价值观铸魂育人，完善思想政治工作体系，推进大中小学思想政治教育一体化建设。"要深入落实"大思政课"，改革创新主渠道教学，善用社会大课堂，构建大师资体系，拓展工作格局，在内容、方式、师资等各方面贯通"第一课堂"和"第二课堂"。

3. 推进落实"十大育人"工作体系

深入推进"课程育人、科研育人、实践育人、文化育人、网络育人、心理育人、管理育人、服务育人、资助育人、组织育人"十大育人专项工作。落实"大思政课"，发挥校园文化育人功能，发挥专业教师课程育人主体作用；建立健全科研育人导向，加强创新创业教育引领；注重网络和心理育人，完善网络教育管理机制，健全预警防控体系；注重管理和服务育人，建立权责清单，细化管理职责和流程，强化出国留学学生全员、全过程、全方位教育管理；注重组织育人，发挥党组织、群团组织育人优势，充分发挥组织服务和引领凝聚作用。

（三）提升教师队伍建设，将教师和学生思想政治工作协调发展

高校思想政治工作队伍是具体落实思想政治工作体系的力量，这个队伍在"三全育人"的视域下应当包含全体教职员工，只有教师队伍自身思想政治素质过硬、品行端正才能引导学生坚定理想信念、健康成长成才。

首先，强化教师队伍理想信念教育和师德师风建设。涉外办学中教师海归占比高，开设的也多是涉外课程。重视发挥课堂作为思想政治工作第一阵地地位，强化教师理想信念教育，将教师业务培训与理论学习相结合，加强"四有好老师"和"四个引路人"、社会主义核心价值观等方面的教育学习。发挥党支部、党小组、教研室等基层组织凝心聚力作用持续完善师德师风评价机制，贯彻师德"一票否决"制。非党员院领导常态列席院党委会，邀请党外人士、外籍教师参加党员活动和校院活动。

其次,将教师和学生思想政治工作协调发展。教师和学生思想政治工作的最终目的都是为了实现立德树人根本目标。打造由党政领导、辅导员、思政课教师、专业教师和先进代表等构成的"大师资"队伍,融汇师德师风、学风建设、理想信念、党性修养等教育内容,推进高校思想政治工作全员化、全过程化和全方位化。以比较法学研究院为例,院长主讲新生入学"第一课"和毕业生离校"最后一课",教工党支部书记每年定期在全体师生范围内讲"大党课"、师生同上一堂课,累计三十多人次教师参与学生工作理论研讨会,对于教师和学生思想政治工作均有实效。

最后,应当建立一支政治素质过硬、业务能力精湛的学工管理队伍。学工管理队伍是落实思想政治工作的第一梯队。涉外办学背景之下,要整体强化学生辅导员、党务秘书、教学科研秘书等学工管理队伍的政治意识和理想信念,要加大比例遴选具有国际视野、具备外语交流能力的人才从事涉外学生教育管理工作,利用自身较为了解国外学习生活和文化思想情况的优势,更有利于开展学生思想政治工作。

(四) 严守意识形态阵地,保障校园安全稳定

严守国际化办学各项工作的意识形态阵地,成立意识形态工作领导小组,定期研判意识形态工作。采取点面结合的工作方式,在强化日常理想信念教育的基础上,着重做好出国学生群体的意识形态安全教育。建立风险防范机制,把握重要时期、关键节点,主动开展风险排查和思想动态调研,提前化解潜在风险。推进谈心谈话常态化,强化辅导员深度辅导,深入了解学生思想波动,有针对性地开展引导工作。

(五) 持续创新工作方法,提升思想政治工作实效

要善用工作抓手。遴选和培育政治素养高、群众基础好、综合素质优秀的学生骨干队伍,最大程度调动党支部、团支部、班级、研究生会等学生群团组织创造力、凝聚力和示范力,推进党团班协同工作机制,引领凝聚全体学生坚定"四个自信"。

要抓住时效契机。在全过程育人之下,重点抓新生入学、出国留学、毕业阶段等重要节点,把握建党一百周年、"五四"青年节等特殊时期,开展有针对性、系统性、品牌化的思想政治工作。抓新生入学第一周、第一月、第

一学期开展新生教育，抓出国前做行前教育培训、留学中四级联动管理、回国后深度辅导，抓毕业阶段的社会主义核心价值观教育。形成新生入学教育、出国留学行前培训会、毕业生"最后一堂课"等一系列品牌活动，真正将思想政治工作实效入脑入心。

要持续守正创新。思想政治工作方式方法要持续跟随时代发展、贴近学生需求进行守正创新。落实"大思政课"建设，促进思政课与社会实践、党课、主题班会等相互结合、相互促进，提升实效。强化网络舆论阵地管理，善用新媒体平台，采取学生喜闻乐见的内容输出方式，做到润物无声、潜移默化。

五、结语

党的二十大制定了当前和今后一个时期党和国家的大政方针，描绘了以中国式现代化全面推进中华民族伟大复兴的宏伟蓝图。高校要始终坚持党的领导，坚持社会主义办学方向，以立德树人为根本任务，不断健全和完善思想政治工作体系，持续为全面建成社会主义现代化强国、实现中华民族伟大复兴培养源源不断的社会主义建设者和接班人。国际化办学既是时代必然，也是时代使命。国际形势风云变幻，时代发展日新月异，高校国际化办学思想政治工作需要不断与时俱进、守正创新，我们将以党的二十大精神为指导，持续探索思想政治工作有效路径，培养更多可堪时代大任的国际化复合型人才。

面对00后法学生开展深度辅导的难点及其应对
——以"青·诉"个人深度辅导为例

中国政法大学民商经济法学院　吴杨洋

摘　要：00后法学生群体具有思维活跃、想法多样、逻辑严谨、力求完美等特点，针对这一群体开展深度辅导存在着被辅导者思想较为单纯、对辅导者要求较高等现实难点，通过分析问题背后的原因，从纳入多元辅导主体、提升辅导者自身素质、丰富辅导场景等渠道，化解深度辅导中的难点与痛点，使面对00后法学生的深度辅导更加具有针对性，切实提高思想政治工作水平，促进大学生全面健康成长。

关键词：深度辅导　法学生　全员育人

新时代下，日常思想政治教育是学校思想政治教育的主阵地，辅导员是主阵地上开展思想政治教育工作的主攻手。作为离学生最近的人，开展"深度辅导"，则是辅导员进行日常思想政治教育的有效方法。深度辅导，指辅导员在全面、深入了解学生情况的基础上，依据学生发展需求，结合个人专业技能，对学生进行有针对性辅导，帮助学生解决思想、学习等方面的实际问题。[1]自2009年北京市委教育工委明确要求各高校构建深度辅导工作体系以来，辅导员队伍持续开展相关工作，深度辅导已经成为辅导员开展思想政治教育的重要切入点。

一、目前高校深度辅导工作开展现状

作为高校辅导员工作的重要职责，落实意识形态教育的有效抓手，构建

---

〔1〕《北京市全面推进学生深度辅导工作提升大学生思想政治教育工作科学化水平》，载中华人民共和国教育部网，http://www.moe.gov.cn/s78/A12/gongzuo/moe_2154/201008/t20100826_96780.html，最后访问日期：2022年11月10日。

"立德树人"体系的核心手段,深度辅导一直是学工队伍的工作重点。数据显示,2014年首都高校均已实现深度辅导全员覆盖。[1]在辅导频率与时间方面,多项调查显示,大多数辅导员没有固定的辅导时间,而是根据学生与自身工作,随时安排辅导,每次辅导时间为15~60分钟不等,仅有7.2%的辅导员会预留固定的辅导时间。[2]在辅导准备工作方面,13.1%的辅导员会在辅导前制定详细辅导提纲,38.8%的辅导员制定大致辅导方向。[3]超过80%的辅导员表示,所带学生众多、自身精力不足使得辅导的前期准备工作有限。[4]

在辅导内容方面,主要包含学业困惑(95.4%)、人际交往(88.51%)、职业规划(78.61%)、心理健康(71.26%)、理想信念(52.87%)等方面[5]。由此不难发现,深度辅导的内容,绝大部分属于专业性咨询,而非单纯聊天谈心。因此若想进行有效的深度辅导,辅导员需要具备一定的专业知识储备。研究指出,深度辅导是具有专业性与科学性的工作。[6]不同于增进感情的日常沟通,深度辅导的最终目的是解决学生实际问题,做好思想教育工作。大学生在成长中面临的问题复杂多样,包括情感、个人发展、心理、学业等方面。[7]因此,做好深度辅导工作,要求辅导员需具备一定的心理学、教育学、思想政治学、职业规划、管理学等相关知识。

此外,学界从实践出发,在理论层面对深度辅导这一工作模式进行了大量研究。其一,在"三全育人"背景下,有学者提出协同深度辅导[8]这一概念,建议高校引入辅导员以外的班主任、专任教师等育人主体参与深度辅

---

[1] 王艳洁、倪潇潇:《首都高校辅导员深度辅导现状调查研究》,载《北京教育(德育)》2014年第6期。

[2] 王艳洁、倪潇潇:《首都高校辅导员深度辅导现状调查研究》,载《北京教育(德育)》2014年第6期。

[3] 王艳洁、倪潇潇:《首都高校辅导员深度辅导现状调查研究》,载《北京教育(德育)》2014年第6期。

[4] 付国柱等:《高校辅导员深度辅导状况调查研究——以北京化工大学为例》,载《学园》2018年第31期。

[5] 付国柱等:《高校辅导员深度辅导状况调查研究——以北京化工大学为例》,载《学园》2018年第31期。

[6] 孙晓曦、刘立新:《高校辅导员深度辅导素质能力结构模型及其应用探析》,载《北京教育(德育)》2020年第9期。

[7] 杜超、杨志刚:《新时代高校协同深度辅导工作探析》,载《学校党建与思想教育》2022年第20期。

[8] 李成茂:《培养时代新人视域下深度辅导工作实效性研究》,载《高校辅导员》2020年第3期。

导,形成相互协调配合、优势充分发挥的有序结构,根据大学生的实际需求,对大学生进行更具深度的指导。融合多方力量,更好地解决大学生的实际问题。这种模式是一种十分有益的尝试,但是协同深度辅导融合了各个部门与主体,会产生各方协同管理难度大、各主体相互脱节、专业水平参差不齐的问题。

其二,深度辅导在某些程度上需要有心理学方面知识的加入,需要遵循大学生成长发展规律,辅导者需要具有教育学、心理学等相关专业知识。为此有人提出高校辅导员深度辅导素质能力结构模型,从伦理、技能、理论方面,提出深度辅导所需要的专业知识,为辅导员职业培训提供理论引导,以增强辅导员专业素养。[1]

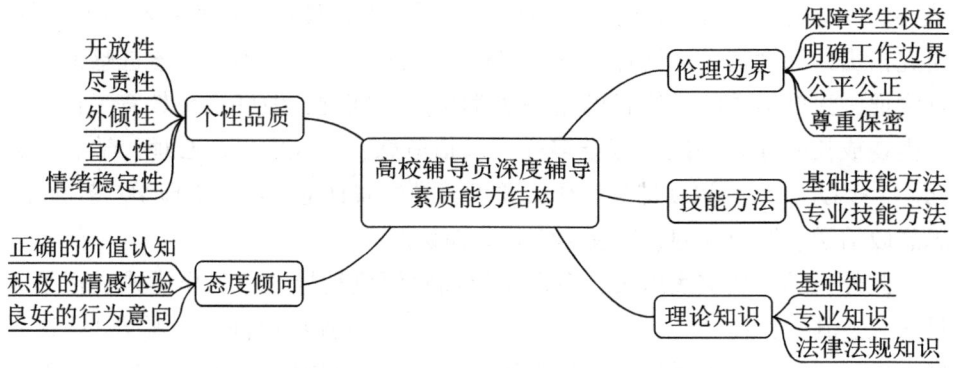

图1 高校辅导员深度辅导素质能力结构模型[2]

其三,各高校从自身实际出发,结合学校特色探索适用于本校的深度辅导工作模式,以提高辅导工作的效果。如首都经济贸易大学学工部引入"矩阵式"深度辅导理论,即从"目标—形式—实施—评价"四个维度出发,规范深度辅导的工作流程,构建纵向全覆盖、横向模块化的"矩阵式"深度辅导格局。[3]北京科技大学自动化学院探索出"3+4+N"深度辅导工作模式,

---

[1] 孙晓曦、刘立新:《高校辅导员深度辅导素质能力结构模型及其应用探析》,载《北京教育(德育)》2020年第9期。

[2] 孙晓曦、刘立新:《高校辅导员深度辅导素质能力结构模型及其应用探析》,载《北京教育(德育)》2020年第9期。

[3] 马力、张莹:《构建"矩阵式"深度辅导模式 打造新时代"三全育人"工作新格局》,载《北京教育(德育)》2020年第4期。

明确辅导员开展深度辅导工作需要具备的三项工作能力、四项工作内容、N种工作形式，以提升辅导员队伍专业性、增强辅导内容针对性，提高辅导形式多样性。[1]北京工业大学引入 CASVE 循环认知策略，以期通过"沟通—分析—综合—评估—执行"五个步骤建立起一套具体的深度辅导方法，加强深度辅导工作的系统性、针对性、主动性、实效性和动态性。[2]

综上所述，开展深度辅导十余年来各高校工作覆盖学生面广、辅导方向多元，对提高学生的思想政治教育工作质量具有一定的效果。然而，在实际工作中仍然存在由于辅导员专业能力不足、所带学生众多、个人精力有限等原因，致使深度辅导工作的实际效果有待提高，深度辅导的理论创新效果仍需量化验证，深度辅导工作模式仍有改进空间。更加值得注意的是，在专业性较强的高校中，受学校环境、学科特色等影响，学生特点更加突出，深度辅导的开展难度也相应增加。本文以中国政法大学"青·诉"系列个人深度辅导为研究样本，深入挖掘在00后法学生群体中开展深度辅导的难点，并分析其原因，以期探求相应的解决之道，着力提高深度辅导工作效率，做好法学生的日常思想政治教育工作。

二、面对00后法学生开展深度辅导的具体难点

"青·诉"系列个人深度辅导依托年级团总支公众号开展活动，每周一发布当周的深度辅导推送，有意愿参加的同学直接与辅导员微信联系，预约合适的深度辅导时间。辅导员平均每周与四名至五名同学开展一对一深度辅导，单次辅导时长在2.5小时左右，主要围绕学业、情感、人际交往、职业规划等与学生日常相关的话题。目前，"青·诉"系列个人深度辅导已开展三十余期，覆盖百余名同学，辅导对象均为法学专业学生。通过"青·诉"构建起的深度辅导模式，可以有效观察在针对法学生群体开展深度辅导时，辅导员们遇到的难点和困惑，并在辅导过程中动态调整辅导方法，以期提高深度辅导效率。

---

[1] 程海雨等：《高校辅导员"3+4+N"深度辅导工作新模式的探索与实践》，载《科学咨询（教育科研）》2022年第4期。

[2] 赵正艳、秦素琦：《基于CASVE循环认知策略的深度辅导方法探究》，载《北京教育（德育）》2021年第5期。

（一）思维活跃、想法多样，但现实中表达意愿不强

00 后法学生群体最大的特点之一仍然是"00 后"这一时代标签，他们被称为"互联网一代"。00 后从小生在红旗下、长在春风里，与其父辈一代相比，物质生活条件极大丰富，透过互联网，从小就接触到更为广阔的世界，其知识获取渠道不再局限于每学期从学校领取的课本，B 站、微博、豆瓣等都成为他们的消息获取来源。这些因素作用在一起，00 后群体便显现出以下特点：内心世界十分丰富，思维活跃，关注热点事件，更加习惯于在网络上表达想法，而在线下则不太愿意主动展示自己。这恰恰就是面对 00 后法学生开展深度辅导的一大难点。

从高中进入大学，再到大学四年的学习，其中必定会面对许多新问题、新挑战，深度辅导可以建立起老师与学生之间沟通的桥梁。但是 00 后遇到问题时，内心可能已经转换过千百种想法，辅导员给予关注，他们第一反应往往是先缩起来、不愿直接表达。这在一定程度上与师生之间的信任感有关，但与 00 后更愿意在网络世界表达看法、不愿面对面交谈也不无关系。针对这样一种内心世界与外在表达矛盾交织的局面，辅导员要想使深度辅导更显效果，必须直面这一难点，想方设法走进学生内心，获得在深度辅导工作中的主动权。

（二）逻辑性强，对辅导者的工作能力和个人素质要求更高

在"青·诉"开展过程中，作为辅导者的辅导员深深感受到法学生的另一大特质——逻辑严谨、实事求是。这种特质是非常好的，但是在深度辅导过程中有时会呈现出另一种表达。从一般意义来讲，深度辅导是情与理的交融，很多时候感性部分占比会更大。辅导者与被辅导者之间就一些具体问题交流看法，辅导者以自身经历给被辅导者以启发，帮助辅导者拂去思想上的迷雾，找到问题的解决方法。在师生这一关系中，由于日常便有交流，二者之间有一定的信任基础，因此从知心者、引路人的角度去感受学生的迷茫，达到情感上的共鸣，会使问题变得易于解决。但是在面对法学生的心灵困惑时，仅仅有这一部分是远远不够的。不论师生之间平时的关系走得有多近、感情基础有多牢固，当进入深度辅导这一模式后，感性会被理性代替，通过共情的方式不能完全解决问题，必须辅之以严密的逻辑论证，包括但不限于

一个事件产生的来龙去脉、关于事件的相关文字规定，有时还要论证事件的合理性。只有从理的角度首先说服被辅导者，情的部分才能发挥作用，否则都是空谈。

结合法学生这一身份，辅导者要想达到良好的辅导效果，通常需要对心理学、法学、社会学、马克思主义哲学等多方面的知识都有所了解，唯有如此才能全方位地讲清楚道理，从逻辑和事实的角度为被辅导者提供参考，才能使其心服口服，接纳辅导者的建议与帮助。如果在说理这一处便效果不佳，那么后续将很难获得被辅导者的深度信任，深度辅导效果也就无从谈起。因此，法学生这一特质是面对其开展深度辅导的一大难点，也是辅导员在工作中不得不面对的问题。

（三）追求完美，期望较高，使问题变得更加复杂

在对近百名法学生进行深度辅导的过程中，辅导员可以十分容易地观察到大多数法学生对自己和外部的要求都比较高。一方面，他们会十分认真地对待和安排自己的学习和日常生活；另一方面，对于事件的整体进展也期望可以如自己所设想般顺利进行，即使事件会有多方人员和其他客观因素的参与，也不会放低对最终结果的要求。但是大学生活本身就不似高中及以前的学习生活，很多事情能完成最初设想的百分之八九十，就已经是成功。这样一种思维上的惯性，会使很多本来不是问题的问题成为问题，并且持续不断地影响并干扰着法学生的心理状态。

以大学中比较常见的小组作业为例，理工科的小组作业可能涉及实验操作之类的任务，需要按照步骤进行操作，如实记录实验数据和实验结果，即可完成小组作业。但是在法学专业中，小组作业通常是对某一课题的谈论展示，由几名组员分工对课题的不同部分进行资料检索、汇总讨论，最后在课堂上向老师和同学们展示本小组的所思所得。受限于每个组员的资料检索能力、理解能力和表达能力的不同，小组作业的成果必然会呈现出不同的水平。很多学生在深度辅导中提及这一问题，即完成小组作业对自己来说很困难，因为组员难以达到自己的要求，自己一个人也无法全部完成任务。这种理想状态与现实结果之间的落差，反复侵扰着法学生的学习生活和心理状态。每到期中展示的时间段前后，深度辅导的预约量会显著上升。如何帮助法学生进行心理调适，更为重要的是帮助他们在走向成人世界的过程中，在思想上

接纳不同的结果、接受现实的世界,这一难题贯穿于四年的深度辅导始终。

三、造成问题的原因

之所以在对00后法学生群体开展深度辅导的过程中会遇到以上难点,其背后是有一定原因的。找出问题的原因,可以帮助辅导员更加有针对性地解决困难。

第一,时代背景的影响。前文已经提到,00后成长于物质条件极大丰富的年代,互联网从其出生起就相伴相随。多元的信息获取渠道,让他们更加习惯于线上交流、表达。这是时代所造成的结果,也是未来所有深度辅导工作者必须考量的因素,即如何用被辅导者更加易于接受的方式开展深度辅导。

第二,学科背景的影响。法学专业从入学第一天起就要求学生逐渐养成法学思维,而法学思维就代表着严谨、理性、论证事实。这样一种学术思维不可避免地会被法学生代入到日常生活中,这也是法学专业学生最大的特点。讨论一件事情,必须给出相应的条件背景,否则在不同语境下无法实现客观讨论。

第三,生活环境的影响。人是环境的产物,人对真实世界的了解程度取决于日常生活有多深入环境。在目前的学制下,大学生们基本都是从学校到学校,进入大学之前并不会有太多机会与社会人士打交道,成长环境较为单一。这就导致了大学生们在大学这样一个学校到社会的过渡阶段有诸多不适应,一时之间无法顺利地调整自己的思维习惯和评价标准,过分追求完美。

四、提高00后法学生群体深度辅导实效性的应对之道

党的二十大报告指出,"世纪疫情影响深远,逆全球化思潮抬头,单边主义、保护主义明显上升,世界经济复苏乏力,局部冲突和动荡频发,全球性问题加剧,世界进入新的动荡变革期"。面对机遇和风险挑战并存、不确定难预料因素增多的外部环境,帮助青年法学生找准坐标、增强信心尤显重要。在前文分析论证的基础上,笔者认为,通过以下几种方式可以有效提高面对00后法学生群体开展深度辅导的实效性,优化新时代背景下深度辅导工作。

(一)纳入更多深度辅导主体,形成全员育人

在高校校园内,辅导员并不是唯一有能力开展深度辅导的主体。在大学

生成长的关键时期，专任课教师、教务老师、后勤老师等与学生日常学习生活发生直接关联的教师群体，都可以成为深度辅导的实施主体，并且从不同的工作内容、人生经历出发，有时反而能为学生提供不一样的视角，以一种吸引学生的方式去解决他们成长过程中的问题。通过对深度辅导的实践现状进行了解，可以发现目前深度辅导基本是辅导员与所带年级学生之间开展深度辅导。在未来的发展过程中，这种模式也可以进行突破。不同学院、不同专业、不同年级的辅导员往往拥有不同的教育背景和专长，通过不同的视角为求助的学生提供针对性帮助，未尝不是一种有益的尝试。

对深度辅导的辅导主体范围进行扩大，可以有效推动学校治理能力现代化，使学校各个岗位的工作人员更加理解自己的服务对象，使全校的整体工作真正围绕学生的实际需求展开；同时也使学生更加了解自己的学校，知其然并知其所以然，加深双方之间的理解程度，营造和谐的师生关系，为辅导员开展思想政治教育工作提供足够的时间。因此，高校在未来的育人机制中，可以考虑在深度辅导这一极有意义的育人活动中，纳入更多校园主体，充分形成育人合力，实现全员育人。

（二）提高辅导者自身综合素质，满足学生需求

"打铁还需自身硬"，辅导员仍然是深度辅导关系中的核心，学生水平的提高对辅导员的要求也相应提高。一名高中生从进入大学校园，到顺利毕业走出校园，中间经历四年时间。从教育学的规律及当前学生的现实情况来看，学生在大学四年里所面对的问题是有所变化的。深度辅导所面对的对象是学生，更进一步剖析面对的是学生遇到的每一个问题。问题在发生变化，因此深度辅导要想达到效果，必须因时而变。大一新生处于入学适应阶段，此阶段的主要需求是大学适应问题，如集体宿舍相处、专业学习入门、大学社团选择等问题。大二阶段，学生在生活方面基本适应，进入专业学习阶段。此时可能存在对专业课学习方法、个人能力素质提升的需求。大三进入生涯规划关键阶段，面临研究生推免、考研、出国、就业等重大方向的选择，此时容易产生迷茫焦虑情绪。大四基本确定毕业去向，进入职业发展规划阶段，但在该阶段面临毕业困难、考研失利、留学申请无果、找工作碰壁等压力，因此深度辅导的重心会向职业发展规划、心理疏导偏移。

一方面，辅导员在自身教育背景之外，需要快速补充其他学科方面的知

识，如法学、心理学、教育学、哲学等方面知识，以应对法学生这一群体的需求变化。以需求为导向倒推深度辅导内容的延展与扩充，情理交融、以理为主，达到效果。另一方面，辅导员应学会扬长避短，放大自身优势，助推深度辅导。新入职的年轻辅导员与学生之间年龄差距小，可以以同龄人的身份走进学生内心世界，熟练运用各种网络平台，与学生打成一片；具有丰富经验的成熟辅导员可以通过自身经历和往届案例为学生提供指引，旁征博引赢得学生信任。

（三）丰富深度辅导环境，与劳动教育有机结合

针对法学生追求完美、易于理想化这一特点，辅导员在开展深度辅导时可以尽可能丰富谈心谈话场景，并且想方设法将深度辅导与劳动教育进行结合。在天气晴朗时，可以从谈话室走向室外，与学生一同沐浴阳光。在大自然的环境下，人会更加放松。晚自习下课后在操场散步，也可以更加顺利地打开学生的心扉，获得理想的深度辅导效果。

更为重要的是，可以在劳动教育中将学生引入真实世界，帮助他们在劳动中去感受外部世界的运转，并将劳动中的所思所想引入到深度辅导中来。既可以与学生交流内心的真实想法，又可以在一定程度上减轻法学思维对日常生活的影响，使学生在面临人际关系等问题时，心态更加放松，逐步走向成熟。

推动深度辅导工作覆盖全员、精准精细，有针对性地回应和解答学生综合性、深层次的理论和认识问题，可以更好地满足法学生成长成才的需求。通过深度辅导，辅导员可以成为学生成长成才的人生导师和健康生活的知心朋友，促进高校日常思想政治教育工作的发展创新，提升高校学生工作队伍素质和高校人才培养质量。

精准实施"一人一策"重点关注学生帮扶工作探索研究

中国政法大学学生工作部（处） 李 白

精准实施"一人一策"是高校落实立德树人根本任务、提高人才培养质量、维护校园安全稳定的重要抓手。[1]目前重点关注学生群体虽基数少，但仍为学工队伍的重点工作对象。结合我校校情，重点关注学生帮扶工作的制度建设仍有空位，缺失较为明确的制度依据。由此产生了较多制约"一人一策"有效实施开展的问题，如重点关注学生无法清晰定级及针对性施策、责任主体重要职责不明确、各主体间协同性较差等问题。为确保"一人一策"切实发挥维护校园安全稳定、助力学生健康发展的积极作用，提升我校的学生工作水平，需针对现存问题尽快建立科学化、专业化的制度，开展精准有效的干预、帮扶和关心关爱工作。

制度构建应当始终坚持学生为本、科学规范、协同联动的原则。学生工作要围绕学生、关照学生、服务学生，以学生安全为底线，尽量把关心关爱工作做到前面，根据学生个性化情况针对性制定帮扶方案，提前发现、提前化解、提前干预，从而最大限度地避免极端事件的产生。遵循学生成长规律及个人隐私，提升工作的科学化与规范化。关心关爱工作应加强院校、部门、家校各方协同联动，明确主体、工作内容及落实途径，形成育人合力。

一、重点关注学生多维度精准定位

对于重点关注学生的风险防控，应以预防为主，从而避免工作后期陷入

---

[1]《把思想政治工作贯穿教育教学全过程 开创我国高等教育事业发展新局面》，载《人民日报》2016年12月9日，第1版。

被动。精准预防则需精准识别定位重点关注学生的类别及问题焦点，这是学生工作的难点，同时又是重中之重。因此，要结合学年时间点、特征群体以及学生不同发展阶段进行风险预判。

（一）不同时期学生风险点分析

在不同年级，学生发展侧重点不同，由此引发的重点关注问题也有所不同。笔者结合我校学生不同阶段的主要特点，分析总结了各年级易引发的重点关注问题。在大一入学这一重要的转段期，新生因生活环境、学习内容、人际交往等巨变极易产生诸多适应性问题，此时为人际关系矛盾、学业问题、心理问题产生的高发期。在大二的专业探索阶段，学生课业繁忙、对专业学习的适应问题和由此带来的心理压力成为学生产生学业问题及心理问题的重要源头。在大三的去向选择关键阶段，学生面临保研竞争、考研压力、就业压力、出国准备等诸多压力，部分心理脆弱的学生极易在各种压力下产生心理问题。在大四的毕业阶段，考研失利、求职不顺、毕业论文进展不顺等，部分学生在与同龄人比较中产生的现实落差感与自我怀疑容易引发极端情绪。

以学年为时间线，不同时间段出现的学生问题也应具体讨论。2月正值寒假，应以寒假学生安全、社会实践安全为主要关注点。3月至4月考研成绩发布，要及时了解关注成绩不理想同学的思想状态。5月学生活动频率较高，应当关注学生活动舆情风险和思想动态，以及五一假期学生出行安全。6月进入考期，应及时关注学生学业压力；正值毕业季，毕业年级要重点关注保研落选学生、毕业就业困难学生思想状态。7月至8月为暑假阶段，此时学生社会实践、生产实习频繁开展，应当重点关注安全问题。9月新生入学，新生年级要重视新生及新分流学生的适应困难问题。10月学生活动频繁，应当关注学生活动舆情风险和思想动态，以及国庆假期学生出行安全。11月进入冬季，是心理亚健康的高发季节，此外供暖前学生违规使用取暖设备（如电暖气、电热毯等）易引发火灾风险。12月至1月进入考期，应当及时关注考期学生压力问题，以及元旦假期、寒假返乡学生的出行安全。

（二）重点关注学生信息排查

学生工作队伍在充分掌握学生不同发展阶段矛盾重点的基础上，要建立全面的重点关注学生排查机制，这是科学落实"一人一策"的必要前提。只有磨砺精准排查的"火眼金睛",对重点关注学生底数明、情况清、措施实,才能在后续工作开展中做到因人施策、因时而异、因势利导,形成良性循环。排查措施(包括但不限于以下):

(1) 新生档案排查。在学生入学之际,通过对新生档案进行全面排查深入掌握学生基本信息,并将需要帮扶的学生纳入重点关注对象的范围,提高"一人一策"帮扶的主动性、预见性和前瞻性。

(2) 开展专业心理普查。心理健康教育与咨询中心联同专业机构,每学年面向全体学生开展心理普查工作,并根据普查结果做好学生心理问题预判,针对心理问题学生及时介入干预,定期开展心理咨询,并联同学院督促监督存在严重心理危机隐患的学生尽快进行专业治疗。

(3) 积极开展部门间信息协同。[1]运用学工系统等信息化平台,做好重点关注学生信息的收集,并及时同心理健康教育与咨询中心、学生资助管理中心、学生就业创业指导服务中心进行该类别学生的信息共享,从而保障后续帮扶工作的个性化、专业化开展。

(4) 持续开展谈心谈话和日常关注。辅导员、班主任、研究生导师应定期与学生开展面对面谈心谈话、线上沟通交流、查寝等,通过网络社交平台、课堂出勤、是否校外居住等各个途径及时了解发现重点关注信息。[2]

(5) 充分发挥学生骨干作用。拓展学生信息反馈渠道,通过班团干部、学生党员等学生骨干,第一时间掌握苗头性问题线索。

(6) 加强家校联系。辅导员与全体学生家长建立联系,并及时将重点关注学生的日常状态如实反馈,做到信息能共享,沟通有记录。

二、重点关注学生的分类识别及研判分级

(一)重点关注学生的分类识别

笔者结合辅导员工作经历、其他高校案例及学院调研情况,分析归纳重点关注学生主要可分为以下不同群体:[3]

---

[1] 周生虎:《加强高校重点关注学生工作的思考》,载《信息系统工程》2010年第8期。

[2] 吴凯凡等:《"三全育人"背景下加强高校重点关注学生管理的探索研究》,载《科教文汇(中旬刊)》2021年第14期。

[3] 郑婧:《高校重点关注学生管理体系初探》,载《科教文汇(中旬刊)》2020年第2期。

（1）成长环境特殊类群体：该类群体包括单亲家庭、有留守经历、有流动居住经历、境外或老少边穷地区生源等成长环境的学生；或生活中突发遭遇丧亲、患有严重疾病、父母离异等消极性事件的学生。成长经历和成长环境的特殊性极易导致该部分学生群体存在潜在性格及心理问题，须在入学前通过家校联系、档案排查等方式尽早掌握该类学生情况。

（2）心理健康问题类群体：第一类为心理状况不佳，处于亚健康状态但尚未构成精神障碍的学生，须密切关注；第二类为精神专科医院已明确诊断为患有抑郁、焦虑、精神分裂等精神疾病的学生，该类学生须高度关注，持续跟踪日常状态。

（3）意识形态问题类群体：该类学生可能涉及宗教、少数民族、境外、社团等因素，须关注其思想动态、是否有校园传教行为等。

（4）学业困难类群体：该类学生可能由于学习态度不端正、适应能力差或学习方法不当等原因导致挂科，甚至面临降级、退学；部分学业困难学生集中在毕业年级无法按时完成毕业论文，或未修满学分导致不符合毕业条件造成延毕等情况。

（5）经济困难问题类学生：该类学生为学生资助管理中心认定的困难及特别困难学生，除此之外，受重大自然灾害、重大疫情或家庭重大变故等影响，造成突发性经济困难的学生也是不可忽视的经济困难学生群体。

（6）人际交往问题类群体：该类学生可能因宿舍关系、情感关系、亲子关系、导学关系等产生冲突或纠纷，因关系的不融洽造成较大情绪波动，给生活、学习造成影响。

（7）应激事件问题类群体：该类学生日常状态平稳，因生活中突发剧烈变故如突发丧亲而形成较大的情绪起伏，状态调整困难并在一段时期内十分影响学习、生活和人际交往。

（8）其他需要重点帮扶群体：以上类别中尚未提到的情况，如突发公共卫生事件中重点疫区学生、重大自然灾害事件中灾区学生等其他须重点关注帮扶的情况。

（二）重点关注学生的研判分级

根据学生生理、心理、思想或行为等方面的影响程度，在横向分类的情况下，应当对重点关注学生群体进行纵向定级。[1]参照清华大学危机干预办法分级标准，[2]结合我校工作实际，应将重点关注学生划分为一级、二级、三级共三个等级，严重程度逐级递减，由各学院领导"一人一策"帮扶工作组进行综合研判，并定期向学生处报告研判结果与相关重点关注学生"一人一策"工作方案。

（1）存在以下情况之一的学生应列为一级重点关注：存在自伤或伤人风险，如流露自伤或伤人念头、有自伤或伤人计划和准备、曾发生自伤或伤人行为的；存在严重心理健康问题，被诊断为抑郁症、焦虑症、双相情感障碍等，曾有轻生念头并定期服药的；参与违法社团和宗教活动，并为重点关注社团的核心人物；其他经研判须定为一级重点关注的情况。

（2）存在以下情况之一的学生应列为二级重点关注：涉及多种表征，问题成因较为复杂，但较一级重点关注严重程度略轻；如因学业、家庭变故等产生心理问题，存在较为严重精神障碍，建议药物治疗或住院治疗的。

（3）存在以下情况之一的学生应列为三级重点关注：存在某一种表征，且受影响较为轻微的学生。

三、"一人一策"工作责任主体及具体职责

"一人一策"工作机构从其工作内容的宏观至微观，可分为学生处—学院学工部门—"一人一策"帮扶工作组三层级。

（一）学生处：顶层谋划，培训督导，全面构建联动机制

为了进一步加强对重点关注学生工作的领导，建立健全大德育工作格局，根据《高等教育法》及学校有关文件规定，本着以院系为基点的原则，学生处应当制定"一人一策"工作的总体思路及整体方案，设立专门工作领导小组，构建领导、统筹协调各个院系的重点关注学生工作。以下简要梳理学生处具体工作措施：

（1）构建分级管理、有效协作的联动机制，确保危机事件快速反应、及

---

[1] 方跃平、张金健：《高校"重点关注学生"风险评估系统的构建与应用》，载《学校党建与思想教育》2019年第3期。

[2]《清华大学危机干预工作流程》，载 https://wenku.baidu.com/view/8ed2c4ccdf80d4d8d15abe23482fb4daa48d1d01.html，最后访问时间：2023年2月23日。

时处理。固定联动模式，设置"学生骨干—辅导员—院系党总支—主管院领导—学生处"的联动机制。

（2）统筹协调与"一人一策"工作相关的其他校级部门。[1]在问题学生前期排查、评定级类及重点关注学生问题处理阶段，均需要学校各个部门及中心的参与。如心理健康问题类及成长环境特殊类学生需心理健康教育与咨询中心、学业困难问题类学生需教务处、经济困难问题类学生需学生资助管理中心的配合，不同中心针对性采取科学测试方式评定上文提到的研判等级参照因素。

（3）面对所涉及工作群体分层级、分类别开展长短期培训、经验交流座谈会。[2]每学期初针对"一人一策"工作主体进行全面、系统培训，培训内容包括危机事件的辨别、心理疾病识别、重点关注学生的发现与管理、如何倾听与沟通、如何正确认识心理疾病与心理治疗、如何正确认识精神类药物等，从多个维度增进师生对心理健康知识的了解和对心理疾病、心理危机的辨识能力，提高对重点关注学生管理体系的认识。每月组织开展一次跨院系、跨年级座谈，互相学习工作经验，通过提供沟通的平台为工作主体提供不同的工作优化思路。通过充分有效沟通，努力实现各部门与学院的协同工作模式，各部门配合专业学院共同研判、及时关注、积极应对。

（4）完善督查督导制度，确保工作实效。学生处联合院系设立"一人一策"工作督查小组，通过院系互查、学生端调研的方式每月进行两次督查督导，其中一次为抽查，一次为全面排查，并将督导情况向各个院系学生工作部门通报。

（二）学院学工部门：结合院情，固定模式，建立及领导"一人一策"帮扶工作组

学院工作部门应当组成院级"一人一策"帮扶工作组，以学工书记为中心，包括专职辅导员及班主任。根据学校有关的文件规定，结合本院"一人一策"工作的特殊情况，制定"一人一策"工作院级规范，具体包括以下

---

〔1〕 焦扬：《高校重点关注学生精准化干预对策研究》，载《民族高等教育研究》2020年第4期。

〔2〕 孙晋芳：《浅析独立学院重点关注学生的心理转化策略——以山西大学商务学院为例》，载《教育理论与实践》2017年第36期。

方面。

（1）完善院级"人工"+"数据"的重点关注学生日常排查模式。人工模式下辅导员通过深入课堂听课签到、宿舍查寝等方式了解学生动态；数据模式下通过宿舍门禁筛查系统、近期签到、出入校园及参加活动记录等方式分析学生的近况和动态，再以综合研判的方式在学院层面进行分析，掌握每日每周重点关注学生状态。

（2）固定不同类别重点关注学生突发事件处理流程。如何最大程度妥善处理"一人一策"工作对象的临时性突发事件是学院学生工作的重难点。临时性突发事件是针对学生意外死亡或伤害、学生失踪、未经批准的情况下集体组织游行示威等活动、违法犯罪、网络舆情等重点关注学生容易发生的临时性突发事件，学院层面应当明确针对临时性突发事件的联动机制和主要负责人员，并总结过往经验，固定突发事件处理流程。

（3）定期召开学院"一人一策"工作组专题会议。每月开展一次，利用专题会议梳理本月重点关注学生基本情况，更新学院重点关注学生台账。同时，利用专题会议面向"一人一策"工作组人员讲解"一人一策"相关院校政策，确保全员了解联动机制、临时性突发事件处理机制。

（三）"一人一策"工作组：聚焦个体，明确职责，高效突破学生困境

在院校两级学生工作部门领导下，针对每个重点关注学生个体，应当成立专门"一人一策"帮扶工作组。其中学工书记、专职辅导员作为常态工作主体，也是"一人一策"工作的主导者和各方主体的联系人；导师、班主任作为第二梯队，是"一人一策"微观层面工作的主力。在个体层面的"一人一策"问题上，应当明确工作主体的角色和学生问题之间的关联性大小，根据和不同主体之间的关联性确定责任主体以及工作顺位，从而进一步确定工作频率。顺位在前的责任主体工作频率更高，针对干预级别高的学生的工作频率更高。在学工书记作为主要负责人的基础上，构建一个密切协同的全方位重点关注学生管理体系。

针对具体案例，应全面列出学生问题区块，并找到学生身上主要矛盾，综合研判学生所涉及的不同问题的轻缓度，参照不同类别的工作主体顺位综合确定具体学生的工作主体顺位。接下来根据前文针对工作对象的不同分类，笔者将逐一分析不同类别下的重点关注学生所涉及"一人一策"工作主体的

顺位，以及每一主体的工作职责、具体举措。

（1）成长环境特殊类学生：学工书记、辅导员、导师、班主任、与学生密切相关的学生干部（班长、宿舍长、心理委员）、家长、学生资助管理中心、心理健康教育与咨询中心。

表1

工作主体	工作职责	具体举措及实施频率
学工书记	掌握学生近况，确保学生身心状态稳定，了解学生需求，帮助解决实际问题	一级：每周谈心谈话1次，每周同家长沟通1次； 二级、三级：每月谈心谈话2次
辅导员	掌握学生近况，确保学生身心状态稳定，了解学生需求，帮助解决实际问题，及时向学院传递学生情况信息	一级：每日谈心谈话1次，每周同家长沟通1次； 二级、三级：每周谈心谈话1次，每月同家长沟通2次
导师	掌握学生近况，确保学生身心状态稳定，为其提供学业支持和帮助	一级：每周谈心谈话1次； 二级、三级：每月谈心谈话1~2次
班主任	掌握学生近况，确保学生身心状态稳定，为其提供学业支持和帮助	一级：每周谈心谈话1次； 二级、三级：每月谈心谈话1~2次
学生干部	与辅导员联动，日常密切关注学生情况，有问题及时汇报，并在学习生活上提供自己力所能及的帮助	一级：每3日向辅导员汇报情况； 二级、三级：每周向辅导员汇报情况
家长	与辅导员联动，日常密切关注学生身心状态并反馈于辅导员	一级：辅导员每周同家长通话1次； 二级、三级：辅导员每月同家长通话2次
学生资助管理中心	在学生有经济困难情况时及时掌握，并根据需求提供合理帮助	一级：连同辅导员日常密切关注学生是否有需求； 二级、三级：待学生申请时提供帮助
心理健康教育与咨询中心	在学生有心理问题时及时掌握，并提供帮助	一级：连同辅导员日常密切关注学生心理状况，主动发函邀请参与积极心理体验活动； 二级、三级：待学生有需求时提供帮助

（2）心理健康问题类学生：学工书记、辅导员、导师、班主任、与学生

密切相关的学生干部、家长、心理健康教育与咨询中心、校医院。

表 2

工作主体	工作职责	具体举措及实施频率
学工书记	掌握学生近况，确保学生身心状态稳定，确保问题逐步有效缓解	一级：每周谈心谈话1次，每周同家长沟通1次； 二级、三级：每月谈心谈话2次
辅导员	掌握学生近况，确保学生身心状态稳定，了解学生需求，帮助解决实际问题，及时向学院传递学生情况信息	一级：每日谈心谈话1次，每周同家长沟通1次； 二级、三级：每周谈心谈话1次，每月同家长沟通2次
导师	掌握学生近况，确保学生身心状态稳定，为其提供学业支持和帮助，与其沟通舒缓其压力和焦虑	一级：每周谈心谈话1次； 二级、三级：每月谈心谈话1~2次
班主任	掌握学生近况，确保学生身心状态稳定，为其提供学业支持和帮助，与其沟通舒缓其压力和焦虑	一级：每周谈心谈话1次； 二级、三级：每月谈心谈话1~2次
学生干部	与辅导员联动，日常密切关注学生情况，有问题及时汇报，并在学习生活上提供自己力所能及的帮助	一级：每3日向辅导员汇报情况； 二级、三级：辅导员每月同家长通过2次
家长	与辅导员联动，日常密切关注学生身心状态并反馈于辅导员	一级：辅导员每周同家长通话1次； 二级、三级：辅导员每月同家长通话2次
心理健康教育与咨询中心	在学生有心理问题时及时掌握，并提供帮助	一级：连同辅导员日常密切关注学生心理状况，主动发函邀请参与积极心理体验活动； 二级、三级：待学生有需求时提供帮助
校医院	为重度心理问题学生提供校级合作精神类医院的优质资源对接	一级：连同辅导员日常密切关注学生是否有需求，并主动联系提供

（3）意识形态问题类学生：学工书记、辅导员、与学生密切相关的学生干部、导师、班主任。

表 3

工作主体	工作职责	具体举措及实施频率
学工书记	掌握学生近期思想状况和所参与社团活动,确保学生状态稳定	一级:每周谈心谈话1次; 二级、三级:每月谈心谈话2次
辅导员	掌握学生近期思想状况和所参与社团活动,确保学生状态确定,及时向学院传递学生情况信息	一级:每日谈心谈话1次; 二级、三级:每周谈心谈话1次
学生干部	与辅导员联动,日常密切关注学生所参与活动和个人思想状况,有问题及时汇报	一级:每日向辅导员汇报情况; 二级、三级:每3日向辅导员汇报情况
导师	掌握学生近况,进行正确的思想政治教育引导	一级:每周谈心谈话1次; 二级、三级:每月谈心谈话1~2次
班主任	掌握学生近况,进行正确的思想政治教育引导	一级:每周谈心谈话1次; 二级、三级:每月谈心谈话1~2次

(4)学业困难问题类学生:学工书记、导师、班主任、辅导员、与学生密切相关的学生干部、心理健康教育与咨询中心、教务处。

表 4

工作主体	工作职责	具体举措及实施频率
学工书记	掌握学生近况,确保学生状态稳定,了解学生需求,帮助解决实际问题	一级:每周谈心谈话1次; 二级、三级:每月谈心谈话2次
导师	掌握学生近况,确保学生身心状态稳定,为其提供学业支持和帮助,与其沟通舒缓其压力和焦虑	一级:每周谈心谈话2次; 二级、三级:每月谈心谈话2次
班主任	掌握学生近况,确保学生身心状态稳定,为其提供学业支持和帮助,与其沟通舒缓其压力和焦虑	一级:每周谈心谈话2次; 二级、三级:每月谈心谈话2次
辅导员	掌握学生近况,确保学生身心状态稳定,了解学生需求,帮助解决实际问题,及时向学院传递学生情况信息	一级:每日谈心谈话1次,每周同家长沟通1次; 二级、三级:每月谈心谈话2次

续表

工作主体	工作职责	具体举措及实施频率
学生干部	与辅导员联动，日常密切关注学生情况，有问题及时汇报，并在学习生活上提供自己力所能及的帮助	一级：每3日向辅导员汇报情况； 二级、三级：每周向辅导员汇报情况
心理健康教育与咨询中心	在学生因学业产生心理问题时及时掌握，并提供帮助	一级：连同辅导员日常密切关注学生心理状况，主动发函邀请参与积极心理体验活动； 二级、三级：待学生有需求时提供帮助
教务处	向有学业问题学生讲解院校学业相关政策	每月开展1次

（5）经济困难问题类学生：学工书记、辅导员、与学生密切相关的学生干部、学生资助管理中心、导师、班主任、家长、心理健康教育与咨询中心。

表5

工作主体	工作职责	具体举措及实施频率
学工书记	掌握学生近况，确保学生身心状态稳定，了解学生需求，帮助解决实际问题	一级：每周谈心谈话1次，每月同家长沟通1次； 二级、三级：每月谈心谈话2次
辅导员	掌握学生近况，确保学生身心状态稳定，了解学生需求，帮助解决实际问题，及时向学院传递学生情况信息	一级：每日谈心谈话1次，每周同家长沟通1次； 二级、三级：每周谈心谈话1次，每月同家长沟通2次
学生干部	与辅导员联动，日常密切关注学生情况，有问题及时汇报，并在学习生活上提供自己力所能及的帮助	一级：每3日向辅导员汇报情况； 二级、三级：每周向辅导员汇报情况
学生资助管理中心	在学生有经济困难情况时及时掌握，并根据需求提供合理帮助	一级：连同辅导员日常密切关注学生是否有需求； 二级、三级：待学生申请时提供帮助
导师	掌握学生近况，确保学生身心状态稳定，为其提供学业支持和帮助	一级：每周谈心谈话1次； 二级、三级：每月谈心谈话1~2次

续表

工作主体	工作职责	具体举措及实施频率
班主任	掌握学生近况，确保学生身心状态稳定，为其提供学业支持和帮助	一级：每周谈心谈话1次； 二级、三级：每月谈心谈话1~2次
家长	与辅导员联动，日常密切关注学生身心状态并反馈于辅导员	一级：辅导员每周同家长通话1次； 二级、三级：辅导员每月同家长通话2次
心理健康教育与咨询中心	在学生有心理问题时及时掌握，并提供帮助	一级：连同辅导员日常密切关注学生心理状况，主动发函邀请参与积极心理体验活动； 二级、三级：待学生有需求时提供帮助

（6）人际交往问题类学生：学工书记、辅导员、与学生密切相关的学生干部、心理健康教育与咨询中心、导师、班主任。

表6

工作主体	工作职责	具体举措及实施频率
学工书记	掌握学生近况，确保学生身心状态稳定	一级：每周谈心谈话1次； 二级、三级：每月谈心谈话2次
辅导员	掌握学生近况，确保学生身心状态稳定，了解学生需求，帮助解决实际问题，及时向学院传递学生情况信息	一级：每日谈心谈话1次，每周同家长沟通1次； 二级、三级：每周谈心谈话1次，每月同家长沟通2次
学生干部	与辅导员联动，日常密切关注学生情况，有问题及时汇报，并在学习生活上提供自己力所能及的帮助	一级：每3日向辅导员汇报情况； 二级、三级：每周向辅导员汇报情况
心理健康教育与咨询中心	在学生有心理问题时及时掌握，并提供帮助	一级：连同辅导员日常密切关注学生心理状况，主动发函邀请参与积极心理体验活动； 二级、三级：待学生有需求时提供帮助
导师	掌握学生近况，确保学生身心状态稳定，为其提供生活上的引导和帮助	一级：每周谈心谈话1次； 二级、三级：每月谈心谈话1~2次

工作主体	工作职责	具体举措及实施频率
班主任	掌握学生近况，确保学生身心状态稳定，为其提供生活上的引导和帮助	一级：每周谈心谈话1次； 二级、三级：每月谈心谈话1~2次

（7）应激事件问题类学生：学工书记、辅导员、与学生密切相关的学生干部、保卫处、校医院、家长、心理健康教育与咨询中心、导师、班主任。

表7

工作主体	工作职责	具体举措及实施频率
学工书记	掌握学生近况，确保学生身心状态稳定，了解学生需求，帮助解决实际问题	一级：每周谈心谈话1次，每月同家长沟通1次； 二级、三级：每月谈心谈话2次
辅导员	掌握学生近况，确保学生身心状态稳定，了解学生需求，帮助解决实际问题，及时向学院传递学生情况信息	一级：每日谈心谈话1次，每周同家长沟通1次； 二级、三级：每周谈心谈话1次，每月同家长沟通2次
学生干部	与辅导员联动，日常密切关注学生情况，有问题及时汇报，并在学习生活上提供自己力所能及的帮助	一级：每3日向辅导员汇报情况； 二级、三级：每周向辅导员汇报情况
保卫处	针对学生违法犯罪的行为，或在违法犯罪行为中成为被害人的学生进行工作	根据法律、行政法规及部门规章按流程处理
校医院	为因应激事件造成的重度心理问题学生提供校级合作精神类医院的优质资源对接	一级：连同辅导员日常密切关注学生是否有需求，并主动联系提供
家长	与辅导员联动，日常密切关注学生身心状态并反馈于辅导员	一级：辅导员每周同家长通话1次； 二级、三级：辅导员每月同家长通话2次
心理健康教育与咨询中心	在学生有心理问题时及时掌握，并提供帮助	一级：连同辅导员日常密切关注学生心理状况，主动发函邀请参与积极心理体验活动； 二级、三级：待学生有需求时提供帮助

续表

工作主体	工作职责	具体举措及实施频率
导师	掌握学生近况,确保学生身心状态稳定,为其提供生活上的引导和帮助	一级:每周谈心谈话1次; 二级、三级:每月谈心谈话1~2次
班主任	掌握学生近况,确保学生身心状态稳定,为其提供生活上的引导和帮助	一级:每周谈心谈话1次; 二级、三级:每月谈心谈话1~2次

(8)其他需要重点帮扶学生:学工书记、辅导员、导师、班主任与学生密切相关的学生干部、保卫处、校医院、心理健康教育与咨询中心、宿舍管理人员等。"一人一策"帮扶工作组根据学生具体情况针对性确定责任主体顺位及相应措施频率。

四、政策展望

重点关注学生帮扶工作是目前高校学生教育管理的一个重要部分,全面构建"一人一策"重点关注学生帮扶工作体系既是落实精准思政、立德树人根本任务的重要途径,又是加强关心关爱、筑牢安全防线,构建和谐稳定校园环境的必要之举。在制度构建过程中,要始终坚持目标导向、问题导向和结果导向。一是坚持目标导向,全面总结我校重点关注学生工作中的先进经验,将重点关注学生工作形成科学固定的普适性处理机制,是有效预防突发性危机事件的基础。二是坚持问题导向,将视野聚焦到目前重点关注学生工作中的各类问题如责任主体不明确、职责划分不清晰、没有明确分类定级标准等,从而针对性加强政策指导。三是坚持结果导向,进一步对相关问题进行了明确,力求取得重点关注学生帮扶工作实效。

通过科学的制度构建,学生工作者不断磨砺精准排查重点关注学生的"火眼金睛",及时更新重点关注学生信息,应上尽上;通过部门密切协同、家校师生联动锤炼帮扶学生的"三头六臂",多维度、全方位沟通保障学生状态稳定,形成合力;并在突发性危机事件发生时,因人而异练就"七十二变",巧化危机。在此过程中,锤炼学生积极向上的健康心态和自尊自信的品格,努力培养德智体美劳全面发展的社会主义建设者和接班人。

参考文献

[1]《把思想政治工作贯穿教育教学全过程 开创我国高等教育事业发展新局面》，载《人民日报》2016 年 12 月 9 日，第 1 版。

[2] 吴凯凡等：《"三全育人"背景下加强高校重点关注学生管理的探索研究》，载《科教文汇（中旬刊）》2021 年第 14 期。

[3] 周生虎：《加强高校重点关注学生工作的思考》，载《信息系统工程》2010 年第 8 期。

[4] 郑婧：《高校重点关注学生管理体系初探》，载《科教文汇（中旬刊）》2020 年第 2 期。

[5] 方跃平、张金健：《高校〈重点关注学生〉风险评估系统的构建与应用》，载《学校党建与思想教育》2019 年第 3 期。

[6]《清华大学危机干预工作流程》，载 https://wenku.baidu.com/view/8ed2c4ccdf80d4d8d15abe23482fb4daa48d1d01.html，最后访问时间：2023 年 2 月 23 日。

[7] 焦扬：《高校重点关注学生精准化干预对策研究》，载《民族高等教育研究》2020 年第 4 期。

[8] 孙晋芳：《浅析独立学院重点关注学生的心理转化策略——以山西大学商务学院为例》，载《教育理论与实践》2017 年第 36 期。

大学生矛盾新趋势探讨

中国政法大学法学院　孟祥滨

大学生处于刚刚成年的阶段，思维活跃、创新能力强，对待事物拥有更多自身的看法，但因为社会经验不足、磨炼不足、人际交往经验不足、做事本身容易冲动等原因，容易被误导"偏激看待社会、脱离实际要求社会和不理性批判社会"[1]，大学生在日常学习生活中产生矛盾比较正常，发生矛盾的比例也要比其他的群体高。而且，进入互联网时代，00后的大学生在同学关系相处中也有新的变化，矛盾纠纷也呈现出新的时代特点。

一、大学生产生矛盾的领域发生变化

从发生的领域看，有了较大的转变。以前的学生纠纷，寝室矛盾占很大比重，不同地方、不同家庭背景的人聚到一起，生活习惯、文化上的碰撞在所难免，为了晚上是否熄灯、冬天是否开窗等很容易产生矛盾。有时还会为了个人进步和荣誉的竞争，比如竞选学生干部、竞争三好学生等产生纠纷。当今的大学生，矛盾领域当然也没有完全脱离原来的领域，但有新的变化。寝室依然是矛盾集中发生地，而且比以前更加容易发生问题。恋爱矛盾依旧存在，甚至比以前更加频繁，矛盾凸显方式也完全不同，更加公开和直接。以前恋爱矛盾无非就是争吵或者"冷战"等，现在除此之外，还会经常在微信或者网络论坛实名开骂。因为评优等个人利益产生的矛盾，呈现减少态势，主要还是当今大学生的生活物质条件基本都不错，对于个人发展上的追求更加多元化，对于一些利益的"争夺"也没有以前那么重视，因而产生矛盾的概率也小了很多。学生组织和学生社团中的矛盾逐步增加。原来的学生组织和社团，内部组织管理垂直化，上下级关系明确，基本是主席团（主席+副主

---

[1] 李亚员：《大学生思潮：内涵、特征及其研究价值》，载《理论月刊》2015年第12期。

席）—部长（部长+副部长）—干事这三个非常明确的层级，基本是按照科层制的方式，由上一级领导和指挥下一级开展工作。现在的学生组织和社团，打破原有的级别，组织管理扁平化，原来一个部门一个部长、若干副部长和干事，现在一个部门动辄四个以上的部长，没有副部长，部长和干事之间关系也不再限于原来的管理和被管理关系，内部基本实现完全平等，部长之间因为分工、工作思路和工作量的不同，极易引发矛盾，经常在部门例会或者微信群中争执。因为个人观点不同进行讨论进而升级成为个人矛盾，手机网络没有普及的时代，大学生讨论问题基本都是当面说，可以最大限度地降低误解的可能，现在的大学生，讨论问题基本都是在微信、知乎、微博等网络平台，因为观点的不同、交流的误会，容易从理性的讨论演变为个人的争执，比如之前曾经多次出现的宠物问题、占座问题、考试给分问题、选课问题、社会热点问题，在批驳别人观点的时候也很容易走偏，对其为人进行指摘，甚至动用各种网络资源，比如微信群、微信朋友圈、微信公众号和微博等，对与之争执的人进行批判。

二、大学生矛盾基本通过网络表现

无论是寝室中的矛盾，还是恋爱、社团或者个人观点冲突引发的矛盾，表现方式基本都是通过网络"挂人"体现。动辄将对方的各种所谓"罪状"编辑，发布在微信朋友圈、微博或者其他网络空间，对方自然不甘示弱，以同样的方式从有利于自己的角度回击。以前的寝室矛盾，基本都是以拌嘴、争吵或者动手的方式表现，现在的大学寝室，尤其是女生寝室，即使产生矛盾，也很少通过当面语言冲突的方式表现，最初的方式基本都是在寝室的微信群里，直接"@某人"，提醒其注意某些方面，对方也会在微信群里回复。如果问题没有解决，则会把对方的各种"恶行"通过网络发布，附带双方的各种网络聊天记录。其他方式引发的矛盾也是如此。当代的大学生中，有所谓的"吃瓜"一族，通俗地说，就是看热闹的，既然是有"吃瓜"的，自然就有"卖瓜"的，特别是因为恋爱关系产生的矛盾，矛盾的双方，在彻底分手之后，如果双方还没有解决，往往会采取网络"挂人"的方式处理，通过朋友圈或者公众号，把双方的微信聊天记录等"证据"整理公开，直接给对方的形象和声誉造成严重打击，而被挂的那一方自然也不甘示弱，肯定以同样的方式进行回击,甚至双方的同学朋友也会参与进来,造成局面进一步复杂化。本来,矛盾双方可以通过和平谈话,抑或通过朋友协调处理问题,但他们采取了极端的方式,将矛盾公开化,将对方置于网络审判中,以求达到自己的目的。

三、大学生矛盾问题集中反映了个人中心主义

当今的大学生,特别是2000年以后出生的学生,基本都是独生子女家庭,生活条件基本都不错,从小就是予取予求,大部分都是在家长的溺爱中长大。他们较少会关心、关注别人,个别同学做事情完全凭自己的喜好处理,进入大学之后,家长基本难以管教,此类同学往往表现出消极冷漠的心态:在人际关系上,习惯以自我为中心,经常忽视他人的感受,集体主义观念不强,缺少忍让、谦虚、团结的品质,拒绝关心、帮助他人;在人生态度上,不关心国家大事,没有远大理想抱负,缺乏大学职业生涯规划,喜欢长时间刷网络视频,不愿意参加学校组织的各类集体活动。[1]在大学的学习生活中,还是完全的个人本位,看待周围的人和事,很难从客观的角度分析和判断,而是从是否对自己有利出发。别人的言行一旦和自己的利益甚至"想法"产生冲突,就容易产生对抗甚至敌视心理,把对方完全置于对立面,极尽攻击之能事。笔者处理过一个案例,某男生寝室因为空调温度产生矛盾。来自南方某省的A同学夏天怕热,想把空调温度调低,而来自北方某省的B同学则希望不要太低,围绕这个事情寝室内部讨论多次无法统一,两个人矛盾逐步升级,A同学把B同学的微信删除,在其他方面也完全否定B同学,处处针锋相对,在B同学入党的时候实名提出异议,说其人品有问题,不诚信,无法与同学团结。空调的问题寝室无法解决,最后找到笔者调解矛盾,在征求全部寝室成员意见后,达成一致。但某日,A擅自调低温度,B要求调回,争执不下,在抢夺遥控器的过程中A手中的水杯打破,划伤了B的脚,班干部及时联系辅导员到场处理。其实,这是件非常简单的事情,但因为寝室成员的个人中心主义思想,不考虑别人,拒绝妥协,才造成严重后果。

---

〔1〕 廖荣军:《大学生理性平和心态培育研究》,载《池州学院学报》2021年第2期。

席）—部长（部长+副部长）—干事这三个非常明确的层级，基本是按照科层制的方式，由上一级领导和指挥下一级开展工作。现在的学生组织和社团，打破原有的级别，组织管理扁平化，原来一个部门一个部长、若干副部长和干事，现在一个部门动辄四个以上的部长，没有副部长，部长和干事之间关系也不再限于原来的管理和被管理关系，内部基本实现完全平等，部长之间因为分工、工作思路和工作量的不同，极易引发矛盾，经常在部门例会或者微信群中争执。因为个人观点不同进行讨论进而升级成为个人矛盾，手机网络没有普及的时代，大学生讨论问题基本都是当面说，可以最大限度地降低误解的可能，现在的大学生，讨论问题基本都是在微信、知乎、微博等网络平台，因为观点的不同、交流的误会，容易从理性的讨论演变为个人的争执，比如之前曾经多次出现的宠物问题、占座问题、考试给分问题、选课问题、社会热点问题，在批驳别人观点的时候也很容易走偏，对其为人进行指摘，甚至动用各种网络资源，比如微信群、微信朋友圈、微信公众号和微博等，对与之争执的人进行批判。

二、大学生矛盾基本通过网络表现

无论是寝室中的矛盾，还是恋爱、社团或者个人观点冲突引发的矛盾，表现方式基本都是通过网络"挂人"体现。动辄将对方的各种所谓"罪状"编辑，发布在微信朋友圈、微博或者其他网络空间，对方自然不甘示弱，以同样的方式从有利于自己的角度回击。以前的寝室矛盾，基本都是以拌嘴、争吵或者动手的方式表现，现在的大学寝室，尤其是女生寝室，即使产生矛盾，也很少通过当面语言冲突的方式表现，最初的方式基本都是在寝室的微信群里，直接"@某人"，提醒其注意某些方面，对方也会在微信群里回复。如果问题没有解决，则会把对方的各种"恶行"通过网络发布，附带双方的各种网络聊天记录。其他方式引发的矛盾也是如此。当代的大学生中，有所谓的"吃瓜"一族，通俗地说，就是看热闹的，既然是有"吃瓜"的，自然就有"卖瓜"的，特别是因为恋爱关系产生的矛盾，矛盾的双方，在彻底分手之后，如果双方还没有解决，往往会采取网络"挂人"的方式处理，通过朋友圈或者公众号，把双方的微信聊天记录等"证据"整理公开，直接给对方的形象和声誉造成严重打击，而被挂的那一方自然也不甘示弱，肯定以同样的方式进行回击，甚至双方的同学朋友也会参与进来，造成局面进一步复杂化。本来，矛盾双方可以通过和平谈话，抑或通过朋友协调处理问题，但他们采取了极端的方式，将矛盾公开化，将对方置于网络审判中，以求达到自己的目的。

三、大学生矛盾问题集中反映了个人中心主义

当今的大学生，特别是2000年以后出生的学生，基本都是独生子女家庭，生活条件基本都不错，从小就是予取予求，大部分都是在家长的溺爱中长大。他们较少会关心、关注别人，个别同学做事情完全凭自己的喜好处理，进入大学之后，家长基本难以管教，此类同学往往表现出消极冷漠的心态：在人际关系上，习惯以自我为中心，经常忽视他人的感受，集体主义观念不强，缺少忍让、谦虚、团结的品质，拒绝关心、帮助他人；在人生态度上，不关心国家大事，没有远大理想抱负，缺乏大学职业生涯规划，喜欢长时间刷网络视频，不愿意参加学校组织的各类集体活动。[1]在大学的学习生活中，还是完全的个人本位，看待周围的人和事，很难从客观的角度分析和判断，而是从是否对自己有利出发。别人的言行一旦和自己的利益甚至"想法"产生冲突，就容易产生对抗甚至敌视心理，把对方完全置于对立面，极尽攻击之能事。笔者处理过一个案例，某男生寝室因为空调温度产生矛盾。来自南方某省的A同学夏天怕热，想把空调温度调低，而来自北方某省的B同学则希望不要太低，围绕这个事情寝室内部讨论多次无法统一，两个人矛盾逐步升级，A同学把B同学的微信删除，在其他方面也完全否定B同学，处处针锋相对，在B同学入党的时候实名提出异议，说其人品有问题，不诚信，无法与同学团结。空调的问题寝室无法解决，最后找到笔者调解矛盾，在征求全部寝室成员意见后，达成一致。但某日，A擅自调低温度，B要求调回，争执不下，在抢夺遥控器的过程中A手中的水杯打破，划伤了B的脚，班干部及时联系辅导员到场处理。其实，这是件非常简单的事情，但因为寝室成员的个人中心主义思想，不考虑别人，拒绝妥协，才造成严重后果。

---

[1] 廖荣军：《大学生理性平和心态培育研究》，载《池州学院学报》2021年第2期。

四、大学生处理矛盾的方式存在一定的危害性

网络处理矛盾，当事人双方虽然可以在一个平台交流，但却不在同一个时空环境当中，信息沟通的时间差、信息传递时的情绪差异、对同一信息理解的角度差异和理解差异，很容易引起误解。而这种不计后果的发布推送，将别人的所有信息、双方的网络沟通截图发布，甚至曝光别人的隐私，使得单纯的个体间矛盾上升为公共事件，对个体进行"人肉搜索"，揭露个人隐私信息，发动网友进行网络霸凌，这种现象在当今大学生中间比比皆是。被霸凌的一方，个人声誉扫地，个人自尊心受到严重打击，被周围人疏远，导致心理疾病。而这种网络互殴的现象，也严重破坏了同学之间和校园里的和谐气氛，影响了正常的学习生活。大学本来是学业的最后一站，是相对纯洁的环境，但这种"网络互殴"的矛盾处理方式，已经背离了同学关系相处的基本准则和底线。对于别人隐私的揭露，本身已经属于违法行为，而发动网络霸凌致人生病，更是严重的违法行为。

五、大学使矛盾调解处理难度加大

（一）管理制度缺失

对于个人隐私的揭露、对于个人名誉和身心的伤害，往往会突破法律的底线，但现在的大学生管理制度又缺少这方面的规定，处理问题没有制度依据，使得这类问题很难得到有效处理。举一例，某同学在校内属于"风云人物"，在多个学生社团担任职务，参加不少文艺和体育活动，校内朋友很多。某日，他转发了一名同学批评室友的网络推送文章，他并未查证，也未评论，仅仅转发，结果该文章的点击量跃升了3000多，评论和转发量也大大增加，本来小范围的同学矛盾，经过他的转发，成为公共事件。受害的一方要求处理该名转发的学生，但查遍学校所有的学生管理制度，也没有相关的规定。作为校方，也不合适鼓励受害一方起诉维权，而批评教育和赔礼道歉也无法满足受害一方的要求。即使受害一方提出民事诉讼获胜，也没有相关的管理制度支持对败诉的一方进行处分。

（二）查证困难

以前，大学生之间产生矛盾，学校方面（主要还是辅导员）找双方谈一

下，了解情况，做出是非曲直判断，然后分别做工作，即使动手也有完整的制度处理规定。而现在的大学生矛盾表现方式主要是在网络，学校无法在产生矛盾时及时反应，部分学生在批评别人的时候也并未直接点名，查证困难。至于其他跟风霸凌的网友，连查证人名基本都不可能。

（三）矛盾调解处理困难

当代大学生个人中心主义较为严重，让任何一方承认错误并让步都是非常困难的，需要做大量的说服教育工作。而大学生矛盾处理网络化，学校方面介入的时候，往往是伤害已经造成、矛盾尖锐化、同学关系完全破裂的时候，分歧如鸿沟，基本已经没有调和与让步的空间了。

问题出现，总要有解决的对策。大学生是祖国的未来，大学是国家人才培养的主要基地，必须为大学生提供良好的学习生活环境，这应该成为全社会的共识。

六、大学矛盾调解处理应对措施

（一）国家要创造和谐可控的网络环境

手机和网络是当代大学生生活最终的在载体之一，无论是上课、资料收集、购物、人际交往等，基本都是通过手机网络的方式完成。文明、和谐和有序管理的网络环境对大学生来说，显得尤为重要。

第一，要完善网络文明立法。个体矛盾网络化不仅仅是大学生的专利，只是因为大学生对于网络的熟练运用，使得这一现象在大学生中较为普遍。当今社会中，网络使用已经遍布每一个角落，人们在享受网购、通话等便捷的同时，也在承受网络带来的问题。我们经常见到，对于一些行为有可指摘的人，进行所谓的"人肉搜索"，进行完全不对等的攻击，大肆揭露别人的隐私等，这破坏了正常的社会风气。因此，国家应该专门立法，对于网络世界的行为进行规范，特别是对于网络侵权行为，要有完善的法律规定，对相关行为的合法性边界作出明确规定。对于一些严重的违法行为，要有明确的法律责任和法律制裁措施。

第二，大力倡导网络文明新风尚。党的十九大报告中明确指出，要加强社会心理服务体系建设,培育自尊自信、理性平和、积极向上的社会心态。[1]从整个社会范围来看,网络文明、和谐处理矛盾是衡量一个国家和社会是否文明的重要标准之一。社会和谐"不仅是指一个社会生活秩序或者状态的和谐平安,而且甚至首先是指人们精神心理秩序或状态的和谐宁静"[2]。从党的宣传政策来讲,要大力倡导文明上网,对在校学生特别是大学生进行文明上网教育,形成良好的社会风尚。对于大学生文明上网,不能简单地说教和喊口号,应该要结合大学生的年龄特点和兴趣,举行一些有教育意义的活动或者比赛,寓教于乐。

(二) 学校要完善相关校规校纪,做到依法治校

依法治校有利于增强高校的管控能力,也能够有效的预防大学生纠纷行为,部分高校目前仍然存在"人治"大于"法治"的思想,导致出现问题的时候,学校缺乏完整的制度依据处理,对于一些违纪行为无法作出处分。基于此,高校应该明确依法治校的重要性,提升高校预防大学生纠纷行为的防控能力,使依法治校思想的价值得以最大化体现。[3]对于大学生矛盾网络化处理引起严重后果的,要有明确的处理和处分依据,要有相对科学和独立的调查程序,对于学生的处分行为,要有完整的事实调查依据,尽可能保障学生的解释和申诉权利。对于网络行为的查询和判断存在很大的难度,要储备相关的技术人才,必要时借助外界相关专业力量完成调查。而对于因为处理矛盾网络化给别人带来伤害的,要根据不同情节,进行相关的校规校纪处分。有完善的制度才和奖惩措施会让人产时敬畏之心,也是杜绝网络霸凌等行为的主要抓手。

(三) 大学生辅导员要提高处理大学生矛盾的能力

1. 要通过各种方式帮助学生树立正确的人际观念和矛盾处理观念

大学生辅导员要充分认识到作为网络原居民一代的大学生对网络非常依赖,比如习惯于网络购物、网络社交、网络学习、网络视听、网络订餐等,

---

[1] 习近平:《决胜全面建成小康社会 夺取新时代中国特色社会主义伟大胜利——在中国共产党第十九次全国代表大会上的报告》,载《求是》2017年第21期。

[2] 万俊人:《"和谐社会"及其道德基础》,载《马克思主义与现实》2005年第1期。

[3] 夏赟:《新时代大学生纠纷行为解构及防控策略》,载《教育现代化》2018年第40期。

网络已成为他们生活中不可缺少的部分，约91%的大学生最主要的信息来源是互联网。[1]因此，网络已经成为当代大学生日常生活学习的重要载体，对于大学生矛盾的网络化，不能仅仅靠围堵、发现问题强制删帖等方式解决。要对大学生进行文明上网教育，对于矛盾处理网络化的危害进行剖析，特别是要多讲一些相关案例，让大学生看清楚不理智行为的后果。笔者为此专门开过主题班会，并创造了"斗蟋蟀"理论教育学生，两个在网络中互殴的学生，就像在蛐蛐罐里打斗的两只蟋蟀一样，虽然周边有很多喝彩助威的，但大家多是在看热闹，有谁会真正关心这两个人的是非曲直？有几个人是抱打不平的？网络互殴中，把个人的信息无节制地揭露出来，后面的传播是本人无法控制的，伤害也是无法控制的，后果也多是自己无法承担的。笔者经历过一个案例，某同学因为寝室室友睡觉打呼噜而烦恼不已，但他没有直接和对方说，而是在网上不点名批评，后来觉得不过瘾，直接录制同学打呼的视频传到网上，还冠名"呼噜娃之歌"，没想到视频被熟悉的同学看到，不经意间暴露了打呼同学的名字，短短一两天，这名同学成了众所周知的"呼噜娃"。该同学之后不敢看手机，不敢出去和同学交流，患上严重的心理疾病，还产生轻生的念头。学生家长找到学校，要求严肃处理发视频的学生，但即使处分了，能换回同学的身心健康吗？所以，要鼓励学生遇到问题通过面对面、眼镜对眼睛的方式，协调解决，万万不可随意把矛盾公布到网上。要教育学生逐步认识到世界、社会、校园和他人都不可能按照自己的想法存在，要有换位思考的习惯，要改变单一维度判断的习惯，要学会包容别人的缺点和不足，要学会通过沟通交流化解同学矛盾。

2. 密切师生关系，做学生矛盾处理的"知心人"

辅导员要做学生的知心朋友。大学生辅导员作为大学思政课的重要承担者，必须提升教师人格修养。思政课教师是党和国家的一面旗帜，是高校的一面镜子，思政课教师的思想情怀和人格魅力体现在日常的言传身教。思政教师需要提高自身修养，优化教学效果，传播社会主流价值观，疏通学生思想困惑，引导学生成长成才。[2]辅导员在面对学生矛盾问题中要扮演好"知

---

[1] "中国大学生社会心态研究"课题组等：《当代大学生社会心态调查报告》，载《文化纵横》2019年第6期。

[2] 廖荣军：《大学生理性平和心态培育研究》，载《池州学院学报》2021年第2期。

心朋友"的角色，既要做到以理服人，又要做到以情动人。解决学生矛盾问题是学生思想政治教育的一部分，在矛盾的解决过程中，一方面，辅导员在谈心谈话中的真情实感会获得学生的信任，使得学生主动向辅导员表达内心的想法；另一方面，辅导员在分析矛盾时的有理有据会增强学生思想政治教育的实效性，促进学生愿意接受辅导员的思想教育和价值引领。[1]学生遇到矛盾，把问题公布到网络上的原因之一，是觉得没有可以求助的对象。学生辅导员，是大学校园里和学生接触最多、影响最大的长辈，虽然是师生，是管理和被管理的关系，但更应该是辅导和被辅导的关系，学生辅导员应该成为学生的知心朋友。在学习生活中多关心学生，对学生的问题也应有技巧地点出并督促改正，学生虽然有时候会任性，但他们有自己的判读，知道老师是对他好，有问题也会想到找辅导员解决。作为学生工作管理者，辅导员首先要第一时间解决好学生矛盾问题，其次在处理问题时要得到学生的认可和信任，[2]最后从规章管理方面，让学生意识到自身的存在问题，从心底里反思到其行为的错误。

---

[1] 邓春远、曲彭：《系统论思维下高校大学生宿舍矛盾的解决与思考》，载《华东纸业》2022年第1期。

[2] 沈威、范伟杰：《高校学生工作案例分析的方法与技巧》，载《高校辅导员》2014年第3期。

大学生"无聊"感现状调查及应对

中国政法大学学生工作部（处）　齐　轲

摘　要："无聊"是一种常见的消极情绪，表现为情绪低落、注意力难以集中以及提不起兴趣。几乎每个人都有过或者经常有无聊的情绪体验，长期的无聊体验不仅会造成个体情绪低落，更会影响个体的注意力和认知需求。因为无聊感的定义目前还存在争议，所以测量无聊感的问卷较多，主要从特质和状态两个角度编制，本研究采用李晓敏等（2016）修订的中文版《简版无聊倾向量表》（Boredom Proneness Scale-Short Form，BPS-SF）。本研究使用该量表对中国政法大学560名本科生进行调查研究，发现在性别方面无聊倾向水平无显著差异；独生子女的无聊倾向水平显著低于非独生子女；城市和乡村学生无聊倾向无显著差异；大一组的无聊倾向水平显著低于大二组。这也启发我们在日常学生心理健康教育工作中要多对非独生子女进行关注，以及对大学二年级的学生进行有针对性的活动安排，使其更好地适应从大学一年级升入二年级的变化，降低其无聊感。

关键词：无聊　特质　刺激　意志品质

对于高校学生来说，无聊常常会出现在我们的生活中，但无聊并不像抑郁、焦虑等负性情绪带给我们直接的、较大的冲击，所以无聊并不能引起很多人的重视，但是研究证明无聊感出现时如果不进行疏导，则很容易伴随有抑郁、焦虑、心境恶劣等各种负性情绪和负性心理状态，会严重影响人们的心理和精神状态。无聊感还通过消极的认知和情绪对个体的行为产生影响，致使个体产生各种社会适应不良行为，研究发现无聊与成瘾行为（如物质滥用、网络成瘾、赌博成瘾等）、犯罪、青少年不良行为（如逃学、辍学、校园暴力等）、职业倦怠等均呈显著正相关。所以个体的无聊感水平影响着其生活质量和心理健康。

一、无聊感

无聊感作为一种负性情绪,经常出现在人们的生活中,但是它的定义和内涵却至今仍存在争议,不同的思想流派对无聊的定义并不相同。现有文献认为无聊包含的各种各样的体验可以分为以下几大类:难以集中的意识;非最理想的唤醒;消极的、厌恶的情绪状态;约束和混乱的力量感;感觉到时间流逝缓慢。前两类是几乎所有研究者都承认的无聊感因子,对于后三种因子是不是无聊的必要因子还有待进一步研究。

Lipps(1903)提出了无聊最早的心理动力学定义:无聊是由于对强烈的心理活动的需要与缺乏刺激或无法被刺激满足而产生的不愉快的感觉。Fenichel(1953)认为无聊涉及对精神接触的渴望和同时抑制这种接触。他们还认为,无聊的人无法表达他或她想要的或想要做的事情。根据心理动力学理论,令人无聊的是处于对活动渴望的状态,但不知道渴望什么,并期待解决僵局。

绝大多数存在主义对无聊的定义包括空虚感,无意义和无力感(无聊的个体无法找到行动的动力)。例如,Maddi(1970)提出了一种称为"存在性疾病或神经官能症"的疾病,他称之为"无意义、冷漠和无目的的安定、连续的状态","普遍缺乏情绪,包括愉快和不愉快,除了无聊"。因此,存在主义对无聊的定义强调由迟钝、空虚、无意义感导致的厌恶体验。有研究者认为无聊是一种厌恶的状态,其特点是不满、悲伤、空虚、焦虑甚至愤怒的感觉(Fahlman,2013)。错误的认知分配或注意力不足可以解释个人内部的负面情绪状态,错误的认知分配会破坏信息处理的平稳性并导致认知错误,产生一些消极的影响。与无聊有关的负面影响可能妨碍持续或重新引起对当前活动的注意力,导致持续的无聊情绪。

唤醒理论将无聊定义为当个体需要的唤醒与环境刺激的可用性之间不匹配时发生的非最佳唤醒状态。更具体地说,环境可能存在过多或过少的挑战,因此不能提供令人满意的活动或状态。因此,根据唤醒理论,内心的无聊状态,是无法通过与环境接触达到最佳的唤醒水平时发生的。

认知理论更侧重于个体对环境的单调或无趣认知。认知理论还认为无聊的人受到注意力不集中的困扰,并被迫通过努力来控制注意力(Fisher,

1993)。因此，从认知的角度来定义无聊，既强调环境缺乏满足心理需求的条件，也强调集中注意力的能力受损。

有研究者认为无聊的人感到束缚，他们必须做他们不想做的事或不能做他们想做的事（Fahlman，2013）。即他们被约束，以致他们的意志不能被执行。并且长期无聊的人常常无法表达他们想做什么。除了约束问题之外，还有研究指出慢性无聊也与混乱的力量感有关（Bernstein，1975）。Bernstein 认为那些经常觉得无聊的人比起现在的生活总是想到过去的情形。

扭曲的时间感，时间被认为很缓慢地流过，也被认为是无聊的一个突出特点。德语中"无聊"一词是的字面意思是"很长一段时间"。Wangh（1975）指出，在无聊的状态下，时间似乎无穷无尽，过去和现在和未来都没有区别，似乎只有无尽的现状。Greenson（1953）指出，无聊与扭曲的时间感（时间似乎停滞不前）有关，并强调无聊涉及等待的痛苦和时间流逝缓慢的痛苦。定性研究中的参与者在感到厌倦时同样报告缓慢的时间。有高无聊倾向的人往往会在判断感知事件的持续时间时犯错误，这给时间感知的扭曲导致无聊的可能性提供了论据（Danckert，2005）。也有研究者认为在无聊时期感知缓慢的时间流逝可能是由于未充分关注当前活动而引起的。

除了传统的无聊理论，Bench 和 Lench（2013）提出，在目标被阻挡或强烈情绪（例如快乐或悲伤）消退的时候，可能会出现无聊。他们认为无聊是一种情感提示，提示人们需要追求与目前追求的目标不同的目标，一旦一个人达到无法参与令人满意的活动的厌恶状态，就表明他需要寻找不同的东西，从这个意义上说，无聊可以被视为一种功能适应性情绪。

二、无聊感对心理健康的影响

如果产生强烈的无聊感且不进行处理，会使人产生烦躁、抑郁等负性心理状态，进而产生强烈无意义感，这些感受都可能使个体进入负性心理状态，对生活的态度也变得消极，此时让我们产生兴趣的阈值会不断升高，所以就会更容易产生无聊感，导致恶性循环，影响学生的学业、工作和心理健康。且当个体处于高无聊感中，其更有可能使用更多的情感聚焦方式来处理无聊和无意义的感觉。也会倾向于选择一个更简单的策略——"麻木"，即减少自我意识来降低无聊感对自身状态的影响。这些逃避和使自身麻木的策略包括从事某些享乐的基本行为，如控制不住地吃零食、喝饮料、使用酒精等，或者进行无意识的社交活动，例如玩电子游戏、在线交友、性行为等。自我意识决定着我们对自己状态的掌控，失控常常会带来自我否定，对个体的自尊和心理健康水平都会产生巨大影响。

现有研究表明，高无聊倾向个体更容易出现思维迟缓或走神。无聊倾向高会使个体完成简单任务的能力降低，会更容易疏忽当下正在进行的任务，最终表现为认知失败行为。也就是说，容易感到无聊的人，比较难以集中注意力，且很难将注意力放在应该集中的目标上。注意力涣散不仅会导致学业方面的问题，更会使个体产生强烈挫败感，从而影响正常的工作与生活。

三、大学生无聊倾向调查

(一) 研究被试

被试为中国政法大学昌平校区的在校大学生，共收回问卷560份，将填写时间小于300秒的问卷视为无效问卷，去除无效问卷后剩余544份，其中男生150人，女生394人；独生子女300人，非独生子女244人；来自城市289人，来自县城150人，来自乡村105人；大一年级301人，大二年级160人，大三年级48人，大四年级及以上35人。

(二) 研究工具

因为无聊感的定义目前还存在争议，所以测量无聊感的问卷较多，主要从特质和状态两个角度编制，其中最常用的测量工具是无聊倾向量表（Boredom Proneness Scale，BPS），BPS测量的是一种特质无聊，即测量个体出现无聊感的倾向，由Farmer在1986年编制，最初有28个条目，采用"是，否"计分的方式，而后续的修订版本均改为5点计分或7点计分。采用李晓敏等（2016）修订的中文版《简版无聊倾向量表》（Boredom Proneness Scale-Short Form，BPS-SF），该量表主要测量特质无聊，即个体感受到无聊情绪的倾向。包含内部刺激和外部刺激两个因子，共12个条目，采用7点计分的方式，得分越高则代表无聊倾向越高。在本研究中其Cronbach's α 系数为0.80。问卷的验证性因素分析模型各项拟合指数较好（详见表1）。

表 1   BPS 验证性因素分析的各项指标

拟合度指标	df	χ^2	χ^2/df	P	GFI	CFI	IFI	RMSEA
指数	53	189.41	3.57	<0.01	0.95	0.94	0.94	0.07

（三）研究结果

对性别、是否为独生子女等进行独立样本 t 检验，发现在性别方面无聊倾向水平无显著差异；独生子女的无聊倾向水平显著低于非独生子女 $t(542) = -2.41$，$p=0.02$，Cohen's $d=-0.21$。按照家庭所在地分组进行方差分析，结果显示各组间满足方差齐性（$p=0.23$），不同家庭所在地之间的无聊倾向水平的主效应不显著 $F(2, 541)=1.80$，$p=0.17$。按照年级进行方差分析，结果显示各组间满足方差齐性（$p=0.31$），不同年级之间的无聊倾向水平的主效应显著 $F(4, 539)=3.44$，$p=0.01$，说明各年级间的无聊倾向水平不同。用 Tukey HSD 进行事后检验发现，大一组（M 大一 = 3.20，SD 大一 = 0.78）的无聊倾向水平显著低于大二组（M 大二 = 3.43，SD 大二 = 0.69，$p=0.01$）。

（四）现状分析

大学生无聊倾向的测量结果显示，独生子女的无聊倾向要显著低于非独生子女。其原因可能与家长的培养方式与关注度有关，随着经济与社会的发展，我国的家长在对子女培养方面越来越重视，很多家长开始注重培养孩子的各项能力，很多大学生的童年乃至于青少年都被各种各样的兴趣班充斥，但是独生子女和非独生子女的父母所面对的压力是不同的，养育一个以上孩子花费的金钱和时间远多于只养育一个孩子，这可能导致非独生子女享有的来自父母亲人的关注度和被培养的各类兴趣都显著少于独生子女。根据无聊倾向和无聊感的定义可知，在无法对现有环境产生兴趣或找不到感兴趣的事情时，会出现无聊感，而非独生子女因为关注度和培养模式的区别，可能拥有的兴趣点要少于独生子女，且非独生子女在成长过程中习惯了和兄弟姐妹一起生活一起玩耍，而独生子女则习惯了自己和自己玩，毕竟来自父母亲人的关注和小孩子希望的一起玩并不匹配，这就导致非独生子女自娱自乐的能力要低于独生子女，这些原因可能使得非独生子女更容易出现无聊感，所以非独生子女的无聊倾向要显著高于独生子女。

结果还显示大学一年级的学生无聊倾向显著低于大学二年级的学生。其原因可能与空白时间的多少有关。在刚刚步入大学时，较为充实的课业、对环境的适应以及各类社团活动使得大一学生的生活相对大二来说比较忙碌，空白时间不多，且大一的学生大多数对于大学生活充满兴趣和好奇，对接触到的人事物都想要了解学习和融入，很少会发生找不到事情做或对接触的事物都不感兴趣的情况，所以整体来说大一学生的无聊倾向较低。在升入大二后，大多数人已经不再参加社团活动，课程相对大一来说也有所减少，此时空白时间突然增多，并且在大学已经度过一年后，很多学生会感到迷茫，会觉得大学和自己想象得不一样，对大学生活和学习都过了好奇兴奋的阶段，转为经常会觉得没意思。如果将大一的生活的学习认为是一种强烈的刺激源，那么在升入大二后不管是从心态上还是生活上，这种刺激都骤然减弱，而刺激的突然消失也会导致个体产生大量的无聊感，这样大二的学生更容易感受到无聊，所以大二学生的无聊倾向显著高于大一学生。这也给高校培养学生的方式方法提供新思路，大学生无聊倾向虽然在短期内看危害并不直接，但是从长远来看却影响着方方面面，既影响学生的学习效率，又影响学生的人格塑造和身心健康，对我国的人才建设有着非常大的不利影响，所以可以从两个方面对大学生的无聊倾向进行培养和干预，一是从思想上让学生明白无聊感的危害和成因，从而有意识地降低自己的兴趣阈值，二是由学校主导让学生在日常多培养兴趣爱好，努力降低自己的无聊倾向。

四、降低个体无聊倾向的方法

无聊倾向虽然是个体的一种特质，不会轻易改变，但无聊倾向并不像五大人格特质那样稳固，通过日常生活工作学习中的不断自我评估和调节，是可以有效降低自身无聊倾向的。

（一）识别自身的状态

无聊倾向是一种特质，无聊倾向高的人更容易感到无聊，要降低自身的无聊倾向首先要学会识别自身的状态。在日常生活中，焦虑、抑郁等情绪较为容易识别和引起警惕，但无聊这种情绪危害性并不直接，所以很多人并不能很好地识别自身所处的状态，等到无聊情绪过度积累后才会重视，导致自我调节较为困难。根据无聊感的定义，我们在发现眼前的刺激或目前的任务长时间无法引发自己的兴趣后，就可以去识别和评估自身所处的状态和程度，如果识别出无聊的程度已经超过了自身可以接受的界限，就要开始自我调节。

（二）寻找满足当下心理状态的刺激

根据定义可知，无聊感的出现是因为当下的刺激不能满足心理的需求，无法达到使人感兴趣的阈值，所以自我调节就可以从寻找满足当下心理需求的刺激上入手。运动会刺激身体产生一种叫内啡肽的荷尔蒙，有助于提升愉悦感和幸福感，所以当个体感到无聊的时候，可以选择散步或者运动一下，通过身体来启动自己的情绪状态。音乐对大众来说普遍有较高的影响力，是最简单快捷的刺激手段，当感到无聊时，不妨听几首歌曲，让大脑暂时从手中的任务剥离开，调整好状态后再回到任务，很可能会事半功倍。在良性的社交中我们往往会释放压力、调节情绪，所以在感到无聊时跟好友聊天或吐槽都能很快地让自己恢复良好的心理状态，并产生积极的情绪和态度，不仅可以使我们消除无聊感，还会降低我们的兴奋阈值，使原有的工作或状态也不会轻易使我们感到无聊。

（三）改变对现有任务的看法，使其尽量符合自身需求

同样的刺激对于不同个体来说兴趣程度不同，这与个体自身能力和对刺激的认知有关，当个体认为刺激单调且对自身的能力的要求非常低时，则会产生无聊感，例如让大学生做100道小学算术题。所以想要从源头上减少无聊感，就可以从自身的认知入手，改变对现有刺激或任务的看法，将认为任务简单、单调、冗余转换为虽然有些简单和费时但其实慢慢做我也可以接受，就可以从根本上消除因任务而源源不断涌出的无聊感。

五、结语

无聊感相对于抑郁、焦虑、烦躁等负性情绪来说，并不容易引起大众的重视和警惕，但无聊感确确实实影响着我们的心理健康，甚至是更严重负性情绪和负性心理状态的索引。本研究通过对以本科生为主的学生进行问卷调查，发现非独生子女与独生子女相比更容易感到无聊，大学二年级的学生相对于大学一年级的学生要更容易感到无聊，这样提醒我们在日常的学生心理

健康教育中可以有针对性地进行工作，在全面普及心理知识的同时，对重点人群开展活动，丰富学生的课余生活，使其不易陷入因无所事事或刺激程度较低而产生的强烈无聊感中，并让学生学会从认知上改变对任务的评价，从根本上掌握消除无聊感的方法，构建积极的生活态度和轻松踏实的心理环境。

参考文献

［1］Wallace, J. C., and Vodanovich, S. J., "Workplace Safety Performance: Conscientiousness, Cognitive Failure, and Their Interaction", *Journal of Occupational Health Psychology* (2003), 8 (4), 316-27.

［2］Fenichel, O., and Rapaport, D, "On the Psychology of Boredom", *Organization & Pathology of Thought* (2012) 18, 349-361.

［3］Maddi, S. R., "The Search for Meaning", W. J. Arnold & M. M. Page, *The Nebraska Symposium on Motivation* (1970), 134-183.

［4］Mercer-Lynn, K. B. et al., "The Measurement of Boredom: Differences between Existing Self-Report Scales", *Assessment* (2013), 20 (5), 585-596.

［5］李晓敏等：《简版无聊倾向量表在大学生群体中的试用》，载《中国临床心理学杂志》2016年第6期。

［6］刘勇等：《大学生无聊倾向抵制效能感与烟酒使用行为的关系》，载《中国学校卫生》2018年第4期。

［7］董文等：《大学生无聊倾向与幸福感的关系：网络依赖的中介作用》，载《中国临床心理学杂志》2018年第5期。

对大学生手机游戏及手游消费的调研分析
——以中国政法大学部分在校生为例

中国政法大学商学院　李琼华

摘　要：随着智能手机的普及，相当数量的大学生将手游作为日常娱乐和社交的形式之一，研究我校大学生手游的使用动机和手游消费的情况，可以获得一手数据，深入了解大学生对待手游态度和认识及参与手游的原因，进而分析手游的功能和我校大学生手游消费的特点及影响因素。调研发现手游在娱乐、减压、社交方面对我校学生有明显的积极作用；被访学生在手游消费上形成节制理性的消费习惯；建议家长和学校正视手游的正面价值，接受它已经成为学生生活的重要组成部分，贴近学生需要理解学生深层诉求，给予积极的支持，尽量减少因沉迷手游或者不理性消费产生的负面影响。

关键词：大学生　手机游戏　消费　理性

随着互联网时代通信设备的迅猛发展，智能手机已经成为人们生活中不可分割的必需品，当前在校大学生的成长伴随着国家社会的繁荣和互联网科技的蓬勃发展，呈现出鲜明的特征，他们的生活、学习、消费、社交、娱乐等方面和互联网高度绑定。研究大学生的游戏及手游消费行为，了解手游对这一特定群体的意义、功能，分析该行为的影响因素，从而深入理解和了解大学生的消费心理，对于引导学生形成健康的消费观念，摆脱消费主义绑架，进而落实高校思想政治教育的要求具有重要的现实意义。

根据《2021 年中国游戏产业报告》，2021 年中国游戏市场实际销售收入 2965.13 亿元，较前一年增收 178.26 亿元，同比增长 6.4%，国内用户 6.66 亿，同比增长 0.22%。中国产业信息网发布《2017—2022 年中国手游行业深度调研及未来前景预测报告》，全球手机游戏市场规模正处于快速发展的通道。手机游戏产业日益成为数字娱乐文化产业中的支柱力量,越来越多的游戏商家已经逐渐开始从台式机游戏、电子游戏机等传统领域向手机游戏领域转型,并和手机游戏开发商、服务商开展紧密合作。大学生尤其是研究生往往拥有更多碎片化时间,例如课后业余时间、课间、排队等候、睡前等,利用这些碎片时间玩手机游戏。

一、研究方法与描述性统计

本研究采用了问卷调查和访谈结合的方法。问卷调查的题目为"中国政法大学在校生手机游戏消费研究"。以中国政法大学研究生院在校生为主体,采取随机抽样的方法,共收集有效问卷 71 份,访谈人数 37 人。问卷共设计了 20 个问题,采用单选和多选相结合的方式,问题类型大概分为三种:样本填写人基本信息、大学生手机消费的现状以及大学生手机消费需求特点。

统计结果如下:

(1) 专业分布:样本来源所属专业类别几乎涵盖政法大学所有专业类型,包括法学、管理学、经济学、哲学、教育学、文学,抽样样本专业分布基本符合总体。

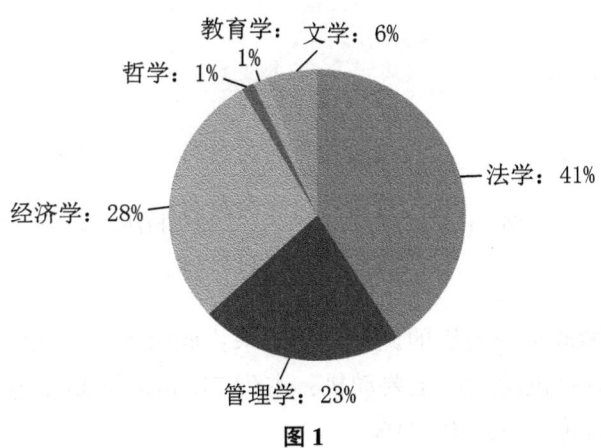

图1

(2) 性别及月消费数额:样本男生占 49.3%,女生占 50.7%,样本中每月生活费在 1000 元以上的人数占到 91.55%,每月消费额在 1000~1500 元,1500~2000 元,2000 元以上的人数基本相等。月生活费分布图如下:

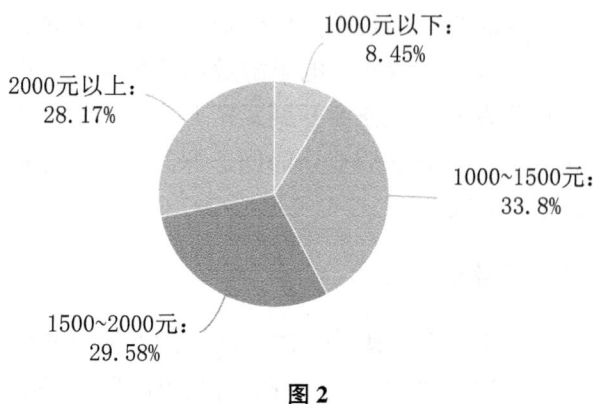

图 2

（3）手游消费类型：调查结果显示，不玩手游的学生数仅占 18.31%，可见手机游戏已经成为绝大部分受调查学生的娱乐选择，其中，休闲益智类手游消费群体数量最多，占到 38.03%，其次是动作射击类，占到 33.8%。

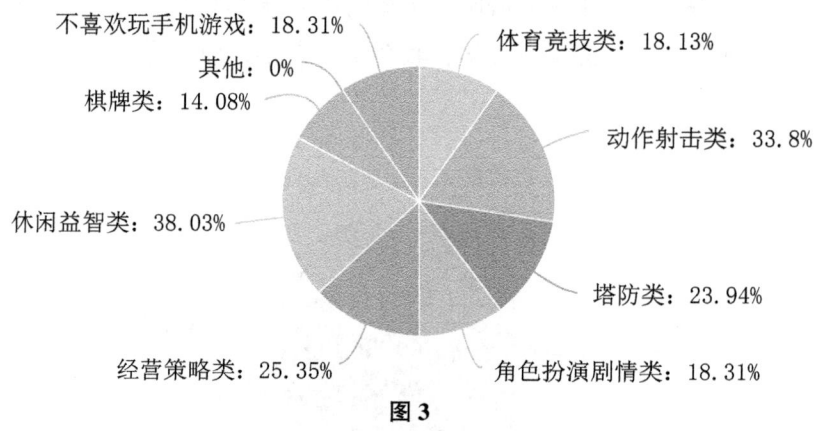

图 3

（4）有关游戏消费动机的调查统计结果：放松娱乐、缓解压力和纯粹打发时间是人们玩手机游戏的主要动机，占到 77.46% 和 35.21%，其次是挑战自我、获得成就感，占到 18.31%。

对大学生手机游戏及手游消费的调研分析

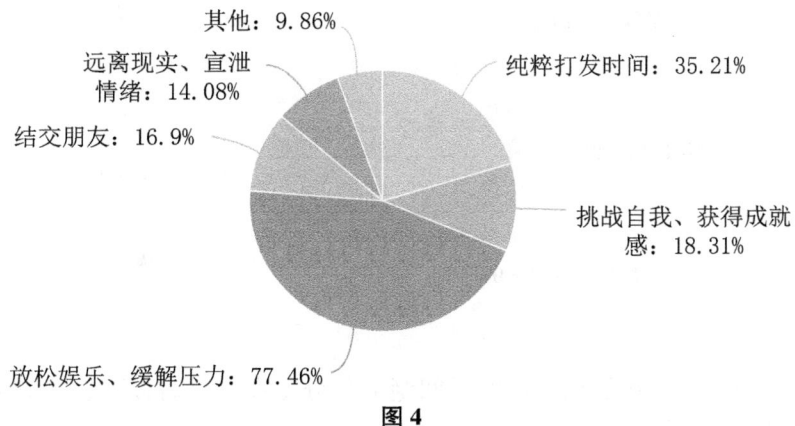

图 4

（5）接触手游的缘由：问卷调查样本显示主要通过朋友推荐了解游戏，人数占到74.65%，其次通过社交平台了解游戏的人数占到50.7%，特别有意思的是通过电视网页广告了解游戏的人数仅占12.68%，这些从侧面说明游戏具有一定的社交属性。

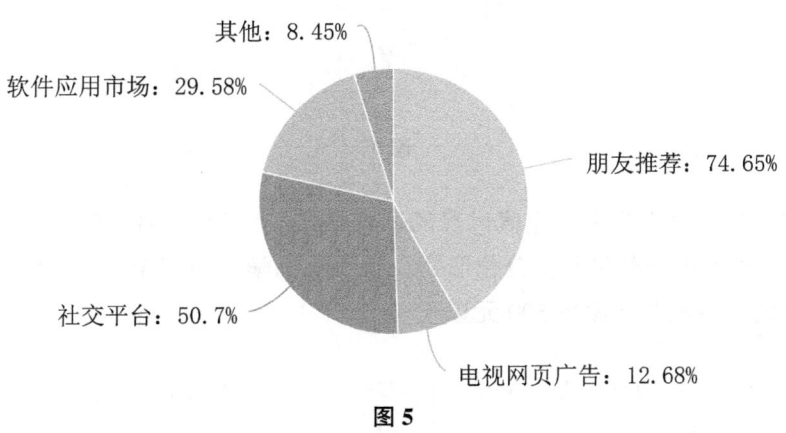

图 5

（6）有关手游粘性的调查显示，玩一款最喜欢的手机游戏的时间不到1个月的人数占比最大为25.35%，紧随其后的是玩了有2年以上，占比为19.72%。这些从侧面反映了手游粘性的两极分化。

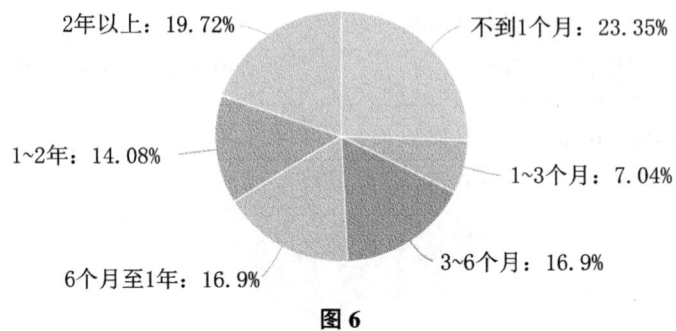

图 6

(7) 每天用于玩手机游戏的时间绝大部分是在 1 小时以下，这表明我校在校生对玩游戏的上瘾程度较低。

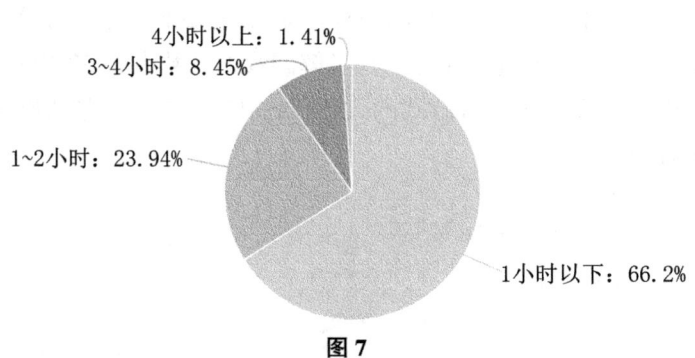

图 7

(8) 关于是否为手游充值付费的调查结果显示为一半付费过，一半没有付费过。付费的金额呈两极分化形式，有 50% 的学生消费金额在 100 元以下，有 25% 的学生消费金额在 500 元以上。

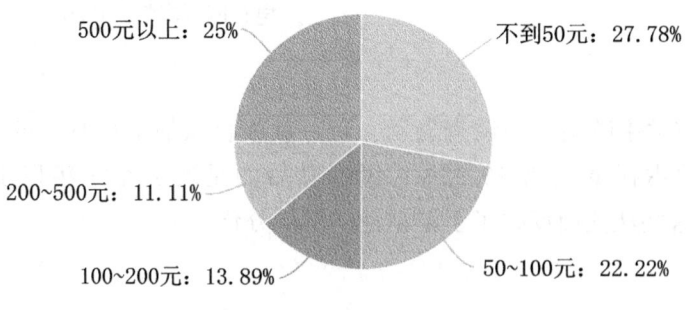

图 8

（9）关于付费手机类型的调查结果显示，角色扮演剧情类平均综合得分最高，其次是经营策略。

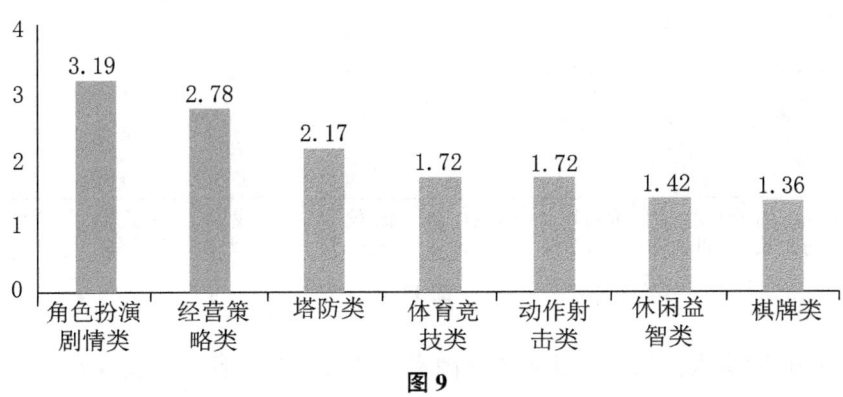

图 9

（10）拒绝为手游付费的原因排名第一的是"不愿为虚拟产品付钱"，紧跟其后的是"不付费并不影响玩家体验"，第三是"游戏内没有心仪角色"。这表明游戏消费偏向理性，样本调查人群对游戏的态度止于娱乐，而不是消耗品。

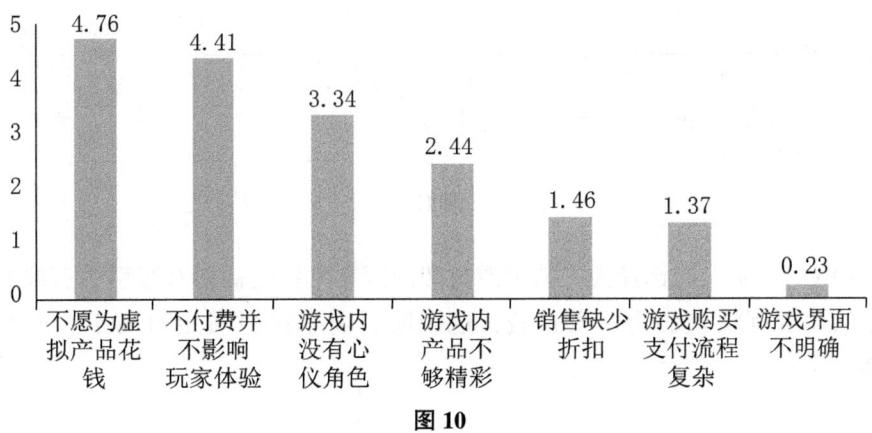

图 10

（11）有关迫使手游消费者卸载手游的最大原因是游戏占用时间太长，其次是游戏占用手机内存，第三是游戏设计太简单。或许是因为此次问卷调查针对的是在校大学生，所以"占用时间"成为消费群体必须认真考虑的因素。

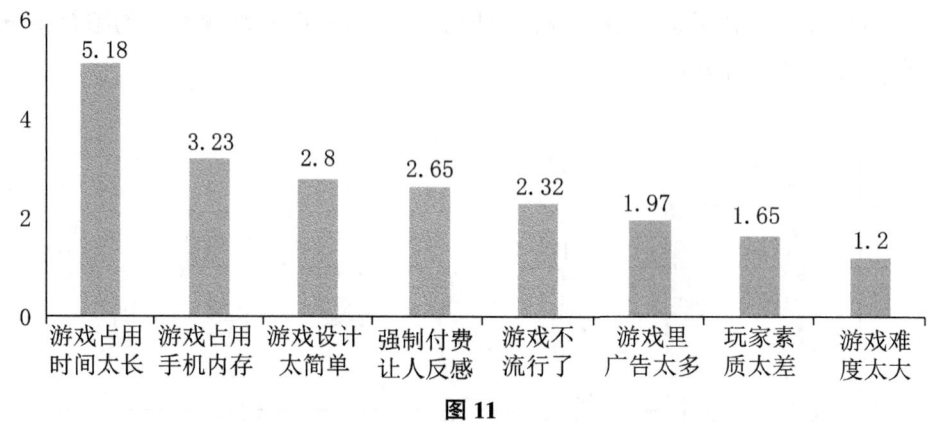

图 11

（12）吸引人们选择一款手游的因素主要有游戏内容、朋友推荐等，而游戏的宣传力度排名较后。

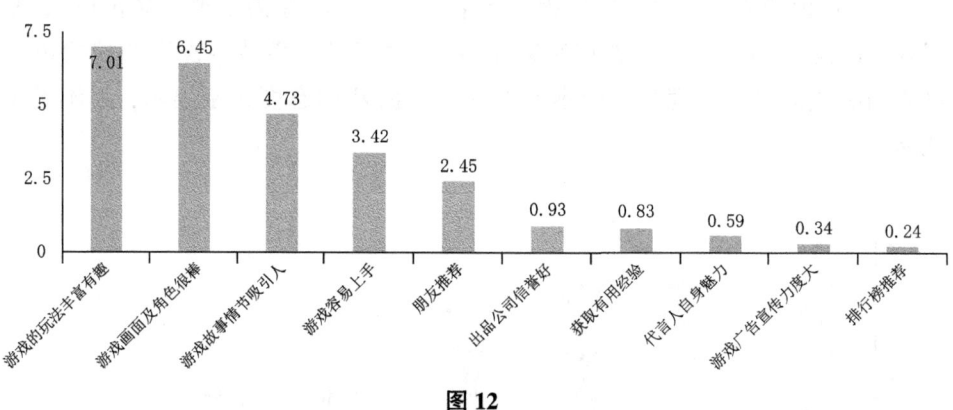

图 12

（13）刺激人们选择为一款手游付费的因素主要是被游戏吸引，有趣的是优惠活动会刺激人们为手游付费，这说明目前手游付费定价高于人们心理预期。

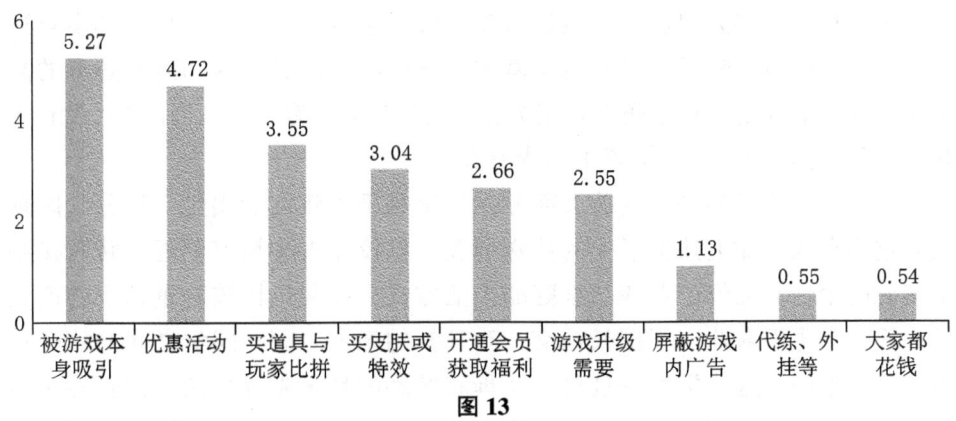

图 13

二、调研结果分析

从调研和访谈中可以发现手游被当前绝大多数学生接受,手游消费是大学生日常消费的组成部分。从数据看至少包含以下问题:

(一)问题一:正视手游的功能和合理的手游消费

从调研数据看,游戏尤其是手游在被调研大学生中占比八成以上,是广受欢迎的娱乐和社交方式。游戏消费也是大学生日常消费的一个重要方面。家庭和高校教育工作者应正视网游尤其是手游对学生的影响,家长应当面对合理的游戏消费是学生日常消费的组成部分这一事实。近二十年来青少年极端的网游沉迷事件经常见诸媒体,在互联网上传播迅速,当前在校大学生正是在"网络游戏人人喊打"的社会氛围下成长起来的,但是家长和老师苦口婆心的劝告、声色俱厉的警诫并没有使这一代人远离网络游戏,反而随着智能手机的价格下降,网络游戏的多元化,几乎所有青少年都能方便地获得手游体验。反之,35岁以上网游用户占比不足15%,家长和教育工作者普遍不是网游用户,没有相关的游戏体验,因而也无法理解游戏在青少年生活中的意义。在各种勒令禁止中,青少年容易出现逆反心理,会费尽心思地寻找玩手游的机会,同时正是因为"禁忌",手游的体验更加刺激,令人回味无穷。

在访谈中发现,学生都是中小学时期就已经开始接触手游,中学的压抑和家长的严格管理在大学普遍出现报复性反弹。学生在大学阶段能够自由地在手游上分配时间和金钱,不少被访学生提到从大一开始玩手游,不少手游设计模拟场景为多人组队，比较适合学生呼朋唤友一起加入。少数学生自述除了上课、吃饭、睡觉，其他时间基本都在网游中度过。这和离开熟悉的高中学习和生活环境，自己还没有完全适应大学生活，有"打发时间""没有人玩""释放学习压力"等方面的需求有关。

另外值得注意的是，当前大部分在校生是千禧年前后出生，随着我国现代化进程深入，加上独生子女的特殊情况，家校在人才培养上逐渐转向接纳更多元的个性。父母子女核心家庭的生活方式，在父母比较尊重孩子的前提下，不少学生不喜欢、不擅长社交，对日常的亲友之间、同学之间的社交抵触，喜欢独处。这些学生一旦离开父母和熟悉的环境独立生活，比较易于转向虚拟世界在自己创造的世界中获得安慰、友情以对抗现实的孤独和不适。

家长和高校思想政治教育工作者应当肯定手游有不少正面的功能，玩手游贴合了学生正常的交际需要、安全需要、缓解压力等方面的需求。家庭和高校应高度关注大一、研一、博一的学生，营造团结紧密、互相关心的班级、宿舍氛围，引导学生迅速适应大学学习生活，确立自己的目标，在现实环境中找到能够提供良好社会支持的朋友。家长和老师不能简单将手游/网游定位成对现实生活的逃避，而应该从学生成长的内在需要去了解不同学生的消费动机和影响因素，不应该对手游持否定甚至敌视的态度，认为游戏浪费时间，影响学生的成长成才，更应该接受手游是多数青少年喜欢的休闲娱乐形式，是他们生活的组成部分，应该相信已经成年的大学生能够理性地选择自己的生活方式。

（二）问题二：女性玩家在手游消费中占比稳步上升

被调研群体中性别结构上差异并不明显，女性玩家占一半。结合访谈发现女性玩家在网络游戏类型选择上有明显偏好，排名靠前的四种是角色扮演类、音乐舞蹈类、对抗类、策略类。由于需要购买虚拟装备、皮肤、道具，女性玩家在游戏中，通过为游戏中的任务购买精良的装备、服饰，使自己选定的游戏中角色更加赏心悦目，更符合自己的期待。

值得注意的一个方向是，访谈发现女性游戏玩家在现实生活与虚拟世界中的表现更加割裂，比如很多生活俭朴、性格内向、做事拖延的学生会在游戏中"一掷千金"，对宿舍室友班级同学可能疏远冷漠，反而对游戏伙伴和游戏角色竭尽所能，高度关注，及时回应。除了竞技功能，女生在手游中会更喜欢参与度高的设计功能，尤其是外形设计，对角色进行个性化的塑造。

探究女生手游消费的深层原因至少应包括以下两个方面：首先，玩家在游戏过程中进行了代入，将角色和自我融为一体，所以会不知不觉的对角色进行各种追加消费。不少玩家比较"宅"，不喜欢在公众场合和他人高谈阔论，厌烦应付无聊的社交活动，外表属于"乖孩子"、不善言辞，但其实内心丰富。他们更愿意通过手游到虚拟世界中塑造"另一个我"，弥补现实缺憾。按照自己的意愿进行塑形，是对个人愿望和需要的一种表达。其次，女性玩家在手游消费中花费"重金"提升角色的外形和容貌折射出女性玩家自身的容貌焦虑。在当前就业形势日趋严峻的情况下，社会流行"颜值即正义"的审美对于女性形成更加深重的压力，在现实生活中日韩青年人均医美的潮流对大学生形成巨大的冲击。虽然不是每个女生都实际上去通过医美来提升自己的颜值，但是不妨碍她们在虚拟世界里通过低成本对代入的角色的外形进行提升。

（三）问题三：相当数量的大学生通过手游来实现和现实世界的深度链接

从本次调研数据上看手游承载的三个最重要的功能是：娱乐、减压、社交。首先，调研中占比七成以上的选项是娱乐、放松方式。通过不同角色的新奇尝试，装备升级，实现游戏中级别的上升，获得玩家和粉丝的认可，从而增强自信。同时，由于网络匿名，手游中的互动更真实，责任和风险微不足道，可以酣畅淋漓地表达感情，极端的例子比如，因为一个友善的表示或者帮助"一见钟情"，进而在线上"喜结连理"，或者一言不合而互怼"追杀"。可以说在游戏中由于信息的隐蔽，满足了玩家安全感方面的需要，虽然身份和情节是虚拟的，但是在手游中投入的情感和需要是真实的。其次，参与手游的原因三成以上的选项是减压。被访大学生对经历了高考和考研的学生生活多少流露出厌倦的情绪，对就业压力和公务员考试及职场竞争也有一定的了解，他们更向往轻松、愉快、无拘无束的氛围。通过手游增加愉悦的感官体验，被访者表示喜欢游戏中的推倒重来，每一局都会积累经验值，即使策略和能力比较弱也能逐渐找到适合自己的路径。手游试错成本很低的玩法，抵消了大学生在现实选择中需要小心翼翼，步步为营的压力。

排名第三的原因是社交需要。七成以上的被访者是由于朋友推荐，五成以上是社交平台介绍开始接触某款手游，不少手游的设计都非常注重满足青少年社交的需要，玩家可以互相赠送礼品、送花，使玩家既可以和现实中的朋友组局，也可以系统随机匹配玩家，扩大他们的交际范围。很多游戏每一局的时间设计错落有致，非常适合大学生零碎的时间结伴玩耍，通过游戏中的配合或者对抗，玩家的性格和习惯得到更充分的展示，有利于同学或者网友的更进一步的联系。访谈中发现，不少学生在手游中认识了志同道合的朋友，进一步了解，甚至发展为线下的亲密关系。在一些手游中，开发者还会通过高段位的玩家来组成各种"群""组"，组织围绕游戏或者周边产品的互动活动，提升玩家的交际深度。

（四）问题四：手游粘性、占用时间和消费特点

从调研结果看，我校被访学生在游戏粘性上比较分化，两年以上的玩家占比近两成，不足一个月的玩家占比略超 25%；在每天花费在手游的时间，有 2/3 的被访者不足一小时，超过三小时的被访者占比 10%；在游戏消费上，50% 以上的被访者有付费经历，50% 的付费玩家的每月消费金额在 100 元以下，25% 的付费玩家的消费金额在 500 元以上。以上数据说明我校被访学生在游戏粘性上较轻，付费用户花费合理，对待游戏的态度比较理性，而且被访学生显示出对游戏产品较高的个性要求，在拒绝游戏付费理由中"没有心仪的产品"排入前三，选择一款游戏的决定因素排名第一的是"游戏内容"，这说明学生对手游有很好的辨识度。被访学生在消费上比较克制，不少付费玩家选择了优惠活动作为手游付费的影响因素，说明玩家对手游内容喜欢、愿意付费的前提下，会选择商家在节日或者其他优惠活动中入手，对手游的价格比较敏感，这进一步佐证了我校被访学生粘性较轻，花费时间、付费金额在合理范围内的结论，整体上本次调研被访学生在手游消费上比较克制，理性。

当然，由于样本的有限性，本次调研能否反映在校生手游的真实情况尚存在不确定性。在实际工作中，经常会有学业困难或者人际障碍的案例，这些同学一般会表现出网络游戏沉迷的问题。家庭和高校应教育引导大学生做好自我规划，加强自控能力，合理分配学习、工作和手机游戏的时间，形成"玩之有度"的认识，度过充实、丰富的大学阶段，进而完成从学业到心灵的成长。应该指出网络游戏沉迷只是表象，是具体的行为，如果不解决学生实际遇到的专业兴趣缺失、人际交往障碍或者是自我价值感缺乏、社会支持系统不足、抑郁症等更深层次的问题，一味指责手游/网游害人，甚至对游戏或

者玩家采取封禁只能达到"甩锅"的目的,无法真正促进学生实质性的成长和进步。

三、调研的局限和思考

本次调研的局限也非常明显,研究获取的样本数量较少,一共获得仅有效问卷71份,本次调研采取网络填写问卷和访谈形式,线上完成问卷虽然较为便捷高效,但具有虚拟性和不确定性,不可避免地对调研结论产生一定影响。本研究结论的代表性和准确性有待商榷。

毋庸置疑,手游满足了大学生的不同需要,成为大学生现实生活中重要的休闲娱乐形式。手游的大行其道和"反内卷""躺平""佛系""丧文化"都有非常紧密的联系,是对竞争激烈的就业、学业、职场乃至紧张生活节奏的一种反抗,是对现实的回避。比如在访谈中,不少学生谈到经过高考和考研的激烈角逐到校后,环顾四周发现同学都是"大神",在不同的领域表现突出,有些同学之前自我认知是建立在学科成绩优异的基础上,一旦在学业上不能保持以前的优势,容易形成自我否定,难以在学业上获得成就感,对自身形成更客观的认识,进而诉诸游戏世界,通过过关斩将,甚至代练达到高级别来获得成就感和满足感。家庭和学校应在接受手游/网游的前提下,全面了解学生的性格特点和真实需要,避免功利的单维度评价,比如仅仅通过成绩、荣誉评价学生;接纳个体的多样性选择;贴近每个人个性化发展的需要来帮助学生解决自己面对的困难。学校设置相关课程帮助学生认识自我、管理时间、规划职业发展、学习人际交往和经营亲密关系技能。家长和老师应在了解和互动的前提下对学生进行正面引导,不宜一味提要求,类比上一代人的奋斗经历,避免学生反感,事倍功半。

二、全面发展

浅议优化大学生教育评价导向
——兼论大学生"唯分数论"现象及克服

中国政法大学政治与公共管理学院　施春梅

摘　要：教育评价的"唯分数论"现象不仅在中小学教育阶段表现严重，在大学也有蔓延。"唯分数论"是对大学生进行评价的各类主体评价导向和对大学生学业评价的标准过于量化等原因导致的。大学生"唯分数论"有很多危害，导致高校人才培养目标部分不能实现，因此需要优化大学生教育评价导向。《深化新时代教育评价改革总体方案》要求扭转"唯分数论"等不科学的教育评价导向。需要通过对大学生个人正确引导、高校对学生学业评价的机制方法调整、推免制度的优化、用人单位对大学生评价的优化等综合施策以纠正大学生"唯分数论"等错误教育评价导向。

关键词：唯分数论　教育评价改革　推免　教育评价导向

一、大学亦存在"唯分数论"现象

"唯分数论"[1]话题成为近两年一个热点教育话题。2021年两会期间，习近平总书记在看望参加全国政协会议的医药卫生界教育界委员时，针对有的委员在发言时提到的"校外培训广告满天飞""制造焦虑、贩卖焦虑"等教育问题，特别指出："无论学校教育还是家庭教育，都不能过于注重分数。"

习近平总书记的发言虽然主要针对中小学教育，但笔者作为大学辅导员，

---

[1]　"唯分数论"这一概念主要指向基础教育、义务教育阶段。根据教育部印发的《关于进一步推进高中阶段学校考试招生制度改革的指导意见》，要进一步推进高中阶段学校考试招生制度改革（简称"中考改革"）。改革的目标是逐步建立一个"初中学业水平考试成绩+综合素质评价"的高中招生录取模式，重在改变目前高中招生将部分学科成绩简单相加作为录取唯一依据的做法，克服唯分数论。

深切感受到总书记说的这些话对目前的大学生也是适用的。"过于注重分数"以及相关的"心理问题",这些在大学生身上不是也同样存在吗?可以说,"唯分数论"导致的问题,已经从中小学延伸到了大学。

中国大学曾经被戏称为"university"就是"由你玩四年",大学生活相比高中是轻松一些的,课程负担不是很重,大学生也不是特别注重课程分数。但近些年来,大学已经悄然发生了变化。曾经在大学流行过的"60分万岁"现在基本已经不流行,大学生普遍关注学习成绩和学分绩了。学习成绩不仅关系到评奖评优、外校交流和未来求职,更关系到获得推荐免试研究生(简称"推免")的资格。目前,重点大学接收的有一半是推荐免试研究生,另外一半才是统招研究生。由于统招研究生的赛道过于拥挤、竞争激烈,因此,通过优异的课程成绩和学分绩以在大四开学初的综合测评中获得本校的推免资格,已经成为很多在校大学生的首选方案。在他们获得推免资格之前,很多同学在大三下学期暑假就通过诸多高校的"夏令营"活动首先获得了研究生院的"入场券"。以上各种原因,导致高校中很多大学生"唯分数论"的倾向也愈演愈烈。

大学生对分数的过分重视导致了很多怪现象,仅笔者经历或者看到听到的就有:某学生本来对某位老师开设的选修课程很感兴趣,但是鉴于这位老师要求严格、给分普遍偏低,为了不拉低自己的学业成绩和学分绩,只好忍痛割爱;某位同学学习非常努力,成绩一直很优异,在大二下学期因一门课的成绩刚过及格线而拉低了学业成绩和学分绩,导致获取推免资格无望,因此,之后的学习动力大大下降,走向另外一个极端;还存在个别学生为了课程获得高分,找任课教师求情的现象。

"唯分数论"在高校的倾向,一定程度上影响了大学生的健康全面发展,对大学的科学研究以及学生未来的职业发展都产生了一些负面影响。对于诸多正在建设世界一流大学和一流学科的院校来说,唯有对"唯分数论"现象说"不"并采取强有力的措施,方能让高等教育走上更加良性发展的道路。

2018年9月10日习近平总书记在全国教育大会上发表重要讲话强调指出,深化教育体制改革,健全立德树人落实机制,扭转不科学的教育评价导向,要坚决克服唯分数、唯升学、唯文凭、唯论文、唯帽子的顽瘴痼疾,从根本上解决教育评价指挥棒问题。

2020年10月，中共中央、国务院印发了《深化新时代教育评价改革总体方案》，其中开篇就提出：教育评价事关教育发展方向，有什么样的评价指挥棒，就有什么样的办学导向。该《总体方案》正是对习近平总书记全国教育大会重要讲话精神在教育评价方面的落实和具体部署。该《总体方案》提出要改革学生评价，促进德智体美劳全面发展，并提出了一系列举措。

因此，大学里也应当对导致"唯分数论"的一些体制机制进行自查自纠，树立和回归正确导向，为大学生健康成长成才以及大学双一流建设服务。

二、大学生"唯分数论"的成因与危害

如果说中小学教育是素质教育打基础，高等教育则应当是通识教育（博雅教育）、精英教育、专业教育。当然，对高等教育的目标、大学生教育评价导向进行正面的研究和描述，受篇幅和能力所限，非本文讨论重点，但是，我们可能更容易识别对正确导向有所偏离的倾向和导向，从而在纠偏的过程中逐步丰富、完善对正确导向的认识。纠偏就需要查找出成因，看到危害。

（一）大学生"唯分数论"的成因

部分大学生"唯分数论"倾向，是多方面原因造成的：

首先是对大学生进行评价的各类主体评价导向造成的。对大学生在大学期间学习成果的评价有多个评价主体，最重要的两个主体包括进一步深造的目标教育学术机构、目标就业单位，其他评价主体包括老师、家长、同学、学生本人等。导致大学生对学分绩过于重视的结果，主要不是大学生本身造成的，而是这些评价主体的评价导向造成的。这些主体的评价导向过分看重学业成绩或学分绩。当然不可否认，在这些主体对大学生进行评价时，把学业成绩、学分绩作为一个重要参考是完全合理的。

其次是对大学生学业评价的标准过于量化导致的，有学者指出，教育评价也受到企业管理上"绩效主义"的影响。[1]本质上来说，人才培养重在过程，重在立德树人，教育本身就是润物细无声的工作，培养的结果本身是很

---

〔1〕 石中英：《回归教育本体——当前我国教育评价体系改革刍议》，载《教育研究》2020年第9期。

难量化的。改变一个人一生的教育环节可能就是某一门课程、某一位老师或者其他某个细节，而这些教育过程是很难通过学分绩这样的量化指标来进行评价。因此，教育评价的核心是受教育者得到真正的教育，内化于心，很多评价只是外化的表征，过于注重这些表征往往导致功利化、注重短期利益、舍本逐末。

（二）大学生"唯分数论"的危害

大学生"唯分数"有很多危害，导致大学人才培养目标部分不能实现。甚至有学者尖锐指出，今天中国的教育评价实际上是贫困和孱弱的。教育评价的贫困包括评价价值的贫困、实质评价的贫困、评价科学和技术的贫困、评价伦理和评价功用的贫困。[1]

如果说大学前的学习主要是为了学习知识，而大学教育则需要在学习知识的同时了解和学习如何运用知识甚至创造知识、生产知识，因为很大一部分大学生需要大学毕业后走向工作岗位，运用知识为社会创造财富或服务人民，部分学生从进入大学就逐步开始了研究工作或者在之后进一步深造而走向研究岗位，成为知识生产者。如果说大学前的学习主要是为了掌握知识，分数是可以进行较好评价学习效果的，而运用知识、创造和生产知识则不是考试分数能够恰当评价的。大学正好是从基础教育学习知识到工作后要运用知识服务社会甚至创造知识、生产知识之间的一个过渡和准备，大学生不仅要完成面对知识的这种角色上转变，也要从思想上、心态上进行转变，亦即不是单单成绩好就足够，需要相应能力的全面提升，"高分低能"则是社会所不需要的。通俗来说，以工作对人的要求来看，更重要的是实际工作能力，而成绩好、分数高并不代表能成事。大学应该成为学生走向工作岗位的一个准备阶段，到工作阶段后就不再以考试论高低，考核工作成绩的是工作成果和工作业绩，因此，在大学阶段就打破"唯分数论"是非常有必要的，这样能对大学生进行正确的引导，同时为大学生走向工作岗位面对实际工作挑战的考验而进行思想上、心态上的过渡与准备工作，从而为社会培养大量人品正、理论足、能力强的人才，而不是一群仅仅成绩好而不知道如何工作的"高分低能"者。笔者甚至认为，部分在学校时成绩好的同学毕业走上工作岗

---

[1] 叶赋桂：《教育评价的浮华与贫困》，载《清华大学教育研究》2019 年第 1 期。

位后没有取得很好的工作业绩,一个可能的原因就是在工作之后没有及时扭转这种认识,如果说学习时重在"知",可以通过成绩来评价,而工作后则重在"行",需要"知行合一",工作中的成果很难通过"知"的成绩来进行评价,而要以"行"的结果来进行评价。

三、通过纠偏来优化大学生正确教育评价导向

"唯分数论"在高校和大学生中的蔓延,有多方面的复合原因,也因此需要综合施策以应对。

对中小学生的评价导向一直以来就是反对应试教育,而提倡素质教育。素质教育是立根本、利长远,但应试教育短期最能见效果。不少培训机构出于盈利动机"制造焦虑、贩卖焦虑",导致了应试教育成为实际中的主流。但现状并不是对的,需要改变。大学生教育也更加需要强调全面发展,正如国家教育咨询委员会委员钟秉林教授指出的,要从注重知识的一维评价向注重大学生全面发展的综合评价转变。[1]

中共中央、国务院印发的《中国教育现代化2035》,提出了八大基本理念,更加注重以德为先,更加注重全面发展,更加注重面向人人,更加注重终身学习,更加注重因材施教,更加注重知行合一,更加注重融合发展,更加注重共建共享。这八大基本理念也是教育评价导向的方向和正面要求。在大学生教育评价导向上如何贯彻落实以上八大理念,是一项宏大的课题。但是,明显的偏差则容易辨识。大学生中"唯分数论"显然偏离了正确的教育评价导向,需要纠正和克服。因此,笔者的主张是,通过纠偏,避免错误,从而逐步优化并在实践中逐步形成正确的教育评价导向。

(一)对学生个人的正确引导

从学生个人而言,包括学生家长、班主任、辅导员对学生的影响,需要加强正确教育导向的宣传和引导。大学生尤其应立足长远,去除功利化思维,不在乎一时之得,真正把握住立德树人、德智体美劳全面发展的理念,在大学时期打扎实学业基础,为未来的职业发展与人生道路准备充分的知识基础与思想资源,而不是眼睛只盯着分数。有学者指出,传统的大学教育评价常

---

[1] 钟秉林:《新时代高质量高等教育体系的评价导向》,载《中国高等教育》2021年第1期。

常用单一的考试成绩衡量学生发展水平，忽视了对象的多样性、具体性和差异性。因此，当代教育评价改革和发展的一个显著趋势，就是从单调固化回到生动具体。[1]

（二）大学对学生学业评价的机制方法调整

很多大学正对学生学业评价体系进行优化，但是从目前情况看，效果并不理想。比如，为避免授课老师普遍给学生高分的教务管理手段，要求优秀率不超过一定比例或者考试成绩要呈"正态分布"，但这导致了高分人数偏少，反而引发了学生对高分的畸形追求。在学业评价体系的改革中，清华大学从2015级本科生和研究生起采用新的学业评价体系，学生正式成绩单中的成绩记录为等级形式（A+、A、A-等），不再采用传统的百分制。[2]这项改革被认为有利于引导学生将关注的重点回归知识本身，但是这种等级模式无法对学生的成绩进行精确排名，与推免对成绩排名的要求等又存在不匹配之处。

而在大学生教育评价上，过去各大学都较大程度受到政府或者相关社会机构对学科评估、学校排名等教育评价导向指挥棒的传导作用影响，在这方面实际上应当充分发挥各大学的主观能动性，真正让各个大学建立培养本校的学风、传统和育人风格，真正把立德树人作为核心的教学目标而不是受各种外在评估评价因素的干扰和影响。

（三）推免制度的优化

《深化新时代教育评价改革总体方案》指出，深化研究生考试招生改革，加强科研创新能力和实践能力考查。各级各类学校不得通过设置奖金等方式违规争抢生源。笔者认为，目前部分高校通过"夏令营"等方式招收推免生过程中的个别做法，有抢生源之嫌，实际上加剧了大学生的"唯分数论"倾向。应该在《深化新时代教育评价改革总体方案》的指引下进行改革纠偏，因势利导做好大学生全面发展的教育评价体系，避免"唯分数论"愈演愈烈。

从大学的角度来说，要避免推免制度给教育评价导向带来的偏离。追根溯源，整个教育评价导向偏离的发生，核心原因在于研究生供需上的失衡。

---

[1] 罗晶：《灵魂·特色·效能：大学教育评价改革的三种取向》，载《现代教育管理》2022年第4期。

[2] 兰德华：《清华缘何告别百分制?》，载《工人日报》2015年5月24日，第2版。

过去一段时间内研究生的扩招，导致研究生数量大大增加，这推动了用人单位的人才"高消费"：本来可以录用本科生的，但由于人才供给端有大量的研究生可供选择，因此水涨船高，导致了人才"高消费"。而人才"高消费"又反过来助推了研究生的规模只增不减。各研究生培养单位对人才的遴选，又因为推免制度的存在变本加厉，从各个高校争相举办"夏令营"就可以看出，各研究生培养单位都希望通过"夏令营"等方式获得优质生源。推免生成为各培养单位的生源抢夺对象，仅次于高考后各大学抢夺人才的情况。对大学生而言，提前通过推免方式拿到研究生入学资格，提前拿到"船票"，也是成绩优秀的大学生乐于看到的结果。多方助推下，推免研究生成了"香饽饽"。而推免研究生最重要的考核指标就是学业成绩或学分绩。分数固然也是评价大学生学习成果的重要手段，不可谓不重要，但是"唯分数论"显然与现实大学立德树人的培养目标有很大的差距。要想改变这种局面，需要采取综合性的举措，通过学生、学校和社会共同努力，才能打破研究生数量多、用人单位人才"高消费"之间的恶性循环，从而扭转这种局面。

从大学来说，要改革推免指标体系，减少因为推免制度引起的"唯分数论"因素。比如，为了让学生不会因为部分选修课程而影响推免考核的学分绩，采取学分绩评价标准的高校是否可以在推免综合评价指标中不以全部的课程成绩作为指标，而是仅仅以该专业所有必修课的成绩为指标？从而让学生在选择选修课上不用考虑推免学分绩因素。此外，大部分高校的推免综合评价指标体系以"结果质量评价"为衡量方式，对"过程质量评价"与"结构质量评价"的重视不够。因此，在推免综合评价指标中，建议增加"过程质量评价"指标，比如，增加成绩中学生作业、实验等过程分数的比重。增加"结构质量评价"指标，比如对某些重点科目、重要指标增加评价权重。当然，实际上各大学也都在进行类似的工作，以尽量克服推免带来的"唯分数论"问题。

（四）用人单位对大学生评价的优化

对用人单位而言，需要改革用人评价，为破除大学"唯分数论"从需求端改变，从而为大学因应施策创造良好的外部环境。2020年中共中央、国务院印发的《深化新时代教育评价改革总体方案》指出，要树立正确的用人导向。党政机关、事业单位、国有企业要带头扭转"唯名校""唯学历"的用人导向，建立以品德和能力为导向、以岗位需求为目标的人才使用机制，改变人才"高消费"状况，形成不拘一格降人才的良好局面。大学生就是大学的"产品"，用人单位是大学人才质量高低的检验者，对于需要什么样的人才，应当建立适合用人单位自身需要的测评体系，而不能单纯继续沿用大学生的在校成绩来作为评价。大学生在校成绩固然能反映其能力和素质，但并不全面，用人单位应当根据自身岗位需要、因地制宜地制定适合自己的人才筛选机制和评价体系。如果用人单位能不再"偷懒"式地把在校成绩作为主要考评指标，从根本上扭转选人用人的评价指标、方式方法，并落到实处，就能从人才需求端遏制"唯分数论"的源头。

要在高校中破除"唯分数论"的体制机制还需要高校甚至高等教育体系采取更为综合性的举措，同时也需要全社会对高校人才培养体系更多的意识更新、包容理解与创新支持。

依托学生组织建设提升学生骨干综合素质的探索与思考

中国政法大学学生工作部（处）　李　蕾

摘　要：学生骨干作为青年学生中的关键少数，既是教育管理的对象，也具有示范引领作用。优秀的学生组织是全面提升学生骨干综合素质的重要抓手。由于00后学生群体的新特点和学生组织建设模式的长期固化，依托学生组织培养学生骨干面临着内外部的各种困境，通过建立实施"规范组织管理、确立价值认同、全面提升能力、强化情感归属"四位一体的学生组织建设模式，能够有效提高学生骨干在工作中的收获，激发工作热情，增强工作动力，能够充分发挥学生组织在提高学生的思想觉悟、提升学生综合实践能力、提高人才培养质量、促进学生全面发展方面的作用。

关键词：学生组织　学生骨干　提升综合素质

青年是民族的未来和希望，我们党历来重视青年学生的教育培养，党的十八大以来党中央对青年一代的成长成才提出了新的要求。学生骨干作为青年学生中的关键少数，既是教育管理的对象，也具有示范引领作用。一个健康向上、积极活跃、建设完善、充满凝聚力和引领力的优秀学生组织，是全面提升学生骨干综合素质、充分发挥学生骨干示范引领作用的良好土壤和最佳平台。

一、提升学生骨干综合素质的重要意义

青年一代的理想信念、精神状态、综合素质，是一个国家发展活力的重要体现，也是一个国家核心竞争力的重要因素。党的十八大以来，习近平总书记多次深入学校与师生，从全局和战略的高度对青年学生的成长成才提出

了一系列富有创见的新思想、新观点、新论断和新要求。党的二十大报告中也对广大青年提出了更高的期待："广大青年要坚定不移听党话、跟党走，怀抱梦想又脚踏实地，敢想敢为又善作善成，立志做有理想、敢担当、能吃苦、肯奋斗的新时代好青年，让青春在全面建设社会主义现代化国家的火热实践中绽放绚丽之花。"

青年学生骨干是青年学生中的一类特殊群体，他们具有双重身份，既是青年学生中的一员，是学校教育培养和管理服务的对象，同时也是青年学生中的"关键少数"，在思想引领、服务同学、全面发展等方面具有榜样和示范作用。他们是高校学生思想政治工作的重要补充力量，是凝聚广大同学的重要抓手，是学校与学生沟通的桥梁，是高校教师的得力助手，是构建和谐校园的重要力量，也是服务学生成长成才的主力军。因此，做好高校学生骨干的培养，不仅可以促进学生骨干自身的成长发展，更可以帮助教师深入了解广大青年学生、凝聚和带领青年学生共同成长进步，成为德智体美劳全面发展的社会主义合格建设者和可靠接班人。

二、学生组织是提升学生骨干综合素质的重要抓手

高校与中学最大的不同，就是有更加全面系统的第二课堂活动来培养和提升学生的综合素质。为了实现德智体美劳全面发展的育人目标，青年学生进入大学校园后，除了要完成第一课堂的专业课学习任务，还要在课余时间参与丰富多彩的第二课堂活动，而第二课堂活动主要依托学生组织举办开展。高校校园中活跃着各级各类学生组织，许多大学生都将加入学生组织视为自己的"必修经历"，在履行学生干部职责的过程中发展兴趣爱好、增长见识才干、提升个人能力，因此，学生组织成为高校学生骨干全面提升综合素质的最重要也最有效的平台。

三、依托学生组织培养学生骨干的现实困境

然而近年来，随着00后大学生展现出的新的群体时代特点，加上学生组织的建设模式长期固化，依托学生组织对学生骨干展开培养不断产生和暴露出新的问题。

(一) 外部困境——不完善的学生组织建设

1. 学生组织内部发展不平衡、缺乏联动

目前各类学生组织开展工作愈发趋于独立小团队化。具体表现为，同一组织内各职能部门之间基本相互独立，同一部门内负责不同活动的工作组之间缺乏交流，甚至负责同一场大型活动不同阶段或流程的学生骨干之间也交流不多。最终结果往往是几十人的大型组织发挥不出团队优势，团队任务经过分解几乎变成单兵作战，各环节衔接不畅、各部分融合不足。学生骨干原本应该在充分有效的合作过程中获得团队协作能力、沟通交流能力、组织领导能力的提升，现在基本上变成了一个人或一个小组关起门来单打独斗。同时小团队化使得同一组织内部出现不必要的竞争，比如外联部和办公室相互挖人、项目部和宣传部相互攀比办活动等，造成资源内耗严重，学生组织整体工作成效和质量打折扣，学生骨干难以获得能力和眼界的更高提升。

2. 学生组织举办的活动影响力有限

学生组织开展的各类活动效果和影响力参差不齐，真正在校园内有影响力、收获良好育人实效和学生口碑的并不多。学生活动没有足够的吸引力与竞争力，知名度、认可度、参与度等方面都有上升空间，那么举办众多这样的学生活动就更像是小打小闹，"三分钟热度"的构想和"走过场式"的形式很难给学生骨干带来更加高度和深度的能力锻炼提升。同时，活动收效欠佳会在一定程度上打击学生干部的工作积极性和参与热情，使学生干部产生自我怀疑。

3. 对学生骨干的培养缺乏足够重视和系统规划

从学校到学生组织指导部门再到指导教师，在思想层面不够重视学生骨干的培养，普遍存在着不同程度的重用轻养、以用代养的现象。学生骨干的培养模式比较单一，很少有系统规范的价值传递和技能培训。工作任务的分配也主要依赖学生自觉，积极性高的学生多布置多锻炼，积极性低的学生少安排不指望；学生参与学生工作多就收获多、参与少就收获少；甚至一些大活动主要由大二的部长层甚至大三大四的主席团大包大揽，大一的部员很少得到参与大型活动的机会，更遑论培养。

4. 忽视对学生骨干理想信念及道德品质的培养

对学生干部的培养普遍存在重工作能力、轻道德品质与理想信念的误区。

学生骨干是我们教育培养和管理服务的对象，也是具有榜样示范作用的"关键少数"，对学生干部的培养应当注重综合素质的提升、促进德智体美劳的全面发展，工作能力或者说社会能力仅仅是综合素质的一部分。但由于学生组织本身承担着举办学生活动的职能，作为组织成员的学生骨干往往更追求工作任务的完成，在这个过程中就忽视了工作能力之外道德素养和理想信念的培养建立。近年来随着自媒体的发展，多所高校树洞、表白墙出现揭发学生会主席等主要学生干部道德瑕疵的帖子，引起校内轰动。这类的"人设崩塌"事件暴露出一些高校在学生干部培养中只重视工作能力的培养而忽略理想信念坚定、道德品质提升的缺陷。

（二）内部困境——不到位的自身思想认识

1. 缺乏大局观

部分学生骨干存在政治站位不够高、思想觉悟不突出的特点，还有部分学生骨干政治敏锐性、洞察力和大局观念不足，在工作中缺乏主动性和担当精神，不能在大学生群体中起到思想引领、榜样示范作用。因而使得相关工作的开展也难以取得较高的信服力。

2. 功利心作祟

部分学生骨干加入学生组织的初衷具有功利色彩，希望在学生组织中的付出有利于自己评奖评优、发展党员、保研就业等。因此在投入工作的时候过于计较个人得失，对自己有利的事抢着做，不能立刻得到好处的事就拖沓墨迹。这样的行为带偏了学生组织的整体氛围，对其他学生起到不良引导作用。

3. 执行力不足

大部分学生在青少年时期专注学业很少从事学习以外的其他社会实践，因此存在眼高手低、想法很多但是实际操作能力不高的问题。加上当代大学生多为00后，大多数成长环境相对优越，很少遇到挫折打击，在学生组织工作过程中遇到困难容易退缩。获得感和幸福感一定程度上来源于前期投入的精力和感情，在实际工作的执行层面打折扣、惜力不愿全情投入付出，也使得学生骨干在工作结束后收获甚微，甚至内心空虚。

四、困境产生的根本原因

（一）学生组织定位与发展方向不明

学生组织建设的不完善，根本原因还是目前学生组织的定位与发展方向不明确。目前各高校学生组织普遍存在同质化现象，各级各类学生组织，尤其是举办大型思政类学生活动的组织，定位模糊、差异化不明显，工作目标、发展方向、服务对象范围不明确。各学生组织之间应当统筹定位，为学校整体的育人目标实现进行优势互补。而现在组织定位和发展方向不明导致各组织出现恶性竞争，过度依赖办活动刷存在感，举办的活动同质化严重，没有吸引力和竞争力。

（二）学生组织的管理规范化不足

学生组织中骨干培养的困境，还根源于学生组织内部管理的不规范。绝大部分的学生组织运行缺乏科学管理思想的支撑，指导教师和主要学生负责人对管理学专业知识接触不多，管理和领导经验积累不足，凭感觉或以交朋友的心态开展工作。多数学生组织没有成文的管理制度或组织章程，主要依靠部门的"往年惯例"、师兄师姐的"口口相传"和指导老师的"言传身教"开展工作。因此容易导致学生组织架构松散，成员联系不紧密，从而难以发挥团队优势，组织工作效果不理想等。

（三）学生组织缺乏共同的价值认同

思想引领实践，认识影响行动。困境产生的更深层次原因在于，学生组织的成员在一定程度上缺乏共同的价值认同。学生组织的存在应该是一群志同道合的青年学生相互吸引凝聚，彼此之间秉承共同的价值认同，朝着共同目标迈进的过程中相互协作、全身心投入，并且在这个过程中收获个人能力的提升和可贵的"革命友谊"。聚力先要凝神，没有价值层面的共鸣，仅靠热情和关系好，难以激发出组织的战斗力。00后大学生在内卷压力下，积极投身学生组织的热情本就有所下降，很多学生组织人员配备不齐或临时拼凑，久而久之整个组织的价值认同感低，学生骨干变成为组织打工的"工具人"，大多数工作变成了老师布置的"命题作文"，在工作过程中不愿加入自己的思考、调动自己的潜能，也就谈不上锻炼和提升。

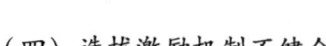

（四）选拔激励机制不健全

大部分学生组织在学生骨干的选拔、发展、评价、激励等方面的机制不够系统完善。在选拔方面，入口关把控不严，加入组织的学生骨干水平参差不齐；部长主席等主要学生干部的选拔决定权在指导教师，选拔依据模糊不定，全看跟指导老师关系好不好或在部门内人缘好不好，导致学生干部把大部分提升能力等同于提升交际能力，有时难免不能服众。在发展提升方面，目前学生组织开展工作大部分模式固定、因循惯例，在机制上没有创造太多空间让学生充分发挥主观能动性，所以学生干部主动思考开展工作少，被动接受任务多。在评价考核方面，很少有学生组织会正式全面地给学生骨干做年终考核或评价，道德品质、理想信念、工作能力等方面难以得到客观公正的反馈。一些早早计划离任的学生干部更是稀里糊涂混一年资历，得不到公正权威的评价反馈，也在一定程度上打击学生骨干的积极性、消解学生骨干自我提升的动力。

五、走出困境的探索与思考——打造"四位一体"的学生组织建设模式

学生组织的建设应当建立实施以规范组织管理、确立价值认同、全面提升能力、强化情感归属"四位一体"的学生组织建设模式，依托学生组织建设的规范与完善，促进学生骨干实现德智体美劳全面发展和综合素质的全面提升。

（一）严格规范管理

完善的制度将最大限度地发挥学生组织的功能作用，保障学生组织的良性发展，确保学生组织成员的健康成长。一方面，通过制度建设的加强来进一步表明学生组织的定位与功能，保障学生组织中学生的主体地位，使学生在制度下可以积极参与到学生组织管理和集体活动之中，活跃学生组织氛围，避免组织僵化，营造良好的内部环境。另一方面，持续完善组织内部章程制度，界定清楚组织成员的权利义务，使其明确责任所在，严格遵守章程制度，降低决策失误可能，避免管理随意性和不符合学生身份的不良行为，使其树立制度意识，真正将制度作为有益的规范来指导自身在学生组织中的各项行为。

(二)构建价值认同

一个优秀的学生干部,首先应该是一个高素质的青年,而青年的成长,最核心的是思想和精神。学生工作的开展必须要有正确的价值作导向,有正确的思想作引领。中国共产党一直很重视青年发展和青年工作,并在长期的理论与实践探索中形成了丰富的青年发展理论和完善的青年工作体系,习近平总书记在纪念五四运动100周年大会上提出的"六点要求",即是在重要的历史节点上,对中国青年成长发展规律的新总结、对新时代中国青年成长发展提出的新要求。其中,"担当时代责任"与"勇于砥砺奋斗"是与学生组织成员更为密切相关的两点要求,强烈的责任意识是新时代青年的奋斗源泉,是推动青年成长成才的不竭动力;而奋斗是青年成长的精神姿态,是理想价值实现的必要条件,只有敢于担当、勇于付出才能成就更好的自己。此外,学生组织是立足于服务和引领同学、联动学院和学生的,这也就要求它的成员在思想上要有服务意识、有奉献精神,将自己摆在服务者的位置上,进而促使成员主动关注同学的需求,主动为更好地服务同学出谋划策。学生组织的成员不仅在其中得到了个人能力的提高,更是实现了个人的价值,后者是更值得去追寻的,也是更需要内在思想引领的。

(三)全面提升能力

一方面,应当为学生骨干能力成长搭建平台。在日常培养中,根据学生不同的特点和需求因材施教、扬长补短,除了言传身教给予工作指导和全力支持,还要定期举行形式多样的理论学习或工作技能专题培训,利用工作日志、成长手册等让学生骨干记录自己的成长足迹。同时在组织内部搭建资源共享平台,鼓励各个部门联学联动,分享经验,取长补短,避免重复错误多次发生,从方法上提高工作质量。培养学生组织的整体意识,从外联资源、技术资源到方法资源相互渗透,实现工作效率最高化、工作效果最优化。

另一方面,应当重视学生骨干选拔考核奖惩机制的建立与完善,形成一套个性化的以德为先、动态考核、奖优汰劣的评价机制,规范考核机制,掌握好标准统一与具体问题具体分析的尺度,充分考量学生骨干各方面的素质能力和学生群众的意见。完善奖惩机制,善于"推优",敢于"淘汰",确保每一位学生骨干都能成长成才。

（四）强化情感归属

获得情感归属是多数参加学生组织的同学认为学生活动的最大收获之一。因此，进一步强化学生组织内骨干的情感归属，也是解决目前学生组织建设困境的有效策略。一方面，要第一时间构建认同感。每个成员在加入组织时，初心并不同一，可能是为了提升能力，可能是为了扩大交际圈积累资源，甚至也存在着误打误撞等偶然因素，而组织管理者要通过日常工作、个性沟通促进成员自我价值、集体价值的发掘和实现，逐步构建共同的精神认同，进而促进成员完成由"被动接收任务"到"主动为组织献力献策"的转变。另一方面，要时刻增强凝聚力。团队之所以为团队并不是其人数众多，而是其思想的碰撞、齐心协力的精神能激发组织成员的集体意识，从而迸发出 1+1>2 的能量。在实际工作中培养组织成员的人际交往能力和团队协作能力，是提高组织凝聚力的重要途径，当然，也应平衡好各部门之间的良性竞争关系，万不可过分要求部门为了合作而牺牲自己的利益，合作与竞争并存，才能实现共赢。此外，要提升向心力。向心力即是成员一心，共同为个人的目标、集体的目标而努力奋斗，在有认同感和凝聚力的基础上，向心力的提升会更为容易，指导教师或主要学生负责人是向心力的核心，立足同学需求，勿忘人文情怀，始终牢记"以人为本"，摒弃"唯结果论"，不仅解答"送上门来"的问题，更要主动思考、主动出击，通过发现问题、交流沟通、探讨困惑、分享经验等方式让工作的开展更有温度。

高校学生组织在高校第二课堂中发挥着重要作用，许多毕业生都将大学期间在学生组织中的经历视为宝贵财富。在学生组织中，学生有机会将所学应用于实践，解决更多实际问题，与其他学生建立了深厚的友谊，而教育培养也蕴含其中，能够收获能力素养的全面提升。建立实施"规范组织管理、确立价值认同、全面提升能力、强化情感归属"四位一体的学生组织建设模式，能够有效提高学生骨干在工作中的收获，激发工作热情，增强工作动力。同时，学生组织是全面培养学生骨干的重要平台，以"培养什么人，怎样培养人，为谁培养人"和全方位育人为思考的重点，通过不断实践反馈，对工作模式进行完善，再逐步探索，反复完善，最终形成一套长期可行的工作模式，充分发挥学生组织在提高学生的思想觉悟、提升学生综合实践能力、提高人才培养质量、促进学生全面发展方面的作用，使广大青年成长成为德智体美劳全面发展的社会主义合格建设者和可靠接班人。

参考文献

［1］吕栎：《学生骨干培养模式探索》，载《成才》2022 年第 1 期。

［2］李景鸿：《新时代高校学生骨干培养模式研究》，载《科教导刊（电子版）》2022 年第 13 期。

［3］邵丽华：《高校大学生骨干培养模式研究》，载《产业与科技论坛》2019 年第 22 期。

［4］王晓霏：《高校学生组织建设与骨干培养》，载《智库时代》2019 年第 22 期。

［5］陆璐：《新时代高校学生干部选拔及培养路径探究》，载《吉林省教育学院学报》2022 年第 10 期。

［6］何超杰：《学生骨干培养工作的思考》，载《就业与保障》2021 年第 17 期。

外部监督与加强自律：研究生学术道德教育的提升路径

中国政法大学研究生院　李　嵩

摘　要：随着研究生教育规模的不断扩大，研究生学术不端行为时有发生，引发媒体和社会公众的普遍关注。研究生的学术道德关系到研究生教育的整体水平和未来学术共同体的学术道德整体水平。研究生学术教育日益成为研究生培养工作的重要内容之一。本文通过分析研究生学术不端行为产生的内在原因和外在因素，从加强制度建设、构建更为多维有效的评价标准、强化研究生指导教师责任等外部力量建设，以及培养学生的科研能力和学术道德自律等内部能力建设，提出了提升研究生学术道德教育的有效路径。

关键词：研究生　学术道德　提升

一、问题的提出

截至2020年，作为国民教育最高层次的研究生教育已累计为国家培养输送1000多万高层次人才，造就了一大批具有国际水平的战略科技人才、科技领军人才、青年科技人才和高水平创新团队，为实施创新驱动发展战略和建设创新型国家奠定了重要基石。[1]伴随着研究生教育规模的不断扩大，在校的研究生群体日益成为高校科学研究的生力军，是学术研究共同体的重要组成部分，对高校学术科研水平的整体发展发挥着不容忽视的重要作用。然而，规模的扩张也带来了诸如研究生个性化培养不足、创新能力锻造不够、教育

---

[1] 赵婀娜等：《我国自主培养研究生突破1000万人》，载《人民日报》2020年7月29日，第1版。

教学质量监控缺位等现象，学术不端与学术道德失范行为屡有发生就是其中的直接体现之一。2020年7月，教育部、国家发展改革委、财政部联合发布的《关于加快新时代研究生教育改革发展的意见》中提出，抓住研究生培养关键环节，健全学术不端行为预防和处置机制，加大对学术不端行为的查处力度。同年9月，国务院学位委员会、教育部发布了《关于进一步严格规范学位与研究生教育质量管理的若干意见》，要求严格执行《学位论文作假行为处理办法》《高等学校预防与处理学术不端行为办法》等文件的规定。对学术不端行为，坚持"零容忍"，一经发现坚决依法依规、从快从严进行彻查。由此可见，当前不论是从现实层面还是从政策层面，研究生教育质量的切实提高都有赖于加强研究生学术道德教育，形成科学有效的学术规范保障机制，同时，这也是高校亟待解决的理论和现实问题。

二、高校研究生学术道德教育的必要性分析

学术道德是规范科学研究中的学术活动及在学术共同体内部制定的学术伦理及道德规则的总和，是提高学术水平和研究能力的重要保证。[1]研究生是学术共同体的重要组成部分，他们不仅是知识的学习者，更是高校科研工作的重要参与者，他们在高校科研工作中承担着不容小觑的作用。未来，他们也将成为学术共同体的中坚力量。因此，在校研究生的学术道德水准决定了学术共同体未来的学术道德水准，这一群体应当严格遵守学术伦理的学术道德规则。自2002年教育部发布《关于加强学术道德建设的若干意见》等文件以来，[2]各高校结合各自研究生教育教学的实际情况，制定相应配套政策、采取多种措施加强对研究生的学术道德教育，强化学术规范培训，规范研究生的学术行为，惩罚和处理各类研究生的学术道德失范行为。然而，从频发的研究生学术不端行为的相关报道来看，这些措施的实施成效不容乐观。有研究对目前高校研究生学术道德存在的问题进行了如下分类总结：论文抄袭、剽窃现象频发；论文一稿多投、多发现象严重；论文数据造假、编造虚

---

[1] 郑忠梅、郑重：《治学道德的凝视：何以规范研究生学术道德》，载《学位与研究生教育》2018年第11期。

[2] 2004年教育部发布新中国成立以来第一部《高等学校哲学社会科学研究学术规范（试行）》，2006年教育部发布《关于树立社会主义荣辱观进一步加强学术道德建设的意见》，2009年教育部发布《关于严肃处理高等学校学术不端行为的通知》，持续采取各种措施治理学术道德失范行为。

假参考文献；研究生学业成绩获得不当等。[1]这些问题无疑反映出目前高校研究生学术道德教育的力度有待加强，实施效果尚不完善，对研究生进行学术道德教育，规范其科研行为具有重大的现实意义，具体表现在以下几个方面。

（一）有利于保证高校科学研究的严肃性和社会公信力

高校是国家战略科技力量的重要组成部分，研究生是高校科研的重要参与者和生力军。研究生阶段的学习是在导师的指导下，就某一领域开展自主的科学研究，研究生不仅是知识的学习者，更是科研工作者和技术进步的贡献者，是高校学术研究共同体的重要组成部分，与高校的科研声誉共存共生、相互影响、相互作用。研究生的学术行为、学术成果和学术声誉直接关系到高校科学研究的严肃性，关系到人民群众对高校人才培养质量的评价，关系到高校乃至整个高等教育的社会公信力。研究生学术道德的提升，无疑会提升高校科学研究的严肃性，提升公众对高校教学科研质量的信任度和美誉度。

（二）有利于高校落实立德树人根本任务

立德树人是高等教育的根本任务。高校培养德智体美劳全面发展的社会主义建设者和接班人，首先要立足于对学生的道德培养。学术道德是研究生思想道德的重要组成部分，研究生学术道德的培养是研究生思想政治教育的重点内容之一。坚守学术道德底线、树立正确的学术价值观念、养成符合学术道德的行为习惯是研究生成为合格学术研究者的前提和基础。研究生承担着科研任务，如果他们不具备学术道德和职业操守，就无法处理好与他人之间的关系、不能解决好各种矛盾和冲突，当他们面临道德困境时也就不会做出正确的有底线的抉择。可见，研究生学术道德的提高有利于高校落实立德树人根本任务。

（三）有利于构筑社会公众的价值理想认同

2020年9月11日，习近平总书记在科学家座谈会上的讲话中指出，高校是人才培养的摇篮、科技创新的重镇、文化传承的高地，始终站在推动科技

---

[1] 苗绘、梁佳梅：《新时代高校研究生学术道德问题及对策研究》，载《齐齐哈尔大学学报（哲学社会科学版）》2021年第11期。

进步的最前线。高校的整体学术风气和价值追求对社会公众的价值理想追求有着强烈的导向作用。提升研究生的学术道德，规范研究生的学术行为，形成风清气正的学术科研环境，能够进一步促进社会环境的持续净化和社会公众道德水准的提升，有利于构筑社会公众的价值理想认同。

（四）有利于研究生自身的成长成才

习近平总书记在考察中国政法大学时强调，青年时期是培养和训练科学思维方法和思维能力的关键时期，要充分发挥青年的创造精神，勇于开拓实践，勇于探索真理。研究生学习阶段是学习理论、探索新知、掌握研究方法、锻造学术本领、提升实践能力的重要阶段，是学识和道德成长的最为关键的时期。只有坚守学术道德，才能在学术研究过程中求真务实，扎实提升学术能力，掌握牢固的科学知识，取得真正有科学价值的创新性科研成果。加强研究生学术道德教育，培养研究生规范的科研行为，将为研究生自身的成长成才夯实坚实的基础。

三、高校研究生出现学术不端行为的原因分析

2020年9月，国务院学位委员会、教育部发布的《关于进一步严格规范学位与研究生教育质量管理的若干意见》中指出，目前我国部分学位授予单位存在人才培养建设滞后、管理制度不健全、制度执行不严格、导师责任不明确、学生思想政治弱化以及学术道德教育缺失等诸多问题。我们必须厘清产生这些问题的真实原因，才能提出科学有效的解决问题的方案，真正地提升培养质量。高校研究生出现学术不端行为，究其原因，主要存在于以下几个方面。

（一）学术能力培养不充分

研究生阶段的学习是对其独立自主地发现问题、提出问题、解决问题的专业能力的提升和锻造。通过认真的课程理论学习、负责的导师个人指导、扎实的实习实训、潜心的科学研究等有机结合、紧密贯通的培养环节，研究生的专业本领和科学素养才能得到全面提升。任何一个培养环节的缺失或不够充分，都有可能导致研究生某一方面甚至整体学术能力的欠缺或不足，导致其缺乏完成学业的真正本领。研究生为了完成学业要求，达到顺利毕业、

获得学位的目的,在自身的学术能力与学校规定的学业标准之间存在着明显差距的情况下,就有可能产生忽略学术道德而选择铤而走险的情况,进而做出显然背离学术道德的学术不端行为。

(二) 学术规范教育不充足

近来,有研究对我国 1000 名在读硕士研究生进行调研,其统计结果表明,在当前,我国硕士研究生教育存在着一定问题,即很多学生对学术道德的了解不够全面。该项调查显示只有约 13%~15%的研究生表示对"学术论文规范"和"学术道德规范"完全了解。[1]这一数据反映出很多高校对研究生进行学术诚信教育的效果有限,学术规范教育和学术道德培养并不充分。即便高校建立了完善的学术规则体系,如果研究生在科学实践过程中不了解不掌握,或者在践行学术道德和学术规范的过程中流于形式,那么就会导致研究生学术道德观念淡薄和学术不端行为的最终发生,甚至出现因"无知"而违反学术规范的情况。

(三) 质量监督体系不完善

研究生的学术行为贯穿于其整个学业生涯的每一个阶段,植根于研究生教育教学全过程之中,始终遵循学术道德、遵守学术规范应当时刻体现在研究生所有的学术行为当中。当前,高校对研究生学位论文的学术规范审查相对严格和全面,并且存在着过度依赖查重工具的现象。对于研究生日常的实习实训、平时课业、中期考核、课堂展示、论文发表等过程环节的学术表现是否遵守学术规范,却缺乏行之有效的监督制约手段,也尚未建立完善有效的质量监督机制,这就为在研究生在培养过程中出现的学术不端行为埋下了隐患。

(四) 学术评价标准不科学

当前,学术成果作为研究生学术科研过程的最终产品,被作为研究生毕业、奖学金评定、就业资源倾斜的重要评价指标。在评价学术成果的过程中,不论是导师、高校还是社会,都不同程度地存在"重数量、轻质量"的现象。

---

[1] 刘敏、张欣艺:《硕士研究生学术道德现状及其与成就动机的关系研究》,载《学位与研究生教育》2015 年第 11 期。

在这种不科学的评价标准的影响下，研究生不可避免地产生急躁冒进的情绪，片面地追求科研成果数量，而忽视成果的真正质量。加之研究生面对着学业和就业压力，竞争的异化往往导致学习动机的异化，进而致使研究生的学术行为逐渐偏离学术道德的要求和学术规范的限制，导致学术不端行为的出现。

四、提升研究生学术道德教育的路径选择

厘清目前研究生学术不端行为的表现形式、科学地分析导致出现这些学术不端行为的原因，有助于高校采取行之有效的举措，有针对性地提升研究生学术道德教育水平，规范研究生的学术科研行为。在外部，高校应当建设行之有效的学术规范监督和管理机制；在内部，高校应当帮助研究生内化学术道德意识，形成激发引导研究生恪守学术规范的内在动力。

（一）健全学术道德规范机制

首先，应当建立专门的高校学术道德监管机构，明确监管机构的权力和职责。建立学术道德和学术规范监督的专门工作机构，负责制定、评估、判断和解释高校学术道德规范的相关政策、规定和具体要求，调查和处理在研究生中发生的学术不端行为，以避免出现学术道德监管领域的灰色地带和监管真空，使学术道德和学术规范的监管职责清晰、权责分明。与此同时，与机构设置相配套的是建立健全学术道德规范体系，形成完善可行的规章制度。高校应当建立以学术论文写作规范和基本要求、学术规范监督机构工作办法、研究生基本学术规范标准、研究生学术规范审查办法等文件为代表的制度群，细化各项规定，为研究生学术道德教育和学术规范教育提供全方位的有力的制度保障。

（二）加强研究生培养过程管理

高校应当切实提升研究生专业素养，不断强化研究生的学术能力训练，加强研究生培养过程管理，严把过程关口。研究生只有真正具备了学术研究的能力、掌握了科学研究方法、拥有了专业领域的科学素养，在面对艰难的科研任务时，才有信心、有能力去独立地做出创新性的贡献。研究生出现学术不端行为，往往是因为自身专业能力基本功不扎实，科研能力薄弱，无法达到学校规定的学业标准要求，在毕业和就业的压力下，无法坚守道德自律，

选择偏离学术规范底线。因此，高校要加强研究生培养过程管理，在课程考核、中期考核、论文开题和预答辩等关键培养环节把好学术规范的质量关，切实提升学生的研究能力和科学素养。与此同时，对不适合继续培养和攻读学位的研究生，应当及时分流淘汰。只有严格培养过程管理，从严治学，才能形成严肃的学术环境，杜绝学术不端行为的产生。

（三）强化学术道德的系统教育

学术道德意识的确立是一个对道德规范准则、要求和遵循它们的意义的认知过程。道德是内化于心、外化于行的过程，对研究生学术道德的培育不是填鸭式的说教，而是润物细无声的滋养。因此，高校要有目标、有步骤、有组织地面向研究生开展学术道德和学术规范教育，并将学术道德和学术规范教育融合到研究生培养的全过程。首先，应对研究生进行《著作权法》《专利法》等知识产权法律法规的普及式教育教学，明确法律规定，促使研究生自觉尊重他人的知识产权和智慧成果，也掌握保护自身合法权益的法律武器。其次，高校要利用多种形式和渠道开展学术规范教育。从学术道德的专项宣讲、研究生培养方案的设计、各类宣传平台的应用再到系列专门课程的设置，通过持续的教育教学，使学生明确学术规范内容，形成正确的学术道德观念。此外，除了渠道和形式的多重利用之外，高校还要发挥学校机关、院级培养单位、学科专业等多层级的积极协同作用，以不同的主体为单位组织研究生开展与本领域知识和实践相结合的学术规范的学习和讨论，以加深其对学术道德和学术规范的理解和认识。通过系统性的学术规范和学术道德教育和训练，有序地引导研究生形成正确而稳定的是非观念，将外化的规定内化为自身的学术理想信念，在科研生涯中警钟长鸣。

（四）完善研究生学业评价制度

评价标准是风向标、是指挥棒，引导着研究生调整自身的学业行为。高校应当建立多维度的研究生学业评价标准，尤其是不能片面地将学术成果的数量作为评价研究生学业成绩的唯一指标。首先，研究生培养单位要注重对研究生学术成果的实质性质量评价，树立质量指标优于数量指标的评价标准，引导研究生不盲目、浮躁地追求科研成果数量，潜心于真正的学术研究。其次，高校应当探索多维度的学业评价标准，将研究生的日常课堂表现、实习实训情况、志愿服务活动等纳入学业考评体系,并科学地赋予相应的权重。通过引导使研究生认识到应当以更广泛的标准来评价自己的学业进展情况。最后,高校要加大对学术不端行为的惩戒力度。研究生发生学术不端行为,高校应当公开公正处理,维护大学的学术尊严,营造风清气正的学术环境。

(五) 发挥导师第一责任的作用

研究生指导教师是研究生培养的第一责任人,负有对研究生进行学科前沿引导、科研方法指导和学术规范教导的责任。导师应当发挥对研究生思想品德、科学伦理的示范和教育作用。研究生在校学习期间,在导师的指导下开展学术训练、参加学术活动、克服科研工作中遇到的困难和挑战。导师的言传身教、率先垂范对研究生的学术道德规范教育具有最直接、最深刻的引导作用。因此,要明确导师的职责,强化导师的责任意识,使导师在指导过程中加强对研究生的学术规范教导。还要建立相应的评价督导机制,以评优等支持措施,鼓励和肯定先进导师。

五、结论

研究生的学术道德关系到高校的学术声誉,关系到社会公众对高校乃至教育制度的评价。高校不仅要做到对研究生的学术不端行为"零容忍",更要采取行之有效的措施预防学术不端行为的发生,营造风清气正的学术环境,提升办学质量。学术研究行为受制于外部他律和内在自律两种约束力量,作为学术共同的成员,高校研究生出现学术不端行为的原因也来自他律的不足和自律的缺乏。体现在研究生学术道德教育工作中,就表现在高校的外部监督机制没有发挥作用,对研究生的道德教育没有充分内化到其自主意识之中。在他律方面,高校应当健全学术道德规范机制,完善研究生学业评价制度,强化导师责任并充分激发研究生导师的工作热情,使其发挥应有的科学伦理的示范和教育作用。在自律方面,高校一是要加强培养过程管理,切实提升研究生的学术能力,使之具备独立完成科研任务的内在能力;二是要强化学术道德的系统教育,使研究生真正地将学术道德内化为本人的学术操守,自觉地遵守学术规范。

高等院校大学生廉政教育研究

中国政法大学纪委办监察处　刘江涛

高校是国家建设人才的培养基地,大学生是社会发展和进步的重要资源,国家和社会各项事业的健康有序发展均很大程度上受到具有坚定理想信念和政治立场以及优秀思想道德和价值判断的大学生群体的影响,大学生只有健康和全面发展,才能不辱使命为社会主义发展和国家建设贡献力量。将廉政教育深入大学生群体,将廉政教育融入当代大学生的思政教育之中,通过多层次、多方式并润物细无声的积极引导,不断提升大学生群体的廉政意识和底线思维,从基础做起树立和培养青年学生的廉政意识,对从中选拔任用优秀干部具有重要意义,对加强党的领导和深入推进新时代党的建设新的伟大工程发挥积极作用。

一、大学生廉政教育的重要意义

(一)高校贯彻落实立德树人根本任务的重要举措

高校工作的中心环节即为立德树人,以培养一代又一代品行端正、奋发有为、遵纪守法的国家各项事业的建设者为重要价值追求,最核心的工作即为解决好如何全面贯彻党的教育方针,解决好培养什么人、怎样培养人、为谁培养人的根本问题。

习近平总书记指出:"青年是整个社会力量中最积极、最有生气的力量,国家的希望在青年,民族的未来在青年。"高校大学生作为青年群体中的优秀分子,是十分宝贵的人才资源,是一个国家、一个民族薪火相传的关键因素。虽然大多数大学生在生理或年龄上属于成年人,抑或可以称为完全的民事行为能力人,具有完成好社会生活和各项工作任务所需要的权利能力和行为能力,但我国的成年大学生仍然处于三观的培养塑造期,其价值体系构建仍未完全完成，故而大学阶段的学习和生活往往是青年德行培养并最终确立的关键阶段，需要精心引导和教育栽培。德育教育本身包含廉政教育，通过廉政教育来提高大学生价值判断能力，自觉抵制各种不良思想和社会不良风气的侵蚀，使其在思想上和行动上都能做到廉洁自律、坦荡为人。作为高校思想政治教育的重要内容，开展大学生廉政教育不仅有利于丰富思政课的内容和体系，更有利于从廉政角度实现大学生群体的固本培元作用，落实"立德树人"根本目标，同样是贯彻高等教育育人为本、德育为先教育思想的重要举措。[1]

（二）培养忠诚干净担当的干部队伍的必由之路

党的二十大提出，要建设堪当民族复兴重任的高素质干部队伍，选拔忠诚干净担当的高素质专业化干部。但"部分年轻领导干部前脚踏上仕途，后脚就步入歧途"的现象屡见不鲜，究其原因不难发现，这些"踏入仕途"的年轻人大多是能力强、有干劲的优秀干部，但思想上的"总开关"一旦打开，优秀干部变为贪腐分子可能仅在一夕之间。廉洁意识的淡漠、底线思维的不足暴露出年轻干部在学习、培养阶段廉政教育工作的不足。如前文所述，高等院校恰是培育党员和领导干部的重要摇篮和基地，大学生的政治立场、理想信念、价值观念、道德情操将直接影响中国社会的发展。从基础做起树立和培养青年学生的廉政意识，对从中选拔任用优秀干部具有重要意义。在高等院校人才培养工作中开展廉政教育，坚持正本清源，给大学生补好理想信念之钙、廉洁自律之钙和遵纪守法之钙，助力塑造大学生健康人格，树立正确价值观，保持思想上的纯洁性，对大学生思想和行为起到约束和规范作用，确保他们成为合格的社会主义建设者、党政领导可靠的接班人。[2]

（三）全面从严治党向纵深发展的必然要求

廉政教育是全面从严治党和党风廉政建设工作的重要组成部分，是一体推进"不敢腐、不能腐、不想腐"的应有之义。在全面从严治党的战略部署

---

[1] 岳家斌等：《高校大学生廉洁文化教育课程体系构建及其优化路径》，载《中共四川省委党校学报》2022年第1期。

[2] 潘业旺、朱明仕：《新时期加强高校大学生廉政文化教育的路径探究》，载《长春师范大学学报》2016年第11期。

新常态下，高校作为国家人才培养和文化引领的重要领地，高度重视廉政教育系统化、规范化，显得尤为必要和紧迫。[1]党的十八大以来的反腐败斗争取得了压倒性胜利并全面巩固，但党的二十大报告同时指出："必须清醒看到，我们的工作还存在一些不足，面临不少困难和问题。对这些问题，我们已经采取一系列措施加以解决，今后必须加大工作力度。"当前，廉政教育的对象一般为党员、党员领导干部和监察对象，在持续开展"打虎""拍蝇""猎狐"工作，消除党、国家和军队内部存在的严重隐患的同时，对大学生群体开展科学、适当、高效的廉政教育工作是从人才培养角度出发夯实"不想腐"的重要举措，是全面从严治党工作向高校领域不断深入的重要体现。

二、大学生廉政教育存在的问题

（一）大学生群体廉政思想需要提高

2005年7月1日，教育部办公厅向部分省、市教育局、教委下发了《关于在大中小学开展廉洁教育试点工作的意见》。2007年3月，教育部正式印发了《关于在大中小学全面开展廉洁教育的意见》，[2]要求对大中小学阶段的学生有针对性地开展不同形式、不同程度的廉洁教育，以期形成学校、家庭、社会紧密配合的廉洁教育网络。但限于中考、高考等考试升学压力，中小学学生的学习时间和精力往往更多地倾注于考试相关的课程学习中，学校、老师和家长也更多地以各种考试为指挥棒，无形中降低了包括廉政教育在内的其他思政教育在青少年教育中的地位和权重。故于青年而言，在踏入大学校门之前的十数年学习生活中，并无机会接受系统或全面的廉政教育，廉洁意识的培养多来自家庭教育或散见于时长较少的中小学思想品德相关课程的学习内容，尤其缺乏针对不同年龄段的青少年学生持续开展包括廉洁意识培养在内的有效思政教育，大学生群体潜意识里存在的朴素的廉洁或廉政价值判断亦会在迈向工作岗位前这一最重要的大学学习阶段受到这样或那样来自社会和身边的不良风气的影响。北京大学曾对北大医学部的900名研究生开展廉

---

[1] 胡文蔚、徐建伟：《高等学校廉政教育现状分析及对策建议——以浙江高校为主》，载《湖州师范学院学报》2021年第6期。

[2] 李宁、苏承英：《大学生廉洁教育的现状与对策研究》，载《边疆经济与文化》2021年第8期。

洁教育问卷调查，超过35%的学生表示自身曾存在或多或少的不廉洁现象。[1]武汉大学研究生工作部对516名研究生的廉洁价值观调查数据也显示，超过35%的研究生认同"有权不用，过期作废"的观点，超过29%的研究生认同"存在即合理，适度腐败有利于提高办事效率"的观点。[2]高校学生群体的廉政思想教育工作仍然任重道远。

（二）廉政教育尚未发挥出合力的效果

教育部《关于在大中小学全面开展廉洁教育的意见》明确提出了通过大力加强师德建设以充分发挥教师在开展廉洁教育中的引领和示范作用，通过加强学校制度建设以规范学校管理和营造开展廉洁教育的环境，通过加强校园文化建设以营造开展廉洁教育的良好氛围，并建立健全在大中小学全面开展廉洁教育的领导体制和工作机制，以及为大中小学全面开展廉洁教育提供保障等要求。具体而言，就是要充分发挥教育主管部门及学校党政领导干部、教师、教务、宣传、学生工作、纪检监察等主体的力量，通过建立健全体制机制，形成全方位和多层次的廉政教育体系，形成合力。但现实情况多为大学课堂中思想品德修养等某一学期的公共课程中提及廉洁内容，抑或大学生入党的相关课程中会涉及党风廉政建设和反腐败内容，且在相关课程中所占比例较低。虽然"思政课程"和"课程思政"在提升大学生思想理论修养和贯彻落实"立德树人"根本任务上产生了良好的教育效果，但对世界观人生观价值观正在确立的大学生而言，专题廉政教育或者廉洁教育内容的比重仍有待提高，能直击人心的教育形式仍有待丰富。加之，负有廉政教育职责的各个部门缺乏针对性的沟通协调，没有系统性教学或教育计划并缺乏长效机制，多出现一阵风、一次性教育活动或九龙治水、各自为政的现象，更有相关课程的授课教师授课内容照本宣科、枯燥乏味，使得本已捉襟见肘的廉政教育不免流于形式，廉政教育收效甚微。

（三）廉政理论转化有效性有待增强

2008年9月，中共中央纪委、教育部、监察部联合颁布的《关于加强高

---

[1] 张娟等：《对研究生进行廉洁教育的思考与建议—以对北京大学医学部研究生的调查为例》，载《学位与研究生教育》2011年第11期。

[2] 郑爱平等：《论研究生廉洁教育的范式转换》，载《学位与研究生教育》2016年第5期。

等学校反腐倡廉建设的意见》明确要求，"加强大学生廉洁教育。认真落实《教育部关于在大中小学全面开展廉洁教育的意见》（教思政〔2007〕4号），建立健全领导体制和工作机制，充分发挥专业教师队伍的主导作用、思想政治工作队伍的引导作用和学生骨干队伍的示范作用，充分利用新生入学教育、毕业生教育等形式和各种校园文化活动，深入开展校园廉政文化建设。开展合格公民、遵纪守法、诚实守信教育。努力探索适应新时期要求的校园廉政文化建设新途径，总结推广一批校园廉政文化品牌和廉政文化理论研究成果。"[1] 按照要求，教育行政部门和高校、教师及相关主管部门均采取了相应举措，尤其在党的十八大以来，对高校廉政教育建设工作进行了更为积极的探索。如教育部围绕中央关于党风廉政建设和反腐败斗争的重大决策和部署，围绕"努力办好人民满意的教育"这个总任务，将反腐倡廉工作融入教育改革发展实践中，积极探索教育系统党风廉政建设的特点、规律和对策，进一步提高教育系统反腐倡廉建设科学化水平，持续向高校发布教育廉政理论研究专项人文社会科学专项任务项目。高校也形成了一批优秀的廉政教育研究机构，如中国政法大学法治与廉政建设研究中心、中国社科院中国廉政研究中心、北京航空航天大学廉洁研究与教育中心、北京大学廉政建设研究中心、中国科学技术大学廉政研究中心、四川廉洁文化社科普及基地等百余所高校廉洁、廉政研究机构的相继成立，极大地推动了高校廉政理论研究与廉洁文化教育师资队伍的发展。[2]

高校领域在廉政教育或廉洁教育建设不断取得可喜成绩的同时，还应看到相关廉政建设研究机构的成立及这些机构所探究的重要理论相较于大学生廉政教育工作的有效开展之所需仍有差距，尤其在对大学生群体如何有效开展廉政教育方面存在理论多、实践少，研究多、制度少的不足。十多年的高校廉政建设研究工作产生了大量的智慧成果，对包括大学生群体如何进行廉政教育在内的高校领域廉政建设工作提供了大量的理论支持，从数量和质量上看都可谓成果丰硕，所需进一步完善的恰恰是根据当前全面从严治党和党

---

[1] 《〈关于加强高等学校反腐倡廉建设的意见〉（教监〔2008〕15号）》，载http://weixin.edufgk.cn/FullText/LawFullIndex?encryptString=RfP16VEsW8BWZp7gNPkh95AT7fGMHwsAeFqc84OvdlHstEna30ttJW%2F%2FBdz%2F9LApYtrztLcBtVY%3D，最后访问日期：2023年2月24日。

[2] 岳家斌等：《高校大学生廉洁文化教育课程体系构建及其优化路径》，载《中共四川省委党校学报》2022年第1期。

风廉政建设以及国家、社会各个领域的廉洁要求梳理现有研究成果，制定并适时修订相关规章制度，并以不打折扣的积极实践来促进大学生群体的廉政教育，进一步促进党和国家各项事业均能在风清气正的大环境中健康发展。

（四）廉政教育资源的高质量投入不足

在重视廉政教育和有较为健全的制度规范的基础上，对大学生开展科学有效的廉政教育仍需要优质教育资源的高质量投入。优质教育资源一是需要一批广受大学生欢迎的专兼职廉政教育教师队伍，教育教学工作是一项涉及知识素养、讲台表现、语言能力甚至人格魅力等多重因素和能力的重要工作，集这些因素于一身的教师必然能为大学生群体所接受和欢迎，优秀教师是开展好课堂廉政教育工作的核心，但现实中成为最受大学生欢迎的思政课、廉政教育课教师数量较少，仍须加强廉政教育相关课程教师队伍的培养工作。二是各高校除完成教育主管部门廉政教育的规定动作之外，在结合本校实际积极制定廉政教育长效机制和在此基础上探索挖掘本校优质教育资源方面动力不足、效果不明显。尤其缺乏贯穿大学生整个学习阶段的教育规划，缺乏能为大学生更易感受和体会的身边人、身边事所引发的教育效果。三是廉政教育方式方法单一枯燥。如前文所述，大学生所接受到的廉政教育内容仅散见于思想政治修养、马克思主义基本原理等公共课的授课内容中且所占比重较少，抑或在学生党课培训中有所涉及，此外再鲜有来自学校其他部门的专题教育或教学活动，这些在数量上不足以实现廉政教育的效果。更有部分相关公共课教师在授课过程中仅为完成基本教学任务而采取"复读机"式的教育方式，没有任何结合实事的拓展和思考讨论，也没有任何能引起大学生兴趣的教学方式方法，上课体验感差、接受度差，这不仅达不到该课程的基本教学效果，甚至可能造成大学生对本应促进大学生成长的课程内容的反感和厌恶的反效果。

三、大学生廉政教育的路径

（一）优化廉政教育体系

党的十八大以来的全面从严治党工作成效显著，构建一体推进不敢腐、不能腐、不想腐体制机制，通过持续开展反腐败工作、以钉钉子精神纠治四风、刹歪风纠痼疾,反腐败工作取得压倒性胜利并全面巩固。

这为开展大学生的廉政教育创造了充分有利的外部因素。在此基础上,高等院校按照《关于加强高等学校反腐倡廉建设的意见》要求并结合自身实际,构建本校大学生廉政教育体系并确立长效机制,制定中长期廉政教育计划,包括但不限于确立教育目标、教育形式、责任部门、课程设置、人才培养、后勤保障等内容,一体构建以党委领导、各部门齐抓共管、教育规划科学合理、分工明确的校内廉政教育体系。与大学生思想政治教育、校园文化建设、师德建设、学校管理、学风建设等工作同步推进。[1]同时,将廉政教育规划内容纳入高校五年规划,与高校其他规划内容同部署、同考核、同总结。

(二)优化各类廉政教育课程设置

高校利用自身学科优势,开设廉政教育方向通识必修课作为全校所有学科院系大学生均应必修的课程,并结合实际在入学和毕业年份设置层次不同的两门课程,通过入学和毕业廉政课程教育为大学生系好遵规守纪的第一粒扣子。2005年,清华大学最先开设了廉洁教育课程,南通大学率先在全国开设了必修课,北京航空航天大学也把廉洁教育课程纳入本科生的通识教育课程计划中。[2]针对不具备相关学科无法开设相关课程的高校亦可与其他高校沟通协调建立合作机制,以实现全面教育效应。同时,以课程思政为优秀模板,根据学科特点将廉政内容有机融合于大学生专业课的日常教育教学工作中,在课件准备、案例拓展、课堂讨论、课后作业等环节适当引入廉洁自律、遵规守纪等相关内容,在专业课授课过程中以"润物细无声"的形式对大学生进行积极引导和影响。此外,在大学生党课授课内容上应适当增加全面从严治党和党风廉政建设的教学内容,对入党积极分子在第一节党课开始就要从理想信念、党内法规、反面案例等不同角度加强政治建设和纪律建设。

(三)优化廉政教育师资力量

如果说科学的廉政课程是有效开展廉政教育工作的重要载体,那么优秀

---

[1] 谢洪:《新常态下高校大学生廉洁文化的教育方法》,载《文学教育(下)》2016年第9期。
[2] 任建明:《我国大学生廉洁教育的理论框架与实践经验》,载《湖北行政学院学报》2016年第5期。

的廉政教育教师队伍便是发挥载体功效的催化剂。针对廉政教育课程的特点，在相关学科所属学院设立该方向的基层教学组织，通过在现有教师队伍中遴选和招聘新任教师相结合的方式建立一支善用能够为大学生所欢迎的教学方法、教学工具和教学形式的优秀教师队伍。同时，由其他专业课教研室教师集体研究在专业课中有机融入廉政教育内容的方式方法，对涉及廉政教育内容的讲解采取集体备课、统一口径方式进行，并根据现实情况适时调整，充分发挥好教师队伍的重要作用。

（四）丰富廉政校园文化建设

高校大学生是充满热情和创造力的群体，通过高校学生组织所发起的各类讲座、舞台剧表演、运动会、辩论赛等活动和高校宣传部门、学生工作部门及团委、院系组织的各项校园活动让大学生的校园生活丰富且充实，通过活动组织者在各项校园文化活动中引入廉政建设内容或定期开展不同主题的专题廉政类活动是课堂外廉政教育的重要组成部分。学校纪检监察部门可以通过定期开展廉政教育活动月、活动日展示大学生党员容易忽略的但又对大学生自身发展有严重影响的违纪违规案例，以案说纪、以案说法。以上活动都会在大学生的廉政意识形成、廉洁自律原则培养方面发挥静水流深的积极作用。

同时，必须对网络世界的影响力保持充分重视，尤其是在网络世界爆炸式发展和自媒体走向每个个体的时代。一个积极正面的廉政故事可以引起大多数人的共鸣和深思，可以使得大学生的价值观天平往廉洁自律的方向倾斜，甚至可能影响其一生。相反，一个发生在身边的学术不规范或考试作弊如果没有依规处置也可能引发这样或那样的负面猜测，也会影响一大批人对公平正义、法律法规失去信心。在这样的背景下，发挥好网络和自媒体平台的积极作用来开展好廉政文化教育，让大学生在更多参与、容易接受、更觉自由的网络世界接受崇清尚廉的价值熏陶，在正面引导中不断巩固拒腐防变的精神堡垒。

本科生专业认同感的影响因素及提升路径
——以商学院为例

中国政法大学商学院　王晓曦

摘　要：专业认同感对大学生是否能够积极充实度过大学生活并科学规划职业生涯发挥着重要作用，本文以中国政法大学商学院为例，旨在通过调查分析商学院本科生的专业认同感的主要影响因素，并对应各影响因素从专业认同感的专业身份认同、专业学习认同、专业教学认同、专业价值认同和专业前景认同五个维度提出专业认同感提升路径，尝试为本科生专业认同感的提升提供建议。

关键词：专业认同感　影响因素　提升路径　职业生涯规划

大学生对专业的认同感在很大程度上决定了学生在校期间进行专业知识的学习和实践的感受及学习成果，对学生未来的职业生涯发展与规划也有重要意义，学生的自身因素、校园氛围、专业发展前景等都会对学生的专业认同感起到一定影响。

中国政法大学是以法学学科为优势和特色的学校，校内关于法学专业的学习资源丰富，培养形式多元，而商学院则围绕工商管理、国际商务、经济学和金融工程搭建自身学科专业体系。受办学特色影响，商学院本科生对于商学院所开设专业的认同感有待提升，目前在校的高年级学生中大部分学生选择在修读商学院开设专业的同时修读法学学士学位。然而，根据相关政策2021年后入学的非法学专业学生将不能够通过修读双学位的途径修读法学专业学士学位，这一形势更增强了校内非法学专业学子专业认同感提升的紧迫性。本文拟通过对商学院本科生专业认同感的影响因素进行分析，探讨商学院本科生专业认同感提升路径，以期通过合理引导学生积极发挥主观能动性，端正学习心态，增强学习过程中对商学院所开设专业的认同感。

一、专业认同感

专业认同感是指学习人员或从业人员对自身学习专长以及所从事与专业领域有关的工作能力的认同。专业认同既包含了个人在专业学习过程中和专业实践过程中对专业知识的认同，同时也包含了个人对专业知识的喜爱程度、对专业学习过程的认可程度、对通过专业知识的学习和利用专业知识进行工作过程中所创造的个人价值的认同与自我价值感受。[1]专业认同感较强的人在专业学习过程中会伴有积极的外在行为和适切的内在感受，对于学习者提高学习热情、取得良好学习成果而言都有着重要意义。同时，一般来说专业认同感越高，也越能够激发对专业所相对应的职业生涯发展的思考，在离开校园进入社会之初的专业竞争力也较强。随着内因及外因的不断变化，学生的专业认同也相应地呈动态发展，从专业选择、专业学习的各个阶段到就业，同一个人处于不同阶段的专业认同可能会出现波动。

二、本科生专业认同感主要影响因素

为了对商学院本科生的专业认同感现状进行充分调查研究，本文采取问卷抽样调查的方式，以商学院大一到大四的学生为调查对象发放问卷。本次调查于 2023 年 2 月进行，共回收有效问卷 241 份，作答者基本等量覆盖本科各个年级，且按专业人数比例覆盖了商学院在本科开设的经济学、工商管理、国际商务、金融工程四个专业。

通过对回收问卷的整理，从专业选择、专业学习过程及专业就业意愿等多个角度入手，本文总结了以下商学院本科生专业认同的主要影响因素：

（一）学生自身因素

在进行专业选择和专业学习的阶段，兴趣能最大程度地引领学生。个人对专业学习的兴趣与个人对专业的了解程度有关，而个人兴趣有时容易受到所需要学习的内容难度的影响。从发展心理学相关理论的角度来看，大学时

---

[1] 胡福玲：《大学生主动性人格、心理资本与专业认同的关系研究》，青海师范大学 2022 年硕士学位论文。

期的学生处于其自我同一性的重要发展时期。对专业的认识是产生兴趣的基础，在进行专业选择的过程中，部分学生未经个人兴趣探索、未对即将学习的专业进行相应的了解，而是受他人意愿影响或调剂而被迫选择某个专业，则做出这样的选择不符合他们以往追求的连续感和一致感，[1]而在学习中遇到的困难则容易消磨其进一步进行学科探索的兴趣，容易使其对专业产生认同危机。

调查问卷显示，作答者中68.8%的商学院本科生在填报志愿进入商学院的原因是"服从调剂"，仅有22.82%的学生是因为个人兴趣而选择进入商学院学习，而在选择专业时，作答者中仅有18.67%的学生对商学院开设的专业（以下简称"本专业"）有一定程度的了解；在进入本专业学习以后，作答者中有57.42%的学生认为在校的学习让其增长了一些对本专业学习的兴趣，但仍有86.73%的学生也认为自己在本专业学习的过程中存在一定困难，在认为专业学习存在困难的学生中，有超过一半比例的学生认为主要困难存在于专业兴趣方面。

（二）校园环境氛围

在正式进入校园开启专业课程学习之后，校园的专业学习氛围会对学生的专业认同产生一定影响。我校法学及法学相关的专业在校内影响力较大，校园内相应的学习资源如图书、线上数据库、学术讲座等较为丰富，在校方评奖、推荐免试攻读研究生认定的实践成果中，法学类实践成果的占比也较大，则在校生对法学专业学习的认同感和学习热情相应来说也更为高涨。

调查问卷显示，作答者中有87.97%的学生有意愿选择修读双学位，其中所有学生有意愿在修读双学位时选择法学学位，而其中超过50%的学生认为自己选择修读法学双学位的原因是"该专业在校内影响力较大"及"该专业在校内学习资源较丰富"；作答者中69.3%的学生在有升学机会的情况下表示愿意选择进入法学专业进行学习。

（三）专业实习、实践的参与程度

专业实习或实践能够让学生切实运用专业知识发现问题、思考问题与解

---

〔1〕 秦攀博：《大学生专业认同的特点及其相关研究》，西南大学2009年硕士学位论文。

决问题，并激发对专业价值、专业前景和个人职业生涯的思考，对于专业认同有积极意义。

调查问卷显示，有过实习实践经历的高年级作答者中仅有47%的学生参加过与本专业内容相关的实习或实践，其余高年级作答者则参与了与其他专业相关的实习或实践。而参与过本专业内容相关实习或实践的学生中有73%的学生愿意在毕业后从事与专业相关的工作。作答者中未参与过与本专业内容相关的实习或实践的学生中，有意愿在毕业后从事与专业相关的工作的人数比例为53%，明显低于前者。

（四）对就业前景的了解程度

商科专业人才在社会上的生存、发展以及竞争能力对本科在校生的专业认同有着比较大的影响。然而问卷显示，作答者中仅有42%的学生对本专业的就业情况进行过较为详细的了解。在这42%的学生中有75%愿意在毕业后从事与专业相关的工作，而未对第一专业相关就业情况进行过了解的58%的学生中，仅有不到一半的学生愿意在毕业后从事与专业相关的工作。

三、本科生专业认同感中存在的问题

大学生专业认同可以划分为五个维度的认同：专业身份认同、专业价值认同、专业教学认同、专业前景认同和专业学习认同。专业身份认同是指大学生对自己属于某一专业群体而非其他群体的意识，专业价值认同是指大学生对所学专业与社会及个人发展价值的认同，专业教学认同是指大学生对专业教学具体环节的看法，包括"课程设置""培养模式""教学过程"等方面的认同，专业前景认同是指大学生对所学专业就业状况的认同，专业学习认同是指大学生对本专业学习的投入较多，认同对学习本专业内容需要花费一定时间和精力。[1]

由上述调研情况可以看出，商学院本科生在专业认同方面主要存在以下几方面的问题：其一，学生个人兴趣不足，加之受办学特色影响，导致其对专业身份认同感不高；其二，学生对专业学习信息获取主动性不强，导致其专业学习动力不足，对专业学习认同感不高；其三，学生在专业实习实践方

---

〔1〕 常佩雯：《大学生专业认同的影响因素及提升对策》，载《高等财经教育研究》2016年第2期。

面参与程度不高,对专业就业前景缺乏主动了解,导致对专业价值和专业前景认同感不高。

四、本科生专业认同感提升路径

综合分析商学院本科生在专业认同方面的影响因素和主要存在的问题,学院应从心理、学习、专业认知和职业生涯规划等几个层面入手,提高专业认同感中学生五个维度的认同感,突破现阶段学院本科生专业认同的困境。

(一)减少"被调剂"的落差感,提升专业身份认同

受办学特色影响,最终就读中国政法大学商学院的学生中,绝大部分同学的第一志愿并非商学院所开设的专业,而是学校的优势学科法学专业。在这种专业被调剂的背景下,学生普遍存有"被调剂"的心理落差,而这种心理落差在入学一段时间内如未能得到正确有效的指引,将进一步影响学生个人的专业学习兴趣、学习动力、学习态度和学习自主性进而影响学院学风,而学风将再辐射至学生个体,难以在学院范围内形成"从建设优良学风到提高个人专业认同感"的良性循环。

一些学生在第一志愿选择法学专业的原因一方面是由于其自身兴趣,还有一方面则是基于对学校优势学科的向往。因此,在学生入学之初,尚未开展专业学习,大多数人对专业学习的内容尚处于未知状态,辅导员和班主任应在对学生专业被调剂情况的摸底了解的基础上及时采取行动,例如开展主题班会形式展示学院优秀高年级学生和优秀校友在专业领域内的优秀事迹和成就、向学生对学院办学理念及各一流学科及师资力量进行梳理和详细介绍,帮助学生深入了解学院和专业,建立情感归属,初步建立对专业的认同,同时降低"被调剂"的心理落差,让学生在正式开展专业学习前调整好心态,端正专业学习态度,尽快提升对其专业身份的认同。

(二)多角度入手帮助学生克服专业学习中的困难,增强专业学习认同

由调研结果可以看出,商学院较多本科生在专业课程学习中存在一定的困难,这些学业上的困难在一定程度上影响着学生的学习兴趣,从而降低学生在专业学习方面的认同感。

学业上的困难一般来源于具体科目上的学习困难,可以通过对学院特色

学风建设活动"学习伙伴一对一学业帮扶""雁阵计划""学风宣讲团"等的精细化管理与指导，来有针对性地帮助在专业学习中确实有困难的同学解决专业学习中的难题，同时，也应鼓励学生在课业遇到困难时积极主动与任课老师沟通，有必要时可通过线上答疑等形式建立学生与老师和助教之间的沟通机制，及时帮助学生解决学业难题，以增强这部分学生对于专业学习的认同感。

（三）联动多方力量持续完善专业认知教育，提高对专业教学的认同

在新生入学之时，各系所可以通过专门的专业导向会对新生进行初步的专业介绍，然而由于这时尚未开始专业课程的学习，学生对专业导向会中各个系所对于专业内容的讲解较难进行深入理解，因此，随着学生在专业学习方面的深入，学院应设立相应机制联系各系所定期、持续面向各专业围绕专业特征、专业优势、各个阶段的培养目标、培养方案及其制定基础等开展不同主题的讲解，并围绕专业教学情况定期面向学生开展意见反馈会等，提高作为受众的学生在专业教学设计中的参与度，从供给侧方面创新教学方式，提高学生对学院专业教学的认同感，从而更深层次理解专业，提升专业认同感。

（四）将职业生涯规划教育贯穿育人全过程，增强专业价值和专业前景认同

职业生涯规划简单来说就是个人对其在较长时间内所承担职务整个历程的预期和计划，包括学习、对职业的贡献和最终退休。[1]做好职业生涯规划教育一方面能够保障学生更加充分、更高质量地就业创业，另一方面，在意识层面也能让学生对专业前景、专业价值的认同感倍增。

目前，职业生涯规划系列课程已经在学校层面开设，但是作为全校各个专业的学生均可选修的创新创业课组课程，对于商学院的学生来说，缺乏专业方面的针对性，同时也由于其开课数量和课容量有限，课程只能覆盖小部分学生，尚未在学院范围内实现全员化和全程化，同时，由于该课程的开设缺少专业化教师的加入，专业化程度也较低。

鉴于此，应在学院范围内建立参与职业生涯规划教育的工作格局，建立

---

[1] 崔颖：《大学生职业生涯规划教育体系研究》，首都贸易经济大学2012年硕士学位论文。

学院领导、辅导员、班主任、学术导师、实践导师、优秀校友相互配合的指导教育体系，自新生入学到毕业，在不同的专业学习阶段选择符合学习阶段特征的主题和方式，从多个角度对学生开展职业生涯规划教育，使职业生涯教育贯穿商学院本科生专业学习全过程：其一，在新生入学的专业初步认知阶段，可以通过实地参观、校友座谈等方式，为新生直观展现专业对口职业的基本情况以及专业知识在实践中的应用，初步唤醒其职业生涯规划意识。其二，在大二大三阶段，随着专业知识的深入学习，可以通过开展论文写作、专业读书会等活动，以及积极指导学生参与专业相关的双创课题申请、为学生拓展参与专业学科竞赛的渠道、鼓励和指导学生参与学科竞赛等方式，帮助学生深入了解专业学习的意义，挖掘专业学习的价值，完善职业生涯规划。其三，在大四阶段，大部分学生将进入就业选择阶段，实践能够为专业知识的学习提供应用机会，因此，在这一阶段学院可为学生积极创造、提供实践机会，创建实习基地、获取实践机会的渠道，在这个阶段，经过了前置的职业生涯规划的唤起和完善，学生可以将专业知识和方法论应用于实际工作当中，在实践过程中根据自身情况持续审视和修正自己的职业生涯规划。职业规划教育的全程化、全员化落实，将大大提高学生对专业前景和专业价值的认同感。

新时代政法院校"以美养德 德美融合"思政育人体系研究

——以中国政法大学刑事司法学院美育实践为基础

中国政法大学刑事司法学院　刘亦阳　荣振铎

摘　要：美育具有促进思想道德养成的正向效果，美育和德育的融合更能发挥思政育人的强大作用。新时代政法院校承担着培养德法兼修、信念坚定的国家法治人才的重任，但其美育工作面临一些困境。本文基于对美育育人功能的认识，立足于中国政法大学刑事司法学院美育实践的基础，研究建立"以美养德 德美融合"思政育人体系，坚持美育融入思政育人全过程和多方协同的美育理念，探究体系实施路径，为新时代政法院校思政育人工作的美育途径作出有效探索。

关键词：政法院校　法治人才培养　美育　德育　思政育人

引　言

立德树人是教育的根本任务，而美育是立德树人的一个重要环节和实现途径。学校美育是培根铸魂的工作，良好的学校美育有助于学生理想信念的确立和价值观的塑造。习近平总书记在全国教育大会上指出，"要全面加强和改进学校美育，坚持以美育人、以文化人，提高学生审美和人文素养。"新时代政法院校承担着培养国家法治人才的重任，法治事业的建设者必须首先树立正确的思想道德观念。然而，虽然政法院校在美育工作方面具有一定探索，但其建设程度缺乏一定的体系性，在提升学生审美和人文素养方面有所欠缺，难以达到学生思想引领的理想效果。本文拟以刑事司法学院的美育实践为基础，总结经验，探讨新时代政法院校的美育工作体系。

一、新时代政法院校美育工作存在的主要问题

政法院校的美育工作在教育中的地位至关重要,即使国内很多政法院校已经逐渐意识到这一点,但依然未能厘清美育工作的内在逻辑,对其欠缺一定的认识基础,无法建立有效的系统化工作机制,致使美育工作的开展未能取得理想的效果。从整体上来看,当前政法院校美育工作的困境既与学校现有的教育思想有很大的关系,同时也包括学校的教育课程设置和校园活动的开展。

(一)对育人工作的全面性缺少认识

新时代中国高等教育事业的快速发展显而易见,但实际上在过去很长一段时间,政法院校的教育重心还是单纯和片面地停留在德育工作上。具体来看,我国许多政法院校虽然越来越关注素质教育对学生未来发展的重要性,但是在教育内容和方式上仅仅倾向于思想政治课的优化,以向法科学生传授德育知识为主,并没有关注教育体系中美育的育人功能。深入分析政法院校轻视美育工作的原因,其实是很多高校没有真正理解美育对德育的促进作用,或者说对育人工作的全面性缺少认识,对美育在教育体系中的价值依旧持半信半疑的态度,造成美育逐渐成为一个可有可无的存在。

当前,在许多政法院校德育和美育的融合工作中,大多数做法依然片面化注重德育培养。例如,评定学生是否优秀时,仍然沿用传统教育中的"三好学生"评价标准,即侧重于考核学生在"德""智""体"方面的表现,几乎没有为"美育"制定一个合理的人才培养指标。不仅如此,在美育资源投入方面也较为滞后,像学校艺术团排练室不够用、艺术器材匮乏、展览厅缺失等情况,均不利于学生的美育培养,同时也极大地阻碍了德育与美育融合功能的充分发挥。这些现象都源于政法院校对美育工作重视程度不够,并且没有完全认识到美育工作对德育工作的促进作用和二者融合的真正功能。

(二)美育系列课程建设滞后

政法院校有关美育的课程建设相对滞后,课程内容上很少将德育与美育相联系,其中很突出的一个体现就是学校的美育类课程种类少,且没有将美育类课程列入公共必修课之中。其实不单单是政法院校,大多数高校也都存

在这种问题，以致学生视美育类课程为多余的学科，即便部分课程内容将德育与美育相融合，但学生也倾向于学习德育知识，而很少主动把注意力投向美育知识。美育在培养学生的人文素养方面起着其他学科无法替代的重要作用，例如，部分政法院校开设的古今中外文学赏析、影视欣赏等美育类课程，让学生在认识美和感受美的过程中感受到更高层面的人生真谛，从而提升自身的道德修养。但是，高校美育类课程内容通常仅以艺术鉴赏为主，停留在最简单的感受美的层面，缺乏理论知识的讲解，自然就更不可能在德育与美育融合的课程中渗入更多的理论知识和艺术方法，更不用谈艺术实践的融入，学生往往只能依靠自身的主动性获得提升，但长此以往形成的学习思维又让学生对此类课程缺少兴趣，难以主动学习更深入的相关知识。

（三）与美育相关的校园活动匮乏

政法院校往往不将美育类活动作为校园文化建设的重点，开展的美育类校园文化活动种类少且数量无法满足学生的文娱需求。同时，许多政法院校的文化艺术类社团的建设不足，学生难以通过参与社团活动的形式在课余时间进行美育实践。特别是在过去几年疫情防控的大背景下，学校难以引进校外优质美育教学资源，校内又难以有效供给，造成了学校美育活动缺失、活动体系不完整、活动质量和实效性有限的局面，无法为培养法科学生道德素养提供美育基础。

（四）美育工作系统化不足

政法院校的美育工作不仅需要在活动数量、质量和内容体系上下功夫，还需要切实有效的运行机制予以保障。当前政法院校的美育工作重心主要集中于实施，忽视了工作开展后的评价环节。要达到美育塑造法科学生道德素养的目标，美育工作的系统化建设一方面要关注学生的需求，对学生日常的美育现状进行统计，主动收集学生参加美育活动和美育课程的反馈，另一方面更要对学生的思想状况、道德情感与认知有一个全面正确的考量，以便为美育工作提供具有针对性的实施方向。评价体系的不完善会阻碍学校美育工作的改进渠道和长远发展，影响美育工作体系深度探索，难以激发学生提升内在道德品质的主观能动性。

二、"以美养德 德美融合"思政育人体系的理论基础

探究上述政法院校美育工作存在的主要问题，可以发现，其根源在于未能充分认识到美育对德育的促进作用，更没有意识到美与德结合育人的积极作用。因此，若要构建切实有效的美育工作体系，有必要明确政法院校工作中美育与德育的辩证关系。具体来说，有以下两个方面的含义：

第一，美育促进德育，共同引领新时代大学生的全面发展。新时代大学生不仅要具备丰富的专业知识和强健的身体体魄，更要在精神层面拥有健全的人格。美是纯洁道德、丰富精神的重要源泉，不仅能提升人的审美素养，还能潜移默化地陶冶人的情操，激励人的精神，温润人的心灵，涵养人的道德品质。新时代高校在以美育人方面具有不可替代的优势和责任担当，其可以通过课程内容建设、校园艺术氛围塑造等丰富的形式开展美育工作，使学生得到充分的艺术熏陶，从而培养学生的综合素养尤其是道德素养，助力学生全方位成长成才。新时代高校是大学生提升自身审美能力、培养自身人文精神的最好环境，其美育工作的良好建设可以有效带动德育工作质量的提升，具有引领大学生全面发展的重要功能。

第二，美与德融合育人，协同培养新时代政法院校法治人才。法学教育的体系要求离不开美育和德育两个方面，美育和德育对于卓越法治人才的培养至关重要，在法学教育体系中的地位和作用毋庸讳言。习近平总书记在考察中国政法大学时强调："我们的法学教育要坚持立德树人，不仅要提高学生的法学知识水平，而且要培养学生的思想道德素养。首先要把人做好，然后才可能成为合格的法治人才。"党的二十大报告也专门指出，"我们要办好人民满意的教育，全面贯彻党的教育方针，落实立德树人根本任务，培养德智体美劳全面发展的社会主义建设者和接班人。"立德树人、德法兼修是社会主义法学教育和法治人才培养的根本底色，在法治人才培养的过程中，要引导学生树立坚定的理想信念、正确的价值观念和良好的道德品质，正确认识各种社会现象，明辨大是大非。而美育通过培养学生认识美、感受美和创造美的能力，使学生具备美的理想和美的素养，恰恰具有培育良好思想道德素质、塑造正确价值观的促进作用。在法学教育体系中，美育对德育的促进作用以及二者融合的育人功能意义重大。政法院校作为法治人才培养的第一阵地，

美育工作的开展和完善有助于"培养信念坚定、德法兼修、明法笃行的高素质法治人才"这一法学教育目标的有效实现。

可见，美育促进德育的过程和美与德的融合育人对学生的人格塑造、价值观形成以及个性心理品质的优化具有独特的功能，对政法院校法治人才的培养更具备天然的优势，这对于关注有效培育学生正向价值观的思想政治工作无疑具有启示作用。"美"在"德"的培养中起到潜移默化的作用，美育与德育在形式表达与行为内涵上可以有效衔接，因此，为摆脱新时代政法院校美育工作的困境，发挥美育对德育的促进作用，有效地将美育与德育深度融合，笔者提出"以美养德 德美融合"的法治人才培养新理念，探索构建新时代政法院校思政工作的美育路径，该思政育人体系的实施首先要坚持以下两个理论基础：

第一，坚持美育融入思政育人全过程。高校的思政育人工作渗透在方方面面，通过课程教学、校园文化活动、实习实践、公益服务等各种各样的形式完成对学生思想的引领和意识形态的树立。从本质上来看，思政育人所要实现的效果就是"立德树人"教育任务的根本要求，政法院校思政育人工作的目的就是要培养信念坚定、德法兼修、明法笃行的高素质法治人才。而美育的独特作用对德育具有举足轻重的影响，通过对人的熏陶、渗透、浸润，与德育协调融合，共同潜移默化地发挥着思想政治教育的重要功能，因此，政法院校构建"以美养德 德美融合"思政育人体系，必须坚持将美育融入思政育人的全过程，在思政育人工作内容的方方面面创造美育的元素，以使美育的价值在政法院校思政育人工作过程中得到有效发挥。

第二，遵循多方协同的美育理念。法治人才的培养是系统化工程，在内容、资源、形式上具有广泛性，不能仅仅依靠政法院校的单独力量。在高校的主导下，思政育人工作的开展要凝聚国家、社会和家庭等各方合力，从多角度、多层面培育学生的思想观念和道德品质。因此，在美育融入思政育人全过程的内在逻辑下，美育工作的开展不仅要扎根学校、注重教学，在学科建设、课程教材、师资队伍等方面着力，还要汇聚各类资源，善于在学生的课外生活中积极融入美育内涵和美育元素，为美育提供实践的载体和空间。在"以美养德 德美融合"思政育人体系中，要坚持国家、社会、高校和家庭的多方协同，形成有机统一的美育系统工程，在这种理念下，政法院校的美育工作将会创造性地得到丰富和发展，促进德育工作的实施，共同助力思政育人的实效性。

三、"以美养德 德美融合"思政育人体系及实施路径

（一）坚持把立德树人作为根本任务

立德树人是以美育人的价值导向，坚持以美育人与立德树人相结合是新时代政法院校美育工作的旨归。习近平总书记强调，"高校立身之本在于立德树人"。立德树人作为法学教育的根本任务，也是新时代政法院校美育工作的首要目标。在"以美养德 德美融合"思政育人体系中，要坚持在以美育人中明晰立德树人的理念，统筹规划政法院校的美育工作，通过体系的构建和运行促进立德树人根本任务的最终实现，使法治人才的培养与时代发展同频共振，为建设中国特色社会主义法治体系、建设社会主义法治国家提供基础性、战略性支撑。

（二）以"以美养德 德美融合"为工作主线

以美育人的"美"和立德树人的"德"在本质上是相通的。美育更具渗透性，在德育中发挥引导和积淀作用，[1]"以美养德"是以美的内容和方式培育人们的道德感，增强人们的道德意识，提升人们的道德境界，通过"美"引导个体情感的健康发展，在感化人和激励人中塑造充满活力的个性生命，最终达到"美"与"善"的融合统一。美育与德育在目标上是一致的，共同指向人的全面发展，二者均致力于"培养德智体美劳全面发展的社会主义建设者和接班人"。因此，在"以美养德 德美融合"思政育人体系中，政法院校应将二者之间的协调和融合作用作为工作主线，在思政育人工作中充分发挥美育的优势，以美育引导德育，并将其与德育结合，共同发挥学生思想引领和意识形态树立的关键作用。

（三）多级联动工作机制

政法院校在构建"以美养德 德美融合"的思政育人体系的过程中，应当形塑"学校—学院—班级"三级网络，充分发挥各自优势，形成协同联动工

---

〔1〕 任绮、王文瑜：《高校背景下以美育促德育的策略研究》，载《美术教育研究》2022年第3期。

作机制。首先，由学校主导美育系列课程的建设和国家重大系列活动的美育实践，打造内容丰富的美育课程体系，塑造良好的学校形象和学校氛围，注重培养学生的责任感与使命感，提高学校的知名度和影响力。其次，由学院发挥桥梁作用，向上配合学校，引导和渗透学生积极投身国家重大系列活动，修读美育系列课程，向下领导班级、影响个人，开展社会和学校层面的美育活动，作为学生培养自身综合素质的选择。因为学院对学生更加熟悉和了解，也更具有号召力，通过其紧密联系可以使学生更加主动地参与到学校的各项美育活动中，进一步增强其对校园美育工作的认同感。

总之，"以美养德 德美融合"的思政育人体系构建的协同联动工作机制，要从校、院、班三方自身的特点出发，根据各自的工作职能和工作优势，明确各自的工作重心，协调配合，统筹兼顾，形成合力，实现和谐共建，发挥更强大的育人作用。

（四）多角度构建美育共同体

在美育融入思政育人全过程的理论基础上，"以美养德 德美融合"思政育人体系将紧密结合能够引领学生思想的各项工作，通过课程教学、实践活动、校园文化、艺术展演等多个角度开展美育工作。

政法院校的思政课是培养和教导学生真正实现成长成才的课程，美育作为培育学生道德情操和促进学生全面发展的教育，它在价值旨趣、教育内容、教育方法等方面都与思政课教育教学存在诸多契合或互补之处。将美育融入思政课使其不仅具有理性的逻辑底色，还可以为其涂抹上美学的色彩，进而帮助学生用感性的理念软化抽象的逻辑内容，在美育的轻松氛围中让学生受到隐性教育，最终达到立德树人的目的。

美育不仅能够承载于课程教学内容和过程，还能够融入学生的课外实践活动；不仅包括专业化课程中对于美学知识的传授，还包括校园文化、艺术展演、网络平台等教育空间的美学熏陶。因此，"以美养德 德美融合"思政育人体系既要注重审美理论知识的传授，也要重视审美思想情感的体验；既要发挥艺术类课程的感化作用，也要充分发挥文化活动的熏陶作用，在知识性与趣味性的统一中逐步构建新时代政法院校的美育共同体，从而最大限度地实现全员育人、全程育人和全方位育人。

以中国政法大学为例，刑事司法学院美育工作的基础支撑就在于多角度地发挥美育实效,通过汇聚融通理想信念教育、文化艺术陶冶、社会服务融入、卫生健康培养等四大类优质美育资源,构建起全方位、宽领域、多层次的美育系统,充分发挥美育的育人功能和对德育的促进作用。例如,通过结合党的二十大、北京冬奥会与冬残奥会、建党一百周年、国庆七十周年等重大事件,筑牢理想信念教育之基;通过与博物馆、美术馆、文化馆等公共文化服务机构的联系合作,拓展校内文化艺术资源;通过吸引学生投身社会实践、参与志愿服务活动,打通校内外互通的渠道;通过共建美好校园、打造寝室特色文化的号召,引导学生注重卫生健康,实现人居环境之美。

(五) 多层面开展美育系列活动

"以美养德 德美融合"思政育人体系的具体应用依靠课外系列活动的开展,将美育元素融入具有思政育人功能的多层面活动中,可以体系化、立体化、全方位地发挥美育的育人作用。由于政法院校具备独有的培养目标,其美育系列活动开展的形式和内容也应当具有独特性,下面以中国政法大学刑事司法学院的美育系列活动实践情况作为基础进行阐述。

1. 以国家重大活动和事件为引领

民族精神和时代精神的塑造是政法院校思政育人工作过程中最重要的一环,以国家重大活动和事件为契机,将美育工作融入其中,能够引领学生实现精神的升华,对政法院校培养德法兼修法治人才的独特目标具有重大意义。

第一,引领学生投身国家重大活动,落实爱国主义教育,培养民族精神。例如,刑事司法学院积极响应学校的号召,自2019年以来,在国庆七十周年群众游行、建党一百周年大会和文艺演出、北京冬奥会和冬残奥会的重大活动中,认真、充分配合学校的安排,引导学生积极参与活动中,在重大活动的前期训练和彩排中,通过党歌合唱、艺术表演、观看开幕式演出等艺术形式,将民族精神、爱国主义、文化自信渗透其中,使学生在参与国家重大活动的实践中树立正确的民族责任感。

第二,丰富艺术活动形式,以重大历史事件为依托,塑造时代精神。例如,刑事司法学院通过协助学校开展"一二·九"舞蹈大赛,以舞蹈的艺术形式对学生进行理想信念教育,强化学生的爱党爱国思想。同时以学习历史事件内容为主题召开团日活动,以舞台剧、诗朗诵、阅读书籍、观看电影等丰富艺术形式加深学生对历史事件的认识,增强当代青年学生的时代使命感；在建党一百周年之际，学院通过开展红色电影配音、红色音乐重温、红色景点参观、红色绘画创作等艺术活动，号召学生在品味红色经典、探访红色遗迹的过程中汲取时代的力量。

2. 以社会实践活动为支撑

社会是法科学生未来应用专业知识的实践领域，其思想道德品质将在其服务社会的过程中影响其行为方式。从社会层面引入美育工作，在一定程度上有助于丰富学生的视野，培养学生的社会责任感，为学生更好地步入社会奠定基础。

第一，倡导学生投身社会公益，践行社会主义核心价值观，培育学生的道德品质。例如，刑事司法学院与各类志愿服务单位达成长期稳定的合作模式，针对社会不同群体持续开展敬老院服务、"国家宪法日"校园普法等类型化社会公益志愿活动，引导学生帮助社会弱势群体，将专业知识付诸社会公益，在丰富学生课外实践经历过程中培养其奉献社会的优秀品格。

第二，结合社会实践活动，打造美育平台，开阔学生领略美的视野。例如，学院通过与校外博物馆合作的形式，鼓励学生在忙碌学业的同时，以社会实践的形式实地参观，引导学生在切身体会中了解博物馆历史文化资源，追寻宝物背后的故事，领略承载于器物之上的中华传统文化之美，甚至与法学专业知识结合，以法学视角对文化资源进行调研式解读，进一步加深学生对中华优秀传统文化的热爱。

3. 以校园文化活动为抓手

校园美育文化氛围的塑造是引导学生接触美、感受美、获得美的最有效途径，校园活动也是学生最愿意参与和接受的形式。在校园文化氛围的塑造中，注重美育活动内容和形式的建设，在此类活动中增强学生的参与性和主动性，无疑是培养学生道德素养的直接抓手。

首先，以赛促美，通过组织各类艺术比赛活动，培养和鼓励学生发现美、设计美。例如，刑事司法学院举办文创设计大赛、校园美景摄影比赛等比赛，为学生创造接触美的平台，以此激励学生自觉发掘和培养自身的美学素养。

其次，以学生求学阶段为主线，构建文艺活动体系。例如，刑事司法学院每年固定开展迎新晚会、毕业歌会等艺术展演，使全院的同学参与到节目的设计和彩排中；主动联系校外资源举办文艺类讲座，为学生与文艺工作者的面对面交流创造平台，加强对学生的艺术熏陶。

最后，注重培育学生个人良好习惯，启发学生的心灵感悟。例如，刑事司法学院借助心理健康月的机会，通过插花、编织、猫咖读书会等形式，引导学生在丰富多彩的特色活动中感受生活的美好；开展寝室文化节活动，鼓励学生以宿舍为单位装饰生活环境，以美学视角加强宿舍文化建设的同时培养学生日常生活中的良好习惯。

四、"以美养德 德美融合"思政育人协同机制

"以美养德 德美融合"思政育人体系的构建除了需要消除理念上的障碍，明晰美与德的辩证关系，在厘清体系实施路径的基础上更要注重协同机制的建立，为思政育人工作的顺利开展保驾护航。为了更加有效地将"以美养德 德美融合"思政育人体系运用到实践中，要从内外两个层面构建和创新协同机制。

从内部来说，建立有效的美育评价体系。高校美育工作不仅需要在内容、质量和体系化建设上下功夫，还需要切实有效的评价机制予以保障，不仅要着眼于美育工作的需求端，对学生日常的校园文化生活现状与需求进行统计，主动收集学生有关美育活动的反馈，还要通过规律性的调研对学生的思想状况、道德情感、道德认知与行为能力有一个全面正确的考量。如此才能对学校的美育活动体系深度探索，激发学生提升内在道德品质的主观能动性。

从外部来说，多角度扩展美育工作模式。推进美育工作改革与创新，促进美育与德育、智育、体育和劳动教育相融合，与法学、侦查学专业教学、社会实践和创新创业教育相结合。充分运用现代化信息技术手段，探索构建网络化、数字化、智能化、线上线下相结合的美育工作机制。探索实现校校协同、校所协同、校企协同、校地协同的创新培养模式，逐步搭建与文化宣传部门、文艺团体、中小学校等主体的协同育人机制，推动美育体系协同创新。

参考文献

[1] 曹辉、朱雨欣：《新时代高校美学德育的价值取向与实践维度》，载《教育学术月刊》2022年第7期。

［2］徐丽媛：《美育视域下新时代高校德育研究》，载《高教学刊》2022年第26期。

［3］任绮、王文瑜：《高校背景下以美育促德育的策略研究》，载《美术教育研究》2022年第3期。

［4］李丽英：《德育课程教学中美育思想的融入及渗透——评〈德性心理、美育心理研究〉》，载《中国教育学刊》2021年第6期。

［5］宋瑾：《美育：艺术教育、审美教育和德育教育的融合》，载《云南艺术学院学报》2020年第1期。

［6］刘晓婷：《试论德育与美育》，载《艺术评鉴》2019年第23期。

［7］季爱民、邹丽芬：《美育视角下大学生思想政治教育实效性探究》，载《甘肃开放大学学报》2022年第3期。

［8］陶媛：《校园红色舞台剧以美育人的价值及实践创新研究》，载《四川戏剧》2022年第4期。

［9］刘振强：《美育与高校思想政治教育的生态互动》，载《湖州师范学院学报》2021年第12期。

［10］黄嵩：《新时代高校推进思想政治教育与美育融合的路径探析》，载《武汉理工大学学报（社会科学版）》2022年第4期。

［11］宋海英：《以美育推动大学思想政治教育研究》，载《吉林教育》2022年第26期。

［12］李宪玲、程思源：《美育融入思想政治教育的内在机理与实施策略》，载《学校党建与思想教育》2022年第4期。

［13］高文苗：《高校德育高质量发展的意义与方向》，载《中国高等教育》2021年第23期。

［14］娄淑华、张丽敏：《大学教育中课程德育的定位解读、界域厘定和实践选择》，载《社会科学战线》2022年第2期。

［15］李建华、王果：《大数据时代中国高校德育的发展》，载《学校党建与思想教育》2020年第7期。

［16］危晓燕：《理解新时代高校德育工作的三重维度》，载《学校党建与思想教育》2020年第7期。

大思政格局下的高校共青团美育工作建设

共青团中国政法大学委员会　孙　璐

摘　要：习近平同志在给中央美院老教授的回信中强调，"做好美育工作，要坚持立德树人，扎根时代生活，遵循美育特点，弘扬中华美育精神，让祖国青年一代身心都健康成长。"这为做好新时代高校美育工作提供了重要遵循。[1]大思政格局的背景下，更对高校美育工作提出了新的建设和发展要求。当前，美育工作开展过程中存在着较多的问题，如何处理解决好这些问题，怎样发挥好共青团在美育工作建设中的作用，这是给我们的一个新命题。本文从当前高校美育工作中存在的问题入手，以法大美育工作建设为参考，借鉴其他高校美育工作开展方式，尝试提出相应解决措施。通过总结相关经验，以促使共青团找准在高校美育工作中的定位，通过多项并举的建设措施，牢牢把握新时代学校美育工作的着力点，用美育点亮学生心灵，在他们心中播下社会主义核心价值观的种子，培养一代又一代堪当民族复兴大任的时代新人。

关键词：大思政　高校共青团　美育工作

一、绪论

（一）研究背景

党的十九大报告强调，要全面贯彻党的教育方针，落实立德树人根本任务，发展素质教育，推进教育公平，培养德智体美全面发展的社会主义建设者

---

[1]《习近平给中央美术学院老教授的回信》，载http://www.gov.cn/xinwen/2018-08/30/content_5317814.htm，最后访问日期：2023年3月1日。

和接班人。[1]习近平总书记在全国教育大会上强调,"要全面加强和改进学校美育,坚持以美育人、以文化人,提高学生审美和人文素养。"[2]而高校美育是落实立德树人根本任务、实施素质教育、促进学生全面发展健康成长的重要内容和途径。

当前,高校思想政治教育齐抓共管的"全员全过程全方位"的育人模式已经初步形成,思想政治教育工作与党建工作紧密结合,大学生课堂外思想政治育人途径丰富多彩。但现行高校美育工作面临着诸多困境,不能较好地落实素质教育总要求,完成培养全面发展的社会主义人才的任务。所以寻找新时代、新形势下高校美育实施的具体出路,研究共青团如何促进高校美育建设在大思政格局下发挥积极作用,制定出一套现实可行的共青团引领下的第二课堂美育工作机制,具有重要意义。

本文以中国政法大学第二课堂美育工作建设为研究基础,通过对法大美育工作的研究,寻找美育工作开展过程中所取得的优秀成果以及遇到的相关问题,并探讨相关问题存在的原因和解决办法,同时参考了其他高校的相关建设成果,提取"公因式",总结建设经验,以期打开我校美育工作的新篇章。

(二)研究现状

近年来,高校全面落实立德树人根本任务,高度重视学生美育工作,美育教育水平不断提高,美育工作建设初见成效。但其中也出现了一些不可忽视的问题。一方面,大部分学生对美育的认识局限于用艺术形式所展现的美,重视程度不够。另一方面,第二课堂没有第一课堂的"必修必选"属性,其学习大都安排在传统授课时间之外进行。有的学生会因学习目标不够明确或热度逐渐衰退而对第二课堂有一些抵触情绪,[3]加之高校受到办学成本的限制,很难完成普及化的美育教学实施,高校美育师资队伍建设也有所不足。这些往往导致相关美育活动流于形式、单一化,美育课程表面化,且与学生

---

[1] 习近平:《决胜全面建成小康社会 夺取新时代中国特色社会主义伟大胜利——在中国共产党第十九次全国代表大会上的报告》,人民出版社2017年版。

[2] 《习近平出席全国教育大会并发表重要讲话》,载 http://www.gov.cn/xinwen/2018-09/10/content_5320835.htm,最后访问日期:2023年3月1日。

[3] 陈颢鑫、李林谦:《提升高校美育教育第二课堂教学效果方法研究——以西南林业大学大学生森林合唱团排演为例》,载《大众文艺》2020年第10期。

日常校园文化活动并不十分紧密，在实践中易出现参与者寡且难以普及化的情形，主要表现在如下几个方面：

第一，美育活动表面化，与校园文化结合不紧密。由于美育与美学、心理学、教育学等多学科有关，部分高校学院可能认为美育是潜移默化的，在学生学习过程中自然而然就接受美育了。[1]因此，高校关于大范围全面性推进美育活动的设计规划不齐全，想仅靠一些单一的、没有统一规划和领导的美育活动来提升学生的素质、达成高校美育的目的、充分发挥高校美育的作用，这明显是不科学、不合理、不全面的。

第二，美育建设落地困难，未能从学生的实际需求出发。各高校共青团组织在设计美育活动与美育课程的同时，未能建立有效的沟通与评价机制，存在没有实现与学生群体广泛沟通从而实现双向选择，由此达到吸引学生广泛参与的问题。导致在高校美育工作的设计与实践中，活动的设计者、组织者与参与者之间缺少必要的沟通或合作，进而影响了美育的落地效果。

第三，美育课程单一，教学目的不明确，对学生群体缺乏吸引力。当前高校的美育教学中缺乏多层次立体化的美育教育体系，通识教育未能充分实现科学教育、人文教育与艺术教育的有机结合。美育课程体系单一缺乏，多为传统意义上的音乐美术课程，缺乏戏剧戏曲、舞蹈摄影等艺术门类，难以在繁杂的日常课程中吸引学生的参与主动性。

第四，缺乏配套的完备的美育考核机制，难以检验美育实践的效果。在高校中，普遍缺乏系统的美育考核与评价机制，或者虽然存在相应的机制但并未受到足够的重视。除美育课程会涉及课程考核成绩外，美育校园活动等都缺乏相应的考核机制，学生难以真正地自省自身的美育学习成果如何，自身的优点和缺点也不了解，难以挖掘自己真正感兴趣的美育活动，共青团组织也难以检验美育实践的效果。

二、对高校共青团美育工作建设的主要内容和途径

（一）坚持正确导向，彰显美育工作底色

开展高校美育工作建设必须围绕学习贯彻习近平总书记关于学校美育

---

［1］ 熊丹、林立：《互联网时代高校美育教学工作的现实问题及对策分析》，载《中国多媒体与网络教学学报（上旬刊）》2020年第6期。

"纯洁道德、丰富精神"的新价值、"提高学生审美和人文素养"的新目标，推动关于学校美育工作观念大转变。[1]要旗帜鲜明地以习近平新时代中国特色社会主义思想为指引，深入贯彻落实全国教育大会和习近平总书记给中央美院老教授回信重要精神，将社会主义核心价值观贯穿高校美育的各方面、各环节，彰显美育工作的鲜明底色。[2]美育工作是人才培养、教学育人体系的重要组成部分，是思政教育在实践中的具体体现，同时也是"立德树人"工作的重要抓手。因此在建设过程中要牢牢把握正确的价值导向，坚持正确的发展方向，以春风化雨般的方式把美育工作的价值深入到学生们的精神深处，外化于行，内化于心，使每一个学生真正地在美育建设中成长与发展。

在进行美育工作体系建设的过程中，只要学校始终坚持正确的价值导向，牢牢把握时代的脉搏。坚持党委对共青团的正确领导，以党建为核心，以团建为引领，做到党委高度重视，团委积极引导开展工作，为共青团开展美育工作把准方向。例如我校，在校党委的支持下，校团委相继主办、协办了歌剧党课《盼你归来》、《龙声华韵》——"黄河儿女"大型交响音乐会、芭蕾舞剧《红色娘子军》等活动，通过多种形式将思想政治教育融入其中，便于学生们更好地消化和吸收。同时，在受学生们欢迎的"致美法大·雅蕴"艺术演出、"欢乐法大"新春晚会、校园艺术节等活动中，紧紧把握主流价值导向，引入主题教育的相关精神，以文艺活动的形式为学生们上好美育课。在校园疫情防控期间，校团委高度重视价值引领，紧跟社会形势变化，转变工作方式，采取多种形式开展美育工作，让学生们更好地了解国情、社情、民情。校团委组织制作了原创歌曲《远方的守望》MV，主办了"汇聚榜样力量 弘扬中国精神"主题朗诵接力活动，推出"一节课"系列活动，顺应同学课堂学习习惯和线上学习需求，邀请舞蹈诗剧《只此青绿》主创团队、国乐艺术家方龙锦等嘉宾开展互动交流，深刻阐释了中国精神及传统文化的内涵，展现了先进抗疫人物的品格。这一系列的活动努力促使学生深切感悟当代社会发展的现实，切实调动青年接受美育的积极性，彰显了我校美育工作的鲜明底色，引领青年思想向前向上。

---

[1] 陈宝生：《做好新时代学校美育工作》，载《光明日报》2019年5月7日，第15版。
[2] 《开创时代高校美育工作新局面》，载 https://theory.gmw.cn/2018-11/23/content_32031299.htm，最后访问日期：2023年3月1日。

（二）加强体系建设，协同共建美育机制

加强高校美育工作的建设需要一套完整的体系机制，或可通过以下几点完成。完善上层建筑，为美育工作建设提供成套实施措施，为其保驾护航。要健全组织领导，推动美育工作常态化、体系化、制度化，为美育工作提供良好智力保障、物质保障、人员保障；要在学校内部形成部门间的横向协同的美育工作机制，充分发挥对校园美育资源供给、服务保障的统筹协调，努力营造师生关注、科学高效、支持有力的校园美育工作良好形势；还要建立美育工作的评估和改进机制，在实践中不断丰富校园美育工作体系的内容，改进校园美育工作方法，促进校园美育工作不断提质增效；要强化共青团主体责任，成立学校美育教育工作联盟，推进京津冀学校美育工作协同发展。加强学校美育评价工作，进一步完善艺术素质测评指标、内容和相关配套政策，公布优秀美育案例，实施学校美育发展年度报告制度等。

在我校构建美育工作体制的过程中，学校积极进行机构探索，逐渐摸索建立了一套美育工作协同机制。从学校的基本情况出发，坚持问题导向、目标导向和结果导向相统一，坚持系统化、协调化思路，着重抓实施，重点抓落实，为鼓励学校美育工作的开展，学校积极提供场地和资金支持，为美育工作提供坚强的后备保障。同时，还探索建立了第二课堂成绩单评价制度，积极引导美育工作正常开展，督促相关组织将美育工作落实到具体的实处，解决学生们关切的相关问题，真正惠及每一位学生，促进美育工作长效稳定地发展。

（三）丰富课程配置，开齐开足美育课程

课堂教学在高校美育工作中发挥主体作用，要着力丰富改进校园美育课程供给，夯实美育工作体系的基础。坚持以培根铸魂、提高学生审美和人文素养为核心，以强化美育育人实效为导向。[1]课程建设要注重艺术门类的多样性，也要关注学生群体对不同艺术门类的关注度和接受度，除了传统的音乐、舞蹈、美术课程，还可以探索引入电影、戏剧、戏曲等学生关注度高、授课效果好的课程类型。贯彻落实《学校体育美育兼职教师管理办法》，拓展

---

〔1〕《新知新觉：探索学校美育工作新路》，载《人民日报》2019年9月9日，第13版。

美育教师资源，充分发掘综合性高校、艺术性高校和中小学的美育师资资源，多渠道探索解决美育师资紧张局面。充分发挥现代技术在解决美育资源短缺中的作用，探索建立优质美育课程数字资料库，用"互联网"思路跨地域、跨时空解决美育资源短缺问题。

以我校为例，在学校编制美育课程体系时，注重充分利用学校现有资源和合作单位拓展资源，充分考虑到法科高校中学生对艺术类课程的高涨需求，以"以美育人、以文化人、以美培元，培养德法兼修的高素质法治人才"为根本原则，以培养学生认识和发现美、理解和爱好美、追求和创造美的能力为原则，合理设置不同梯级、比例合理、互为补充的美育课程体系，开设了声乐艺术赏析与实践、合唱与指挥、陶笛艺术探索、艺术欣赏与创意实践、音乐剧赏析与实践等数十种精品艺术课程，为学生们提供了丰富的选择空间，学生们可以自由地选择自己所感兴趣的课程，在兴趣的引领下学习艺术课程，促进艺术水平和文艺素养的提升。同时，学校还在每学期课程结束时举办汇报演出来展示美育课程教学的成果，这有助于推动学生们对该课程的理解，也有助于激励更多的学生选择美育课程，让美育课程真正地走进学生。另一方面，学校也在加大美育课程教师队伍的建设，通过培训和聘请等方式，以"德艺双馨"和"德才兼备"来要求美育教师，组建了一支高水平、高素质的教师队伍，为美育课程的开展提供师资保障。

（四）深挖二课内涵，调动学生参与热情

在新时代高校美育工作中，既要发挥美育课程体系的第一课堂育人作用，也要注重以学生自发的实践活动为核心的第二课堂美育功能，充分发挥第一课堂与第二课堂的互补效应，打通通识教育与专业教育，课程美育与自我美育的环节，形成融通互补的新时代高校美育育人体系。要深挖第二课堂的美育内涵，以"贴近第一课堂、贴近价值导向、贴近学生成长"为理念，在课外活动、学生社团、社会实践、志愿服务等方方面面播撒下美育的种子，引领广大学生树立正确的审美观念、陶冶高尚的道德情操、培育深厚的民族情感、激发想象力和创新意识、拥有开阔的眼光和宽广的胸怀。[1]通过加强第二课堂的建设，以第二课堂为依托，帮助学生以学生组织和学生社团为基础

---

〔1〕 陈宝生：《做好新时代学校美育工作》，载《光明日报》2019年5月7日，第15版。

积极开展各项文艺活动，充分调动学生们的积极性。使学生们通过自发组织开展活动的方式，深切理解美育工作的核心价值所在。

法大积极开展第二课堂建设，逐渐摸索建立起一套系统的、完整的第二课堂平台，将学生线下的相关活动统一转移到第二课堂的平台上来。第二课堂的建设在很大程度上促进了美育工作的开展，使得美育工作有了强有力的平台基础，这也有助于学生们对于相关活动的参与。各学生组织广泛利用第二课堂组织开展相关活动，例如校艺术团各分团开展各类高质量专场演出，京剧社、街舞社、陶笛社等兴趣社团也积极开展各项活动，学生组织和社团自发开展活动吸引了大批学生们的参与，使学生对于美育工作由被动接受转为主动参与，极大增强了学生们参与相关课程及活动积极性，推动美育工作更深更广泛地开展，这也对美育工作提出了新的严格要求，促进美育工作水平不断提高，形成良性循环。

（五）整合外部资源，助力美育工作发展

在美育工作开展的过程中，校园内部美育资源有限性的问题不可避免，破解这一问题，要充分发挥"带学生走出校园、让艺术走进校园"的主观能动性，积极对接社会文艺资源。一方面依托"高雅艺术进校园"等成熟模式，邀请国际一流国内顶尖院团来校演出，让学生足不出校，以最低门槛欣赏高端艺术演出；一方面以"艺术零距离"为思路，积极鼓励艺术院团在校开展艺术体验等实践活动，依托艺术院团资源建立"学校美育文化实践基地"，院团与高校充分互动，共同推进高校美育工作建设。

法大为落实素质教育要求，弘扬中华美育精神，努力推进新时代高校美育工作创新发展，携手中央芭蕾舞团、中国歌剧舞剧院、中国交响乐团、中国残疾人艺术团、东方演艺集团等单位开展合作共建，进一步拓展了高端美育资源、打造精品美育课程、构建学校美育体系。这些合作单位定期到学校开展相关演出，为法大学生提供了现场观赏艺术作品的机会，例如中国歌剧舞剧院在学校表演了大型舞剧《孔子》，中国武警男声合唱团应邀在学校举办了"向前向前向前"专场演出，中国交响乐团《黄河》交响作品演出，中国残疾人艺术团于我校举办"温情法大"专场晚会等。与此同时，校艺术团还定期开展艺术大课堂等活动，邀请六小龄童、国乐大师方锦龙等知名艺术家来到校园，为学生们上一堂专业的艺术课，开拓学生们的艺术视野，陶冶学生们的艺术情操。

三、结论

一个国家、一个民族不能没有灵魂。美育工作对于人才培养、民族发展有着重大的意义,自党的十八大以来,党中央高度重视学校美育工作,对美育工作提出了一系列指导意见,为高校开展美育工作提供了行动指南。在大思政的背景下,美育工作愈发重要,思政教育是美育工作的思想指导和理论基础,美育工作是思政教育的具体展现形式,二者相辅相成,密不可分。做好新时代学校美育工作,责任重大、使命光荣。根据学校的具体现状,探索建立起一套适合本校学生的系统性美育工作体系,对于达到"立德树人"的教学目标有着不可缺少的价值。要全方位、多角度地进行美育工作,对原有模式进行改革创新,多措并举形成合力,以适应时代发展的步伐,适合学生的成长。美育工作符合社会需要,适应时代潮流,但同样任务艰巨,道阻且长,我们应该不畏艰险,迎难而上,切实把美育工作体系建设好、完善好、发展好。

参考文献

[1] 习近平:《决胜全面建成小康社会 夺取新时代中国特色社会主义伟大胜利——在中国共产党第十九次全国代表大会上的报告》,人民出版社2017年版。

[2] 《习近平出席全国教育大会并发表重要讲话》,载 http://www.gov.cn/xinwen/2018-09/10/content_5320835.htm,最后访问日期:2023年3月1日。

[3] 《习近平给中央美术学院老教授的回信》,载 http://www.gov.cn/xinwen/2018-08/30/content_5317814.htm,最后访问日期:2023年3月1日。

[4] 陈颢鑫、李林谦:《提升高校美育教育第二课堂教学效果方法研究——以西南林业大学大学生森林合唱团排演为例》,载《大众文艺》2020年第10期。

[5] 熊丹、林立:《互联网时代高校美育教学工作的现实问题及对策分析》,载《中国多媒体与网络教学学报(上旬刊)》2020年第6期。

[6] 陈宝生:《做好新时代学校美育工作》,载《光明日报》2019年5月7日,第15版。

[7] 《新知新觉:探索学校美育工作新路》,载《人民日报》2019年9月9日,第13版。

[8] 《开创时代高校美育工作新局面》,载 https://theory.gmw.cn/2018-11/23/content_32031299.htm,最后访问日期:2023年3月1日。

以党的二十大精神引领新时代劳动教育
——以中国政法大学研究生"树人学堂"为例

中国政法大学研究生工作办公室　刘瑞琴

新时代加强劳动教育是实现中国梦的必然路径、是高校立德树人的客观需要、是助力学生全方位发展的有力举措。在以"全员全程全方位"为核心的三全育人理念指引下，高校应主动积极参与构建劳动教育工作大格局、全过程设计增强高校劳动教育的针对性、多层次多措并举增强高校劳动教育的魅力与吸引力。提升高校劳动教育水平，首先要明确定位，统筹规划处理好独立与融合、传承与创新、理论与实践的关系。劳动教育是学生成长的必修课，我校以持之以恒的定力开展劳动教育实践活动，丰富劳动教育实践内容，通过研究生管理助理岗位的设立，将正确的劳动观深植于每一位学生的心中，引导学生树立劳动最光荣、劳动最崇高、劳动最伟大、劳动最美丽的观念，并以不断提高的劳动素养打下坚实的劳动实践基础，同时秉承按照"学有余力、自愿申请、扶贫帮困、竞争上岗"的原则招募学生，帮助学生成为有理想、敢担当、能吃苦、肯奋斗的新时代好青年。

一、高校加强劳动教育的理论依据

中共中央、国务院印发的《关于加强和改进新形势下高校思想政治工作的意见》明确提出，坚持全员、全过程、全方位育人。高校要把立德树人作为工作出发点与目标，融入思想道德教育、文化知识教育、社会实践教育的全方位多层次环节，在教育教学的全过程中发挥思想政治工作的引领作用，将思想价值指导贯穿教育教学全过程和各环节，形成教书育人、科研育人、实践育人、管理育人、服务育人、文化育人、组织育人长效机制。

劳动教育关涉劳动与教育的辩证关系问题，兼具认识和实践的双重属性，这要求我们要将劳动教育置于特定的时代背景和实践活动中进行具体分析。新中国成立至今，依据不同时期的特点和发展需要，国家对劳动教育提出不同的要求，如以劳动实现社会主义工业化、将教育与生产劳动相结合和推行劳动技术教育等。然而，在劳动教育实践的过程中，无论开展何种形式的劳动教育，育人属性始终是劳动教育的本质属性。进入新时代，习近平总书记坚持以劳育人的教育理念，多次强调劳动在立德树人过程中的重要性，指出"要在学生中弘扬劳动精神，教育引导学生崇尚劳动、尊重劳动，懂得劳动最光荣、劳动最崇高、劳动最伟大、劳动最美丽的道理，长大后能够辛勤劳动、诚实劳动、创造性劳动"。习近平总书记强调要"把劳动教育纳入人才培养全过程"，旨在通过教育春风化雨，引导青少年树立正确劳动观念，打造高素质劳动者大军。2020年教育部《大中小学劳动教育指导纲要（试行）》的印发，立足新时代实践发展，对劳动教育的实施做出全面指导。在习近平总书记关于劳动高屋建瓴的重要论述引领下，新时代劳动教育的性质、理念、目标、内容、途径、关键环节和评价等都得到进一步明确和发展，这解决了新时代劳动教育是什么、教什么、怎么教等问题。新时代劳动教育的实践表明，"劳动不仅是实现培养目标的途径，而且其本身就是教育的重要内容，是教育培养体系的重要构成部分"。从一定意义上说，如今劳动教育已成为育人大框架下至关重要的一环，劳动教育的价值在新时代得到进一步彰显。这必将对进一步发挥劳动教育在立德树人过程中的作用产生深远影响。

此外，创造性劳动概念的提出也进一步丰富了劳动的内涵，在新时代发展了毛泽东劳动观。在2013年4月28日同全国劳动模范代表座谈时的讲话中，习近平总书记提出"创造性劳动"的概念。2020年，习近平总书记再次强调，新形势下我国工人阶级和广大劳动群众要将"创造性劳动作为自觉行为"，做到时刻以劳动模范和先进工作者为标杆，以其崇高精神和高尚品格不断鞭策自己、雕刻自己、打磨自己，将辛勤劳动、诚实劳动、创造性劳动作为自觉行为。创造性劳动观鼓励新时代劳动者基于本职工作进行创新创造，不断增长阅历、开拓视野，以适应新一轮科技革命和产业革命的迅猛发展。

"国家之魂，文以化之，文以铸之"。党的二十大报告指出，统筹推动文明培育、文明实践、文明创建，推进城乡精神文明建设融合发展，在全社会弘扬劳动精神、奋斗精神、奉献精神、创造精神、勤俭节约精神，培育时代新风新貌。党的十八大以来，习近平总书记高度重视群众性精神文明创建活动和新时代文明实践活动的开展，注重树立文明新风、培育时代新貌。加强高校劳动教育是促进学生全面发展的必经之路。马克思有言，把"生产劳动同智育和体育相结合，它不仅是提高社会生产的一种方法，而且是造就全面发展的人的唯一方法"。为实现青年学生综合素质的全面提高与多方位全面发展，劳动教育起着至关重要的作用。从构成来说，教育与生产劳动相结合是我党始终坚持的教育方针，劳动教育作为"五育"重要内容之一，占据着不可忽视的地位；从成效来说，经过生产劳动与社会实践的洗礼，以实践为师，在劳动与社会实践中培养善于发现问题的眼光，提升解决问题的能力，从而进一步加强学生对科学文化知识的吸收与内化，继而以更加完备的知识体系支撑在实践中的游刃有余，以期实现自身的全面发展与提升；从价值来说，人之所以为社会人，是在追求生存发展的过程中，还有成就与自我实现的需要。通过参与劳动与亲身实践，可以满足学生自我实现的成就需要，在收获满满的成就感与幸福感的过程中，既实现了自我价值，又延伸了自我价值的意义。

二、践行劳动育人理念、搭建劳动育人平台——"法大研究生公益实践树人学堂"成立

（一）"法大研究生公益实践树人学堂"成立并揭牌

"法大研究生公益实践树人学堂"的成立的宗旨是打造良好的校园劳动文化氛围。为深入贯彻劳动育人理念，发扬劳动精神，提高劳动在学生心中的地位，2021年5月20日，中国政法大学学生处与中康联公益基金会"劳动育人"导师聘任暨实践基地共建座谈会暨"法大研究生公益实践树人学堂"揭牌仪式在学院路校区举行。中康联公益基金会荣誉副理事长李素丽，中国政法大学副校长李秀云教授，中康联公益基金会秘书长芦冰，学生处处长黄瑞宇及我校研究生代表出席本次座谈活动。副校长李秀云代表学校致欢迎辞。她谈到，劳动是一切幸福的源泉，法大自1952年建校以来，艰苦奋斗、热爱劳动就是法大师生的精神底色，是法大精神的重要内涵。在新世纪，学校始终不忘艰苦奋斗的底色，扎实在学生中开展劳动育人，促进学生德智体美劳全面发展。她表示，法大和中康联公益基金会开展共建活动，是落实新时代"劳动育人"精神的新举措，双方资源共享与合作，对学校人才培养和志愿公

益事业的发展具有重要意义。随后,芦冰简要介绍了中康联公益基金会的基本情况和与法大的合作情况。中康联公益基金会自创立以来便致力于扶贫、助医、助学、救灾等非营利性事业的发展,曾于 2019 年赴东乡县设立"爱心助东乡,感彼云外鸽"项目,修建龙泉镇何旺村小学教学楼及附属设施等。基金会前期已经和法大开展相关工作,与研究生工作办公室联合开展"学雷锋日"读书会活动。李素丽(全国劳动模范、五一劳动奖章获得者、三八红旗手)认为志愿服务的重要性在于,一个人的力量是有限的,但是众人的力量是无限的,志愿服务者在志愿工作中能够传递爱、传递精神、传递文明,这些传递是一股社会暖流,相互感染着每一个人。她呼吁同学们积极加入志愿团队中,将志愿服务精神传递到千家万户。

座谈会中,李秀云为李素丽颁发聘书,聘任其为"劳动育人"实践导师。黄瑞宇与芦冰分别代表我校与中康联公益基金会签订"劳动育人"实践基地共建意向书。李素丽和李秀云为"法大研究生公益实践树人学堂"揭牌。学校还将和中康联公益基金会深入合作,开展"劳动育人"系列活动,引导和鼓励广大师生积极参与公益服务,营造良好的校园文化氛围。

(二)依托"树人学堂"开展的系列多彩活动

自 2021 年 5 月"树人学堂"成立之后,依托"树人学堂"开展了多次丰富多彩的活动,通过举办公益讲座的形式,帮助学生吸取实用的医学保健知识,并有利于学生以强健的体魄投入到学习、工作之中。

1. 中国政法大学 2020—2021 学年研究生管理助理先进个人表彰大会暨"树人学堂"公益讲座活动

2021 年 6 月 18 日举办了表彰大会暨"树人学堂"公益讲座活动。为深入贯彻落实"学党史、悟思想、办实事"重要精神,让同学们以健康的身心顺利完成学业,了解重大疾病预防知识,本次活动特邀请了中日友好医院中西医结合肿瘤内科副主任医师刘猛来"树人学堂"做"重大疾病与肿瘤预防"的公益讲座,用人部门代表以及管理助理获奖同学参与了本次活动。刘猛医生就结直肠癌的预防与筛查给大家做了详细、深入浅出的普及,让大家受益匪浅。与此同时,依托此次"树人学堂"公益讲座,研究生工作办公室开展了管理助理先进个人评选活动,共评选出 40 名先进个人,充分贯彻了《关于全面加强新时代大中小学劳动教育的意见》精神,积极迎接建党 100 周年,倡导和鼓励家庭经济困难研究生积极参与劳动。通过勤工助学工作，培养研究生克服困难的信心和勇气，引导学生树立正确的劳动观，崇尚劳动、尊重劳动，在全校树立一批"自立自强，励志成才"的先进典型。"树人学堂"公益讲座与优秀助管先进个人的评选活动相交织，为促进研究生助管工作的顺利开展，营造良好的校园劳动氛围起到了积极促进的作用。

2. 召开生命至上，人民至上——"树人学堂"之抗疫精神宣讲会活动

"树人学堂"活动的开展赢得了广大师生的一致好评。2021年11月20日"树人学堂"再次邀请了中日友好医院中西医结合肿瘤内科副主任医师刘猛，以及中日友好医院中西医结合肿瘤内科主管护师、第五批援鄂抗疫国家医疗队成员李亮亮为助管同学开展抗疫精神宣讲。11月20日下午，"树人学堂"抗疫精神宣讲视频会议正式召开。中国政法大学研究生工作办公室主任张永然教授，中日友好医院中西医结合肿瘤内科副主任医师刘猛，中日友好医院中西医结合肿瘤内科主管护师、第五批援鄂抗疫国家医疗队成员李亮亮以及2021—2022学年新上岗研究生管理助理同学和在校研究生等160余人参加了此次讲座。

张永然老师为此次抗疫精神宣讲会进行致辞，此次活动是在深入贯彻十九届六中全会，大力弘扬以抗疫精神、劳动精神为代表的时代精神背景下召开的，之后李亮亮护士分享了自身的抗疫经历和抗疫感受，通过自己的一线生活，向老师同学们展现了抗疫一线工作者身上的大爱和奉献精神。刘猛医师结合同学关心的如"hpv九价疫苗、脱发、焦虑"等问题进行了专业又生动的解答。同学们对宣讲会反响热烈，积极与到场嘉宾互动。

三、"树人学堂"成立的意义——以"听老教师讲校史故事研究生助管岗前培训会"为例

新时代青年劳动教育正在不断呈现新样貌与新进展，但不可忽视的是同样存在许多问题。首先传统就业观念的浸染与社会整体工作氛围影响，当前存在着部分青年秉持着"两耳不闻窗外事，一心只读圣贤书"的观念，长期脱离了体力劳动，甚至出现"五谷不识"的情况，呈现出脑力劳动优于体力劳动的不正确职业观，与一切从实践中来再到实践中去的理念相违背。与此同时，在学校这一"象牙塔"中，青年学生既有着"为天地立心，为生民立

命"的热忱与意气，但也最容易受到社会舆论的影响，加之缺乏社会实践经验，很容易形成"躺平""佛系"等与时代价值取向不相适应的价值选择。从另一个角度出发，时代的发展需要劳动教育强有力的支撑。作为社会发展中最具活力与朝气的群体，有着大展拳脚、大展宏图的广阔天地，自然而然地要接过历史交付的重任。历史的车轮滚滚向前，时代的接力棒递到了当年青年的手上，新时代中国青年有条件也有责任担负起重任，为实现中华民族伟大复兴添砖加瓦。综上，劳动教育的加强既是为筑梦百年历程筑牢基础的必要选择，也是培养学生劳动情怀的必然路径。

为大力开展新时代"劳动教育"，迎接党的二十大，进一步做好研究生资助育人工作，2022年10月5日上午在海淀校区教学图书综合楼举行了"中国政法大学研究生'树人学堂'听老教师讲校史故事——2022—2023学年研究生助管岗前培训会"。研究生工作办公室领导出席会议，民商经济法学院教授刘心稳、党委宣传部老师骆红维主讲，164位研究生管理助理通过线上和线下的方式参加会议，会议由研究生工作办公室老师主持。

刘心稳老师以深厚的家园情怀和校园建设的亲身经历，从衣、食、住、行四个方面介绍了学校自20世纪70年代以来翻天覆地的改变以及这一转变过程中广大师生对校园建设的重大贡献。勤助工作既能让同学们参与到校园建设中来，收获劳动体验，又能改善个人的经济生活。作为学校的一分子，在校时这里是我们的家园，离校后这里是我们的故居，希望同学们珍惜它、爱护它，同时也希望学校能够为同学们提供更多机会，共同为法大添砖加瓦、增光添彩。2021—2022学年研究生管理助理代表刘齐同学就其在档案室的勤助工作经历与大家进行了深度交流。他认为，勤助工作既需要有较强的责任心，认真负责地完成每项工作，也需要深切的同理心，理解同学的需求，要始终秉持服务广大师生的初心，在勤助岗位上发光发热，提升自己，服务他人。骆红维老师认为，积极的工作态度是做好一切工作的前提，要始终认真对待工作，以饱满热情投身到工作中去，积累丰富的工作经验，高质量完成工作任务。接下来的助管工作培训环节，研究生工作办公室刘瑞琴老师从规章制度、工作纪律、安全问题、协调沟通、工作现状及建议等五个方面对助管工作做了全面细致的介绍。希望同学们能够践行"五三讲话"精神，主动投身实践，以自己的劳动为祖国法治建设和法大发展做出自己的贡献。近年来，学校在加强研究生资助工作，增强资助育人实效同时，不断开展健康知识宣传、专项能力培训、主题社会实践、志愿先锋岗等活动，提升研究生的综合素质，实现"扶困"和"扶志"相结合。

培训会后同学们感想颇丰。民商经济法学院22级的孙晓辰同学在本次培训会上充分了解了学校助管工作开展的情况，工作中既能够收获充盈的成长体验也充满温情与欢乐，为今后的工作鼓足了干劲。商学院的张国栋同学对法大跨越时空的变化印象深刻，认为刘心稳教授以"天翻地覆慨而慷"作为结语生动准确概括了广大师生对脚下这片积历史厚韵之法大土壤的深厚感情。人文学院的张岩同学深刻铭记习近平总书记"劳动最光荣、劳动最崇高、劳动最伟大、劳动最美丽"的精神号召，经过本次培训会也切实体会到"责任感"与"同理心"在助管工作中之重要并以此勉励自己，通过这次活动，听了许多关于法大过去的事情，颇有感触。马克思主义学院的印丽岚同学认为要向老一辈法大人学习，认真踏实完成助管工作，助力法大更好的明天。

习近平总书记说，要在学生中弘扬劳动精神，教育引导学生崇尚劳动、尊重劳动，懂得劳动最光荣、劳动最崇高、劳动最伟大、劳动最美丽的道理，长大后能够辛勤劳动、诚实劳动、创造性劳动。可以说，"树人学堂"的成功举办帮助研究生管理助理同学坚定了正确的劳动价值观，为做好今后的管理助理工作奠定了基础。

结　语

走过稚嫩无忧的小学时代，度过勤奋忙碌的中学生涯，在即将走向社会之际，大学接过教书育人的接力棒，从某种程度上说，大学阶段的劳动教育对每一名学生的影响都至关重要，直接关乎着他们能否成为一名合格的劳动者，在自己的岗位上发光发热。从学生角度来看，要明晰劳动推动进步，科技创新离不开劳动，财富聚集离不开劳动，社会发展离不开劳动，劳动创造社会。另外，人只有通过劳动，方能使自我存在的价值得以充分展现并无限延伸，从而以具体行动实现思想的升华。但令人遗憾的是，随着社会发展水平的进步，青年学生的劳动观念不仅没有与时代同频提升，甚至出现了不愿意劳动也不会劳动的现象。在立德树人的环节中，劳动的价值在一定程度上有所缺失，劳动教育不断被矮化，缺乏发展土壤。时代敲响了关注劳动的钟声！要实现社会发展、国家进步就要充分重视青年一代的地位，强化青年一代的人才支撑力就要促进学生的全面发展，而实现人的全面发展就要练好劳动教育的"内功"，不断丰富劳动教育形式与劳动教育内容。"法大研究生公益实践树人学堂"成立并揭牌，帮助研究生管理助理树立正确的劳动价值观，依托"树人学堂"开展的丰富多彩的活动，让同学们在学习医学保健知识、防疫知识和老一辈法大人奉献精神的同时，更加坚定了"劳动最光荣"的信念。作为新一代青年人要心怀集体，将小我融入其中，在劳动中锻炼个人能力，提升自我价值，做好每件小事，为校园、社会、国家贡献自己的力量，展现优秀青年人的责任与担当。中国政法大学"树人学堂"面向研究生管理助理同学，帮助即将走上管理助理岗位的研究生树立正确的劳动价值观，也增进了学校的劳动氛围。提升研究生的综合素质，实现"扶困"和"扶志"相结合。在时代发展的快车道上，高校教育要与时代需求相适应，充分发挥劳动教育的化人作用，实现与思政课程的良性互动，推动"五育"理念交汇共通，从而培育出响应时代号召、德智体美劳全面发展的有志新青年。

参考文献

[1] 杨莲霞、李玉妹：《"五维一体"：新时代全面加强高校劳动教育实践路径刍议》，载《河北师范大学学报（教育科学版）》2023年第1期。

[2] 张传亮等：《将劳动教育纳入一流专业建设：依据、内容与路径》，载《劳动教育评论》2022年第2期。

[3] 柳丽、卢婷：《论习近平关于青年工作重要论述的三重维度》，载《北京青年研究》2022年第4期。

[4] 芮华：《高校后勤在劳动育人实践中的作用探析——评〈新时代高校劳动教育论纲〉》载《中国教育学刊》2022年第10期。

[5] 《习近平与大学生朋友们》，中国青年出版社2020年版。

"三全育人"视角下探索建立法学院大学生乡村振兴社会实践教育体系

中国政法大学法学院 孙 毅

摘 要： 在五育并举的教育战略背景下，高校开展劳动育人体系建设，要结合"三全育人"的总体要求。作为一项思想政治教育和实践能力教育，高校构建劳动育人体系要立足于乡村振兴的历史性背景，结合"三全育人"的综合改革浪潮，在"翻转课堂"的理论框架下，致力于提升学生从理论中发现问题，在实践中解决问题的能力。通过"下乡+微创业"课赛融合的模式，充分利用"互联网+"、"挑战杯"创业竞赛及大学生创新创业项目的已有实践，通过案例分析、比较研究、统计分析、实地走访等研究方法完善实践教育模式，形成切实可行的下乡课堂教育及竞赛激励制度，建立法学院特色的乡村振兴实践教育体系。

关键词： 乡村振兴 三全育人 劳动教育 生涯教育 微创业

一、乡村振兴实践教育的时代背景与关键问题

（一）乡村振兴的现实背景

随着如期打赢脱贫攻坚战和全面建成小康社会宏伟目标的实现，中国乡村振兴战略实施步入新的历史阶段，也面临着新形势和新任务。习近平总书记指出，要全面推进乡村振兴，全面依法治国。乡村作为中国社会的基层单位，其法治建设不仅是依法治国的基础，更是促进乡村振兴的关键，以此为基础，才能够促进乡村治理体系与治理能力的现代化。高校在协同创新促进乡村振兴的过程中将发挥越来越重要的作用。

高校主体具有多样性特征，多元主体之间如何进行协同互动是促进高校

协同创新的关键。文献表明,多元主体的互动网络以知识创造主体和技术创新主体的合作及资源融合为基础,从而产生"1+1+1>3"的非线性效用。[1]高校服务乡村振兴协同创新是以高校为核心,以校校、校地、校村等党组织为主体的多元主体协同互动的党建创新模式,该模式通过多主体间的深入合作和资源整合,构建"开放、集成、高效"协同机制。坚持立德树人,培养一大批具有扎根基层情怀的青年大学生。坚持以科技和创新为驱动力,结合互联网与党建,达到促进乡村产业持续性发展的目的。[2]

中国政法大学作为法科强校,法治人才资源雄厚,能够结合数字经济背景,为乡村振兴中法治乡村建设提供有力支持。法学院法学实验班重在培养复合型人才、新时代的有为青年。习近平总书记说,青年要立志做大事,不要立志做大官,培养具有家国情怀的法治青年更是时代所需。

(二) 乡村实践教育契合"三全育人"教育改革

法律的生命在于实施,有效解决争议是其主要目的之一,然而单纯的理论教学容易与复杂的社会现实脱节,让学生形成从绝对规范角度考虑问题的思维。据研究,各地基层法院受理的案件案由大多为婚姻、继承、债务和侵权等。上述案件与当事人之间的人身关系和自然人之间的财产关系紧密相连,而人身与财产关系又与当地的特色文化、民俗、经济状况和风土人情紧密相连。如果法官仅以单纯规范的视角进行裁判,不仅难以形成令双方当事人信服的判决,更使得法律文本无法切实落实到人民群众的生活当中。上述经验需要法官在实践中学习和领会,而非在学校或者仅通过书本学习便能掌握。因此,法官还要在实践中增加生活经验,了解风土人情,扩大知识维度。

思想政治教育的基本内容包括思想教育、政治教育、道德教育、心理教育,其具体内容包括世界观、方法论教育,政治理想、信念立场教育。教育改革的目标之一是要引导大学生运用所学理论知识发现、分析、解决实际问题。下乡教育优化学校主导性教育与社会多样化教育相结合的原则方法,将知识现实化、生活化,使得大学生认识到复杂的生活实践,在实践中强化知

---

[1] 陈劲编著:《协同创新》,浙江大学出版社2012年版,第29页。
[2] 陈文海:《高校基层党组织服务乡村振兴的协同创新研究》,载《学校党建与思想教育》2022年第12期。

识,思考知识运用的差异性,能够做到灵活运用知识,加强思考,学以致用,举一反三。

(三) 课赛融合的制度优势

"课赛融合"实践教学模式是指将专业课的内容和比赛实践相结合,根据各个专业预期培养的人才要求和教学内容,针对不同专业的学生设计与其专业及思政相符合的竞赛,竞赛的结果与社会实践的成绩相对应。[1]实际上,"课赛融合"实践教学模式对教师也有更高的要求。教师除完成传统意义上的学科知识传授,还要为学生提供科学的方法论和正确的价值观,引导学生自发性思考和探究学科专业知识。以本校的模拟法庭类课程为例,教师不仅教授学生部门法的知识,还在模拟法庭中引导学生通过扮演合议庭组成人员、公诉人和辩护人,来感受不同立场下的法律解释和证据运用,引导学生从社会价值和当事人权益各个角度进行思考。此种"课赛融合"的实践教学模式使得知识场景化、现实化,促进学生从多个角度观察和思考专业知识,利于教师的教学和学生的学习进行融合,培养并提高学生的实践、创新能力等综合素养,不失为促进课程建设和教学改革的优化路径。[2]

二、探索"下乡教育+微创业"的实践面向

(一) 观念与精神:下乡教育与全方位育人的价值导向

下乡教育首先是一种精神教育、观念教育,是劳动教育的一部分,其理论基础和最终引领是马克思主义劳动观。马克思主义劳动观在存在论上揭示了"劳动作为人的自由创造性活动,构成了人的存在的类本质"[3]。下乡教育的根本价值在于"提升每个个体的自由力量"。"通过下乡劳动实现对劳动者个体自身的塑造,进而完成个体的自我实现和自我解放",[4]进行"通过

---

[1] 张爱东:《以赛促教,以赛促学,课赛融合的研究探索》,载《知识经济》2018年第2期。

[2] 王岩等:《大数据分析与应用课程体系构建》,载《计算机教育》2020年第2期;阳富强等:《以学科竞赛平台促安全工程专业创新型人才培养探究》,载《高等理科教育》2020年第6期。

[3] 程从柱:《劳动教育何以促进人的自由全面发展——基于马克思主义劳动观和人的发展观的考察》,载《南京师大学报(社会科学版)》2020年第3期。

[4] 周兴国:《论劳动的育人价值及其实现条件》,载《南京师大学报(社会科学版)》2020年第6期。

下乡劳动而教育"和"为了下乡劳动而教育"的双向循环,下乡劳动可以实现其面向育人目标的工具价值和独立价值,即通过一种真正"自由"而非"异化"的下乡劳动,"作为一个主体的人的紧张活动"的下乡教育,具有真正意义的育人功能。

党的十八大以来,我国坚决打好脱贫攻坚战并取得了全面胜利,乡村振兴战略的实施因此具备了经济社会基础。在我国乡村扶贫和脱贫攻坚的过程中,存在大量思想政治教育案例有待挖掘,为"三全育人"的教育改革提供素材。相对而言,我国大部分高校的教育模式仍然限制在课本上、教室内,缺乏社会育人的教育意识和经验。大学生的社会性思想政治教育不能脱离于社会实践,从空间维度上,高校教育改革要将课堂内的教学与课堂外的实践相结合,要将学生从教室内的理论学习引入教室外的社会实践,将学校内的知识思考放入学校外的社会中进行检验与反思,积极开辟新的思想政治教育空间,促进思想政治教育工作呈现联动化、网络化,形成协调统一的全方位育人机制。[1]

(二)下乡教育:下乡教育的实践面向

1. 送法下乡

(1)普法实践团。结合现状,宣传法律。法学院学生可以采用党团共建或者自行组建的方式,总结案例类型,实地走访进行普法,或者采用短视频直播的方式,提升对口乡村村民的法律素养。一方面,可以为刚刚学习法学的低年级同学树立学习目标,另一方面,可以增加高年级同学的实务知识。

学生也可以通过撰写申报书来明确普法主题,如民法典、青少年权益保护法律等;确定普法形式,如知识直播、法律援助等。普法实践需通过实地走访,一方面探求法律在乡土社会(乡村)中的运行状况;另一方面拉近法与民众的距离,让法律走入寻常百姓家,助力乡村振兴。重点引导学生深入了解法律在西北、西南等经济欠发达地区普及情况,通过开展法律宣传工作,为建设法治乡村贡献力量;重点引导学生普及新法、生活中常用的法律知识。

---

〔1〕 卢圣旭:《大学生助力农村小微企业成长的扶贫路径研究》,经济管理出版社2019年版,第57页。

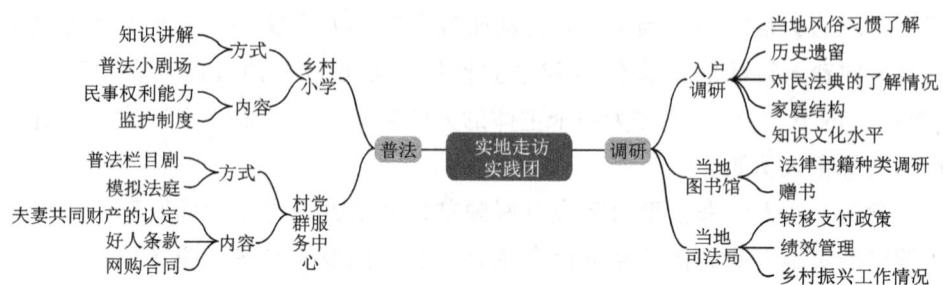

图1　实地走访（以普及《民法典》为例）

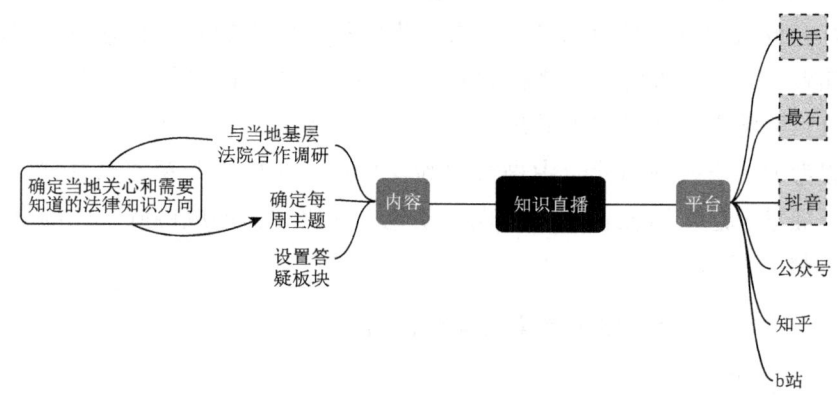

图2　知识直播途径策划构思

（2）主题实践团。针对某方面困境提出建议和方案。与普法实践团先关注到地区并且主要针对乡村法律知识普及不同，主题实践团可以先关注到某一法律问题的存在，重点关注城乡差异，在专业问题方面调研乡村发展情况，提出制度性建议。

举例而言，意定监护和群体监护在老龄化趋势下，存在失独老人监护无门的社会问题。在上海和北京有"尽善监护中心"以及星星家庭"监察中心"的社会团体实践走在前列，通过社会团体、基金会的公益职能，利用意定监护制度和中国特色的群体监护制度，和当地公证处进行合作，解决此类难题。然而在乡村地区，老龄化问题更加严重，但当地由于资金来源缺失、配套制度无法跟随法律与时俱进、家庭养老的传统观念，失独老人的监护困境更加严峻但没有对应的措施。此外，村委会人员不足，护理专业性差等客观原因更加剧了此部分特殊群体寻求监护的困难程度。在《民法典》出台的背景下，如何落实意定监护和群体监护制度，如何缩小此方面的城乡差距，就是摆在理论学习面前，亟须向社会实践转化的契机，也是体现学以致用、知行合一的机会。主题实践团可参考图3中的方式进行调研。

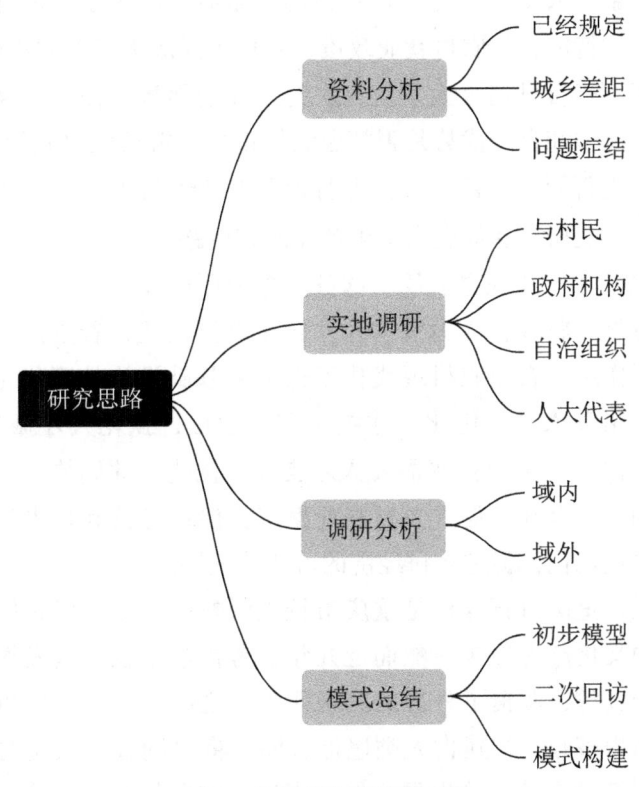

图 3　主题实践团调研思路

2. 微创业：促进大学生农村就业创业

微创业是指投入资金少、所需时间少（周期短）、实施难度小，即"两少一小"的创业实践项目。课外项目实施部分全程由学生亲自操作，包括微创业项目的创业构思、团队分工、资金来源、产供销、盈亏结算等各环节，让学生在实际行动中学习创业精神、锻炼创业技能；课堂教学部分在行动学习和翻转课堂方法指导下，把大部分时间交给学生主导，让学生讲述微创业的阶段性计划或成果，老师在此基础上对每个小组（项目）进行指导。

国内外对高校毕业生农村就业创业的研究起步较早，其研究成果主要在于农村创业的影响因素、路径、高校对大学生的就业指导与教育培训等内容。其中，农村环境对高校毕业生农村创业意愿具有双重影响，分别体现在创业热情和创业能力两方面。[1]实证研究表明，45.3%的大学生有到农村就业的意愿。其中，影响大学生农村就业意愿的因素有：①大学生的性别、人力和社会资本等个体特征；②农村就业政策、农村生活成本等群体特征。[2]然而，高校教育改革不能盲目迎合大学生在农村创业的热潮，需要理性审视各专业大学生的个人能力和自身优势是否契合农村市场，解读农村政策及市场需求，选择针对性的创新创业教育模式，协助大学生理性创业。[3]学生返乡就业创业是推进农村产业振兴和促进大学生就业的有效路径。[4]

2021年初，中共中央办公厅、国务院办公厅印发的《关于加快推进乡村人才振兴的意见》将乡村人力资本开发放在首要位置，着重强调人才在乡村振兴中的重要作用。农业农村现代化不仅需要基础设施的现代化，更需要大力引入人才、培养人才、优化人才结构和专业性，强化人才振兴保障措施，实现人才现代化。[5]乡村振兴需要人才支撑、优化人才结构，引导高校毕业生农村创新创业，有利于促进乡村产业振兴，促进经营和技术领域治理体系和治理能力的现代化，促进乡村经济的可持续发展。

举例来说，重庆市石盘村是重庆市较先脱贫的村镇，但是村民文化水平不高，当地的文化产业较少。然而近几年，考古学家在当地发掘出了石斧等古人类的遗址资源，颠覆了外界的刻板印象。主题实践团可以以发掘当地古人类遗址资源为核心，构建古人类遗址公园，将"同远古人类对话"作为主题，利用网红打卡推动经济发展，促进当地的文化振兴。在这个过程中，学生可以锻炼创业项目中对于区位、公司结构和退出机制等问题的处理，同时通过调研，帮助挖掘乡村的政治经济文化因子，将所学理论知识放到实践语

---

[1] Garcia Diaz et al., "Factors That Influenced Rural Entrepreneurship in Extremadura During 2003-2012", *Revista Lebret* 10, 2018, pp.111-132.

[2] 钟云华、刘姗：《乡村振兴战略背景下大学生农村就业意愿的影响因素分析——基于推拉理论的视角》，载《高等教育研究》2019年第8期。

[3] 张弛：《大学生农村创业的热潮与冷思考》，载《农村经济》2021年第2期。

[4] 刘姗：《大学生返乡创业与乡村产业振兴的联动关系》，载《乡村科技》2021年第14期。

[5] 辛宝英等编著：《人才振兴——构建满足乡村振兴需要的人才体系》，中原农民出版社、红旗出版社2019年版，第214页。

境中进行应用和思考,一方面促进学生知行合一,另一方面可以为乡村振兴建言献策。

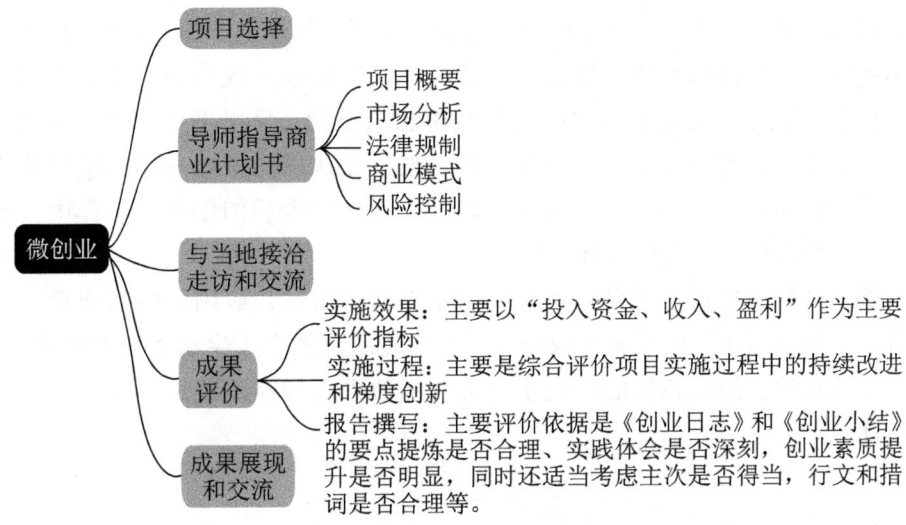

图 4　微创业流程图

学院每年可以选定微创业主题,如"绿色发展""数字经济"等,限缩范围,有意识地引导学生关注社会热点。学院应围绕乡村振兴的人才需求,制定人才培养计划、设计课程方案等。此外,还应增加实践课程比例,借助政府力量,与农业部门、乡村企业和政府对接,为大学生提供深入农村实践的机会。[1]

(三) 课赛融合:下乡教育与高校培养的有机耦合

"课赛融合"实践教学模式主要是由思考—讨论(赛前准备)、验证—反思(参与比赛)、行动—应用(践行成果)并再回到思考—讨论所组成的完整过程。

第一个阶段是比赛准备阶段,要求学生进行思考和讨论。在本阶段,学生应当通过团队合作,锻炼沉着应对的心态,制定问题解决方案。学生通过

---

[1] 彭鹏、候佳萌:《乡村振兴背景下促进高校毕业生农村就业创业的对策研究》,载《经济纵横》2021 年第 12 期。

比赛的规则和题目,对所学知识和掌握程度产生直观感受。在不同理解角度的基础上,通过团队交流和讨论对题目的分析与理解,温故知新,学习他人的思考方式,打破常规、进行创新。

第二个阶段是参与比赛阶段,要求学生验证和反思前一阶段的应对方案。在本阶段,学生将制定的方案付诸实践操作,既能够从成功的实践中总结规律并获得成就感,也能够从失败的实践中总结经验,反思不足。学生通过对理论与实践的反复对比,产生新的认知,通过多次的反复与总结,将之升华为一般性的理性认识并内化于自身经验,以便于在今后的创业和工作中,能够灵活应对新挑战,适应新环境。

第三个阶段是践行成果阶段,要求学生通过行动,应用比赛的成果。在本阶段,学生将比赛的经验与成果运用到与之匹配的个人生活和职业情境中,将内化的知识、经验和技能外化于行动,不断更新和检验预设方案与理论的科学性。

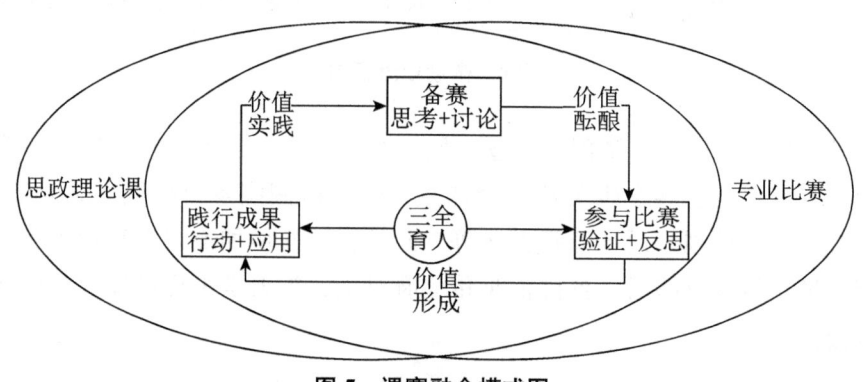

图 5 课赛融合模式图

三、乡村振兴实践体系的三个融合目标

(一) 社会实践学习中树立联系实际观念

在乡村,尤其是"经济欠发达"的乡村中,法律普及程度仍需提高。乡村之中,人情社会里,一切都按照当地的风俗习惯运行着。习近平总书记曾说,扶贫必扶智。在全面脱贫的今天,在乡村振兴的今天,这些偏远地区的移风易俗任务仍然十分艰巨。行路万里,方知中国之社情。通过"下乡",才

能直观深刻地认识到不同地区法律的适用和普及情况；才能认识到乡村之于与时俱进的法律制度还有哪些滞后之处；才能够因地制宜地将理论应用到实践中。

无论是下乡还是微创业，其理论都根植于行动学习法。行动学习法是由英国瑞文斯教授提出的一种学习和教育理论。瑞文斯用一个公式 $L=P+Q$ 来说明行动学习法的精髓，这是指学习（L）是通过把掌握相关专业知识（P）与提出问题和解决问题的能力（Q）相结合来完成的。在行动学习课程中，每个参与者都要针对一个问题，拟定行动计划，亲自操作实施，学中干、干中学，深化对知识的理解并运用于实践。由此，学生既能够专注、高效学习理论知识，更能够积极应用于实践，发现理论与实践的差异，通过团队合作主动解决实践中面临的难题，实现理论知识的灵活、深度理解与运用。

（二）思想道德教育中厚植乡村振兴观念

本选题创新社会实践教学的方式，通过与乡村振兴战略的结合，帮助同学们实地感受风土人情，在社会大环境下将所学和所见结合应用；创新教学理念，以实践为核心、以学生为中心，通过深度参与的"三全"和深度的课后体会和收获的实践教学来体现这一理念；创新教学内容，学生分组自选赛道，全程实战操作，导师进行一对一的个性化、针对性指导，提出阶段性改进和创新建议，在实践操作中进一步巩固和运用所学知识；创新教学方法，把行动学习法和翻转课堂方法引入社会实践培养，创造性应用行动学习法；创新效果评价，实践教学采取双向评价体系，发挥同学们的积极性。

（三）乡村调研实践中深化职业生涯教育

实践教育以"乡村振兴"着力点，重在培养法学院学生的家国情怀，将新时代青年的责任体现在学以致用方面，融合思政教学和生涯教育。思政教学和生涯教育殊途同归，都扎根于学生的全面发展，只有充分认识到思政教育与生涯教育之间的联系，厘清二者的耦合机理和作用机制，才能够联动两种理念、两个方向、两个版块，提升生涯教育的育人效能，弥补生涯教育的关怀缺失。[1]

---

[1] 李华等编著：《铸魂育人——思政教学与生涯教育融合课例》，福建教育出版社2021年版，第78页。

首先，学习法学知识，除了通过专业实习提供法律服务之外，可以将法条转化为生动的案例，通过小剧场和模拟法庭的方式进行演绎，将之播种于祖国大地的每一个角落，让村民也能知法、懂法。

其次，通过对乡村的实地调研，深刻认识到法律不能和社会脱节，且离不开社会习俗与风土人情，在应用法律的时候，不能机械地适用，而是认识到社会关系的复杂性，让法律解决纠纷的功能既能正确发挥，又能让群众心服口服。

再次，法律的生命在于实施，蓬勃的法治发展也需要丰厚的土壤。通过下乡，同学们能够真正地意识到，目前法律的实施存在哪些阻碍。引导同学们探究解决的方案，比如在乡村没有资金支持、人员专业性不够且公正意识不足的情况下，如何缩小城乡差距，让意定监护也能保护乡村中留守的失独老人。

最后，通过微创业为职业发展提供多种可能，引导学生将经济发展同乡村振兴结合。一方面，通过亲自策划和实施创业项目，巩固和加深了学生对创业理论和方法的理解，学生对如何创业、创业中如何进行财务预算和财务分析、如何进行团队分工与合作、如何进行融资等关键问题有了深刻的体验和明确的认识。另一方面，同学们的方案也能为当地的乡村振兴贡献力量，在创业意识萌生之初，就为同学们埋下社会责任的种子。

参考文献

［1］陈劲编著：《协同创新》，浙江大学出版社 2012 年版。

［2］陈文海：《高校基层党组织服务乡村振兴的协同创新研究》，载《学校党建与思想教育》2022 年第 12 期。

［3］张爱东：《以赛促教，以赛促学，课赛融合的研究探索》，载《知识经济》2018 年第 2 期。

［4］王岩等：《大数据分析与应用课程体系构建》，载《计算机教育》2020 年第 2 期。

［5］阳富强等：《以学科竞赛平台促安全工程专业创新型人才培养探究》，载《高等理科教育》2020 年第 6 期。

［6］程从柱：《劳动教育何以促进人的自由全面发展——基于马克思主义劳动观和人的发展观的考察》，载《南京师大学报（社会科学版）》2020 年第 3 期。

［7］周兴国：《论劳动的育人价值及其实现条件》，载《南京师大学报（社会科学版）》

2020年第6期。

[8] 卢圣旭：《大学生助力农村小微企业成长的扶贫路径研究》，经济管理出版社2019年版。

[9] 辛宝英等编著：《人才振兴——构建满足乡村振兴需要的人才体系》，中原农民出版社、红旗出版社2019年版。

[10] 钟云华、刘姗：《乡村振兴战略背景下大学生农村就业意愿的影响因素分析——基于推拉理论的视角》，载《高等教育研究》2019年第8期。

[11] 程华初等：《乡村振兴战略背景下农村籍大学生返乡就业影响因素及对策研究》，载《中国多媒体与网络教学学报》2020年第8期。

[12] 李萌：《乡村振兴战略背景下大学生返乡创业能力提升路径及策略研究》，载《乡村科技》2017年第33期。

[13] 杨秀丽：《返乡大学生创业生态系统构建研究——基于乡村振兴视角》，载《技术经济与管理研究》2018年第11期。

[14] 张弛：《大学生农村创业的热潮与冷思考》，载《农村经济》2021年第2期。

[15] 郭雅敏：《乡村振兴背景下大学生农村创业现状及路径探析》，载《长春师范大学学报》2021年第3期。

[16] 刘姗：《大学生返乡创业与乡村产业振兴的联动关系》，载《乡村科技》2021年第14期。

[17] 彭鹏、候佳萌：《乡村振兴背景下促进高校毕业生农村就业创业的对策研究》，载《经济纵横》2021年第12期。

[18] 李华等编著：《铸魂育人——思政教学与生涯教育融合课例》，福建教育出版社2021年版。

高校图书馆开展志愿服务育人路径探析

——以中国法大学图书馆为例

中国政法大学图书馆　夏振华

摘　要：本文以中国政法大学图书馆志愿服务育人工作实践为例，分析其志愿服务育人的效果、问题和意义，结合高校图书馆志愿服务育人研究情况及其他高校图书馆志愿服务情况，探索高校图书馆开展志愿服务育人工作的有效路径，为高校图书馆育人工作提供参考。

关键词：高校图书馆　志愿服务　育人　路径探析

习近平总书记在全国高校思想政治工作会议上指出："要坚持把立德树人作为中心环节，把思想政治工作贯穿教育教学全过程，实现全程育人、全方位育人，努力开创我国高等教育事业发展新局面。"党的二十大报告提出，"育人的根本在于立德。全面贯彻党的教育方针，落实立德树人根本任务，培养德智体美劳全面发展的社会主义建设者和接班人。"高校图书馆是学校的文献信息资源中心，是为人才培养和科学研究服务的学术性机构。《普通高等学校图书馆规程》第34条规定："图书馆应为学生提供社会实践的条件，设置学生参与图书馆管理与服务的岗位，支持与图书馆有关的学生社团和志愿者的活动。"图书馆是高校开展志愿服务的重要阵地，应主动创新，积极开拓志愿服务育人路径。

一、高校图书馆志愿服务育人研究情况

在中国知网，以"高校图书馆"和"育人"为主题，含同义词扩展，截至2022年12月31日，共检索到1354篇文献。其中学术期刊1199篇，特色期刊116篇，学位论文19篇，会议16篇，学术集刊3篇，报纸1篇。

主要研究领域包括：思想政治教育研究，宋洁[1]认为高校图书馆应从转变观念、建立联动机制、拓展教育载体、发挥资源优势、加强队伍建设等方面加强和改进思想政治教育工作。服务育人研究，王跃东[2]结合实际工作，探讨了图书馆服务育人的重要意义和特点以及面临的问题，提出了相应的创新对策。王玉玫等[3]分析了目前高校图书馆志愿服务管理存在的问题，对建立和完善高校图书馆大学生志愿服务育人机制与管理创新进行了探讨。阅读推广策略研究，马文飞等[4]认为阅读推广服务与教育课程体系、立德树人系列实践活动、学生学习生活，以及图书馆空间、资源、特色服务等相互渗透，有助于实现阅读推广目标；柯丹倩等[5]以安徽大学图书馆阅读推广志愿活动为例，剖析组织结构、服务模式及影响，思考未来发展策略。

高校图书馆育人工作相关主题的研究文献中，与志愿服务研究相关的文献有18篇，占比较低，主要集中在强化育人目的及志愿者的管理与服务方面。张晓静等[6]认为高校图书馆应转变观念，强化志愿服务的育人目的。吴芳等[7]通过构建图书馆学生志愿者工作生命周期管理模型，得到志愿者服务的新认识，并做出展望。本文以中国政法大学图书馆开展志愿服务育人工作为例，分析其成效、问题及意义，探索高校图书馆开展志愿服务育人工作的有效路径。

二、中国政法大学图书馆志愿服务育人实践

（一）中国政法大学图书馆志愿服务情况开展情况

根据《中国政法大学"三全育人"综合改革建设方案》重点任务中的规

---

〔1〕宋洁：《党史育人视阈下的高校图书馆思想政治教育实践——以南京地区部分高校图书馆为例》，载《新世纪图书馆》2022年第7期。

〔2〕王跃东：《新形势下高校图书馆服务育人创新对策》，载《兰台内外》2021年第11期。

〔3〕王玉玫、陈丹阳：《新时代高校图书馆大学生志愿服务育人机制与管理创新探究》，载《北京教育（高教）》2020年第7期。

〔4〕马文飞、刘凡儒：《"十四五"时期高校图书馆阅读推广渗透式发展策略研究》，载《图书馆工作与研究》2022年第6期。

〔5〕柯丹倩等：《基于志愿服务的高校图书馆阅读推广模式探索与实践——以安徽大学图书馆为例》，载《农业图书情报学刊》2018年第8期。

〔6〕张晓静、邵剑彬：《"三全育人"视域下高校图书馆志愿服务再思考——以厦门大学图书馆为例》，载《图书馆工作与研究》2020年第5期。

〔7〕吴芳等：《高校图书馆学生志愿者工作管理与服务探索——以武汉科技大学图书馆为例》，载《图书情报工作》2014年第S1期。

定,"深入开展暑期实践、专业实习、下乡支教、志愿服务、法律援助等实践育人活动,引导学生树立对人民的感情、对社会的责任、对国家的忠诚。"中国政法大学图书馆志愿服务主要从如下几个方面开展:

图书馆文明监督服务。2013年图书馆启用座位管理系统初期,学生不熟悉系统规则,经常有违规使用座位的情况发生。为了解决这个问题,图书馆与图学会联合开展阅览座位巡视志愿工作。每学期初,图书馆安排老师为志愿者讲解座位管理系统的使用规则和巡查操作规范。志愿者组成了几个工作小组,每天轮岗巡视阅览座位。在阅览座位紧张的背景下,志愿者开展阅览座位巡视工作保证了昌平校区图书馆的阅览秩序,为读者创造了良好的阅览环境。

疫情防控期间开馆支持工作。2022年疫情防控期间,应疫情防控形势和学校防控要求,图书馆在学生处和研究生院的支持下,启动了志愿者开馆支持工作。很多学生志愿者积极参与,支持图书馆开馆服务工作。图书馆职工和学生志愿服务团队,勇于担当,发挥了先锋模范作用,承担了入馆安全提示工作,图书整理工作、读者咨询工作(如自助借还机、存包柜等系统使用问题),维护了特殊时期图书馆的开馆秩序。

其他志愿服务活动。例如图学会定期组织的图书馆宣传月、读者意见反馈等活动,以及疫情防控期间倡导读者在图书馆佩戴口罩志愿活动,等等。

(二) 志愿服务育人成效

为师生营造良好的阅览环境。在法渊阁图书馆改造之前,阅览座位很紧张。读者常常于早上6点之前就在图书馆门口排起了长队,占座现象屡禁不止,经常有学生提意见。启用了座位管理系统后,一定程度上提高了座位的使用效率,但经常出现如预约了座位、签到成功的读者不在阅览座位的情况。引入志愿者进行定期巡查,使得这一现象得到了很大改善,违规使用阅览座位管理系统的行为能够得到及时纠正。图书馆早晨排队抢座的现象消失了,读者进馆基本都能找到阅览座位,志愿活动获得了师生的认可。志愿者在巡视服务过程中锻炼了与读者沟通的能力、纠纷处理能力以及团队协作能力。

保障特殊时期图书馆的开馆服务。2022年5月,疫情防控形势日渐严峻,部分工作人员不能按计划入校,校内学生对图书馆开馆呼声很高。为满足学生入馆学习需求,图书馆启动了志愿者助理开馆服务工作。在学生处和研究生院的支持下，图书馆短时间内征集到了学生志愿者，为特殊时期图书馆正常开馆提供了人力支持。期间，图书馆建立了志愿服务工作群，读者关于图书阅览、文献资源、空间使用等相关问题通过工作群都能得到及时反馈。志愿服务维护了特殊时期图书馆的正常运行，维护了校园安全。参与志愿服务的志愿者锻炼迎难而上的品质，培养了志愿者们应对突发情况的能力。经过此次活动，志愿者们对图书馆的文献整理、空间服务、疫情防控等内容有了较为深入的了解，为今后利用图书馆学习科研奠定了基础。

（三）志愿服务育人实践中存在的问题

志愿服务工作开展不充分。中国政法大学图书馆开展志愿服务主要集中在座位巡查、配合宣传数据库培训、特殊时期开馆支持工作，等等。长期的、有计划的志愿服务开展得不多。志愿者选聘，主要依靠社团和学生处等部门支持，没有定期开展志愿者招募工作。

常态化志愿服务工作管理机制未建立。图书馆目前还侧重把志愿服务定位于协助图书馆进行管理服务工作，发挥志愿服务育人职能有待加强。

对志愿者的招募、培训、常态化工作安排、考核评价机制尚未制定管理制度。

（四）开展志愿服务的意义

志愿服务有助于图书馆优化人力资源，提升图书馆的管理服务水平和文化育人能力。开展志愿服务有助于图书馆营造良好的学习环境，拉近图书馆与师生的距离，畅通图书馆与读者的交流渠道。志愿服务开拓了图书馆服务育人的新场景。志愿服务活动促进读者和图书馆管理者之间换位思考，增进理解，有助于构建温馨的图书馆学习环境。志愿服务有助于宣传图书馆，扩大图书馆的影响力，助力学校培养德智体美劳全面发展的社会主义建设者和接班人。

志愿服务有助于图书馆工作人员创新服务模式，提升服务能力，增强育人意识。馆员在开展志愿者辅导和培训的过程中，潜移默化地增强了其育人意识和以读者为中心的服务理念。馆员在指导志愿者进行活动策划、团队协作的过程中，综合工作能力得到锻炼，尤其是团队领导力和指导学生工作的能力。

志愿服务有助于培养志愿者奉献、友爱、互助、进步的志愿服务精神，提升学生的社会责任感。参与文献整理志愿服务活动，有助于志愿者熟悉图书馆的文献资源；参与阅读推广、培训宣传等志愿服务活动，有助于志愿者了解图书馆工作方式和流程；参与巡视监督、文明倡导等志愿服务活动，有助于培养学生的利他精神和社会公德；参与志愿服务实践，可以提高志愿者的策划、组织、协调、团队合作等方面的能力。参与志愿服务培训，可以增强志愿者知识储备。

志愿服务有助于搭建课堂外学习实践平台，提升学生的自治能力和处理实际问题的能力。志愿服务小组通常由高年级志愿者负责组织协调，由图书馆老师进行工作指导。丰富的团队活动（例如迎新、联欢、座谈会、评优等）有助于增强志愿者的团队意识和集体荣誉感，推动高年级学生对低年级学生传帮带，促进志愿者在服务中迅速成长。定制化的知识培训课程，有助于提高志愿者的知识储备。

三、志愿服务育人路径探索

志愿服务育人是图书馆服务育人工作的一个重要方面，图书馆应增强志愿服务育人意识，把志愿服务的侧重点从提高管理服务水平转变为提升育人服务效果。高校图书馆可以考虑从如下几个方面拓展志愿服务育人路径，提升图书馆育人能力和育人水平。

（一）建立志愿服务长效机制

学生志愿者来自不同专业、不同年级，在年龄、知识结构、社会阅历等方面都有差异。开展志愿服务，要充分考虑志愿者的差异性，建立志愿服务长效机制。

1. 设立多元化的志愿服务岗

（1）根据志愿服务周期，可以考虑设立常态化志愿服务岗位和临时性志愿服务岗位。常态化志愿服务岗位可以考虑按部门或业务来设立，例如设立助理咨询馆员、助理文明监督馆员、助力讲座服务馆员，等等；临时性志愿服务岗位可以根据活动开展的需要来设立，例如北京大学图书馆和北京师范大学图书馆都设立了常态化志愿服务岗和临时岗。两种岗位的设置方便志愿者根据自身实际情况灵活选择志愿服务时间，保证志愿服务人员的相对稳定。

常态化志愿岗和临时性志愿岗，根据实践效果和工作需要可以互相转化。

（2）根据专业性要求，可以考虑设置专业志愿服务岗位和普通服务岗位。专业性强、挑战性高的志愿服务岗位，有利于激发学生的求知欲，实现学有所用，锻炼学生的学习能力和综合能力的效果，例如助理数据分析岗位、助理学科服务岗位等岗位。普通志愿服务岗对专业性和学习能力要求不高，主要培养学生奉献精神、敬业精神、友爱精神、进步精神，营造良好的图书馆环境，例如文明监督岗位、读者引导岗位，等等。

2. 建立联系机制

探索与校内相关机构（例如研究生院、学生处、校团委、学生社团等）建立志愿服务联系机制，联合开展志愿服务活动。例如北京师范大学图书馆联合学校白鸽青年志愿者协会开展志愿活动[1]，中国政法大学图书馆联合图学会开展志愿服务活动。联合开展志愿服务活动，有助于部门之间交流志愿服务育人工作经验，形成育人合力；有助于充分利用校内各媒体平台，扩大宣传，增强志愿服务影响力；有助于号召更多学生投入到志愿服务实践中来，磨炼意志、锻炼本领；有助于营造学生踊跃参加志愿服务的场景，打造图书馆志愿服务品牌。

3. 建立评价和安全保障机制

做好志愿服务记录，建立科学合理的志愿服务评价机制。记录学生参与志愿服务活动的次数、受培训情况、志愿服务时长、志愿服务表现、志愿服务效果等，做好志愿者综合评价。根据志愿者需要，协助出具相关志愿服务证书。对表现优秀的志愿者给予表彰，例如向培养单位通报、增加图书馆各项权限、延长借阅图书时间等。对表现消极的志愿者，记录在案，方便下次志愿者招募时参考。关心关爱志愿者，做好志愿服务安全保障计划和监督检查工作，维护志愿者合法权益和人身安全，帮助志愿者健康成长。

4. 建立规章制度

制定契合图书馆实际的志愿服务管理制度，对图书馆志愿服务进行规范和指导。志愿服务管理制度是图书馆志愿服务长效机制建设的重要内容之一。志愿服务管理制度既是对图书馆志愿服务工作经验的总结，也是未来志愿服

---

〔1〕参见北京师范大学图书馆"志愿服务"栏目：http://www.lib.bnu.edu.cn/gk/xsg/zyfw/index.htm。

务开展的根本依循。志愿服务管理规范一般包括：志愿者招募、志愿者培训、志愿者管理、志愿者权利与义务、志愿者考核评价、志愿者申请和退出等内容。例如北京航空航天大学图书馆发布的《北京航空航天大学图书馆志愿服务管理办法》和北京师范大学图书馆主页志愿服务栏目都对相关内容进行了说明。

（二）拓宽志愿服务路径

1. 文献服务方面的拓展

鼓励读者参与图书、期刊相关的志愿服务，包括阅览服务、咨询服务、整理服务、保护服务等服务活动，有助于发挥图书馆的文献育人职能。例如参与特藏文献志愿服务，有助于志愿者聆听相关特藏文献的讲座，与相关的专家学者、研究人员深入交流；有助于志愿者熟悉馆藏特藏文献的分布、数量、特色等信息，对不同历史时期、不同学科的古籍的体例、内容、保护等知识进行涉猎；有助于志愿者拓宽阅读视野，激发对特藏文献的兴趣和研究热情。

2. 阅读服务方面的拓展

2022年4月23日，习近平总书记致首届全民阅读大会举办的贺信，"希望广大党员、干部带头读书学习，修身养志，增长才干；希望孩子们养成阅读习惯，快乐阅读，健康成长；希望全社会都参与到阅读中来，形成爱读书、读好书、善读书的浓厚氛围。"阅读推广是高校图书馆的一项经常性工作，向读者推荐好书、分享图书心得、组织阅读竞赛、举办主题书展等活动都可以引入志愿者参与。志愿者参与阅读推广工作，可以发挥志愿者的聪明才智，组织丰富多彩和学生喜闻乐见的阅读活动；可以发挥志愿者在宣传推广、示范效应等方面的优势，带动更多的读者爱读书、读好书、来到图书馆，爱上图书馆，共建书香校园。

3. 信息服务方面的拓展

随着物联网、云计算、大数据、人工智能等信息技术的发展，图书馆智慧化和信息化程度越来越高。大量信息系统的应用在给图书馆管理服务提供便利的同时，也给对新系统、新规则不熟悉的读者带来一定程度的困扰。这些问题仅靠图书馆工作人员很难有效解决。在信息系统建设的过程中，可以引入志愿者征集读者需求，参与系统测试，制定使用规则，等等。志愿者参与图书馆信息化项目服务，可以提高信息系统的易用性，满足读者需求，增加志愿者的项目建设和管理经验，提高图书馆信息化服务水平。

4. 空间服务方面的拓展

图书馆的开馆时间较长，很多空间的开放时间受图书馆老师工作时间的限制，无法做到与图书馆开馆时间一致，例如研讨室、多功能厅等活动场所。如果工作人员不在，一些设施调试、使用结束后的场地维护等很难满足读者使用需求。可以考虑通过志愿服务的方式，解决图书馆部分功能空间的管理服务难题。由于志愿者更换比较频繁，志愿者技能培训、人员安排等是志愿服务在空间管理方面的难点。这些问题，可以考虑通过选聘负责人来解决。由负责人来统筹人员安排，图书馆在人员培训、设施维护等方面提供支持，例如设立专职工作人员，提供咨询、决策并处理突发情况，等等。志愿者参与空间管理服务，可以提高空间利用率，发挥图书馆空间育人职能。

(三) 建设志愿服务平台

在志愿服务发展到一定阶段，可以探索建设图书馆志愿服务平台，把图书馆历年的志愿服务项目入库，形成志愿者库和志愿服务项目库。图书馆可以在平台发布志愿服务招募信息，志愿者表彰信息，志愿者培训资料、志愿服务考核评价信息，等等。全校师生可以在平台交流志愿服务经验，分享工作心得，接受志愿服务培训，反映读者需求，为图书馆志愿服务建言献策，等等。志愿服务平台建设，有助于推动图书馆志愿服务育人工作的数字化、资源化、智慧化，有助于志愿服务工作的经验的分享和传播。

四、结语

高校图书馆开展志愿服务，建立志愿服务长效机制，拓宽志愿服务路径，建设志愿服务平台，有利于拓宽图书馆育人工作的维度。图书馆开展志愿服务，一方面有利于培养学生的奉献精神和服务意识，提高学生的知识水平，培养德、智、体、美、劳全面发展的优秀人才；另一方面，有助于畅通图书馆和读者交流渠道，提升图书馆的管理服务水平。图书馆开展志愿服务是贯彻"三全育人"工作的具体实践，是学校实践教育的重要组成部分。

"大思政课"视阈下志愿服务融入高校思想政治教育的实践路径研究

——以中国政法大学为例

共青团中国政法大学委员会　赵中名

摘　要：中国政法大学认真贯彻落实习近平总书记考察学校的重要讲话精神，坚持落实"立德树人"根本任务，将思想政治教育工作与志愿服务工作结合起来，探索新时代下高校思想政治工作新路径新方法。本文尝试在浅析"大思政课"和志愿服务的内涵基础上，分析总结学校常规志愿服务思想政治教育功能实现路径和近年来大型赛会志愿服务实践育人成效，从而探索研究"大思政课"视阈下志愿服务融入高校思想政治教育的实践路径。

关键词：志愿服务　大思政课　致公精神　实践育人

引　言

习近平总书记在考察中国政法大学时曾强调，要把思想政治建设和党的建设工作结合起来，把立德树人、规范管理的严格要求和春风化雨、润物无声的灵活方式结合起来，把解决师生的思想问题和教学科研、学习就业等实际问题结合起来，使高校始终充满积极向上的正能量、洋溢蓬勃向上的青春活力、展现改革创新的时代风采。教育部、共青团中央等也曾多次指出，高校要紧扣思政课实践教学目标和要求，利用志愿服务等实践活动，开展实践教学。[1]共青团中央印发的《新时代加强和改进共青团思想政治引领工作实

---

〔1〕教育部等十部门关于印发《全面推进"大思政课"建设的工作方案》的通知（教社科〔2022〕3号）。

施纲要》（中青发〔2022〕9号）中明确将"深化中国青年志愿者行动"作为主要工作项目。志愿服务活动是高校思想政治教育实践育人的有效途径，是提高思想政治教育实效性的重要做法。

中国政法大学始终将青年志愿者工作作为育人事业的重点环节，深入贯彻落实《关于加强和改进新形势下高校思想政治工作的意见》，围绕立德树人根本任务，积极融入"三全育人"格局和"大思政"体系，统合、创新、深化校园志愿服务相关工作，截至目前，学校共有四十余个志愿服务类学生社团组织，每年开展各类常态化志愿服务活动百余项。学校将校园德育工作建设与常态化志愿服务结合，将理想信念教育与"奉献、友爱、互助、进步"的志愿精神实践相结合，培育具有致公情怀的法大人。

近年来，学校充分利用参与服务保障国家大型活动的特别机遇，丰富志愿服务活动内容和形式，法大青年志愿者深度参与国庆70周年群众游行、建党100周年大型文艺演出、北京2022年冬奥会和冬残奥会等国家级志愿服务项目，在一堂堂生动的"大思政课"中，沉浸式培育法大学子的家国情怀和公益精神，形成了一支坚定不移听党话、跟党走的优秀法大志愿者骨干队伍，为探索志愿服务融入"大思政课"提供了有益探索。

一、大思政课视阈下的志愿服务工作特点与思路

（一）"大思政课"理念下的志愿服务工作特点

"大思政课"理念是新时代思想政治教育工作改革的重要指导思想，其旨在通过思想政治教育工作的内容、场域、主体等元素向社会领域延伸，从而构建新时代多元主体协同育人的新格局。志愿服务具有无偿性、自愿性，是新时代青年履行社会担当、实现自我成长的重要载体。将志愿服务融入高校思想政治教育工作，有利于加强思想政治教育理论性与实践性的统一、主导性与主体性的统一、灌输性与启发性的统一，共同致力于达成"立德树人"的教育目标。[1]

大学生志愿服务实践活动的核心功能是教育功能，首要的便是思想政治

---

〔1〕赵雨柯：《"大思政课"视阈下高校大学生志愿服务的多重价值》，载《岳阳职业技术学院学报》2022年第4期。

教育功能。[1]高校志愿服务的主体以在校大学生为主，在参与志愿服务的过程中，具有时间精力充沛、组织体系完善、理论知识水平高等优势。引导在校大学生积极投身志愿服务活动，有利于加强大学生对国情、社情的认知，厚植爱国情怀、磨砺意志品质、担当时代使命。"奉献、友爱、互助、进步"的志愿精神，是对社会主义核心价值观的实践反映和丰富发展。贯彻"大思政"育人理念，以志愿服务为着眼点，着力提升青年志愿服务育人的感知性、体验性、自主性，将志愿服务与思想政治教育相结合，是培养高校大学生政治认同、家国情怀、文化素养、道德修养的有效途径。

（二）在志愿服务中发挥思政育人功能的工作思路

培育正确"志愿服务观"，回归志愿公益本质。在校园内组织开展有益于青年学生成长成才的志愿服务活动，帮助学生自我成长、自我服务，在引导青年学生参与公益的同时，注重培育青年树立正确的志愿服务观念，形成"随时能做，人人愿做，不分大小，不求回报"的良好风尚，引领学生发现、感知志愿服务对身边生活的影响。

注重挖掘无偿献血、造血干细胞捐献、垃圾分类等社会公益活动的精神特质，通过志愿者激励、朋辈教育等方式，利用大学生志愿服务的精神内核与践行社会主义核心价值观的共通性，将大学生志愿服务作为践行社会主义核心价值观的有效载体。

坚持以人为本的原则，结合学生自身的能力水平，挖掘学生的发展潜能，培养学生的创造力。学校充分依托特色学科优势，通过开展法律援助等特色志愿服务活动，培育青年用专业的知识、负责的态度，向需要帮助的人群提供法律服务，引导青年德法兼修，在法律援助实践中刻苦磨炼，为新时代法治中国建设贡献青春力量。

拓展社会资源，充分利用首都的地理优势，积极参与首都、全国、国际等不同层面的大型志愿服务活动。引导和鼓励学生投身重大志愿服务活动，不仅有利于青年实现自我价值，增长才干，使其在参与社会、服务人民的过程中认识到个人成长同祖国发展紧密相连，更有效地通过沉浸式的实践和志

---

[1] 宋佳：《大学生志愿服务的育人功能研究——以山东省 R 校大学生志愿服务为例》，曲阜师范大学 2017 年硕士学位论文。

愿服务活动，培养青年的爱国主义、集体主义和社会主义精神。

二、在常态化志愿服务中"思政育人"的具体做法

（一）在校园生活中发挥志愿服务思政育人功能

组建校园文明实践志愿服务队，作为学生参与校园文明建设、以服务提升自我的重要机会和平台，将思政引领融入公益实践，确保服务对象切实获助、引导青年学生历练成长、推动校园风尚文明向善，努力实现志愿服务价值多元化，引导法大青年在校园志愿服务活动中培养爱心善意、坚定理想信念、厚植爱国情怀、磨砺意志品质，肩负起新时代青年的使命担当。

校园文明实践志愿服务队以"统"字为导向，加强校青年志愿者协会思想引领和组织吸纳功能，注重强化志愿服务项目供需对接管理，深入推进志愿服务阵地建设，探索完善志愿服务制度体系建设；为"新"字求突破，推进志愿服务组织的创新改革，适应新的形势变化，服务同学志愿需求，培育法大特色志愿服务项目；在"深"字见实效，校园文明实践志愿服务队的组建与建立优质志愿团队、优化现有招募机制、完善志愿者管理体系、改革志愿服务认证制度等工作内容互融互促，有利于学校志愿服务活动深入开展和志愿精神深度传播。

（二）在社会公益中发挥志愿服务思政育人功能

依托每年一度的全校性献血活动，学校打造以"温暖""互助"为主线的融媒体思政矩阵，将思政元素注入公益服务中。自愿无偿献血是为拯救他人生命，志愿将自身的血液无私奉献给社会公益事业，是无私奉献、救死扶伤的崇高行为。学校持续开展无偿献血活动，近五年，约有2800人次志愿者报名参与无偿献血活动，入库血量55.86万毫升，多次获北京市及昌平区等"无偿献血先进单位"、北京市"人道奖"先进集体等称号，为首都无偿献血事业做出了重要贡献。

截至目前，学校已有2119位学子成功进行了造血干细胞的样本采样，其中配型成功并完成造血干细胞捐献的共15位，成功捐献数量位居北京市前列；学校积极推进捐献流程、认真做好捐献同学的心理疏导和慰问帮助，15名配型成功的同学均按期如约完成捐献，捐献成功率100%。学校一直将思想

政治教育工作融入学生成长发展的全过程，以第12位成功捐献造血干细胞的志愿者邵泽豪为例，在其顺利捐献后，学校领导、学院老师一同前往其捐献造血干细胞期间的居住地进行慰问。同时为肯定邵泽豪作为预备党员积极践行服务社会、奉献青春的优异表现，于当日为其现场举行入党宣誓仪式。以此方式，来引导鼓励法大青年为他人送温暖、为社会做贡献，引导法大学子坚定理想信念，敢于担当，无私奉献。

（三）在实践活动中发挥志愿服务思政育人功能

依托学校特色学科优势，成立大学生法律援助工作站，由学生组织和学生社团招募志愿者定期值班，提供法律援助志愿服务。2022年，学校依托"大学生法律援助工作站"，招募法律援助志愿者601人次，累计志愿时长3017.5小时，接待当事人377人次，代写法律意见书、诉讼文书62份，代理案件7起。同时，为了进一步扩展法律援助和法律咨询志愿服务的覆盖面，招募志愿者开设线上微博法律援助志愿服务活动；并通过线上直播平台，先后与北京市、河北省廊坊市固安县、福建省泉州市安溪县等地开展以国家安全教育、道路交通安全、未成年人保护、校园暴力防治为主题的普法志愿服务活动。开展法律援助志愿服务活动是提升学生思想政治素质和社会服务能力的重要途径，引导学生学以致用，将个人理想追求融入党和国家的事业当中。

三、在大型活动中"思政育人"的具体做法

2008年至今，学校2000余名师生志愿者先后参与北京2008年奥运会和残奥会、上海世博会、国庆70周年群众游行、北京2022年冬奥会和冬残奥会等大型赛会活动，充分彰显了法大青年志愿者的理想信念、责任担当与法大人的家国情怀。结合重大活动开展思想政治教育具有较多优势，不仅有利于克服思想政治教育内容滞后社会发展、教育方法单一等弱点，而且有利于在广阔的背景和氛围中，抓住学生的兴奋点，使教育工作有的放矢、旗帜鲜明、与时俱进，进而达到事半功倍的效果。[1]

---

〔1〕 陶琳：《结合重大事件开展思想政治教育——以国庆60周年群众游行工作为例》，载《思想教育研究》2009年第S2期。

（一）一抹中国红：国庆70周年庆祝活动中的爱国主义教育

体验是最好的教育，实践才会有最深的体会。大学生亲身参与和体验，用行动和心灵去感受，能够收获更多的思想认同，教育的效果更深刻。[1] 2019年，学校共1063名师生参与国庆70周年庆祝活动群众游行"民主法治"方阵。在参演参训的过程中，学校通过卓有成效的思政工作激发参训师生的爱国热情，开展了一系列的思政实践育人项目。以"树立远大理想"为主题开展国史讲堂，让参训师生真切感受祖国"站起来、富起来、强起来"的奋进路程，激励青年人将爱国之心化为报国之行，立大志、做大事；以"热爱伟大祖国"为主题，召开"我和我的祖国"主题党日活动，激发参训师生的爱国热情；以"锤炼品德修为"为主题，组织参训师生观看"唯艺·高雅艺术进校园"高水平艺术演出，用新颖形式将增强"四个意识"、坚定"四个自信"融入训练和校园生活当中，潜移默化地将爱国主义情怀厚植学生内心。

国庆70周年群众游行活动作为重大政治活动，有效激发了法大师生内心的爱国主义情怀。同时，为进一步提升日常思想政治教育工作成果，将国庆70周年群众游行重大政治活动的积极影响延伸到日常的思想政治教育工作中，举办"国庆宣讲团进课堂"系列活动，服务保障国庆活动宣讲团成员分别走进马克思主义学院《思想道德修养与法律基础》《中国文化经典与智慧》，为课上的同学们分享国庆记忆，讲述了一堂堂独特而又生动的思想政治教育课，进一步将爱国主义精神融入课堂教学。

（二）一枚金黄色：建党100周年庆祝活动中的社会主义教育

学校选拔240名文艺演出志愿者参与服务保障"七一"重大活动，结合党史学习教育，将庆祝建党100周年活动作为做好志愿者思想政治教育工作的重要契机，让全体参与重大活动服务保障任务的师生志愿者共同上好爱党爱国爱社会主义的"大思政课"。组织师生参加"永远跟党走"红色音乐会系列微党课、"探红色精神"研学习近平总书记给新安小学回信等形式多样、主题鲜明的学习教育活动，将思想政治教育充分融入日常生活、融入志愿实践工作，引导法大学子更加深刻地认识党、热爱党，把爱党爱国之情融入青

---

[1] 易帅东：《国庆70周年群众游行对新时代大学生爱国主义教育的启示》，载《北京青年研究》2020年第3期。

春血脉。

在高校的思想政治教育工作中,引导青年学生始终坚持中国共产党的领导、坚持中国特色社会主义道路,坚定为党和人民事业奋斗终身的信念,是一项重要的任务。但是在日常的思想政治教育工作中,通过简单的分享交流,或者开展党史理论学习研究,面向青年学生开展爱党爱国爱社会主义教育的成效并不显著,对于党的奋斗史和探索史理解并不深刻。但是在参与中国共产党成立100周年庆祝活动的志愿服务过程中,学校240名文艺演出志愿者亲身参与庆祝中国共产党成立100周年大型情景史诗《伟大征程》文艺演出,在此种最契合青年人特质、最受青年人欢迎的独特体验和新颖形式中感知党的光辉历程和伟大功绩。[1]

(三) 一片冰雪蓝:北京冬奥会志愿服务中的集体主义教育

学校师生志愿者参与北京2022年冬奥会和冬残奥会志愿服务活动,在国家体育场服务保障北京2022年冬奥会和冬残奥会的四场开闭幕仪式,志愿服务总时长19 770小时。学校围绕立德树人根本任务,紧抓服务保障冬奥的重大契机,发展"三全育人"工作理念,深化师生思想政治教育工作,强化青年服务国家、小我融入大我的思想自觉和行动自觉。为做好疫情防控工作,学校在校内设置冬奥志愿者之家,对参加服务冬奥会和冬残奥会的志愿者进行集中住宿管理,除标准间宿舍、自助餐厅等生活必需场所外,还设置了党团活动室、心理咨询室、赛事转播室、自习室、文体活动室、多功能厅等六个功能型场所,创设读书空间、文娱空间等两个共享文化空间。

学校组织190名师生志愿者在法大冬奥志愿者之家度过了三个多月的集体生活,同时打造"冬奥+"志愿者提升计划,实现理论与实践相统一、学习与服务相促进、成长与奉献相结合的社会实践育人模式,从业务培训、体育锻炼、心理健康、文化学习、氛围营造等方面配套开展6大项43小项活动,为志愿者上好服务奉献的党团课、坚定信念的思政课、幸福愉快的心理课、知行合一的成长课、团结友爱的暖心课和展现风采的实践课。围绕上好冬奥"大思政课"目标制定"志愿者思想政治教育管理方案",把握重大契机,全

---

〔1〕 郑端:《庆祝建党90周年大力开展爱党爱国爱社会主义教育》,载《思想理论教育导刊》2011年第3期。

面统筹志愿者服务保障工作和思想政治教育工作。学校领导多次前往志愿者服务场馆和志愿者驻地慰问一线志愿者、工作人员和服务保障人员，以座谈会、专题授课、动员讲话等形式开展思想政治教育工作。

四、志愿服务思想政治教育功能优化路径

在保证工作圆满完成的基础上，学校积极拓展工作覆盖面，注重工作成果的固化和遗产的利用，不断总结承办重大赛会志愿服务项目的工作思路与工作方法，积累了"沉浸式"思政课堂建设经验，完善了志愿服务认证体系，形成了大型志愿服务工作中功能型党、团组织的组建机制，目前已形成较为成熟的重大赛会志愿服务项目工作模式。

（一）成立专项志愿工作组，吸纳思政课教师骨干参与

为保障志愿者选拔、培训、上岗等后续工作顺利开展，校团委直接指导青年志愿者协会成立专项工作组，下设志愿者工作部、宣传部、后勤保障部等工作部门。部门间分工明确、职责清晰、相互配合，有利于提高工作效率、保证工作质量。专项工作组中各工作负责人以专职团干部或辅导员为主，在开展志愿服务的全过程中，通过动员讲话、团建活动等不同方式全过程融入思想政治教育。

（二）完善招募选拔培训流程，严格思想素养选拔标准

大型赛会志愿服务项目往往对志愿者的专业素质提出更高要求，因此采取简历初筛、笔试、面试等方式综合选拔契合项目需求的志愿者。在选拔过程中，要着重考察志愿者的思想素养，在简历初筛阶段结合志愿者志愿服务经历等了解志愿者的个人情况；笔试阶段将结合项目需求设置试题，涵盖志愿理念、专业技能部分及理论知识考查；面试阶段以基础问题及情景模拟等方式考察志愿者的综合表达能力、临场反应能力等综合素质。

（三）建设志愿者骨干梯队，引导青年坚定理想信念

融合思政育人理念，强化队伍建设，形成具有活跃度和延续性的法大青年志愿服务骨干力量，注重主流价值引领，将思政元素注入志愿服务中，培育青年经世济民、投身公益、服务奉献的致公精神。选拔经验丰富的骨干志愿者担任关键岗位是顺利承接大型志愿服务活动的关键。骨干志愿者选拔需

综合考量志愿者个人意愿、志愿服务经历、责任心等因素。志愿者上岗后，可将骨干志愿者安排至小组长、寝室长等关键岗位，以便于发挥骨干志愿者在保证成员安全、调动志愿者积极性、构建和谐融洽的团队氛围等方面的重要作用。

（四）完善志愿者激励保障机制，发挥榜样引领示范作用

为满足志愿服务的指向性需求和规范性要求，建立并完善志愿者群体人才储备机制势在必行，重大赛会志愿服务项目则是推动高校培育及储备志愿服务专业人才的良好契机。在志愿服务活动结束后，及时对优秀志愿者进行激励表彰，并对突出事迹进行大力宣传报道，发挥优秀志愿者榜样引领作用。同时将志愿者奖励机制融入学生成长发展的全过程，在评奖评优等方面将志愿服务经历作为重要参考内容，以进一步推动志愿服务融入"三全育人"建设。

五、结语

新时代高校志愿服务工作要始终坚持以习近平新时代中国特色社会主义思想为指导，进一步推进"大思政课"建设研究和实践探索，融入高校思想政治教育工作，彰显学校育人特色，培养具有坚定理想信念、强烈家国情怀、高尚道德情操、卓越实践能力的高素质人才，引导青年学生坚定不移听党话、跟党走，努力成为担当民族复兴大任的时代新人，为实现党的第二个百年奋斗目标汇聚强大青春力量。

研究生支教团项目融入高校"大思政"育人格局路径研究

——基于易地扶贫搬迁政策下青少年群体社会融入调研分析

共青团中国政法大学委员会 付睿智 刘禹舟 赵嘉伟

一、调研背景

摆脱贫困、生活富足是中华民族的千年夙愿,自新中国成立以来,我国农村扶贫先后经历了"小规模救济式扶贫""体制改革推动扶贫""大规模开发式扶贫""整村推进式扶贫""精准式扶贫"五个阶段,[1]至2020年底,我国现行标准下的贫困人口全部脱贫,实现了全面建成小康社会的"第一个百年奋斗目标",贫困问题在中国大地上得到了根本性的解决。

党的二十大报告指出,全面建设社会主义现代化国家,最艰巨最繁重的任务仍然在农村,加快建设农业强国,扎实推动农村产业、人才、文化、生态、组织振兴,强调"中国式现代化是物质文明和精神文明相协调的现代化"。[2]推进脱贫攻坚成果与乡村振兴成果相衔接是推动国家治理体系和治理能力现代化的关键举措,共青团作为党的助手和后备军,始终秉持"党旗所指,团旗所向;党有号召,团有行动"的理念,围绕中心大局助力脱贫攻坚工作,针对不同扶贫阶段的个性化特征,在易地扶贫搬迁安置点结合团组织的特点和优势,聚焦青少年需求,围绕社区建设、社区治理积极开展工作。

在共青团参与易地扶贫搬迁的工作体系中,青少年社会融入与教育帮扶

---

[1] 燕连福等:《我国扶贫工作的历程、经验与持续推进的着力点》,载《经济日报》2019年10月16日,第12版。

[2] 《高举中国特色社会主义伟大旗帜 为全面建设社会主义现代化国家而团结奋斗》,载《人民日报》2022年10月17日,第2版。

是关系到巩固脱贫长效性、稳定性,剪断贫困代际因子,影响搬迁群众幸福感、获得感的重要方面,同样也是乡村脱贫工作与乡村振兴工作衔接的关键因素,青少年群体能否融入迁入地的社会环境、能否将迁入地的基础设施优势和教育资源优势最大化,以及共青团组织采取的诸如"六点半课堂""关爱留守儿童""亲情陪伴"等系列配套项目举措是否真正发挥实效……这些因素都将为下一阶段共青团组织的工作适配性和帮扶精准性提供重要的参考。

"调查研究不仅是一种工作方法,而且是关系党和人民事业得失成败的大问题"。[1]调研工作揭示了易地扶贫搬迁政策下青少年群体社会融入的现实情况、问题与不足以及发展规律,为新时代青年学子更好地观察基层社会、聆听人民心声提供了有效渠道;同时也从另一维度上为研究生支教团更好地参与基层社会治理、助力乡村振兴战略提供了现实参照,为高校构建"大思政"育人格局、完善实践育人体系提供了参考路径。

二、调研对象

本次调研将对山西省 S 县石楼小镇和龙山水岸两个易地扶贫搬迁安置点进行个案分析,选择将 S 县的两个易地扶贫搬迁社区作为研究对象主要是基于以下两方面原因:

首先,S 县曾为国家级贫困县,位于曾经的吕梁集中连片特困地区,经济基础薄弱、脱贫攻坚任务繁重,易地扶贫搬迁政策为 S 县如期完成各项脱贫任务提供了重要的政策支撑和强劲的发展动力。2019 年,来自 200 多个自然村的 1869 户家庭走出小山村、住进楼房,成为社区的新居民,S 县积极开展后续扶持和就业帮扶车间工作,有效地解决了搬迁人口的就业问题,在脱贫人口稳定就业、巩固拓展脱贫成果方面具有典型性。

其次,S 县作为团中央的定点扶贫县和首批县域共青团基层组织改革试点县,"共青团参与易地扶贫搬迁安置社区治理工作,是做好易地扶贫搬迁'后半篇文章'积极参与乡村振兴的重要内容",S 县依托团组织引领动员广大青年的优势和团中央的定点帮扶政策,围绕石楼小镇和龙山水岸两个易地搬迁社区打造团属工作阵地,面向青少年群体开展精准化、便利化、高效化服务,

---

[1]《深入实际 实事求是 提高调查研究的水平和成效》,载 https://news.12371.cn/2013/04/28/ARTI1367159972411604.shtml?from=singlemessage。

助力搬迁青少年群体的社会融入工作，形成了"2+1+X"的工作模式，"2"是以基础工作、特色工作为主要内容的目标清单，"1"是党政领导评价情况，"X"是服务青少年的特色项目，真正做到了构建有共青团特色的扶贫工作体系，组织动员各级共青团组织和广大团员青年为打赢脱贫攻坚战、全面建成小康社会做出积极贡献。[1]

根据《共青团参与易地扶贫搬迁安置社区治理工作方案》，共青团参与安置社区治理工作主要围绕"促进社区关系融合""重点青少年群体帮扶""净化美化社区环境"和"促进就业创业"四个方面，[2]如上文所述，在易地扶贫搬迁的后续帮扶措施中，青少年社会融入与教育帮扶是关系到巩固脱贫长效性、稳定性，剪断贫困代际因子，影响搬迁群众幸福感、获得感的重要方面，因此，本次调研主要针对搬迁的青少年群体的社会融入问题，即S县关于"重点青少年群体帮扶"采取的特色化举措展开调研、分析和研究，以评估现有项目的开展成效并总结相关经验，为易地扶贫搬迁社区治理的后续工作和理论研究提供重要参考。

三、调研意义

（一）弥补易地扶贫搬迁相关研究中学龄期主体层面的欠缺

"目前，我国对易地扶贫搬迁的研究多数集中于这一搬迁工程整体产生的社会变迁、经济影响等宏观层面"，[3]由此可见，理论研究界对于易地扶贫搬迁群众的社会融入问题仍较缺乏，尤其是在易地搬迁青少年社会融入方面，相关研究相对空白。

共青团作为党的助手和后备军，"紧扣党在不同历史时期的中心任务，团结带领广大团员青年积极投身人民群众的壮阔实践，在民族复兴征程上勇当

---

[1]《共青团投身打赢脱贫攻坚战三年行动的意见》，2018年10月9日实施。

[2] 共青团中央下发的《共青团参与易地扶贫搬迁安置社区治理工作方案》将第三部分的"重点任务"明确为"促进社区关系融合""重点青少年群体帮扶""净化美化社区环境"和"促进就业创业"四个方面。

[3] 李瑶：《易地扶贫搬迁移民的社会适应问题研究——以山西省S村为例》，山西大学2019年硕士学位论文。

先锋、倾情奉献……"[1]共青团一方面要融合国家脱贫攻坚和乡村振兴的战略部署,积极开展定点帮扶工作,打通脱贫攻坚的"最后一公里";另一方面,共青团可以充分发挥引领服务青少年的优势,帮助广大易地扶贫搬迁的青少年群体从学业成绩、思想引领、精神陪伴等多个维度更好地融入社会。因此,共青团参与易地扶贫搬迁政策下青少年群体社会融入研究具有较强的理论价值和实践意义。

(二)彰显社会学研究对于易地扶贫搬迁实践的重要意义

本次调研根据社会学的研究视角,综合运用多种研究方法,审视共青团参与易地扶贫搬迁政策中针对青少年群体的项目化活动开展情况以及效果评估,对于现有的特色化亮点进行总结,对于现有模式中存在的问题进行分析,探讨如何更好地发挥团组织的优势,打通脱贫攻坚的"最后一公里",助力脱贫攻坚战略和乡村振兴战略的有效衔接。本研究从社会学视角出发对易地搬迁过程中青少年的社会融入问题进行思考,总结经验、完善模式,从而形成可在全国范围内推广、对于全国团组织具有借鉴意义的优良模式,为后续青少年群体社会融入的可持续发展提供一定的帮助。

(三)助力实现"志智双扶",推动搬迁扶贫地全方位高质量发展

习近平总书记指出,易地搬迁是解决一方水土养不好一方人、实现贫困群众跨越式发展的根本途径,也是打赢脱贫攻坚战的重要途径。要完善移民搬迁扶持政策,确保搬迁群众搬得出、稳得住、能致富。[2]现阶段,易地扶贫搬迁已转入后续工作阶段,青少年群体既是易地搬迁政策的亲历者,也是担负着实现"第二个百年奋斗目标"时代使命的践行者,他们享受着全新的生活环境和教育环境,同时也在搬迁扶贫地的乡村振兴征程上扮演着重要的生力军作用,探索青少年群体社会融入的新模式,剪断贫困代际因子,将直接决定搬迁扶贫地未来能否实现经济社会文化全方位高质量发展。

---

[1] 习近平:《在庆祝中国共产主义青年团成立100周年大会上的讲话》,载《人民日报》2022年5月11日,第2版。

[2] 习近平:《在解决"两不愁三保障"突出问题座谈会上的讲话》,载《人民日报》2019年8月16日,第1版。

四、调研方法

(一) 文献研究法——易地扶贫搬迁政策的理论溯源

易地扶贫搬迁政策"在理念上侧重于内在式发展和外在推动力的有机结合,在方法上强调构建贫困群体精准识别、精准帮扶和精准管理的体系,是一套包括理论、战略、政策、机制和行为的系统"。[1]

从易地扶贫搬迁的发生原因来看,目前学界广为接受的学说为"推拉理论",生态环境脆弱、自然环境恶化限制了原有贫困人口经济发展的形态、规模和条件,从而使得原有贫困人口很难在原有的经济发展环境和生存环境下摆脱贫困,在此种环境背景下,贫困人口需要搬迁到基础硬件设施更为完善、交通运输更加便利的生存区位,从而获得更好的经济发展条件,推动城镇化的发展,换言之,"易地扶贫搬迁的驱动力就在于原居住地与迁入地之间在基础设施条件,教育、就业、医疗机会之间的推拉作用。"[2]

就搬迁青少年群体的社会融入而言,我们可以借助"社会排斥论"和"社会互动论"予以分析研究,搬迁人口如何适应从原来的生活生产环境到现在社区生活生产环境的转变,正如阿玛蒂亚·森所言,"贫困必须被视为基本可行能力的被剥夺,而不仅仅是收入的低下",[3]关注搬迁人口的社会融入,避免因搬迁而带来的社会分配不均以及精神文化层面难以融入新环境的问题,便成为应有之义,而青少年群体作为搬迁人口中的特殊群体,将对于剪断贫困的代际因子、实现搬迁后的内源式发展起到重要作用。

(二) 问卷访谈法——易地扶贫搬迁政策的现状窥探

本次调研首先通过与 S 县当地专职团干部、社区工作人员、西部计划志愿者、易地扶贫搬迁群众及学龄期青少年的深度访谈,调研小组初步了解了搬迁居民的生活条件、生活方式和社区融入情况,尤其是青少年群体(留守儿童居多)的社会融入情况,研究影响其社会融入的因素,在总结经验的基

---

[1] 叶青、苏海:《政策实践与资本重置:贵州易地扶贫搬迁的经验表达》,载《中国农业大学学报(社会科学版)》2016 年第 5 期。

[2] 金莲等:《贵州省生态移民可持续发展的动力机制》,载《农业现代化研究》2013 年第 4 期。

[3] [印] 阿玛蒂亚·森:《以自由看待发展》,任赜、于真译,中国人民大学出版社 2002 年版。

础之上,努力找到可在全国范围内推广的、共青团参与易地扶贫搬迁下的青少年群体社会融入的有效模式。

其次,针对共青团参与易地扶贫搬迁安置社区治理工作方案以及S县工作开展的实际情况,调研小组针对现有的项目化活动设计调研问卷,开展活动效果评估,调研问卷分别针对"参与易地扶贫搬迁的学龄期青少年"和"参与项目化活动的志愿者"进行设计与发放,旨在从两个维度更加立体地对比展现面向青少年群体项目的宏观设计以及青少年群体实际参与过程中的实际反馈效果,从而对现有的模式进行总结与改进。

(三)档案研究法——青少年群体的个性化分析研究

档案研究法,"指使用因非学术目的而得到的资料来检验假设或探讨多个变量之间关系的研究。"[1]易地扶贫搬迁社区青少年空间保存有许多青少年的成长档案、活动档案、签到表,等等,通过对各项档案数据的分析,从而针对S县搬迁社区青少年的特点进行归纳,从中总结出相关的规律,为下一阶段更好地推动搬迁社区青少年群体的社会融入工作奠定坚实的基础。

五、调研分析

(一)丰富帮扶渠道,有效解决"学习难"问题

易地扶贫搬迁社区的青少年来自教育资源和条件相对落后的村镇,自身学习基础较差。在其搬迁至集中安置社区后,存在放学无人看管、课后学习无人辅导、课业难度升级等问题,居住在搬迁社区的青少年的学习成绩与县城的学生成绩相比存在明显差距,产生了系列"学习难"问题。

针对上述问题,共青团组织以社区团工委为平台抓手,组建学业辅导项目组。龙山水岸、石楼小镇社区依托高校研支团成员、大学生西部志愿者等群体,常态化开展"六点半课堂"活动,为孩子们提供课后看护辅导、素质拓展、关爱陪伴等服务。调研数据显示,85%的调研对象对待课后辅导的态度是"非常想去",80%的调研对象在"课后辅导对于自己完成作业的哪个方面帮助最大"选项中勾选了完成作业的态度、效率等三个选项,可见"六点

---

[1] 潘连根:《文件与档案研究》,安徽大学出版社2007年版。

半课堂"能够在多方面吸引孩子们，有利于孩子们长期学习习惯的养成和学习成绩的提升。

经调研，两年来先后有828名青年志愿者参与常态化服务工作，帮扶困难青少年1072人次，开展"六点半课堂"总时长1483小时，服务社区青少年儿童7168人次，成效显著。

同时，共青团组织积极开展项目化、品牌化运营建设，服务青少年成长成才。以教育部《中小学图书馆（室）规程》（教基〔2018〕5号）为指导，团中央工作队、团县委和S县青年志愿者协会联合发起"团团图书室"品牌项目，在易地扶贫搬迁社区打造"团团图书室"。该项目与中国政法大学研究生支教团的品牌活动——"阅读习惯养成计划"有机对接，在图书室建立前，该计划开展次数为一学期10次，覆盖人数仅47人；在图书室建立后，随着书籍数量的增多、阅读场地的增加，该计划开展次数为一学期26次，覆盖人数达142人，这使得高校团委的教育扶贫效果得到显著提升（见图1）。同时，91%的调研对象参加课外阅读的次数在"5次及以上"，83%的调研对象认为"参与阅读课程让自己更加喜欢读书，也学会如何读书"，这充分表明"团团图书室"品牌项目得到绝大多数学生的欢迎和支持（见图2）。该项目通过增强第二课堂实效来反哺第一课堂的教学，有效解决了易地扶贫搬迁社区青少年"学习难"的突出问题。

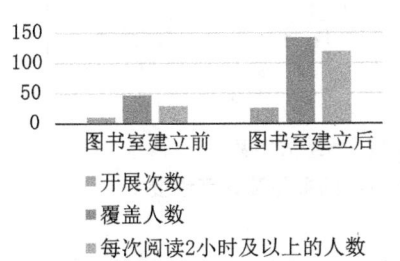

图1 "团团图书室"建立前后"阅读习惯养成计划"开展次数、覆盖人数及每次阅读2小时及以上的人数

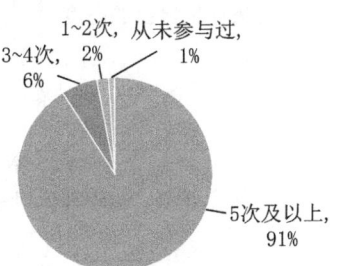

图2 "团团图书室"建立后调研群体参加阅读课程的次数

（二）加强关心陪伴，努力解决"适应难"问题

易地扶贫搬迁将社区青少年从原生村镇环境转移至县城，加之青少年自

身年龄小、适应能力较弱、适应所需时间较长，随之产生了"适应难"问题。主要包括自我安全防护能力差、对于全新生活环境的陌生感、法治观念相对薄弱等问题。

针对社区青少年产生的系列"适应难"问题，团县委组织社区团工委、研支团成员、返乡大学生志愿者和当地教师等多类群体，将安全自护教育、素质教育、法治教育、禁毒活动等内容有机融入社区文化建设和青少年教育，截至目前已开展25次相关活动。

通过组织集体生日会、亲情陪伴等联谊活动，丰富了青少年群体的精神生活，扩大了同年龄段的社交范围，95%的调研对象对待集体生日会和亲情陪伴的态度为"喜欢"，85%的调研对象参加集体生日会的次数在"3次及以上"（见图3）。如此便在一定程度上弥补了因家长长期外出务工而出现的"陪伴少"问题，有效地促进了青少年对于全新生活环境的融入，增强青少年群体社区生活的幸福感和归属感，降低心理问题发生的概率。

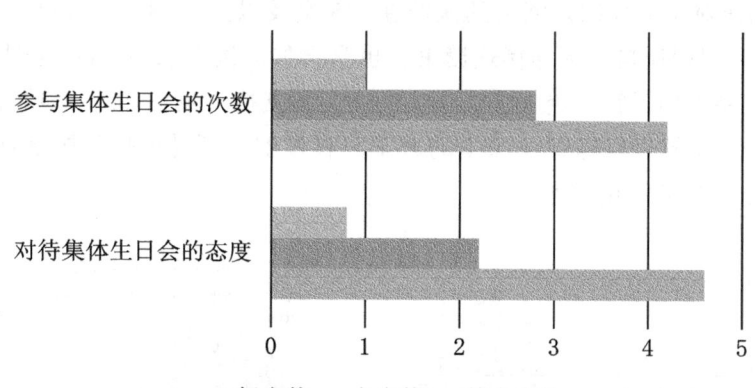

图3　调研群体对于集体生日会的参与及认可程度

（三）突出思想引领，真正解决"管理难"问题

易地扶贫搬迁社区规模大、人数多，S县龙山水岸、石楼小镇社区居民一千余户，青少年数以百计，家庭情况各不相同。同时，社区青少年正处于幼年或青春期，叛逆心理强，辨别是非的能力弱，如何加强思想引领，引导青少年树立正确的世界观、人生观和价值观，是基层团组织面临的重要课题。

研究生支教团充分依托团县委和社区团工委搭建的平台，以"培养担当民族复兴大任的时代新人"为工作目标,秉持"党建带团建"的工作思路,推动大中小学思政课一体化建设。针对青少年成长的不同阶段,有针对性地开展思想政治教育,用青少年儿童听得懂的话讲解党史、团史故事,引导青少年儿童"听党话、跟党走",组织"主题团日""主题队日"活动,帮助社区青少年儿童学习共青团和少先队常识,截至目前开展活动36次,95%的孩子参与主题团(队)日活动的次数在"4次及以上"(见图4),基本达到了常态化、全覆盖。

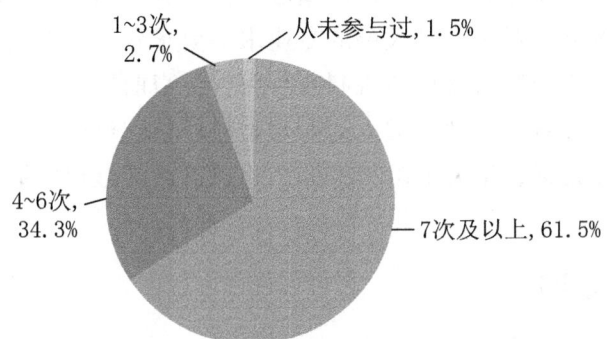

图 4 社区青少年儿童参与主题团(队)日活动的次数

同时,社区团工委发挥家访主动性,在家校联络机制的基础上增加社区家访的频率和次数,从原生家庭角度全面了解孩子的综合情况。85%的调研对象表示志愿者家访次数至少为一次,90%的调研对象认为家访过程中社区工作人员向家人了解了自己的学习成绩、家庭情况和成长状态等多方面情况。社区团工委将家访作为观察孩子动态变化的窗口,有效解决了"管理难"问题。

(四)调研发现的问题反思

在促进易地扶贫搬迁社区青少年社会融入方面,共青团组织充分发挥组织优势和资源整合优势,多措并举直击痛点难点,在"学习难""适应难""管理难"三个主要方面实现了"对症下药",卓有成效地解决了社区青少年面临的突出问题和困扰。然而,在调研过程中也发现执行过程中存在部分问题,值得进一步研究和改进。

第一,政府、社会组织同高校的协作程度不高。研究生支教团项目是高校思政育人和教育扶贫工作开展的重要交汇点,应当深化对政府、高校、社会等资源的了解和把握,从而形成助力教育扶贫和乡村振兴工作的多方合力。但在实践领域,除服务地项目办同研支团有较为密切的协作之外,其他政府部门和社会组织缺乏深度参与、深度合作的渠道,相关政策的缺位使得多方主体未能充分汇聚合力,研究生支教团本身价值的发挥受到了一定的限制。

第二,服务青少年社会融入的机制有待进一步健全完善。首先是保障机制尚不健全,社区团工委是服务青少年社会融入的重要抓手,然而社区团干部人才储备方面处于紧缺状态,社区基层工作千头万绪,面对较大规模和较高频次的活动开展,对于工作人员的专业水平要求较高,需要提供相应的物质条件和人员保障。其次是评估机制有待完善,当前缺乏对于研究生支教团及其他社会组织在青少年社会融入的参与实效评估,对教育扶贫的参与和贡献没有纳入考核指标,相关组织和人员在改进工作的过程中缺乏可以参照的依据。

六、经验与启示

习近平总书记指出:"要重视和加强第二课堂建设,重视实践育人,坚持教育同生产劳动和社会实践相结合,广泛开展各类社会实践,让学生在亲身参与中认识国情、了解社会,受教育、长才干。"[1]高校志愿服务是新时代高校一体化育人格局的重要组成部分,是高校构建"大思政"育人格局的有力抓手,研究生支教团成员发扬志愿精神、深入乡村振兴一线,已经成为高校人才培养的重要手段和社会实践的重要载体,对新时代深化高校志愿服务育人功能具有十分重要的引领示范作用。[2]

(一)坚持思想引领,增强研究生支教团项目的时代性

在新时代高校志愿服务育人和实践育人的体系中,坚持"党建带动团建"、强化研究生支教团的政治属性和强化思想引领,是新时代新形势下发挥研究生支教团在育人体系中辐射带动核心地位的关键举措。要充分依托研支

---

[1] 中共中央文献研究室编:《习近平关于青少年和共青团工作论述摘编》,中央文献出版社2017年版。

[2] 赵秉前、吴晋:《新时代深化高校志愿服务育人功能的路径创新——以研究生支教团项目为例》,载《北京教育(德育)》2022年第9期。

团临时党（团）支部的建设，加强自身组织建设、强化自身政治修为，坚定不移地听党话、跟党走，充分发挥基层党（团）支部的战斗堡垒作用，推动研支团在全面加强高校思想政治工作和全团抓学校的大格局中，成为实现高水平育人功能的有效教育资源。

（二）坚持实践育人，推动构建一体化思政育人体系

在纵向一体化育人体系中，研究生支教团成员通过深度参与基层工作，对中国特色社会主义制度的优越性有了更深刻的理解，对中国特色社会主义道路有了更深入的情感认同，也对自身肩负的时代责任更加明晰。[1]在支教工作期间，需要梳理和完善研究生支教团的内部管理与监督考核机制，通过强化管理来实现创新服务、提升效能。支教工作结束后，应进一步将优秀成员纳入本校人才培养计划，推荐兼职担任校部机关工作人员或学院辅导员，构建起从"招募—选拔—培训—支教—返校"全流程的实践育人体系，充分发挥好人才效应。在横向一体化育人体系中，积极开展与支教服务地中小学思政课共建，共同推动大中小学思政课一体化建设，针对青少年成长的不同阶段，有针对性地开展思想政治教育，鼓励当代大中小学生在接受思想政治教育的过程中既当"学习者"、又当"讲述者"，既当"研究者"、又当"亲历者"。

（三）坚持"校地联动"，丰富高校思政工作实践形式

研究生支教团项目是参与服务地基层社会治理、推动服务地教育综合改革的重要力量，同时也是连接支教服务地与高校的重要纽带。以法大研支团为例，自2021年以来，山西分团的成员被支教地分别聘任为"校地联络员"与"共青团基层组织改革指导员"，并以此为契机，借助暑期社会实践活动、"三下乡"活动、"线上云支教"活动、高校与服务地的"合作共建基地"等，推动更多的法大学子以各种形式走进吕梁、了解吕梁，更好地观察到了乡村振兴工作的现状全貌，更好地感悟到了红色革命文化带来的精神力量，做到了第一课堂与第二课堂的有效结合，丰富了高校思政工作的实践形式。

---

〔1〕 赵秉前、吴晋：《新时代深化高校志愿服务育人功能的路径创新——以研究生支教团项目为例》，载《北京教育（德育）》2022年第9期。

（四）坚持带动示范，推动弘扬志愿服务新风尚

"一个志愿者就是一滴水，但我们存在的意义，不是被淹没，而是与无数水滴聚集在一起，成就一片海洋，扬起志愿服务的风帆，乘风破浪。"研究生支教团的感人事迹和志愿服务精神可以在高校乃至全社会范围内发挥良好的带动示范作用，带动更多的大学生了解志愿服务活动、感受志愿服务精神、参与志愿服务工作，真正达到文化育人的效果，为高校"大思政"育人格局的形成提供有力支撑。

三、校园文化建设

高校共青团对校园文化建设的影响研究述论
——以中国政法大学团学组织1952年至2022年的历史沿革为线索[*]

共青团中国政法大学委员会　朱　林

摘　要：高校校园文化充分体现着大学独特的办学理念、精神气质和人文底蕴。中国政法大学自1952年建校以来，在国家建设和改革发展的不同历史时期，始终与国家法治建设休戚与共，在守正创新、与时俱进的校园文化建设过程中，形成优良的校园文化建设发展机制，在党委领导、团委指导下的学生组织和学生社团发挥了积极的引领服务作用。在新时代"双一流"建设背景下，学校共青团锚定"建成致力于法治中国建设的世界一流大学"办学目标，指导团学组织校园文化建设实践，培育有特色的团学组织文化价值观，对于繁荣校园文化、加强思想引领、深化教育改革具有重要意义。

关键词：高校共青团　校园文化　团学组织　历史沿革

高校校园文化是社会主义先进文化的重要组成部分。党的二十大报告指出，全面建设社会主义现代化国家，必须坚持中国特色社会主义文化发展道路，增强文化自信，围绕举旗帜、聚民心、育新人、兴文化、展形象建设社会主义文化强国，发展面向现代化、面向世界、面向未来的，民族的科学的大众的社会主义文化。[1]校园文化建设要始终坚持社会主义先进文化的发展方向，遵循文化发展规律，以实施科学文化素质教育为基础，以建设优良的校风、教风、学风为核心，以树立正确的世界观、人生观、价值观为导向，

---

[*] 项目资助：本文系2022年共青团中央"青少年发展研究"课题"习近平法治思想的'青少年化阐释'"（项目编号：22JH112）的阶段成果。

〔1〕《高举中国特色社会主义伟大旗帜 为全面建设社会主义现代化国家而团结奋斗》，载《人民日报》2022年10月17日，第2版。

弘扬主旋律，宣传正能量，努力建设体现社会主义特点、时代特征和学校特色的校园文化，不断满足师生日益增长的精神文化需求，使高校成为发展中国特色社会主义先进文化的重要阵地、示范园地。

每一所大学都有着独特的校园文化，彰显着一所学校的人文底蕴、办学特色、育人理念等综合实力。在70年的办学实践中，中国政法大学（简称"法大"）逐步建成完备的校园文化建设发展机制，在党委领导和团组织指导下的学生组织和学生社团始终发挥着引领服务作用，持续推进校园文化建设深入发展。从建校之初"培养新中国建设急需的政法人才"，到复办伊始"办成我国政法教育的中心"，到新世纪初"建设开放式、国际化、多科性、创新型世界知名法科强校"，再到当前"建成致力于法治中国建设的世界一流大学"，[1]随着办学定位的调整和办学目标的演进，学校共青团不辍探索、不断加强校园文化建设能力，充分发挥团学组织在促进统一思想认识、增进文化认同方面的积极作用，深刻影响学校教育改革发展、学生思想政治教育和素质教育的实效性。

一、团学组织在校园文化建设中的作用

共青团事业是党的事业的重要组成部分。自建校以来，学校党委立足党的事业后继有人这一根本大计，从战略高度加强对共青团的全面领导。作为校园文化建设的组织者和推动者，学校党委坚守为党育人、为国育才的初心使命，把牢校园文化建设的政治方向，确保校园文化的先进性，紧紧围绕培养人、教育人的中心任务，形成科学的办学理念，重视依托动员团学组织服务校园文化建设发展，不断丰富校园文化的精神内涵。早在北京政法学院筹备建校之初，青年团北京政法学院临时支部就于1952年10月成立。时至今日，学校共青团系统始终在学校党委的领导下，指导学生会、研究生会等学生会组织和学生社团共同开展校园文化建设工作。

2004年，为贯彻落实中央十六号文件[2]，教育部和共青团中央专门制

---

〔1〕 马怀德：《在中国政法大学庆祝建校70周年大会上的致辞》，载中国政法大学新闻网：https://news.cupl.edu.cn/info/1819/36170.htm，最后访问日期：2023年2月18日。

〔2〕 中共中央、国务院《关于进一步加强和改进大学生思想政治教育的意见》（中发〔2004〕16号）。

定《关于加强和改进高等学校校园文化建设的意见》（教社政〔2004〕16号），明确要求充分发挥党团组织和学生会、研究生会和有关学生社团在校园文化建设中的重要作用，[1]作为建立和完善高等学校校园文化建设保障机制的重要工作方面。2020年，在教育部等八部门《关于加快构建高校思想政治工作体系的意见》（教思政〔2020〕1号）中，既鲜明指出"加强群团组织建设"作为建设管理服务体系的重要方面，强调推动学生会（研究生会）改革，强化党的领导，加强学生社团建设管理，着力构建党委统一领导、团委具体管理的工作机制，也明确了"繁荣校园文化"作为高校思想政治工作体系中日常教育体系的重要构成部分，要坚持培育优良校风教风学风，持续开展文明校园创建活动。加强高校原创文化精品创作与推广。[2]结合法大校园文化建设实践来看，团学组织的主要作用体现在两个方面：一是引领青年学生思想进步，二是服务校园文化建设发展。两者在理念层面上，相辅相成、相得益彰；在操作层面上，互为抓手、互促共进。

（一）立足初心使命，引领青年学生思想进步，促进成长成才

青年大学生作为社会中最富有朝气、活力和创造性的群体，是未来国家社会发展的领导者和建设者。2017年，习近平总书记考察中国政法大学时指出："共青团是党的助手和后备军，要始终保持先进性，广大团员青年坚定跟党走，就是初心。不忘这个初心，是我国广大青年的政治选择，也是我国广大青年的人生航向。"[3]高校共青团作为党领导先进青年的群团组织，要肩负起党赋予的光荣职责，坚持为党育人，始终成为党联系青年最为牢固的桥梁纽带，成为引领青年学子思想进步的政治学校。大学校园是各种社会思潮最为活跃的地方，青年大学生富于思辨精神，在成长过程中，通常受到来自现实社会和网络社会思想潮流的影响，不可避免会在理想和现实、主义和问题、

---

［1］《教育部、共青团中央关于加强和改进高等学校校园文化建设的意见》，载中华人民共和国教育部网：http://www.moe.gov.cn/srcsite/A12/moe_1407/s3008/200412/t20041220_76337.html，最后访问日期：2023年2月23日。

［2］《教育部等八部门关于加快构建高校思想政治工作体系的意见》，载中华人民共和国教育部网：http://www.moe.gov.cn/srcsite/A12/moe_1407/s253/202005/t20200511_452697.html，最后访问日期：2023年2月23日。

［3］《习近平在中国政法大学考察时强调：立德树人德法兼修抓好法治人才培养 励志勤学刻苦磨炼促进青年成长进步》，载《人民日报》2017年5月4日，第1版。

利己和利他、小我和大我、民族和世界等方面遇到思想困惑，更加需要深入细致的教育和引导。[1]一所大学里的文化是倡导主流的还是非主流的，是推崇利他的还是利己的，是鼓励先进的还是保守的……无论是显性的还是隐性的，都深刻地影响着青年学生的价值选择和成长路径。学生会组织和学生社团组织都是在党领导下、团指导下的重要学生团体，更是青年人自己的组织，兼具鲜明的政治属性和实际的育人功能。它们的核心主业就是要服务广大学生思想进步、健康生活、学习实践、成才发展、权益保护等多方面需求，充分发挥引领学生坚定理想信念、帮助全面成长进步、促进养成优良学风、代表和维护正当权益等方面的作用。团学组织在开展"青年马克思主义者培养工程""先锋团校"等理想信念教育工作项目的过程中，通过培养发展忠诚担当的优秀学生骨干，有效关注、分析研判广大学生的思想动态，指导鼓励他们在广大学生中发挥引领和带动作用，切实提高共青团思想引领工作的针对性和实效性。

（二）搭建育人平台，服务校园文化建设发展，助力全面发展

大学校园文化本质上就是一种青年大学生文化。一所大学里的文化元素，比如校训、校歌、校风、学风等，都或多或少、或直接或间接地发轫于、服务于、塑造着生活于此间的大学生群体。学校共青团组织是最具有鲜明的政治性、天然的青年性和群众性的文化主体，学生会组织和学生社团组织更是校园中最具活力的学生群体。无论是汇聚校园"朝气、正气、人气"的学生会组织，还是"弘扬法治精神"的准律师协会等学生社团，都萌发在"追求真理""明法笃行"的校园文化氛围中，而又在校园文化生活中发挥着难以估量的主体引导作用。团学组织本身就是校园文化创造的主体，更是倡导弘扬先进文化的载体，不仅引领校园文化紧跟时代潮流、社会主流，更在开展教育活动、宣传主流价值的过程中，不断开创校园文化项目，通过精心设计和组织开展内容丰富、形式新颖、吸引力强的思想政治、学术科创、文艺体育等校园文化活动，把德育、智育、体育、美育、劳育渗透到校园文化活动之中，让大学生在参与活动的过程中耳濡目染、身体力行、学以致用，使得个

---

[1]《高举中国特色社会主义伟大旗帜 为全面建设社会主义现代化国家而团结奋斗》，载《人民日报》2022年10月17日，第2版。

人的思想感情得到熏陶、精神生活得到充实、道德境界得到升华，而在经年累月的文化沉淀过程中，每一项品牌活动、每一次组织变革都如涓涓细流般浸润着学校发展不同时期的校风、教风、学风，乃至不同学院的院风、不同班级的班风，进而再次沉淀、升华、凝练出更加厚重深沉、多姿多彩的校园文化，最终潜移默化改变法大师生的思维模式和行为方式。

二、团学组织在校园文化建设中的历史沿革

高校校园文化是指在高校特定环境中，全体师生共同创造与拥有的价值观念和意义体系，由物质文化、行为文化、制度文化和精神文化四种形态构成。[1]不同的历史时期、特殊的办学条件，构成了法大校园文化特定的建设发展环境，为学校共青团组织的建设、共青团事业的进步提供了客观条件，而在共青团的指导下，学生组织、学生社团从校园文化土壤中吸取养分，转而形成亚层级的团学组织文化。以团学组织自1952年至2022年的历史沿革为主线，结合学校建设发展的不同历史时期，可大致划分为四个阶段。每个阶段都呈现出不同的特点与内涵，从中探寻团学组织演变的历史轨迹，探究团学组织文化，这为科学建构新时代的校园文化提供了历史遵循和想象空间。

（一）红专底色：北京政法学院的初创奠基与建设时期（1952—1983年）

应国需，促法兴。新中国的成立，为国家教育性质转变创造了基本条件，也为新型校园文化的创立奠定了思想和体制基础。1952年，教育部贯彻中央"对政法财经各院系采取适当集中，大力整顿"的指示，按照"每大区条件具备时得单独设立一所政法院校"的原则，在合并当时的北京大学、清华大学、燕京大学和辅仁大学以及华北行政委员会（主要是华北人民革命大学）部分干部师生的基础上，组建北京政法学院。1953年10月，中央人民政府政务院颁布《关于修订高等学校领导关系的决定》，强调高等教育必须与中央政府有关业务部门密切配合。建校初期，学校明确办学目标为"以培养新中国建设急需的政法人才为主要任务，根据新中国法制建设的迫切要求和政法战线的需要，以培养司法行政干部，提高在职政法干部的业务水平为教学目标"。后

---

[1] 潘忠文、侯利军：《建国后我国高校校园文化历史沿革及启示》，载《思想政治教育研究》2011年第1期。

经1966年停止招生，1970年停办，直到1978年复办，再提出"培养德、智、体全面发展，又红又专的司法工作以及法学教育和法学理论研究的专门人才"的培养目标。纵使经历近三十年的曲折发展，学校的初心使命不改，就是围绕"培养政法专门人才、服务国家法治建设"这一主基调，而这也成为校园文化建设的主流文化和特色价值。

校园文化是伴随国家政治、经济形势进行改造和发展的，法大团学组织也正是这一历史时期之下校园文化发展的产物。1952年11月，经青年团北京市委大学工作委员会批准，正式成立青年团北京政法学院总支；1954年10月，通过全体团员大会选举成立青年团北京政法学院委员会；1956年10月，召开第一次团员代表大会，其后，分别于1959年10月、1963年3月、1965年11月陆续召开了三次团员代表大会；并于复办后的1981年1月，召开共青团北京政法学院第五次代表大会。[1]第一次团代会决议指出了"全国范围内社会主义改造的高潮"和"向科学进军"的时代文化背景，明确团组织要"为进一步发扬热爱政法科学、刻苦钻研、独立思考、关心政治、注意身体锻炼的优良风气而不懈地努力"。[2]时代文化之于当时学校校园文化的影响与共青团引领青年学生思想进步的使命略见一斑。

在这段历史时期，已经明确提出团组织"加强对学生会、学生体育协会的具体帮助，注意推动劳卫制锻炼。在巩固和提高文艺社团的同时，注意活跃班级的文娱活动"。[3]《北京政法学院第五届学生代表大会决议》中，明确了学生会和体协的性质和具体任务：二者是在党和行政领导下的学生组织，是学校和学生之间的桥梁，具有群众性。学生会应该加强各种课外活动，进一步对同学们进行共产主义教育，体协则应该加强对课外体育活动的领导。[4]分析"学生体育协会"的性质，表明当时已经存在与现代学生社团联合会或学生社团指导工作中心等职能类似的学生组织。《北京政法学院学生会向第八次学生代表大会的工作报告》一文中表述："学生会开展了群众性的宣传、文体、生活卫生等项工作，对于活跃同学们的学习生活、增强体质、促进同学

---

[1] 1959年10月，召开第二次团员代表大会；1963年3月，召开第三次团员代表大会；1965年11月，召开第四次团员代表大会。参见《北京政法学院青年组织十年简史》，校史馆档案文献。

[2] 《中国新民主主义青年团北京政法学院第一次代表大会的决议》（1956年），校史馆档案文献。

[3] 《中国新民主主义青年团北京政法学院第一次代表大会的决议》（1956年），校史馆档案文献。

[4] 《北京政法学院第五届学生代表大会决议》（1957年），校史馆档案文献。

在德智体诸方面生动活泼地主动地发展，起了一定的作用。"[1]可见，当时的学生会组织和学生社团在学校共青团的指导下，不但具备广泛的群众基础和组织规模，还有周期规律地开展学生代表大会，形成了民主规范的换届机制，具有良好的组织文化，为当时的校园文化建设做出了积极贡献。

20世纪70年代末，复办之初的北京政法学院并没有马上建立全校性的学生会组织。1981年5月，成立"北京政法学院学生会筹备委员会"（简称"筹委会"），在党委领导下，共青团指导帮助下开展工作，着手学生会的筹建工作，开展以学习为中心，以"创三好"为目标，培养德智体全面发展的政法人才工作。[2]根据组建学生会的实际需要，于1981年底，设立各年级"学生分会"，相对独立地开展活动，成为年级党总支和行政办公室的助手。

筹委会组织并举办了一系列文化讲座活动，邀请王铁崖和赵宝煦等学术大师、侯宝林和李德伦等文艺大师以及江平、巫昌祯等法大名师开坛述论；1983年5月，召开首届学生论文讨论会；开展"把知识献给人民"法律咨询活动，这也是早期的普法实践活动雏形；开展"学雷锋、争三好"和多种尊师爱教活动；开展五讲四美活动，拟定《北京政法学院学生守则》，组织"文明教室、文明宿舍检查评比"表彰；组织"新年文艺联欢会""五四青年联欢会""游艺晚会""迎新生文艺联欢会""'一二·九'运动四十七周年歌咏比赛"等；举行广播操评比活动，举办象棋、围棋、桥牌比赛，足球、排球比赛，开展首届"政法杯"足球赛。此外，大量开展了书法、摄影、绘画、演讲等课外活动或者赛事，极大地丰富了物质生活条件有限的校园文化生活；更值得一提的是，在艰苦条件下，同学们自力更生开办了广播台，播出"校园生活""校园新闻""体育新闻""法律信箱""音乐欣赏""百科知识""生活常识""文学之窗"等专题节目，体现了当时校园文化活动的思想性、文艺性、实用性。

（二）流变探索：中国政法大学的成立与发展时期（1983—2000年）

在十一届三中全会后，社会文化开始解冻。恢复高考后的中国高等学府校园中呈现出一派生机活力。这个时期的中国校园文化在市场经济、城市体制改革和对外开放走向深入的现实背景下，逐步形成了以"改革"为主题的

---

[1]《北京政法学院学生会向第八次学生代表大会的工作报告》（1966年），校史馆档案文献。
[2]《中国政法大学学生会会史》（1999年），校史馆档案文献。

校园文化。1982年,学校迎来建设发展的重大契机。中央政法工作会议指出,"要抓紧筹办中国政法大学,把它办成我国政法教育的中心"。这是党和国家对法大的明确定位。改革开放推动国家法治建设大步向前,北京政法学院和中央政法干部学院合并办学条件成熟,中国政法大学正式成立,自此在全国政法教学战线上,始终发挥着"工作母机"的职能。[1]1983年12月,教育部、司法部提出"中国政法大学要以法学为主、多学科综合性办学的方针";1985年10月,根据中共中央《关于教育体制改革的决定》,结合本校的实际情况,学校提出"建成以法学为主、文理渗透、多学科的政法综合大学";1991年4月,在校第二届教职工代表暨第八次工会代表大会上,明确未来十年的发展总目标是:"在本世纪末实现党和国家关于把中国政法大学建设成为以法学为主,政治学、经济学、社会学多科系的综合大学,成为我国法学教育中心、法学研究中心和法学图书资料信息中心的要求。"[2]在改革文化大潮之下,学校"以法为主、多科办学"的总基调也间接促进校园文化更加多元、包容的流变趋势。这个时期的校园文化迎合了改革开放的热潮和多变的社会心态,既表现出强烈的自审意识和科学理性,更直接反映出大学校园在社会动荡后的反思探索和大学生对求知求真的渴望。

在这种校园文化氛围中,共青团作为校园文化建设的主体发挥着更加积极的主导作用。接续北京政法学院时期的团代会届数,1983年11月,正式召开共青团中国政法大学第六次代表大会,并于1986年11月、1992年6月分别召开第七次和第八次代表大会。[3]在这一时期团代会的工作报告中,共青团的主要工作集中于三个方面,分别是思想建设、组织建设和校园文化建设。校园文化建设的工作思路和目标是"主要是充分利用课余时间,采取多种多样的方式,通过生动活泼的校园文化活动,培养团员青年正确的思想意识、高尚的道德情操和良好的文化修养,努力建设学风浓厚而又生动活泼的现代文明校园"。[4]

---

〔1〕 中国政法大学新闻中心:《七秩辉煌筑基业 德法兼修创未来——中国政法大学建校70周年》,载《中国法律评论》2022年第2期。

〔2〕《中国政法大学十年发展目标和五年工作计划纲要》(1991年),校史馆档案文献。

〔3〕 1986年11月,召开共青团中国政法大学第七次代表大会;1992年6月,召开共青团中国政法大学第八次代表大会。

〔4〕《团结奋斗,锐意进取,开创中国政法大学共青团工作的新局面——共青团中国政法大学第七届委员会工作报告》(1992年),校史馆档案文献。

共青团组织不但重视加强校园基础文明建设、优化育人环境，更倡导青年学生"自我管理、自我服务、自我教育"，同时更大规模地引入社会文化资源，有组织地创设条件让师生走出校园、参与社会活动。

1983年学校召开首届学生代表大会，选举产生了中国政法大学第一届学生会，基本沿袭筹委会的组织体制。直至1999年11月召开第八次学生代表大会，期间经历了1987年设立昌平分校校址，在新校区建立学生会分会，随着分会职能日益健全，新校、老校学生会分开运行；第三次学生代表大会[1]赋予学生委员会实体化的组织架构，行使解释学代会章程、监督指导学生会工作、筹备下届学代会等职能，这是基于"议行分立"的制度设计，体现了校园学生民主文化的兴起；1990年11月，学校第四届学生代表大会在昌平新校召开，选举产生新一届学生会，老校学生会转变为研究生会。

20世纪80年代，学生会主要依托学生社团开展校园文化活动。1984年4月，召开全校社团典礼大会，将新旧社团调整为14个，在学生会的统一领导下，由各部负责开展具体工作：学习部所属社团有法学社、法制系统工程研究会、教改小组；宣传部所属社团有演讲团、记者团、集邮协会、摄影协会、诗社、书画社、文学社；体育部所属社团有武术协会、桥牌协会、棋艺社；文艺部所属社团有艺术团。学生会发展初期，主要依托学生社团以"学术社团为主，艺术社团为辅"的方针开展校园学生活动。在社会文化多元发展、快速流变的趋势下，校园文化思想越发活跃，在校学生的文化需求不断提高，校学生会在扩大完善相应职能的基础上，20世纪90年代初在校团委的指导下专门设立了"社团文化部"。同时，为了适应独立性日渐增强的社团管理要求，校团委于20世纪80年代中期成立"社团管理委员会"[2]，并于1995年改组成立"学生社团联合会"[3]，以"服务法大社团，共建校园文化"为宗

---

[1] 根据相关资料推测时间约为1988年。
[2] 根据相关资料推测时间约为1985—1986年。
[3] 据2005年9月发行的社团联合会迎新特刊《社林》（第1期）记载：中国政法大学学生社团联合会（简称"社联会"）成立于1995年，其前身为社团管理委员会，是以接受学校党委的领导、校团委的指导，以通过协调、服务、监督、管理和引导等手段促进中国政法大学学生社团健康、有序发展；为学生社团活动创造广阔和规范的环境，维护广大学生社团的切实利益，如实向学校主管机关反映学生社团的建议、意见、请求；推动中国政法大学校园文化的建设为宗旨，帮助学生社团进行自我服务、自我教育、自我监督和自我管理的学生组织。"源于社团，高于社团"是社联会开展一切工作的最基本依据。"服务法大社团，共建校园文化"是社联会推行工作所坚持的宗旨。

旨，负责统一领导管理全校学生社团。这一时期是学生社团如雨后春笋般蓬勃生发的阶段，陆续建成的学生社团有近三十个，[1]且门类繁多、影响广泛，为新千年后学生社团大繁荣奠定了良好的文化氛围和组织基础。

1986年4月上海交通大学举行的第12届学代会和1986年5月由共青团上海市委召开的"校园文化理论研讨会"，拉开了以校园文化冠名的"文化节"序幕。[2]在"文化节"热潮的影响下，学生会组织和学生社团联手开展首届文化节、首届讲座节、首届武术节等高规格的精品校园文化活动，极大地丰富了同学们的课余生活，特别是首届演讲赛、首届辩论赛等活动逐步发展为法大校园文化的特色品牌活动。

（三）内涵发展：从国内一流到世界知名的法科强校建设时期（2000—2017年）

进入21世纪尤其在我国加入WTO后，经济社会市场化和网络化趋势推动国家快速发展，新的国家社会治理环境不仅对学校培养一流的法律人才提出新的要求，还要求学校立足社会现实，为立法机关、司法机关和行政机关提供政策性建议，做服务于国家治理的专业型智库。2000年，在全国高校第三次重大调整中，学校整建制划归教育部，开启了新的发展阶段。2001年，学校确立了新的办学目标和发展方向，即立志把学校建设成为具有多科性、研究性、开放性、特色性的国内一流、国际知名的政法院校，在优势学科上争取达到世界一流，做中国法学学科的代表，成为国家政法教育、法学研究、法学图书信息资料和政策咨询中心。2010年，在《国家中长期教育改革和发展规划纲要》颁布之际，学校第七次党代会对办学目标做了进一步调整，提出要"推动学校的整体发展朝着开放式、国际化、多科性、创新型世界知名法科强校的目标实现又一次历史性跨越"。在这样一种更加注重挖掘自身社会

---

[1] 这一时期具有代表性的学生社团主要有法律知识应用与普及中心（1985年）、摄影协会（1986年）、广播站（1986年）、话剧社（1987年）、女子足球队（1987年）、光政辩协（1987年）、国防协会（1987年）、345诗社（1988年）、法学会（1989年）、文明啦啦队（1990年）、英语协会（1992年）、法通社（1992年）、国际经济法学会（1993年）、准律师协会（1994年）、农村问题研究会（1994年）、心理协会（1994年）、鹿鸣读书社（1995年）、绿色家园环保协会（1996年）、政治经济研究会（1997年）、峥嵘报社（1998年）、风云漫画社（1999年）等。

[2] 潘忠文、侯利军：《建国后我国高校校园文化历史沿革及启示》，载《思想政治教育研究》2011年第1期。

价值、深耕学校内涵式发展的氛围中，校园文化逐步向着倡导主流文化、体现多元文化的发展趋势，愈发呈现出更加丰富、立体的文化建设内涵。

学校共青团于 2003 年和 2011 年分别召开两次团代会，[1]明确提出了"运用先进文化引领前进方向、凝聚奋斗力量，集中精力打造一批内容健康高雅、形式新颖多样、师生喜闻乐见的文化品牌活动，着力构建价值突出、品位高雅的校园文化体系"[2]的校园文化建设目标。以完善校园文化体系为目标的工作思路，充分体现了在学校党委领导下，学校共青团在校园文化建设中的主体功能和重要作用。这一时期，校团委指导的学生组织和学生社团也得到了空前发展。到 2017 年，全校规模的校级学生组织共有 9 个，[3]两校区在册学生社团共有 92 个，各学院团委也分别有所指导的院级学生组织。每年秋季学期的迎新季，在校园里开展学生组织、学生社团迎新活动，号称"百团大战"。这一时期的校园文化活动，无论是从内容还是形式，从数量还是质量，都出现了前所未有的大繁荣。

在思政引领活动方面，以五四爱国运动 90 周年、国庆 60 周年、建党 90 周年等重大纪念庆祝活动为契机，开展党史团史教育，利用形势与政策教育阵地，进行思政主题教育。自 2005 年起，举办文明自律月系列活动；2006 年，推出"诚信考试"主题教育；2009 年，作为国庆 60 周年群众游行"依法治国"方阵的主责单位，学校 1500 余名师生在参加服务保障重大任务过程中，为校园文化注入了科学精神、奉献精神、集体主义精神以及"我与祖国共奋进"的爱国主义精神；2012 年，创办"CUPL 正能量"人物访谈系列活动，引导师生将社会主义核心价值观内化于心、外化于行。

在学术思辨活动方面，2002 年、2003 年，先后启动本科生"学术十星"和研究生"学术新人"学术论文竞赛活动；2007 年后，陆续创办的"博闻论坛""时政论坛""法治中国论坛"等讲座品牌；2003 年，创办"天伦律师杯

---

〔1〕 2003 年 8 月，召开共青团中国政法大学第九次代表大会；2011 年 12 月，召开共青团中国政法大学第十次代表大会。

〔2〕《厚德行 务实效 真抓实干夯基础；强素质 求创新 锐意进取促发展——在共青团中国政法大学第十次代表大会上的报告》，校史馆档案文献。

〔3〕 九大校级组织包括校学生委员会、校学生会、研究生会、学生社团联合会、青年志愿者协会、艺术团、团委宣传中心、团委政策研究中心（2021 年整建制并入团委组织部）、团委组织部。

辩论赛",后续发展为"论衡辩论文化节"[1],2016 年,举办学校首个国际赛事——"法辩"国际大学生华语辩论公开赛,促进学校与世界大学生思辨文化之间的交流;2014 年,创办"友思"(Youth)学习圈,对"三个课堂结合"教学模式进行创新和补充,迎合引领校园自主学习文化的新风尚。

在艺体文化活动方面,学校共青团坚持大众化与精品化,形成以迎新生、庆元旦、送毕业三大文艺晚会为核心,以相约星期五、专场音乐会、高雅艺术进校园等常规演出为支撑的文艺演出体系。体育活动月、礼仪风采大赛等文体活动使两个校区呈现出校园文化繁荣的景象。随着 21 世纪 00 年代学校艺术特长生招生规模的不断扩大和招生质量的不断提高,以艺术特长生为主体的学生艺术团逐步发展为拥有管乐团、话剧团、合唱团等多个艺术门类的专业团体。自 2014 年起,艺术团以培育和践行社会主义核心价值观为主题,创作《从我做起》等作品,连续多次参加"五月的鲜花"全国大中学生文艺会演。

在志愿服务活动方面,2008 年北京奥运会、残奥会期间,团组织带领 1500 余名师生参与奥运会铁人三项场馆、奥林匹克公园公共区志愿服务工作;在 2005 年保持共产党员先进性教育活动期间,开展"一校带一镇、科普进乡村"、"五进五宣"千名党团员普法宣传活动;到 21 世纪初期,法律普及、法律援助等志愿服务工作已成为学生社会实践、公益志愿服务的主要项目,以研究生法律援助中心、准律师协会等学生组织和学生社团成为从事大学生法律援助工作的主体,为群众提供法律咨询、诉讼指导、代拟诉状等志愿服务。

在校园民主文化建设方面,学校重视发挥以学生委员会为主体的学生会组织建言献策的作用,确立了学生代表列席校长办公会议制度。2015 年,全国学联第二十六次代表大会释放学联学生会改革的积极信号。学校作为团中央贯彻落实中央群团工作改革会议精神的试点高校,开始探索改革学生代表大会制度,2016 年,召开第十六次学生代表大会,由全校学生代表直接选举产生新一届学生委员会主任委员、学生会主席,开全国高校共青团和学生会组织改革先河。

---

〔1〕 2013 年,"天伦律师杯辩论赛"正式更名为"论衡辩论文化节"。

（四）守正创新：努力建成致力于法治中国建设的世界一流大学时期（2017年至今）

2017年是我校步入中国特色社会主义新时代之后的重要发展节点。5月，习近平总书记考察学校，围绕全面依法治国、法治人才培养和青年成长成才等方面发表重要讲话；9月，学校进入"一流学科建设高校"名单，法学入选"双一流"建设学科名单；11月，学校第八次党代会明确"双一流"建设背景下办学目标为"把学校建设成为开放式、国际化、多科性、创新型的世界一流法科强校"；2022年，以70周年校庆为契机，学校丰富完善法大精神谱系，确定新的办学目标为"建成致力于法治中国建设的世界一流大学"。这一基于历史和现实需要的办学目标，秉承了自建校以来始终为国家法治建设贡献力量的初心，符合在"双一流"建设背景下提升办学质量、扩大国际知名度的新要求，更体现出党和国家赋予学校服务全面推进依法治国长期而重大历史任务的新使命、新责任。学校共青团结合中国青年运动"为实现中华民族伟大复兴的中国梦而奋斗"的时代主题，明确了"围绕学校人才培养中心工作、服务国家建设发展大局，紧紧抓住思想引领和服务青年发展两大根本任务，建设以法治文化为核心的特色校园文化，切实服务青年学生成长成才"的建设发展思路。[1]

在全国高校团学改革背景下，自2018年起，学校陆续出台一系列改革举措，[2]标志着学校开始全面进行团学组织机构与工作机制改革：2018年第十八次学代会、2021年第八次研代会[3]分别修订学生会组织章程；2018年，成立第十大校级学生组织"青年成长服务中心"，制定《第二课堂成绩单制度实施办法》，建设"第二课堂大学生成长服务网络平台"；2019年，明确校团委实行"职能科室+专门组织"的工作机构设置模式，设立社团部；2021年，组建"学生社团建设管理评议委员会"，把学生社团工作纳入学校思想政治工

---

[1]《不忘初心跟党走 青春建功新时代 为实现中华民族伟大复兴的中国梦不懈奋斗——在共青团中国政法大学第十一次代表大会上的报告》，校史馆档案文献。

[2] 2018年，印发1号文件《中国政法大学共青团改革实施方案》（法大党发〔2018〕1号）；2021年，出台《中国政法大学关于深化学生会（研究生会）改革实施办法》和《中国政法大学学生社团建设管理办法》。

[3] 据现存可考的历史文献资料，中国政法大学第八次研究生代表大会是进入21世纪以来首次召开的研代会。

作和群团工作整体格局；2022年，改组"学生社团联合会"，成立"学生社团发展指导中心"；2022年10月召开第二十二次学代会暨第九次研代会，通过线上线下相结合的方式，首次实现学代会与研代会同时举办。

这一时期共青团的思想文化建设方面，体现出更加鲜明的政治导向性。2021年，第十一次团代会指出，2017年以来学校共青团坚持以习近平新时代中国特色社会主义思想为指导，以思想引领为核心主业。2017年，举办全国政法类高校（学院）共青团学习习近平总书记重要讲话精神研讨会等；2018年，成立学生社团"1502"新时代青年知行社，传承弘扬习近平总书记考察我校重要讲话精神，构建校园"宣学讲践"长效学习机制；2018年，在昌平学生活动中心建成"学习习近平总书记考察中国政法大学重要讲话精神和勉励语精神主题宣传教育空间"，开展"习近平法治思想导学"等活动；举办"汇聚榜样力量 弘扬中国精神"朗诵会等主题教育；制作《习近平总书记和大学生在一起》、本科生毕业作品《肆年》等主流视频文化产品。

在新冠疫情防控期间，团属新媒体网络文化成为新兴文化，备受瞩目。在2020年抗击新冠疫情初期，校学生会通过新媒体向全国大学生发出《战"疫"当前 遵法守则》倡议书；校艺术团、团委宣传中心联合制作的"战疫"原创视频《远方的守望》多次被主流媒体转载播发，获得百万级播放量；2022年，海淀校区出现第一例新冠肺炎确诊病例后，团委官方微信公众号"法大青年"[1]的《我当然是你永远的底气》一文获得10万+阅读量，为做好疫情防控的舆论引导发挥了积极作用。

学校共青团以志愿服务和社会实践工作为着力点，带领青年师生圆满三项重大活动服务保障工作。2019年，组织1300余名师生圆满完成国庆70周年庆祝活动群众游行"民主法治"方阵和广场联欢服务保障工作；2021年，组织师生650余人参加庆祝中国共产党成立100周年大会文艺演出合唱团、庆祝大会合唱献词团，参与文艺演出志愿服务；2022年，组织190名师生参加北京2022年冬奥会和冬残奥会志愿者工作，创设"四强化四结合"工作体系，营造校园冬奥文化氛围。在开展这些重大活动的服务保障工作过程中，学校团委以强烈的"大思政课"意识，充分挖掘重大活动的时代意义和育人

---

[1] 2021年，校团委宣传中心入选团中央"全国高校共青团新媒体重点工作室"，"法大青年"公众号入选教育部首批"高校思政类公众号重点建设名单"。

价值，成立临时党团支部、组建宣讲团、开展网络宣传，提出如"让鸟巢的焰火点亮志愿者的青春"等校园文化主题口号，激发出全校师生将校训精神和家国情怀融入服务实践的坚定信念，塑造引领了当时校园的主流价值文化，成为法大校园文化史上浓墨重彩的一笔。

以思辨文化为代表的学习学术学科竞赛文化，体现务实勤勉的优良学风。以辩论赛、模拟法庭为主要形式，逐步建立起法大特有的学科竞赛体系，形成"校—院—班"辩论人才培养机制；"法大说""论衡沧海"网络辩论赛等特色活动，与传统辩论赛事形成多层次的思辨育人体系。在沿袭传统学术品牌活动的基础上，创办了更加低门槛、大众化的"学术新人大讲堂""博士生沙龙""咖啡之e云课堂"等学习交流平台。在浓厚的学习学术氛围中，截至2022年，在"挑战杯"系列赛和"互联网+"两大省部级以上学术科创、创新创业大赛中，累计获得特等奖、一等奖46项，二等奖56项，三等奖133项。

学科特色社会实践与爱心公益志愿服务活动成为校园文化中的新潮流。2021年，依托法律类学生组织、学生社团，组建大学生法律援助工作站，在每年"国家宪法日"等重要时间节点，开展"明法计划""普法进乡村、进社区、进学校"等普法宣传实践。自2017年至2022年，全校36个志愿服务团学组织，累计约8.3万人次参与到志愿服务活动中，志愿时长达85万小时。

构建"致美法大"美育文化体系。2018年，学校与中央芭蕾舞团签订国内首个"美育工作合作协议"，开启"双一流"建设高校与国家级艺术院团在美育教育教学领域的深度合作。通过不断引进高雅艺术资源，学校逐步构建"通识美育""精准美育""自我美育"三层次的美育体系，开展艺术欣赏和通识教育活动。

三、培育发展具有法大特色的团学组织文化价值观

当代青年成长在经济社会快速发展、物质生活丰裕的年代，思想的独立性、多变性、差异性普遍增强，信息网络深刻改变社会的组织运行机制和传播动员方式。[1]共青团作为广大青年在实践中学习中国特色社会主义和共产

---

[1] 朱林：《用一生来践行跟党走的理想追求》，载《求是》2022年第11期。

主义的学校，要从政治上着眼、从思想上入手、从青年特点出发，帮助他们早立志、立大志，从内心深处厚植对党的信赖、对中国特色社会主义的信心、对马克思主义的信仰。[1]大学时期是青年进行政治社会化的重要阶段，高校共青团要依靠团组织、学生组织、学生社团深入学生、联系学生，准确把握青年学生思想动态，契合校园学习生活方式的新变化、新特点，培育发展更具先进性、更接地气的团学组织文化价值观，更好地引领服务新时代的校园文化建设。

借鉴管理科学理论，进入组织管理的中观视角，组织文化（organizational culture）是组织成员共有的价值和信念体系，代表了组织成员所持有的共同观念，能够在很大程度上决定组织成员的行为方式。[2]在每个组织中，都存在着随时间演变的价值观、信念、仪式、故事以及惯例的体系或模式。[3]虽然所有组织都有文化，但并非所有文化对组织成员都有同等程度的影响。那些历史起源更久远，或被强烈拥有、广泛共享、普遍遵从的文化价值观（culture values）被称为"强文化"（strong cultures），相对"弱文化"而言，它对组织成员的社会化影响程度更深远，[4]对其行为的决定性意义更大。

结合学校团学组织建设发展的实践来看，在法大校园文化建设过程中，团组织、学生会组织、学生社团组织协同格局已经基本形成。无论是校—院—班团组织、校—院学生会组织，还是更加扁平化的学生社团，都从学校"忠诚担当、艰苦奋斗、求真务实、奉法图强"的办学传统中汲取文化养分，而又在各自所属的教育教学培养单位接触或相近或不同的学科特质、组织文化，在彼此现实联系过程中，再加以比较借鉴、务实创新，逐步形成多源流、多层次的团学组织文化体系。因此，这种文化体系有着自然形成的客观历史进程，更体现出党领导共青团等群团组织的主动塑造。在新时代"双一流"建

---

[1]《庆祝中国共产主义青年团成立100周年大会在京隆重举行》，载《人民日报》2022年5月11日，第1版。

[2] [美]斯蒂芬·P.罗宾斯、玛丽·库尔特：《管理学》，孙健敏等译，中国人民大学出版社2004年版，第63页。

[3] L. Smircich, "Concepts of Culture and Organizational Analysis", *Administrative Science Quarterly*, September (1983), p.339.

[4] A. E. M. Va Vianen, "Person-Organization Fit: The Match between Newcomers' and Recruiters' Preferences for Organizational Cultures", *Personnel Psychology*, Spring (2000), p.113.

设背景下，学校共青团要紧紧围绕"建成致力于法治中国建设的世界一流大学"的办学目标，培育发展更加具有法大特色的团学组织文化价值观，在未来校园文化建设中发挥"强文化"的塑造、引领、激励作用。

四、培育发展团学组织文化价值观，要坚持党的全面领导

团学组织文化建设要始终以习近平新时代中国特色社会主义思想为指导，深入贯彻落实习近平总书记关于青年工作的重要思想，聚焦抓好党的事业后继有人这个根本大计。学校共青团要在校党委的全面领导下，深度融入党的建设和思想政治工作总体格局，不断探索创新组织化学习宣传方式，以班级团支部为基本单元，将"三会两制一课"、主题团日等作为开展思想政治引领工作的基本载体，不断强化党、团相衔接培养链条的思想政治引领功能，引领广大团员青年用习近平新时代中国特色社会主义思想武装头脑，尤其要带领全校团学组织坚持不懈地学习贯彻习近平总书记考察学校重要讲话精神和勉励语精神，使之成为法大团学组织最硬核的文化价值观。

五、培育发展团学组织文化价值观，要发挥法的特色优势

法者，治之端也。[1]对法治的信仰，是一代代法大人忠诚担当、勇毅前行的精神源泉。在校庆70周年之际，学校明确办学使命为"为党育人、为国育才，为法治文明作出贡献"，坚持德法兼修、明法笃行，培养更多具有坚定理想信念、强烈爱国情怀、高尚道德情操、扎实理论根底、卓越实践能力的优秀人才。学校共青团要坚持以习近平法治思想为指导，依托学生组织、学生社团开展以法治文化为特色的校园文化建设，拓展第二课堂校园文化的内涵和外延，逐步构建与课堂教学相协同、相促进的实践教学与社会实践育人体系，带领广大青年师生投身服务国家法治建设的实践之中。在总结团学组织开展普法及法律援助工作经验的基础上，进一步发挥法学学科智库优势，充分做好习近平法治思想的"青年化"阐释，打造示范全国的法治宣教文化产品，创造特色团学文化品牌。

---

[1] 出自《荀子·君道篇第十二》。

六、培育发展团学组织文化价值观，要体现团的基本属性

共青团的基本属性是先进性与群众性的辩证统一，先进性以群众性为条件，是群众性的导向；群众性以先进性为前提，是先进性的基础。坚持先进性，群众性才有正确的政治方向；注意群众性，先进性才有广泛的作用。在大学校园里，学生会组织是先进青年的汇集地，学生社团是多元文化的生发地。学校共青团要科学应对社交网络化、信息碎片化、价值多元化时代带来的机遇和挑战，把握互联网的发展规律、适应新媒体技术的革新节奏，充分发挥团学组织线上线下的集群社交功能，切实凝聚好、引导好广大青年学生，还要下大气力做好基层团组织建设，推进功能型团支部建设，带领全校团学组织成为学生想得起、找得到、靠得住的组织力量。

参考文献

[1]《高举中国特色社会主义伟大旗帜 为全面建设社会主义现代化国家而团结奋斗》，载《人民日报》2022 年 10 月 17 日，第 2 版。

[2] 马怀德：《在中国政法大学庆祝建校 70 周年大会上的致辞》，载中国政法大学新闻网：https://news.cupl.edu.cn/info/1819/36170.htm，最后访问日期：2023 年 2 月 18 日。

[3]《教育部、共青团中央关于加强和改进高等学校校园文化建设的意见》，载中华人民共和国教育部网：http://www.moe.gov.cn/srcsite/A12/moe_1407/s3008/200412/t20041220_76337.html，最后访问日期：2023 年 2 月 23 日。

[4]《教育部等八部门关于加快构建高校思想政治工作体系的意见》，载中华人民共和国教育部网：http://www.moe.gov.cn/srcsite/A12/moe_1407/s253/202005/t20200511_452697.html，最后访问日期：2023 年 2 月 23 日。

[5]《习近平在中国政法大学考察时强调：立德树人德法兼修抓好法治人才培养 励志勤学刻苦磨炼促进青年成长进步》，载《人民日报》2017 年 5 月 4 日。

[6] 潘忠文、侯利军：《建国后我国高校校园文化历史沿革及启示》，载《思想政治教育研究》2011 年第 1 期。

[7] 中国政法大学新闻中心：《七秩辉煌筑基业 德法兼修创未来——中国政法大学建校 70 周年》，载《中国法律评论》2022 年第 2 期。

[8] 朱林：《用一生来践行跟党走的理想追求》，载《求是》2022 年第 11 期。

[9]《庆祝中国共产主义青年团成立 100 周年大会在京隆重举行》，载《人民日报》2022 年 5 月 11 日，第 1 版。

[10] [美] 斯蒂芬·P. 罗宾斯、玛丽·库尔特:《管理学》,孙健敏等译,中国人民大学出版社 2004 年版。

[11] L. Smircich, "Concepts of Culture and Organizational Analysis", *Administrative Science Quarterly*, September (1983).

[12] E. M. Va Vianen, "Person-Organization Fit: The Match between Newcomers' and Recruiters' Preferences for Organizational Cultures", *Personnel Psychology*, Spring (2000).

[13]《荀子·君道篇第十二》。

"三全育人"视域下的高校校园文化建设研究
——以中国政法大学为例

中国政法大学民商经济法学院 于 丽

摘 要：高校是先进文化的聚集地，是人才培养的孵化器，肩负着发展中国特色社会主义文化，助推中华民族伟大复兴的历史任务。以"三全育人"为视角，对高校校园文化建设进行路径探索，其目的在于通过校园文化建设，推动全员、全过程、全方位的人才培养，以大学的文化引领力发挥隐性教育功能，以校园文化凝聚师生全体，以校园文化融合课堂内外，以校园文化拓展育人功能。高校的校园文化建设还处于摸索阶段，校园文化特色需要进一步聚焦凸显，校园文化的多方位关联有待进一步拓展。校园文化建设是一项长期、复杂的整体化、系统化工程，本文围绕构建全员参与的校园文化协同建设机制；建立融通课堂内外的贯通式校园文化主线；拓展全方位关联的校园文化内涵，探索加强高校校园文化建设的路径，进而推动高校"三全育人"建设，强化人才培养效果，进一步贯彻落实高校立德树人任务。

关键词：三全育人 校园文化 立德树人

党的二十大报告指出：教育、科技、人才是全面建设社会主义现代化国家的基础性、战略性支撑。全面建设社会主义现代化国家，必须坚持中国特色社会主义文化发展道路，增强文化自信，围绕举旗帜、聚民心、育新人、兴文化、展形象建设社会主义文化强国，发展面向现代化、面向世界、面向未来的，民族的科学的大众的社会主义文化，激发全民族文化创新创造活力，增强实现中华民族伟大复兴的精神力量。

高校是先进文化的聚集地，是人才培养的孵化器，肩负着发展中国特色社会主义文化，助推中华民族伟大复兴的历史任务，高校兴，则人才兴，"培养什么人、怎样培养人、为谁培养人是教育的根本问题"。以"三全育人"为视角,对加强高校校园文化建设进行路径探索,其目的在于通过校园文化建设,推动全员、全过程、全方位的人才培养,以大学的文化引领力发挥隐性教育功能。

高校的校园文化建设是"三全育人"的重要环节,对推动"三全育人"具有重要意义,是确保文化育人的核心,以"三全育人"为视角优化校园建设,将更有利于提升"三全育人"的育人效果,确保高校的人才培养质量,也是落实党中央教育事业战略部署的内在要求和必然举措,具有重要的研究价值。

一、高校校园文化建设对推动"三全育人"的意义

校园文化是以校园为主要空间,以学生为主体,以校园活动为主要内容,涵盖师生,彰显校园精神的一种群体文化,是办学过程中形成的历史积淀、精神理念、行为规范等的综合。"从高校文化建设的内涵来看,主要包括与时代同步的高校共同价值观、教风学风建设等,体现了高校积极向上的精神风貌。"[1]

校园文化是"三全育人"的重要环节,加强校园文化建设对"三全育人"具有推动作用。

(一)以校园文化凝聚师生全体

牢牢把握校园文化建设的价值取向,对于充分发挥高校在社会主义现代化建设过程的价值功能具有重要意义。[2]优秀的校园文化具有指引、激励、约束的作用,师生在其中达成共识,形成凝聚力,在共同的文化认同下开展思想政治建设等育人工作,更容易调动积极性和参与性,激发全员工作的主动性。同时校园文化建设也辐射到师生全体,师生感受和感知校园文化的物质载体和精神载体,本身就是全员参与其中,校园文化具有天然的联系师生、凝聚师生的纽带作用,发挥校园文化的凝聚作用,有利于形成师生全员统一

---

[1] 刘利剑、贺晓敏:《高校基层党组织促进高校文化建设新探》,载《学校党建与思想教育》2021年第18期。

[2] 侯典举、陈捷:《高校校园文化建设的价值取向与着力点研究》,载《学校党建与思想教育》2018年第18期。

的育人工作战线。

（二）以校园文化融合课堂内外

校园文化建设是个持续的过程，在不断的实践中厚积底蕴，这个过程也一直伴随学生的成长，学生既是校园文化的受益者，也是营造校园文化的一员。在有限的高校学习阶段，学生不仅接受课堂教育，同时在课外活动中历练品行、拓展思维、强健体格、培养美感。建设好校园文化，将课堂内外进行有效衔接，使课堂的理论平台得以向课堂外的实践平台转化，提升学生的认知实践能力及综合素质，有利于推动全过程育人。

（三）以校园文化拓展育人功能

学生的教育培养是多方合力的结果，结合家庭、学校及社会的力量，校园文化内涵广阔，是社会群体文化的一部分，与家庭文化、社会文化有着千丝万缕的联系，一方面需要吸取社会主义先进文化，另一方面，优质的校园文化会延伸到社会主义先进文化中，推进社会主义先进文化的发展和创新。高校是文化知识的集合地，更应发挥对社会主义先进文化的推广和引领作用，以文化育人，以文化强国。打造优质的校园文化，深入挖掘校园文化的内涵，在社会主义先进文化的框架内不断丰富发展，寻找与家庭文化、社会文化的集合点，产生共鸣和合力，更利于集合家庭、社会等多种力量和资源，调动校内外各方全方位服务于育人培养。

二、高校校园文化建设现状

校园文化概念比较抽象，建设过程需要历史的积淀，校园文化的育人功能又具有隐性特征，效果难以量化彰显，导致了校园文化建设工作难以深入。高校在办学过程中也逐渐认识到校园文化建设的重要性，不断加强统筹设计推动校园文化建设，但还需要不断探索优质化、特色化建设路径。

（一）校园文化建设还处于摸索阶段

中国政法大学于2021年6月推行《中国政法大学2021—2025年校园文化建设规划》，已经着手致力于校园文化的长期建设，提出"坚持社会主义办学方向，坚持立德树人的根本任务，以社会主义核心价值观为引领，高度重视社会主义先进文化、革命文化和中华传统文化的传承创新"，结合学校特点，也提出"弘扬'厚德、明法、格物、致公'"的校训精神,"传承法大文化传统,坚持法大文化自信,以实施科学文化素质教育为基础,以建设优良的校风、教风、学风为核心,以优化校园文化环境为重点,不断增强全体法大人的价值认同与文化认同,努力开创充满生机活力、底蕴深厚、特色鲜明的法大文化全新局面。"学校也在具体实践中多举措推动校园文化建设,打造优秀品牌活动、开展特色活动,比如"自强之星"暨"感动法大人物"活动、"江平民商法奖学金"评选活动、"最受本科生欢迎的十位老师"评选活动、开办校庆展览、建立法庭科学博物馆,在校园文化建设方面取得一定成效。

学校建立了校园文化建设机制,明确了工作目标和工作任务,但具体化的落实机制、效果评价、人员队伍建设、相关支持政策、工作平台建设等问题还需要进一步细化和明确,并需要在实践中不断完善。

(二) 校园文化特色需要进一步聚焦凸显

高校校园文化包含的元素是多元的,校园文化无时不在,集中体现高校师生的价值理念、思维方式及行为艺术等,对于提升高校影响力、核心竞争力以及形成良好的校风、院风和班风具有重要的作用。[1]校园文化的多元性成就了校园的丰富多彩,高校在校园文化建设过程中既要有与其他高校具有一般性的共同点,同时要结合学校的实际,开展特色性校园文化。

许多高校呈现校园的物质化景观同质化,景观石、长廊、雕塑等风格类似;校园文化活动定位不明确,多以文艺活动、体育活动和专业活动为主,校园活动泛化,目标指向笼统;校园网络文化宣传相对单一,新媒体的使用率低。校园文化具有多元性、时代性特征,在众多文化因素中,要结合学校特点,挖掘特色亮点,赋予时代内涵,凸显特色。

中国政法大学在校园文化的建设上力图突出法学学科特色,致力打造法治文化研究和传播平台,服务全面依法治国,推动中华法治文化传承与发展。在法大校园文化的建设中,还需要进一步挖掘法大特色文化,奠定校园文化建设主色调,并通过建立课堂内外联动呼应机制,使其聚焦凸显,打造对内对外的宣传名片。

---

[1] 王晨菲:《高校校园文化育人体系构建的现实路径研究》,载《南昌师范学院学报》2022年第1期。

(三) 校园文化的多方位关联有待进一步拓展

校园文化是社会群体文化的一部分，有其特殊性，与其他社会文化又有关联性，法大也开展了中华传统文化的引入工作，作为法学特色的高校，因学科设置的限制，缺少其他学科的素养培育，在校园文化建设中尽可能丰富校园文化的内容，增强文化底蕴，可以补充增加包括理工学科的科普性讲座、其他高校校园文化的特色展示等文化活动，提升学生的综合素养。在办学中以社会主义核心价值观为引领，不断丰富校园文化内涵，建立多方位关联，高度重视社会主义先进文化、革命文化和中华传统文化的传承创新以及与区域性文化的结合。

三、加强校园文化建设的路径探索

校园文化建设是一项长期、复杂的整体化、系统化工程，需要建立全员参与的协同机制以建立全员同盟的育人战线；以大学精神铸魂，将校园文化建设贯穿于课堂内外，形成全过程内外统一的合力，打造特色校园文化；拓展校园文化的内涵，调动各方资源、力量，全方位为人才培育保驾护航。

(一) 构建全员参与的校园文化协同建设机制

1. 凝聚师生校园文化建设的共识

校园文化建设关系到全体师生，也离不开全体师生的参与，加强校园文化建设不是某个部门的工作，是需要师生全体合力，要凝聚全体师生、各职能部门、学院的共识，意识到校园文化建设的重要性，将其落实于实际工作和言行之中。首先，增强师生以校为荣的荣誉感，学校层面通过建立校史馆、开展校史人物的宣传、制作宣传纪录片等形式宣传学校历史，增强师生的身份认同，激发对学校的荣誉感。其次，通过改善物质文化，完善学校的景观设置，建设美好校园环境，增强师生家的归属感。最后，广泛征询师生关于校园文化建设的意见，对所反映的问题及时解决、反馈，提高他们的关注度，也可以通过设立校园文化建设节等形式，吸引师生广泛参与，共同关注守护我们的校园文化。

2. 建立长效的校园文化协同建设机制

高校校园文化建设应与高校的学科、专业建设、师资队伍培养、人才培养目标、育人环境等的定位相结合，统筹规划，进行顶层设计，构建学校党委统一领导、各职能部门、学院协同合作、在校师生广泛参与、社会力量辅助的校园文化共建联动机制，把握校风、教风、学风建设方针和目标指向、建设过程和对"三全育人"的推动效果。中国人民大学、清华大学、中国政法大学都专门设立了文化建设委员会，在党委的领导下协调各部门协同工作，清华大学专门制定了文化建设"十三五"规划和"十四五"规划。

在现有的工作机制基础上，需要进一步做好以下几方面：①具体细化协同运行机制，明确各职能部门的任务分工；②以学生的思想政治教育为核心，在"大协同"机制下，可以针对重点部门、重点工作建立"小协同"机制，制定专门性工作方案；③建立并有效落实协同沟通机制，定期跟进工作进程，以防重规划，轻落实；④打造优质的校园文化建设人员队伍，一方面集合专家、名家组建智囊团，对校园文化建设献言献策，另一方面要确保稳定的管理人员队伍，具体贯彻落实相关工作；⑤建立校园文化建设效果反馈机制，通过对师生的走访调研等活动，掌握校园文化建设情况，针对性地解决难点问题，形成良性工作循环机制。

3. 发挥师生的主体引导作用

教师的言传身教是对学生的最直接的教育，要充分发挥教师的引领作用。一方面对教师的言行进行规范，制定相应准则，提升教师自身水平，另一方面加强教师与学生的交流，创造近距离指导学生学业和生活的机会。中国政法大学针对师德师风制定专门的规范，同时设有师德考核、树立师德榜样，对教师进行有效引导，同时关注教师自身的成长，设有教师工作部，为教师发展提供平台，优秀的教师队伍奠定了良好的校园文化基础。具有清华特色的 Office Hour 制度，鼓励教师增加课外时间与学生的见面沟通，有效延伸课堂教学，促进跨学科交流，构建新型和谐师生关系，促进学生激发学习志趣、提升学习成效。中国政法大学创新设立了"教授午餐会"，教授、副教授和法大学子共进午餐，交流思想，教师可以面对面倾听学生，分享科研教学经历，启迪青年学子的未来规划与发展。

朋辈的榜样作用有利于创造良好的学风氛围，鼓励开展学习榜样、学生间的互助交流等活动，也让学生成为校园文化建设的主体。中国政法大学"感动法大人物"就是专门针对学生群体设立的榜样向学活动，通过分享获奖同学的事迹，以同学身边的故事激励大学生成长成才，更具影响力。

（二）建立融通课堂内外的贯通式校园文化主线

1. 拓展大学精神内涵

大学精神是校园文化的灵魂，是根植于学生成长的思想理念，大学精神彰显了一所大学的气质底蕴和时代特征，在不断发展的办学过程中，大学精神的内涵得以不断丰富充盈。

北京大学历史悠久，北大精神的内涵和脉络都因历史积淀和不断梳理而自成体系。法大精神不应仅限于校训，应在"厚德、明法、格物、致公"的校训的基础上，对法大精神赋予丰富的时代内涵，构建法大精神的理论体系，以其为校园文化建设的纲领，指引师生的行为准则、品行方向，贯彻到学校治学、治校各项原则中，覆盖到课堂内外，成为校风、教风、学风的指引，强化法大精神的感召和引领作用。

2. 融合课堂内外思想政治教育

高校课堂是文化育人的主阵地，承担着"立德树人"的重要任务。落实"三全育人"首先要不断推动思政课程和课程思政的同向而行，相互补充，确保课堂教学的"立德树人"导向。课外活动往往以更加灵活的形式、丰富的内容，使得学生更容易接受，校园文化建设应统筹课堂内外，将思想政治教育在课堂内外建立连接，使得课堂教学得以在课外体验、实践，从而巩固育人效果。这就需要对校园文化建设做出统筹规划，围绕大学精神、学科专业特点、育人目标等因素，做出精心设计，形成贯通式文化育人模式。针对每个年级的学业情况、学生共性问题进行区别设计，确保学生在校期间校园文化建设的全程跟进。北京大学开设"李大钊思想研究"课程，还推出了"北京大学史"等校本课程以及"北京大学与中国共产党"等专题讲座，由历史学、马克思主义等专业的教师联合授课。2020年暑期，北京大学推出思想政治实践课程，100多位思政课教师、专业教师，25个开课院系书记或院长参与，3226名选课学生在革命老区、城镇乡野、田间地头开展实践，同时也将校园文化带到实践地，为当地献计献策，让课堂教育得以实地实践。[1]北大

---

[1]《北大精神对校园文化建设的作用》，载北京大学新闻网：https://news.pku.edu.cn/wyyd/dslt/882298e259764d5e8fbfc53a88f5596a.htm。

的举措将校园文化引入课堂，同时课堂教育又外延到课外实践，打通课堂内外，融合了课堂内外思想政治教育。

3. 增加特色性品牌活动

各高校在校园文化建设中，寻找自身的亮点和特色，通过特色性品牌活动，巩固课堂效果，强化凸显独特新颖的校园文化风貌，北京大学自2016年开设"开学第一课"，举办了"弘扬女排精神，筑梦伟大复兴"——纪念"团结起来，振兴中华"口号提出35周年暨北京大学开学第一课主题活动，带领全体新生共同学习女排精神，树立爱国奋斗理想和北大精神，此后一直坚持开学第一课紧跟热点话题，对青年开展爱国爱校教育，成了特色性品牌活动。中国政法大学举行"12·4"国家宪法日宪法宣传周活动，并在国家宪法日当天，法大学子进行宪法晨读，突出了法学特色的校园氛围，也增强了法律学习的仪式感。

中国政法大学借助多学科法学及集合优秀法律人才的优势，可以进一步聚焦法大法学校园文化特色，在法律志愿服务、法律知识输出方面多开展特色活动，打造好法大法学这张特色名片。

(三) 拓展全方位关联的校园文化的内涵

1. 以社会主义核心价值观为引领

在多元文化、社会思潮的充斥下，社会主义高校更要坚定不移地以社会主义核心价值观引领校园文化建设，坚持以习近平新时代中国特色社会主义思想武装头脑。高校是各种意识形态的争夺阵地，要坚守高校社会主义属性，突出校园文化的思想政治教育功能，落实高校立德树人的根本任务，全力培养社会主义的建设者和接班人。

2. 发挥中华优秀传统文化的教育作用

习近平总书记指出："中华优秀传统文化是我们最深厚的文化软实力，也是中国特色社会主义植根的文化沃土。"[1]要传承弘扬优秀传统文化的主流思想和时代价值，深入挖掘隐藏其中的德育、智育、体育、美育、劳动教育的文化育人因素，发挥其思想引领作用，提升校园文化的育人效果。清华大学实施中华文化传承工程，开设传统文化必修课，在多门专业和课程中增加传

---

〔1〕 习近平：《论党的宣传思想工作》，中央文献出版社2020年版，第90页。

统文化内容。中国政法大学大力丰富和完善传统文化课程体系，开设《中华文明通论》等五十余门相关课程，并开展中华传统文化基地建设，将中华优秀传统文化引入校园。

3. 提升红色文化教育

红色文化在其生成与传承过程中均具有内在的育人属性。[1]以贯彻落实习近平总书记关于传承、弘扬红色文化资源的重要指示精神为方向，紧紧围绕立德树人根本任务，整合育人要素，将红色文化融进课堂教学、融进理论研究、融进校园文化、融进社会实践，激发学生心灵深处的共鸣与认同，让红色基因代代相传。[2]

高校首先挖掘自身红色文化、英雄人物等，同时充分发挥红色文化设施和阵地的作用，利用红色教育基地开展实践育人活动，开展红色文化体验，引导学生走出校园，深入爱国主义教育基地，通过实地参观、体验活动等对红色文化的感性认识转化为情感认同。

4. 结合区域性文化

地域文化一般都具有悠久的历史，其深厚的文化底蕴和历史文脉具有重要的育人作用。作为坐落于北京的高校，可以把学校的建设发展置于北京的历史发展中，以服务区域为己任，将区域文化引进校园，同时将优质的校园文化外溢，服务于区域的文化及建设发展。

5. 加强校园网络文化

校园网络文化是育人工作的新载体，青年学生深受网络影响。当前，网络对于高校校园文化建设的作用日渐突出，但网络文化发展对大学生来说是一把双刃剑，加强网络管理的同时要利用好网络，发挥网络育人的作用，提高网络文化资源的品质，向学生提供有文化底蕴、符合大学生精神需求的网络文化。青年学生既是网络新媒体的受众，也是改善网络生态的重要力量，要积极鼓励学生结合自身专业，制作展现新时代大学生的精神风貌和学校风貌的网络作品。

在校园网络文化建设方面，各高校也有相应的工作举措，比如北京大学

---

[1] 王栋梁：《论红色文化的育人理路》，载《高校辅导员》2019年第3期。

[2] 《纤尘不染安源红，红色基因育新人：记萍乡学院以红色基因熔铸理想信念》，载《中国教育报》2019年9月28日，第4版。

2015 年创建的"新青年网络文化工作室"入选教育部首批大学生网络文化工作室；清华大学开展优秀网络作品奖励活动；中国政法大学也设有网络文化节。高校可以进一步加强对短视频等新媒体的利用，开辟新颖的传播渠道，发挥校园网络文化的积极能量。

结　语

校园文化建设是一项长期、复杂的整体化、系统化工程，以"三全育人"为视角，探索优化高校校园文化建设的路径，建立全员参与的校园文化协同建设机制以建立全员同盟的育人战线；以大学精神铸魂，建立融通课堂内外的贯通式、过程统一的校园文化主线，形成全过程内外统一的合力；拓展全方位关联的校园文化的内涵，调动各方资源、力量，全方位为人才培育保驾护航，进而推动高校"三全育人"建设，强化人才培养效果，进一步贯彻落实高校立德树人任务。

碎片化与重构："互联网+"时代下的高校青年文化建设转型初探

中国政法大学商学院　张力元

摘　要：本文是基于"互联网+"时代下诸多信息趋于碎片化以及高校青年文化建设转型存在难题的背景下，通过问卷调查、实地走访、专家咨询的方式，深入研究这一课题，剖析"互联网+"高校青年文化转型中存在的问题，从而提出部分改进措施与建议。

关键词："互联网+"　高校青年文化建设　碎片化

一、引言

随着网络通信技术的迅速发展，关于互联网与各行业的尝试也越来越多。尤其在2015年3月5日十二届全国人大三次会议上，李克强总理在政府工作报告中首次提出"互联网+"行动计划之后，迅速掀起互联网与各个行业结合的风潮。与此同时，传统的文化建设模式弊端逐渐显现，如何建设"开放、包容、多元"的校园文化，使校园文化与社会文化有机结合也成为问题。

本研究的核心是将现有高校青年文化各方面内容"碎片化"，实现与互联网的高效、科学结合——"互联网+"高校青年文化建设，在此基础上加以重构，形成新的高校青年文化体系。基于上述目标，以"高校青年组织"与"青年大学生群体"为研究对象进行调研。具体来说，"互联网+"的形势对青年文化建设转型的影响尤为显著。站在时代科技的前沿，学生对互联网接触得更多，对互联网了解得更多，这种时代潮流带给青年文化建设转型的影响更加显著，具有代表性，有益于达到调研目的，因此我们选择中国政法大学为本次研究课题的调研点，以中国政法大学在校学生和内部相关教育部门为对象进行调研。

为提高调研结果的科学性，这次研究综合采用问卷调查、走访调查、专家咨询、座谈会、文献研究等方法。除此以外，广泛阅读有关"互联网+"以及高校文化转型的相关文献，深入解读并做好内容分析和定量研究。通过调查现有的高校青年的文化活动和参与情况，以了解传统文化活动与网络社会、数据时代之间的冲突为目的。并分析在国家战略行动"互联网+"提出来后学生的文化活动和原有的传统文化活动之间的差异，以厘清科学技术与连接一切和文化活动发展之间的关系为目的。考察基于技术进步的互联网+与青年文化建设之间的关系，以创新发展青年文化形式、提高青年文化活动的丰富性、建设积极先进的青年文化为目的，对"互联网+"环境下的文化建设规律和发展趋势进行探索，将碎片化的文化活动重新构造，使其融入互联网中，实现创新性文化建设转型。

二、"互联网+"时代下的高校青年文化建设现状

（一）当前我国高校整体青年文化建设现状

面对新的形势，高校应该紧紧把握时代脉搏，根据青年的心理特性和需求，构建起具有时代特色的大学青年文化，更加有效地教育、引导、服务青年学生，努力把青年学生培养成为拥有强大精神支柱、拥有坚定理想信念、拥有高尚道德品质的人。"着力解决目前高校文化生活中存在的问题，建立新的科学的发展思路，指导校园文化建设；有利于校园网络环境建设，巩固物质文化建设；加强学校文化管理，完善行为制度文化建设；培育大学精神，推进精神文化建设。"

互联网环境使校园文化建设变得更加活跃，也给大学校园文化建设带来了新问题。为了尽可能消除网络环境给大学校园文化建设带来的消极影响，大学生应该不断加强自身修养，对互联网文化既不能盲从，也不能全盘否定，而应明辨是非，去粗取精；各高校则应以科学理论为指导，在"互联网+"的背景下建设校园文化，巩固网络环境下物质文化建设，完善网络环境下行为制度和文化建设机制，推进在"互联网+"这个时代背景下的精神文化建设。

（二）研究样本

被调查者的基本情况：

（1）性别结构。在此次样本调研中，共回收 81 份有效问卷，经过统计分析，其中男性有 50 人，占总数的 61%，女性有 31 人，占总数的 37.8%。如表 1、图 1 所示。

表 1　人口性别结构数据表

统计量

您的性别

N	有效	81
	缺失	1

您的性别

	类别	频率	百分比	有效百分比	累计百分比
有效	男	50	61.0	61.7	61.7
	女	31	37.8	38.3	100
	合计	81	98.8	100	
缺失		1	1.2		
合计		82	100		

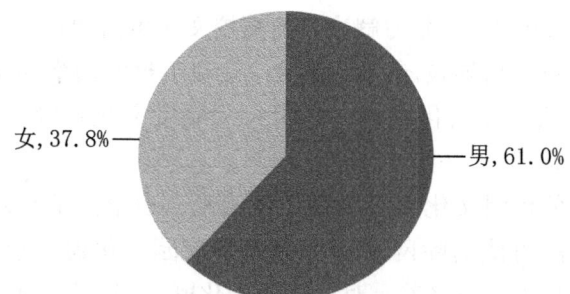

图 1　性别结构饼形图

（2）年级结构。从调查样本的年级来看，大一有 15 人，占样本总数的 18.5%；大二有 19 人，占 23.5%；大三有 17 人，占 21%；大四有 13 人，占 16%；硕士研究生有 10 人，占 12.3%；博士研究生有 6 人，占 7.4%。总的来说，样本的年级结构分布合理。

(三) 调查问卷

为了全面掌握高校青年文化建设的真实状态，本次研究拟定了高校青年文化精品创作生产、高校青年文化活动、高校青年文化人才、高校青年文化环境、高校青年文化理论、高校青年文化制度等六个维度的问卷，经过调研有针对性地把握高校青年文化建设在具体环节的状况以呈现出学生视野中的高校青年文化建设的图景，为之后结合"互联网+"时代背景下的高校青年文化建设转型辅以有针对性的保障。

1. 高校青年文化精品

高校青年文化精品包括青年题材优秀图书、影视、音乐、舞蹈、戏剧、曲艺、美术等的生产与推广。调查数据显示，高达96.71%（852名）的受访大学生表示自己曾参与过高校青年文化精品的相关内容，参与率较高，表现出当代大学生投身于青年文化建设的热情与能力；58%（511名）的受访大学生认为当前的高校青年文化精品在线上与线下两个场域中有着较大的分野，即线下的高校青年文化精品整体性较强，但也呈现出碎片化特性，而线上的青年文化精品的碎片化特性远强于线下。具体来看，线下的青年文化精品在各级有关部门（如各级党委、团委、文化部门、教育部门等），高校学生组织、社团组织的协调规划之下，整体的协作性还是比较突出的，包括国家战略层面的"五个一"工程、中国新闻奖、中国艺术节等，地方层面也因地制宜推出了具有地方特色的文化精品创作规划，到了基层落实来讲又结合自身文化特色（如民族院校、师范院校、体育院校、文科院校、工科院校等都结合自身的特色）开展文化精品的创作。总的来说，线下的青年文化精品在多主体、多层次、多方面的协作之下，整体性较强。

而纵观线上的高校青年文化精品，碎片化特性更为显著。这主要体现在主体协同性不强、内容联动性不强，一是网络层面的高校青年文化精品属于薄弱环节，各级组织在线上所投入的工夫较少，零星出现的一般是学生组织、社团自行开展的高校青年文化精品创作，碎片化较为突出。二是内容联动性不强，适应了大学生思维"碎片化"、互联网微平台"碎片化"的特性高校青年文化精品迎合了这些特性，数量很多，但未能有较强的力量将其聚合起来，发挥出整体、系统的效应和力量。

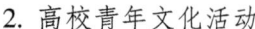

2. 高校青年文化活动

高校青年文化活动是高校青年文化建设最为主要的载体，既包括中央、省、市、校各级主动举办的各类文化活动，又包括学生自发策划、组织、开展的社团活动、比赛等。72.30%（637名）的受访大学生认为当下的高校青年文化活动碎片化特性非常明显或比较明显，主要表现在高校青年文化活动的主体与主体间、活动与活动间、目标与目标间、功能与功能间的分散与碎片化趋向。首先，37.61%（305名）的受访大学生认为高校青年文化的主体间协同性不强，呈现出碎片化特性。这主要表现在不同的主体之间的联动性还比较松散，不同部门举办不同活动。其次，67.31%（593名）的受访大学生认为高校青年文化活动与活动间较为分散，未能形成一个较为综合的整体。即便是有诸如文化节、科技节之类的整合，但从这些活动的微观层面来看还是比较分散、呈现出碎片化的特性，且不同类型的活动整体间的协同性也不强。再次，28.83%（254名）的受访大学生认为高校青年文化的目标未能产生一整套系统的效应。比方说，五四、学雷锋、国庆、纪念重大节日等不同活动的目标侧重不同，碎片化特征显著，未能有效形成各个活动目标之间的协同配合，未能很好地打通不同活动目标之间的板结，找寻不同活动间的契合之处。最后，有20.10%（177名）的受访大学生认为高校青年文化活动的实际功能协同还比较松散，呈现碎片化的特性。如果说目标层面是应然的期待，那么落脚到实际功能之上，碎片化的特性相对而言有所减弱。这实际上表现出了在实际活动开展中所形成的整体效应相对而言有所提高。由此可见，高校青年文化活动系统内部的不同要素所呈现出的碎片化特性不尽相同，有的要素碎片化特征相对突出，需要以整体方案重构；有的要素碎片化特征相对较弱，可以相对加以调适，以形成整体的效应。

3. 高校青年文化人才

高校青年文化人才是高校青年文化建设的重要力量，也是开展具体层面的高校青年文化活动、营造高校青年文化良好氛围、创造高校青年文化产品的生力军。根据调查数据所反映出来的情况，50.28%（443名）的受访大学生认为目前的高校青年文化人才队伍有着较高的素质，彰显出了多年来高校青年文化建设所取得的成效，也反映出来社会主义大学青年所应呈现出的欣欣向荣的面貌。然而，32.91%（290名）的受访大学生认为当前的高校青年文化人才培育的体制、方略存在一定程度的缺陷，即整体性不强，碎片化的趋势有所提升。这主要表现在高校青年文化人才培养的队伍建设往往依托于其他学术活动、其他文化活动的连带效应，72.19%（636 名）的受访大学生表示自己没有接受过以"高校青年文化"为主题词的专门性培养工程，但有参加过诸如此类功效的人才培养活动。实际上，从广义的视角来看，在校园当中的其他人才培养活动也可以起到高校青年文化人才培育的效果，甚至从宽泛意义上来理解这些培养活动也确实可以视作是高校青年文化人才培养的一部分。但实际上，由于本身在设计此类人才培养工程时没有将这些间接的力量纳入整体规划之中，依靠这种连带效应所得到的结果必然是碎片化、不系统的。

4. 高校青年文化环境是积极与消极、正向与负向的辩证统一

我们所倡导的高校青年文化环境必然是要扬弃其中的消极、落后、不适应的成分，弘扬积极、正向的方面。高校青年文化环境是一个抽象、宽泛的概念，它并不因特定、具体的活动而生成，而是在整体的、系统的、协同的一系列高校青年文化活动、精品、服务、制度的合力之下形成的。从受访大学生的自我感知层面来看，高校青年文化环境质量的好坏既包括"有形"的文化活动、精品、服务等，也包括由此生成的"无形"的文化氛围。41.88%（369 名）的受访大学生认为自己所在高校的青年文化环境非常浓厚或比较浓厚；27.36%（241 名）的受访大学生认为自己所在高校的青年文化环境会对自身产生潜移默化、深远持久的影响；43.13%（380 名）的受访大学生认为自己所在高校的青年文化环境并未形成一个系统、完善的整体，并未形成全方位的青年文化氛围或气候。这也可以看出，不同高校之间的青年文化环境存在着一定的差异。高校青年文化的系统性、全面性、整体性有待加强，部分环节的缺位与环境的"碎片化"，都是不容回避的问题。

5. 高校青年文化理论

高校青年文化理论是从实践中总结、归纳出来的契合我国当下高校青年文化建设实际状况的理论体系。据调研数据所反馈出来的情况，目前高校青年文化理论体系的碎片化趋向十分明显，理论体系并未得以完整建构，63.45%（559 名）受访大学生不清楚、不了解高校青年文化理论涵括什么内容。可见，高校青年文化理论对于大多数的高校青年而言仍有一定的距离，

在高校青年文化建设的实践中运用、提炼青年文化理论的能力与意图还处在比较低的状态。在对高校青年文化理论比较了解或非常了解的人群里，近五成受访大学生认为高校青年文化理论的系统性不强，并且未能紧跟高校青年文化建设的实际动态、持续发展，具备一定的滞后性。未能很好地诠释新形势下高校青年文化建设的完整面貌，碎片化的趋向便由此显现。理论体系源于高校青年文化建设的实践，又高于高校青年文化建设实践，能够起到反作用于高校青年文化实践的意义。在碎片化的理论状态下，也可以发挥对实践的引导、指南作用，但总体而言这种指导作用是不全面、不系统的。30.87%（272 名）受访大学生认为高校青年文化理论对于高校青年文化实践起到了一定的指导作用，但这种指导作用仍然是受局限的，且在落实中往往出现理论与实践之间难以逾越的鸿沟。

6. 高校青年文化制度

高校青年文化制度是高校青年文化建设的保障与基石，是高校青年文化活动、精品、理论、环境的制度保证。事实上，只有制度的保障才能使得高校青年文化建设在预定的轨道上平稳、协调、顺利地运行，才能最大程度地发挥高校青年文化建设所具备的时代使命。调研数据显示，有 67.65%（596 名）受访大学生对于高校青年文化制度不了解或比较不了解。由此可见，大多数青年对于高校青年文化制度的知晓度、了解度比较低，不太清楚高校青年文化制度的实际运行状况。在对于高校青年文化制度比较了解或了解的受访大学生里，有近六成的受访大学生认为高校青年文化制度的整体性不强，制度的碎片化趋势非常明显或明显。从调研所反映出来的状况来看，高校青年文化制度并没有非常好地落地，与高校青年还隔着一层并未捅破的膜。实事求是地说，现如今高校青年文化制度仍处在建设的完善阶段，还需多主体共同发力方能使其迈向高校青年文化制度的发展新征程。

三、结论总结

（一）正向结论

首先，从总体来看，高校青年文化建设在活动、人才培养、精品、理论、环境、制度方面取得了一定的成绩，为高校青年打造了宽广的舞台来拓展自己的能力，是高校文化、青年文化的重要组成部分。根据调研数据所反馈的情况，高校青年文化建设的六大维度在青年心中得到了一定程度的认可，事实上发挥着重要的引领作用，青年积极参与高校青年文化建设已经成为当代青年的价值共识。

其次，高校青年文化成为承载当代文化自信的重要基石。高校青年文化建设的大幕徐徐拉开，从表面上看是丰富了青年文化和拓展了高校文化的重要内容，实质上来看高校青年文化建设为文化自信的提升起到了重要的助推作用。文化自信的重要环节便是对当代社会主义文化的自信，而高校青年文化正是当代社会主义先进文化的重要组成部分。在高校青年文化建设的进程中，以主人翁的姿态增进文化自信，已经成为滋养文化自信的重要来源。

最后，高校青年文化建设的碎片化倾向一定程度上也起到了积极的效果。根据我们对于高校主要学生干部的访谈结果，高校青年文化建设的"碎片化"趋向虽然会一定程度上影响整体效能，但也起到了一定的积极效果。比方说，具体的碎片化制度可以在某一特定领域起到积极的作用，某个碎片化的理论可以在某个具体活动或服务的开展中发挥着引领作用，某个碎片化的活动也事实上发挥着丰富高校青年文化建设的效果。

（二）负向结论

第一，高校青年文化建设的碎片化趋向实然存在，整体性有待加强。问卷调查从高校青年文化精品、活动、环境、人才、理论、制度等六个方面对于高校青年文化建设的碎片化趋向进行了调查，基于881名青年的调查，结果反映出从学生的视角来看高校青年文化建设的各个环节都出现了一定程度的碎片化倾向。在碎片化的影响下，高校青年文化建设的整体作用、系统功能、协同效果就难以发挥到极致，难以实现高校青年文化建设各个环节的有机融合。

第二，高校青年文化建设的碎片化状态是顶层设计与具体制度安排不完善的产物。综合访谈所得出的结论，从高校辅导员、思政课老师、青年文化研究学者的角度来看，高校青年文化建设的碎片化是顶层设计与具体制度安排不够完善的产物，碎片化虽然有损高校青年文化建设的整体性，但即便在此条件下高校青年文化建设也仍然发挥出积极、正面的效果。如何利用好高校青年文化建设"碎片化"的优势，以及避免"碎片化"所带来的弊端和症结，是值得我们思考的问题。

四、建议措施

根据前文的总结分析，我们尝试从以下几个方面提出开展高校青年文化建设转型工作的几点建议：

（一）高校青年文化精品创作生产

激发学生参与到文化产品创新创作中来，是进行高校青年文化建设的重要手段。高校文化创意产品作为大学品牌文化传播中必不可少的载体，在新媒体时代，面临着新的机遇与挑战。需要应用新媒体技术进行创意设计和技术创新，有效利用新媒体正面引导作用，在新媒体思维的运用下推进校园文化建设和文创产品的互通良好发展，提高高校文化创意产品的文化含量、技术含量，把握新媒体环境下校园文化创意产品的新发展、新生机。需要做到抓住眼球，提升产品关注度："互联网+"背景下，文化产品的推广渠道大大拓宽，积极利用学校官网资讯、朋友圈广告、微信公众平台等手段，能让产品在推出前就具有一定热度；"互联网+"能够让创作者通过问卷等形式精准掌握受众需求；引起话题，激发消费欲望。通过新媒体平台输出创作理念，激发共情。总之，把握"互联网+"环境下文创的新生机，打造精品高校文化创意产品，有利于实现与校园文化建设的互动良性发展。

（二）"互联网+"背景下的高校青年社团文化活动

在个体方面，"互联网+"背景下高校青年的活动与过去相比有了较大转变，最显著的就是长时间的滞网行为，当代青年的大部分文化参与都转向网络，这要求在高校青年文化建设过程中，除线下活动之外，积极创新，组织有趣高效的线上推广活动。在这一方面，近年高校团建工作与互联网的结合有一定的借鉴意义。此外，我们还应注意到，随着互联网新媒体技术的不断发展，高校学生社团的互联网思维日渐凸显，网络参与度越来越高。新媒体视阈下，高校社团针对社团成员开展了多个活动项目和平台建设。依托这些平台，高校学生社团活动的参与度逐渐提高，活动内容在互联网背景下有了新的延展。在这一背景下，推动高校青年文化建设，要积极引导学生社团、组织，让学生积极主动地投身于高校青年文化建设的实践之中。

(三) 培养高校青年文化建设人才

对此，有以下建议：高校应加强校园网络平台建设，创造丰富的网络文化检索途径。高等院校是培养人才的基地，必须加强全方位的校园网络建设。强化校园网络管理机制，创造文明的网络文化空间。校园网站是校园网络文化建设的主阵地，校园网站是学校网络的主页面，所包括的栏目应反映学校的发展，更重要的是为学生提供有益的信息资源。高校要培养一支具有较高网络技术素养的思想政治工作队伍，对网络文化建设实施综合治理。要使校园网络文化健康有效发展，成为大学生获取知识的有力助手，同时又能引导和规范大学生遵纪守法，文明上网，必须建立和培养一支具有良好政治素质，懂法律规则，又有较强网络技术操作和管理能力的思想工作队伍。

同时，保证高校网络文化活力，即要向社会、外界广泛开放与联系，注重学生互动、师生互动、教师互动，让多元化的思想在网络上充分沟通和融合，让社会主流文化在思想的交锋中调和配合。合理利用高校网络文化的"涨落"，教育者应随时根据热点、难点问题，有意识引导系统成员的响应，从而达到教与学的目的，如充分利用BBS、微信、微博平台。淡化说教，令学生自主增强道德意识，约束自己的道德行为。

参考文献

[1] 王恒杰等：《新媒体平台建设面临的机遇与挑战及对策——以高校为例》，载《中国商论》2017年第1期。

[2] 张逾梦：《"互联网+"视阈下高校网络文化建设面临的挑战与应对》，载《产业与科技论坛》2017年第1期。

[3] 韩慧玲：《"互联网+"背景下高校校园文化建设思考》，载《江西中医药大学学报》2016年第5期。

[4] 胡晶晶：《新媒体下高校校园文化创新研究》，安徽工程大学2013年硕士学位论文。

[5] 饶盛、姚远：《新媒体环境下高校青年自组织与校园文化建设研究》，载《铜陵职业技术学院学报》2016年第1期。

[6] 王文杰、侯学然：《新媒体时代高校校园文化建设研究》，载《青年与社会》2013年第28期。

[7] 赵丹丹：《新媒体背景下的高校校园文化建设创新研究》，载《西部广播电视》2016年第15期。

［8］卢秀峰、李辉：《基于新媒体背景下的青年大学生碎片化思维及其整合》，载《黑龙江高教研究》2014 年第 5 期。

［9］［美］玛格丽特·米德：《文化与承诺———项关于代沟问题的研究》，周晓虹、周怡译，河北人民出版社 1987 年版。

［10］［印］拉金德拉·潘迪：《青年社会学》，人民出版社 1994 年版。

［11］付启敏：《关于全球化趋势下先进青年文化建设的思考》，载《前沿》2006 年第 3 期。

［12］乔旋：《论 SNS 社交网站中青年亚文化的传播——以人人网为例》，山东师范大学 2013 年硕士学位论文。

［13］王萍：《网络文化对大学生思想道德观的影响及对策研究》，中南民族大学 2012 年硕士学位论文。

［14］李宏：《网络文化背景下我国青年政治社会化问题研究》，哈尔滨工程大学 2007 年硕士学位论文。

［15］成方哲：《构建网络文化背景下的高校思想政治教育工作体系》，哈尔滨理工大学 2005 硕士学位论文。

［16］张道明、刘雪丽：《"互联网+"时代高校网络思想文化阵地建设探析》，载《乌鲁木齐职业大学学报》2015 年第 4 期。

学生活动中的中华优秀传统文化育人开展与创新研究
——以"中华文明季"活动为例

中国政法大学人文学院　张宇飞
中国政法大学科研处　　王　培

摘　要：历经千年积淀与传承的中华优秀传统文化如何与当代社会契合，如何适应国家与社会发展的精神动力和智力保障需求，取精去糟，从而实现新发展。高校如何在日常的学生活动中运用好中华优秀传统文化，加强校园文化建设，营造健康向上的文化氛围，熏习陶冶，落实立德树人根本任务。大学生如何面对复杂多元的文化冲击和价值对立，如何从中华优秀传统文化中汲取营养，做到修齐治平，提高人文素养与价值追求，树立文化自信，坚定理想信念。本文拟从学院特色活动"中华文明季"活动着手，通过对活动的内容与形式、实效与创新等进行分析总结，以期为高校中的中华优秀传统文化育人学生活动提供借鉴参考。

关键词：传统文化　育人　学生活动　中华文明季

一、绪论

校园文化因其环境和对象而具有一定的特殊性，高校校园文化开放包容，多元文化和价值观念交流激荡，应试教育而来的大学生随着身心的成熟、阅历的增加和知识的拓展，开始逐渐在反思与批判的过程中逐步形成自己的世界观、人生观、价值观。高校文化活动于大学生而言，具有启迪智慧、陶冶心性、引领思想、凝心铸魂等育人实效。以学生为主体筹划参与的学生活动，作为校园文化建设的重要组成内容，其质量的提升有助于满足学生需求，展现学校办学水平，深化文化育人功能，增强文化自信。习近平总书记指出："中国传统文化博大精深，学习和掌握其中的各种思想精华，对树立正确的世界观、人生观、价值观很有益处……学史可以看成败、鉴得失、知兴替；学诗可以情飞扬、志高昂、人灵秀；学伦理可以知廉耻、懂荣辱、辨是非。"[1]党的二十大报告指出，中华优秀传统文化源远流长、博大精深，是中华文明的智慧结晶，其中蕴含的天下为公、民为邦本、为政以德、革故鼎新、任人唯贤、天人合一、自强不息、厚德载物、讲信修睦、亲仁善邻等，是中国人民在长期生产生活中积累的宇宙观、天下观、社会观、道德观的重要体现，同科学社会主义价值观主张具有高度契合性。[2]在学生活动中充分围绕并发掘中华优秀传统文化中的宝贵财富，并不断与时俱进，使大学生在学生活动的熏陶下，博雅文明其灵魂，激扬提拔其精神，养浩然之正气，行君子之正行。

在对大学生的修养状况进行调研之后，有学者提出，"一些优秀的传统伦理道德在现实生活中遭到不同程度的破坏，并由此引发了许多社会问题：极端个人主义、拜金主义、享乐主义、功利主义、诚信危机等。当代大学生在求学期间面对种种社会现实问题，充满了迷惘、惶惑、浮躁、挣扎。"[3]传统道德的破坏，使得大学生在面临纷繁复杂的社会现象和价值冲突时不知所措，消极者逐渐被腐朽错误的思想腐蚀，背离高等教育的初衷。将中华优秀传统文化纳入学生活动之中，向大学生呈现中华优秀传统文化的丰富精神底蕴和价值内涵，使其接受其中的宝贵精神动力，提升精神气质，完善人格，增强文化自觉与文化自信。

教育部《完善中华优秀传统文化教育指导纲要》中提到，大学阶段，以提高学生对中华优秀传统文化的自主学习和探究能力为重点，培养学生的文化创新意识，增强学生传承弘扬中华优秀传统文化的责任感和使命感。引导学生完善人格修养，关心国家命运，自觉把个人理想和国家梦想、个人价值与国家发展结合起来，坚定为实现中华民族伟大复兴的中国梦不懈奋斗的理

---

[1] 习近平：《在中央党校建校80周年庆祝大会暨2013年春季学期开学典礼上的讲话》，载《人民日报》2013年3月3日，第2版。

[2] 习近平：《高举中国特色社会主义伟大旗帜 为全面建设社会主义现代化国家而团结奋斗——在中国共产党第二十次全国代表大会上的报告》，载《求是》2022年第21期。

[3] 赵婕：《大学生国学修养状况的调查》，载《当代青年研究》2011年第1期。

想信念。[1]高校作为大学生校园与社会联结的中转场，立足优秀传统文化的学生活动，激发学生在传承的基础上进行创新与研究，在完善自身的基础上，应根据国家社会的发展需求，培养深厚的家国情怀。从而使大学生将自身的科学文化知识与社会发展相结合，武装自己，强化使命担当与责任意识，激发爱国报国之心，将个人价值与社会价值相结合，将个人理想与国家富强相结合，树立起与时代同心同向的理想信念，真正成为中国特色社会主义事业的建设者和接班人。

下文以学院特色中华传统文化学生活动"中华文明季"为例，详细阐述活动的内容、开展的方式、取得的成效等内容，探索如何在学生活动中加强中华优秀传统文化的创新与育人作用发挥。

二、"中华文明季"活动介绍

"中华文明季"传统文化育人体系是由中国政法大学人文学院、中华文明通论课程组主办，依托我校通识教育改革、人文素质养育，发挥人文学科特色，旨在弘扬优秀中华文化，营造丰厚博雅的校园人文氛围，使师生亲近和走近中华文明，提升学生人文素养的校园文化项目。自2013年开始，以"中国梦·中华情"为主题的"中华文明季"活动，每学期举办一次，在打造品牌活动的同时，每届探索不同形式与内容，展示我校通识教育成果和学生人文素质，至2019年底，已成功举办14届，吸引了学校领导和相关部门、众多师生员工、国际友人的参与、关注和赞誉，获得良好反响。

《中华文明通论》课程力图揭示中华文明"天人合一、自强不息、厚德载物、生生不已"的基本特点，彰显中华文明的发展持续性、文化整体性、文明包容性，帮助学生理解中华文明建设的当代使命、实现"向学识真，闻道求实，博雅文明，心仪君子"的课程目标。"中华文明季"活动与中通课程配合开展，其出发点是将对中华文明的认知学习，从课堂知识点与文化史的学习，拓展到课外的亲身参与、实践教学，让师生在参与中感受中华文明的博大与浩瀚，以中华文明之精神变化气质，充分发挥第二课堂的作用，形成课堂与课外的良性互动，真正达到知行合一的境界。

---

　　[1]　中华人民共和国教育部：《完善中华优秀传统文化教育指导纲要》，载《中国教育报》2014年4月2日，第3版。

三、以"中华文明季"为例,中华优秀传统文化育人的开展形式分析

"中华文明季"活动充分结合人文学院专业特色,发挥文史哲艺基础学科特长,为法大师生呈现一季的视听文化盛宴,发挥"法大人文"的学科优势,努力营造"人文法大"的校园文化氛围。该文明季以"中国梦·中华情"为主线贯穿所有活动,每一个系列活动都紧扣主旋律,同时有明确的主题指向。历届主题包括"印象中华——创意作品展""青春中华——中华风情音乐会""丹青中华——手绘文化衫义卖""舞乐中华——民乐舞蹈快闪活动""霓裳羽衣,锦绣中华——民族服饰展""国色天香,寻味中华——中华美食展""中华讲坛——中华文明大系学术讲座",等等。项目围绕中国梦和社会主义核心价值观,积极弘扬优秀中国传统文化。活动通过不同的主题阐述展示,发掘中华文明千年的积淀,站在前人的智慧肩膀上,为法大的校园文化建设与发展,为法大的校园文化软实力建设略尽绵薄之力。

"中华文明季"活动形式多样,在打造品牌活动的同时,每届探索不同形式不同内容,主要包括但不限于以下形式:

(一)印象中华——创意作品展

学生创意作品展是"中华文明季"的主打品牌活动,同学们结合老师的课堂讲授内容与自己的生活学习环境,围绕中华文化选定主题,发挥奇妙想象力和创造力,在作品中表达对中华文明的认同感和使命感,提交的作品各具特色,让人称奇,有花馍造型、粤式茶点、书画作品、札记手书、剪纸折扇、泥塑陶瓷、美食地图,等等。作品展除了同学们的才艺展示,也吸引学校老师、管理人员、后勤人员参与其中,制作展品,踊跃参展。

"印象中华"展示的是法大学子美丽的中国梦,传达的是华夏儿女浓厚的中华情。同学们通过作品,绽放出思维的火花,在自身体悟中华文明的同时也通过创新的形式打造一扇窗户,让广大师生可以仰望中华文化那片璀璨的星空。

(二)中国问题论衡

"中华文明季"活动的另一重头戏——"中国问题论衡"——以中通课程各班级为单位,各班根据对中华文明的历史与传统、解读与构建、现实与

未来的思考，自行设计问题、搜集资料并提出可能的解决方案。活动通过小班准备、现场论衡、视频制作、大班展示、资料提交等环节，力图推动同学们问题意识的自觉与思维能力的提高，使大家进一步加深对中华文化的认识与思考，增强中华文明传承与发展的责任感。又包括：

1. 中国问题论衡之班级海报展

茫茫禹迹，划为九州。宅兹中国，千古风流。笔墨丹青，方絮一张，将中华大地上的故事娓娓道来。这里有诸子言说的文化传统，有先民书写着灿烂的历史篇章。服章之美衬托仪态的雅致，礼仪之大浸润生活的细节。潜藏山海的鸟兽，出入人世的鬼神，在知识与想象的错织中，寄托种种思考与希望。庙堂施政，体国经野，邦教食货，礼乐衣冠，棋胆琴心，诗魂茶韵，彰显着中华文明的浩瀚博大。

班级海报展各班依据选定论衡主题，分工合作，手绘制作了有创意、有特色的主题海报，以展板形式在学校的文化展厅或是人流量最大的校园甬路展出。中国问题论衡创意海报展作为课程展示的一个重要环节，将源远流长、博大精深的中华文化浓缩于绘画中，有助于调动和提升小组动手合作能力，并将各组研究成果以手绘海报形式进行直观呈现，从而进一步增强同学们对于中华文化的理解，更好地继承与弘扬中华文明。

2. 中国问题论衡之班级沙龙

论衡的主要活动是班级沙龙，各班都进行精心的策划，采取了丰富多样的组织形式，例如 PPT 展示、问卷调查、个人演讲、集体讨论、分组辩论、微型话剧等方式。全班同学都能够积极参与其中，进行思想的交流与碰撞，从而对中国文化产生深度思考和进一步认识。关注古今，关乎你我，同学们激情洋溢地演说，在激辩中碰撞思想的火花，在旁征博引中体悟先人的智慧和感悟中华文明对于当代中国之影响。论衡成果展示是中国问题论衡系列活动之一，是对同学们《中华文明通论》课程研究成果的集中展示。成果展示不仅是思想的碰撞，更是文化的交流；不仅体现了各班同学的智慧与凝聚力，更体现了课程的开放与创新性。通过成果展示，同学们能够对中国问题有更深入的了解，也更加彰显出一份人文情怀。

3. 中国问题论衡之班级成果展

听夜雨声声催君独行漫漫长路，看月华光耀九州照君只身清影，羽扇纶巾的英雄豪杰谈笑间樯橹灰飞烟灭，奔腾不息的文明长河自远古蜿蜒至今。在蓝桥春雪满载流年里，访青青子衿锦绣华服的绵延不断，辨诸子百家合纵连横的是非进退，好奇司命山鬼魑魅魍魉的神秘莫测，赞叹丹青水墨横竖撇捺的灵动迂回。低吟浅唱，凤箫声动载歌行，俯瞰古今，兴衰更迭难言喻。

中国问题论衡活动通过这种班级自选主题、自行组织、自主讨论、自我展示的方式，使同学们更深入地研究和思考中华文明。无声之诗，引人深思，正可谓：闲来观此物，正心更诚意。论衡天下事，风雨百年心。

（三）翰墨中华——中国传统书画展

书画展将展出多位国内知名书画家的珍贵作品，传统的书画，笔墨纸香渲染出中国水墨的独有意境，为法大师生展现别样的翰墨中华。书画作品直击心灵，以中华文化独有的美，去陶冶、升华每一位观展师生的情操与价值。在书画展和古籍展举办的同时，也会邀请参展书画名家对感兴趣的师生进行书画技巧课程培训，进行书画创作，让参与师生在实际动手临摹或创作中感受中国书画的悠远意境，山水之乐。

（四）中华讲坛——中华文明大系学术讲座

中华文明大系学术讲座现已举办了百余讲，每年邀请学界专家、知名学者来法大做讲座，与课堂教学、学生活动相辅相成。主题涉及中国传统建筑、历法、诗词、音乐、服饰、体育等广泛内容，形式或专题讲座，或对谈沙龙。在思想的交流与碰撞中，让法大师生可以近距离了解和接触不同专业学科国际前沿问题，开拓学术视野，丰富人文知识。

（五）舞乐中华——民乐舞蹈快闪活动

为了让"中华文明季"活动形成良好的辐射效果，故多以同学们喜闻乐见的形式呈现。文明季活动多在下课时间，学生流量最多的干道上，以快闪的形式为同学们献上一场场舞蹈与歌曲的盛宴。表演者手之舞之，足之蹈之，歌之唱之，拉二胡、吹笛子、弹古筝，歌舞相应，欢快的氛围吸引路过的同学纷纷参加到活动表演中，让同学们感受到中华传统音乐与舞蹈的美丽与温暖，在紧张的学习后可以放松身心。

（六）霓裳羽衣，锦绣中华——民族服饰展

为了让同学更全面、更直观地了解中华民族服饰的纷繁种类，领略其独特韵味，体验别样民族风情和文化，"中华文明季"活动会举办特色鲜明的服饰展。以不同的民族舞蹈表演、民族服装秀、民族服装讲解、民族服装试穿为主要形式，不同民族的服饰，或精美秀丽，或豪爽粗犷，或质朴清新，体现着不同的民族特色和中华一家的民族团结情怀。一衽一扣间无不显示"衣冠上国、礼仪之邦"的文明形象，充分展现了中华民族服饰的迷人魅力。

四、"中华文明季"活动的传统文化育人实效与创新

依托《中华文明通论》和中国传统文化类通识课程，通过形式多样的活动，邀请动员全校师生充分发挥能动性，参与到文明季活动中，让全校所有本科生在四年内至少亲身参与一次"中华文明季"，并对当季主题涉及的文化内涵有一个全面而深刻的理解。充分发挥第二课堂的作用，促使"中华文明季"活动与《中华文明通论》课程相结合，形成课堂与课外的良性互动，达到知行合一的境界。成功打造全校学生共同参与共建的跨学科、跨年级的校园文化品牌。活动形式在保持原有品牌的基础上，继续探索新的形式和内容，发掘我校学生人文素质潜能。

"中华文明季"活动形式丰富，内容翔实，学生参与度高，从文创设计到海报制作，从读书沙龙到成果展示，同学们在理论学习之余，充分利用新媒体技术多渠道探寻弘扬传统优秀文化新路径。举办传统节日文化活动，贯通古今，还原古代传统节日娱乐项目，让学生们在放松身心的同时接收知识，提高学习传统文化的积极性，在实践中感受文化魅力，让弘扬中华优秀传统文化精神真正落实落地深入人心。

2013年以来，"中华文明季"活动已成功举办二十届，活动的形式和内容充分发挥文史哲基础学科特长，通过不同的主题阐发展示，发掘中华文明千年的积淀，为法大的校园文化软实力建设略尽绵薄之力。"印象中华——创意作品展""翰墨中华——中国传统书画展"等活动的作品一经展出，得到师生们热烈反响。举办参观故宫博物院活动，让同学们近距离对话文物，感受中华文明历史更迭演进的魅力。

活动形式在保持原有品牌的基础上，继续探索新的形式和内容，在发掘我校学生人文素质潜能基础上，孵化新的学生活动项目。经过上述相关活动的奠基，结合中华传统节日，开展中国传统文化节，目前已经举办"沂水春风——端午传统文化节""循灯拾月中秋传统文化节"等活动。通过体验猜灯谜、投壶、画油纸伞、对诗、簸钱、画兔儿爷等传统娱乐项目，让同学们进一步加深了对中华优秀传统文化的认识，寓教于乐，此活动得到法大学子热烈响应，也进一步在校园中大力传播和弘扬中华优秀传统文化。

"中华文明季"活动具有很好的推广价值和可复制性，校内学院或可加强合作，取长补短，相互借鉴，为文明季增添新的内容和形式。或可借鉴文明季形式，立足本院实际，与第一课堂结合开展新的活动。校际方面，在加强校内合作的基础上，不断与其他高校和社会团体加强交流沟通，实现资源共享。以文化为纽带，各校互通有无，携手共建，使中华文明的营养哺育和惠及更多、更大范围的高校学子。

五、结语

"中华文明季"传统文化育人活动弘扬优秀中华优秀传统文化，鼓励同学将课堂所学与实践紧密结合起来，通过多种形式领悟和体认中华文明的魅力，积极思考中华文明的过去、现在和未来，充分展示我校同学人文素质知识、能力和实践的完美结合，同时又能培养同学对中华文明的深厚情感。活动集中展示我校通识教育成果和学生人文素质能力，历届活动都吸引了学校领导和相关部门、众多师生员工、国际友人的参与、关注和赞誉，获得良好反响。充分展示我校学生人文素质知识、能力和实践的完美结合，同时又展现了同学们对中华文明的深厚情感。文明季的所有活动让同学们在参与中感受到法大自由包容的校园文化氛围，领略课堂与实践相结合、学以致用的大学教育理念，自主学习，团队合作，通过积极参与，集体荣誉，既树立良好的校园学风，也加强了班级凝聚力建设，展示法大学子的良好精神风貌。

参考文献

[1] 刘晓玲：《文化软实力提升浅论》，湖南人民出版社2009年版。
[2] 钱海：《中华传统文化当代价值论》，孔学堂书局2019年版。
[3] 许瑞芳等：《新时代大中小学思政课一体化建设》，华东师范大学出版社2021年版。
[4] 李春华：《文化的"化人"与思政的"育人"》，载《马克思主义研究》2012年第

9期。

[5] 田海平:《"实践智慧"与智慧的实践》,载《中国社会科学》2018年第3期。

[6] 郑清文:《高校基层院系学生活动设计探析》,载《学校党建与思想教育》2021年第5期。

[7] 韩美群:《"本硕博"思想政治理论课一体化建设的路径探究》,载《思想理论教育导刊》2022年第7期。

高校红色档案育人铸魂

——挖掘校史档案资源，培育校史文化自信

中国政法大学档案馆　王子聪

摘　要：红色档案，作为原始真实的红色资源载体，传承着红色基因，留存着红色记忆。本文聚焦高校红色校史档案领域，对其财富价值和特点加以研究，其见证高校建校办学发展的历史变迁，建构传承历久弥新的红色校史记忆，增强每一名师生和校友的身份认同和情感维系，引导学校主流思想舆论；尤其是其具有的思想政治育人价值。

针对红色校史档案育人措施，则提出首先要坚持"档案姓党，为党管档"的意识形态使命，统筹整合资源；其次要融入学校思想政治教育育人整体大局；再次立足馆藏，以教育界、所在地域、行业领域为抓手，挖掘特色校史档案；最后讲好校史档案育人故事，进一步增强学校品牌文化自信，建设社会主义文化强国。

关键词：档案育人　红色档案　红色基因　校史档案　文化自信

一、党和国家高度重视红色档案

在党的二十大报告中指出，弘扬以伟大建党精神为源头的中国共产党人精神谱系，用好红色资源，深入开展社会主义核心价值观宣传教育，深化爱国主义、集体主义、社会主义教育，着力培养担当民族复兴大任的时代新人。[1]其中"红色资源"是指党在民主主义革命、社会主义革命、社会主义建设、改革开放和新时代，艰难而绚烂的奋斗历程的见证，是最珍贵的精神

---

〔1〕习近平：《高举中国特色社会主义伟大旗帜　为全面建设社会主义现代化国家而团结奋斗》，载《人民日报》2022年10月26日，第1版。

财富，[1]彰显着党的性质和宗旨，蕴藏着红色记忆中丰富的革命精神和厚重的文化底蕴，[2]承载着红色基因。

"红色基因"是习近平总书记于2014年4月29日提出的，通过激活红色基因来焕发党的生机活力。[3]针对"革命博物馆、纪念馆、党史馆等党和国家的红色基因库"，总书记强调要讲好党的故事、革命的故事、英雄和烈士的故事，加强革命传统教育、爱国主义教育、青少年思想道德教育，把红色基因传承好，确保红色江山永不变色。[4]

"红色档案"是指党领导广大人民群众所形成的具有保存价值的各种文书、图表、声像、实物等不同形式的原始记录载体，[5]能复原百年来重要历史场景的真实情景，有利于发扬优秀共产党人的革命精神。[6]习近平总书记指出，"档案工作是一项利国利民、惠及千秋万代的崇高事业，经验得以总结，规律得以认识，历史得以延续"，要做到从"为党管档、为国守史、为民服务"的高度来认识。红色档案作为众多红色资源中最客观、真实、原始的历史记录，习近平总书记特别指示"四个好"的要求，即"要把蕴含党的初心使命的红色档案保管好、利用好，把新时代党领导人民推进实现中华民族伟大复兴的奋斗历史记录好、留存好"。[7]

对于高校档案工作者来说，要把党的二十大精神、习近平总书记关于档案工作重要指示批示精神、习近平总书记考察中国人民大学的重要讲话精神等结合起来学习。高校红色校史档案是挖掘传承校史档案中红色基因的史实载体，是党创办大学的历程反映，是学校文化的根基与灵魂，通过加强挖掘、

---

［1］习近平：《用好红色资源 赓续红色血脉 努力创造无愧于历史和人民的新业绩》，载《求是》2021年第19期。

［2］侯欣一：《红色法律专家系列报道之六 李木庵：司法改革的先行者》，载《民主与法制》2021年第29期。

［3］《习近平治军3年，军队血脉承载红色基因》，载http://politics.people.com.cn/n1/2016/0113/c1001-28049477.html，最后访问日期：2023年2月14日。

［4］《习近平在河南考察时强调：坚定信心埋头苦干奋勇争先 谱写新时代中原更加出彩的绚丽篇章》，载《人民日报》2019年9月19日，第1版。

［5］朱彤、曾祥明：《论红色档案传承红色基因的生成机理、价值意蕴及实践路径》，载《档案学通讯》2022年第1期。

［6］徐拥军：《挖掘档案价值 读懂百年党史》，载《中国档案》2021年第3期。

［7］伊部：《国家档案局印发〈通知〉要求认真学习贯彻习近平总书记对档案工作重要批示》，载《中国档案报》2021年7月29日，第1版。

整理和研究档案史料，能激励广大师生和校友传承优良传统，赓续红色血脉，有助于落实立德树人根本任务，继承好光荣的革命传统和鲜明的红色基因。[1]

二、红色校史档案特点及价值

（一）勇于创新，树立档案是财富的理念

党的各项事业发展，都离不开档案，档案是具有生产要素性质的财富，不是各单位的包袱与负担。一方面，在中共中央、国务院2020年3月发布的《关于构建更加完善的要素市场化配置体制机制的意见》中，将数据单独列出作为新型生产要素，与土地、劳动力、资本、技术等传统要素并列。数据与档案虽不完全是同一个概念，但归档的电子数据即是档案。在《档案法》中也规定，保障电子档案、传统载体档案数字化成果等档案数字资源的安全保存和有效利用，[2]将数据作为电子文件档案的范围。作为工具的档案是基础数据，是决策制定的基本依据，能避免历史错误，有利于提高国家治理水平和加快国家治理体系的现代化建设。

另一方面，档案自身具有先行性、引领性。其总收益远远大于总成本，人类建立、利用档案，使得经验得以传递，后人得以传承学习前人的经验。档案工作不仅仅是最后的末端收尾工作，更是在工作开始前以档案为引领来开启手头工作，能够惠及千秋万代。而其中的红色档案更是珍贵的财富资源，广大党员干部通过充分利用红色档案资源，能树立高尚的理想信念。

高校的红色档案资源则是开展思想政治教育最鲜活的教材，既提供了生动、真实的案例素材，又提供了多元的教育形式和教育环境。通过开展校馆合作等方式，充分利用在属地档案馆、博物馆的资源，合作共赢挖掘本校的红色资源。从历史中总结经验教训，从党的百年历程中，以学校发展变迁为切入口，把握历史规律，以鲜活生动的档案材料诠释初心使命，更好助力学校双一流发展建设。

---

[1]《习近平总书记在2022年4月考察中国人民大学》，载 https://news.ruc.edu.cn/kaocha，最后访问日期：2023年1月18日。

[2]《中华人民共和国档案法》，载 https://www.saac.gov.cn/daj/falv/202006/79ca4f151fde470c996bec0d50601505.shtml，最后访问日期：2023年1月18日。

(二) 基于档案范式理论的校史档案价值

根据档案范式理论[1]和档案记忆观理论[2],档案文化功用共分为四级,第一级是作为证据的凭证价值,第二级是作为记忆的遗产价值,第三级是作为认同的情感价值,第四级是作为社群的舆论引导价值。[3]

1. "存史"传承校园文化精神,见证学校发展历史变迁

校史档案是历史的记录,是历史发展的凭证性材料,不仅包括学校大事记等大事概况,还有丰富的过程与细节信息。具有继承性、连续性的高校校史档案是学校文化的重要组成和第一手教育资源,能作为考证的真凭实据,可以还原学校发展历程的真实历史,记录学校发展变迁复兴的历程,还是广大师生智慧和实践经验的结晶。

2. 建构传承学校记忆,发挥校史文化基因的遗产价值

原始记录性的校史档案具有较高的查考作用,在经济、文化、历史、美学等领域都有档案遗产价值,还包括发挥其情报价值来"资政",为领导决策提供参考,通过让历史文物说话,以史为鉴,借鉴历史的经验教训,少走弯路,更好前进。[4]通过再现动静态的校史档案,能形成对校史的理性认识,有效保存学校记忆,建构重构集体记忆,有助于弘扬学校的文化基因,增强文化自信自强,做到"以史鉴今、启迪后人"[5]。

3. 增强校友身份认同,维系集体情感价值,凝聚学校精神

精神是赖以长久生存的灵魂,在历史洪流中屹立不倒、奋勇向前。[6]作为

---

[1] T. Cook, "Evidence, Memory, Identity, and Community: Four Shifting Archival Paradigms", *Archival science*, 2, 2013, pp. 95-120.

[2] 徐拥军:《档案记忆观的理论与实践》,中国人民大学出版社2017年版,第65~69页。

[3] 徐拥军、龙家庆:《档案在推进文化自信自强中的价值及实现路径》,载《档案学通讯》2023年第1期。

[4] 中共中央文献研究室编:《习近平关于社会主义文化建设论述摘编》,中央文献出版社2017年版,第188页。

[5] 《习近平在北京考察工作时强调:立足优势 深化改革 勇于开拓 在建设首善之区上不断取得新成绩》,载《人民日报》2014年2月27日,第1版。

[6] 习近平:《在纪念红军长征胜利80周年大会上的讲话》,载《人民日报》2016年10月22日,第2版。

社会历史记忆的档案，关系到个人、民族的根源感、认同感和身份感。[1]校史档案蕴藏着学校精神和情感，能触发历史、记忆、文化的情感共鸣，构成校史档案的情感价值。[2]在社会历史身份变迁中，多重的个体角色易诱发精神归属的迷茫，需要通过档案参与、建构、强化集体记忆来实现身份认同，[3]如"我是学校的一份子"的主人翁身份精神认同。同时校史档案的编研与展陈，能使得受众通过了解学校发展历程，增强校友的身份认同和爱校情感凝聚。

4. 建构学校话语体系，引导主流思想舆论

要"让历史说话，用史实发言"，具体来说"更多通过档案、资料、事实、当事人证词等各种人证、物证来说话"[4]，高度重视档案在塑造影响力、公信力等方面的重要媒介作用。正所谓"灭人之国，必先去其史"，坚持意识形态阵地上的正确舆论引导，有助于"巩固壮大奋进新时代的学校主流思想舆论"，增强文化自信自强，打造学校品牌，增进师生校友社群内的共同向心力。

（三）高校红色档案资源的思政育人价值

《档案法》中要求通过开展媒体宣传、专题展览、公益讲座等活动，进行爱国主义、集体主义、中国特色社会主义教育，尤其是要把红色资源利用好，把红色传统发扬好，把红色基因传承好，[5]发挥其育人实效，实现红色档案的思想政治教育目的。

档案以其独特的直观性、原始性和历史性，成为宣传教育的重要材料。[6]以学生的需求为本，结合学生已有的经验，丰富学生的直接经验，以获取感性知识。通过档案实体文物再现历史情景，反映历史过程，揭示历史本质和

---

[1] 朱彤、杨灏：《基于"高校记忆"视角发挥档案在大学文化中育人作用》，载《档案管理》2020年第4期。

[2] 冯惠玲：《当代身份认同中的档案价值》，载《中国人民大学学报》2015年第1期。

[3] 王玉珏、张馨艺：《档案情感价值的挖掘与开发研究》，载《档案学通讯》2018年第5期。

[4] 《习近平：让历史说话，用史实发言》，载 https://news.cnr.cn/native/gd/20150731/t20150731_519385353.shtml，最后访问日期：2023年1月31日。

[5] 习近平：《用好红色资源，传承好红色基因 把红色江山世世代代传下去》，载《求知》2021年第6期。

[6] 冯惠玲、张辑哲：《档案学概论》，中国人民大学出版社2006年版，第57页。

规律，实现育人目的。这实际上利用了捷克大教育家夸美纽斯所提出的"直观性教学原则"，我国古代教育家荀子也认为："不闻不若闻之，闻之不若见之。"语言文字对于学生来说容易停留表面，印象不深刻，而通过实物充分调动学生的多种感官，如视觉、听觉等，比如档案文献本体（或复制件）、档案音视频资料的电子化版本等，通过各种形式的感知，使得校史更加生动、形象、有趣，学生获得了感性知识，才能上升到理性知识。

三、红色校史档案育人的实现深化措施

以北京地区55所高校档案馆的网站为例，[1]存在着对红色档案的征集整理重视程度不够，对红色档案编研利用意识薄弱，嵌入立德树人的思政教育大局不融洽、不充分，以及红色档案育人的针对性和时效性不足等问题。

（一）坚持"档案姓党，为党管档"的意识形态使命

只有坚持党的领导，才能协调各方资源、调动各方力量做好红色校史档案工作，切实扛起红色档案背负的政治责任，高校的校史档案工作，既有基础性又有长远性，功在当代、利在千秋，在推进文化自信，强化意识形态领域话语权方面发挥着独特的作用。

做好高校档案工作要在"服务"方面下大工夫，智慧化"档案库"、活化"死档案"，真正使校史档案更好为整体工作大局服务、为人民群众服务。一方面，要"及时向学校领导机关、向社会提供有价值的信息，为经济建设、社会发展服务"[2]；另一方面，树立"以人民为中心"的理念，公民"享有依法利用档案的权利"，为最广大人民群众服务。主动着眼于服务学校整体规划大局，抓住重要历史节点，如建党百年、党的二十大胜利召开等，围绕领导的关注点和工作重点进行服务，包括重大活动、重大会议、重大工程等。

要精心保护好高校馆藏红色档案文献，重视运用现代科技手段，逐步推进数字化进程，通过与专业机构和研究院所合作形成合力，加强档案实物原件的保护修复和综合开发利用，在编研中赋予校史档案新的时代意义，打造

---

[1] 参见彭插三：《高校档案馆红色档案开发利用现状、问题及对策——基于对北京地区55所高校档案馆网站的调研》，载《兰台世界》2022年第6期。

[2] 《省委书记、省人大常委会主任习近平同志在考察省档案局省档案馆时的讲话》，载《浙江档案》2003年第6期。

红色校史档案资源信息平台。深入挖掘校史档案中蕴含的思政教育价值。进一步加大各种各类融媒体平台的宣传力度，创作宣传新时代档案题材的人民群众喜闻乐见的文艺作品，让更多的人受到教育、得到启迪，[1]助力学校的立德树人和双一流建设，践行"为党管档、为国守史、为民服务"的职责。

（二）红色校史档案融入学校思政教育大局——挖掘红色资源，激活红色记忆，传承红色基因

"历史档案对激励全党不忘初心、牢记使命、永远奋斗具有不可替代的重要意义"，[2]要求高校保管好、利用好蕴藏党的初心使命的红色校史档案，以档案为出发点，挖掘档案背后的细节与感人故事，增强红色校史档案的文化感和认同感。

在理想信念教育常态化、制度化进程中，高校档案馆通过挖掘校史档案，激励广大师生的爱党、爱国情感和强国志向，以育人铸魂来落实培育社会主义核心价值观。充分运用红色校史档案，"教育引导广大党员、干部坚定理想信念、筑牢初心使命"，[3]比如我校提出的发扬红色传统、传承红色基因，赓续共产党人精神血脉，培养德法兼修、德才兼备的高素质法治人才。

红色校史档案资源要以广大师生和校友为主要服务对象，增强档案开发与利用的有效性和针对性，管好用好这些蕴含党的初心使命的宝贵精神财富，以红色档案中先辈身上的革命精神为镜，使师生和校友们在思想上受教育、精神上受洗礼，厚植爱党爱国情怀。还要推出更多有感染力的原创性校史档案文化传播成果，增强历史自信，推进文化自信自强，打造学校品牌与口碑，提升国际国内影响力。

---

[1] 参见《习近平总书记在2022年4月考察中国人民大学》，载 https://news.ruc.edu.cn/kaocha，最后访问日期：2023年1月18日。

[2]《不忘初心 牢记使命 永远奋斗 习近平总书记带领中央政治局常委瞻仰上海中共一大会址和浙江嘉兴南湖红船》，载《紫光阁》2017年第11期。

[3]《用好红色资源 汲取精神伟力》，载 http://qh.people.com.cn/n2/2021/0803/c182775-34850258.html，最后访问日期：2023年2月14日。

(三) 立足馆藏红色资源，挖掘特色校史档案——以教育界、所在地域、专业行业领域三大抓手为切入点

要让书写在古籍里的文字活起来，[1]传承保护利用好珍贵的红色校史档案资源，让富有红色基因的校史档案真正火起来、热起来、活起来。高校档案部门应摸清底数，以既有的馆藏红色资源整理编研为出发点，以编研需求为引导加强征集其他相关档案材料，开发利用特色档案，讲好学校的红色校史故事。如针对高等院校来说，可以挖掘教育界、所在地域、特色专业的行业领域，以三大抓手为切入，挖掘整理特色红色档案资源，拉近与师生实际生活的距离，更加接地气。

1. 以高校所在的教育界资源为抓手

可以挖掘革命先烈中领导教育事业比较多的"延安五老"（吴玉章、林伯渠、徐特立、董必武、谢觉哉），如曾任长沙师范学校校长的徐特立、中国人民大学校长的吴玉章等。以我校的校史发展为例，吴玉章于1952年曾兼任我校前身之一的"中央政法干部学校"的校务委员会委员。林伯渠曾任中央人民政府的秘书长，就"毛泽东主席题写校名"一事，协助北京政法学院首任院长钱端升镌制校徽及校匾。董必武，在新中国成立后曾任政务院政法委员会主任，1951年5月向中央提出倡议设立"中央政法干部学校"，并亲自领导筹办和调配教师干部，[2]在院系调整中督促筹建"北京政法学院"等各大行政区的政法学院以及高校的法律系。[3]谢觉哉，1949年任我校前身之一的原中国政法大学（1949年）的校长、1952年兼任中央政法干校的副校长，在我校昌平校区图书馆法渊阁南侧就敬立着谢觉哉同志的铜像。

2. 以高校所在地域内的档案资源为抓手

可以加强与当地的省或市级档案馆、附近的兄弟院校档案馆等部门合作。以北京为例，如可以与北京市档案馆等单位合作，以李大钊等中国共产党早期北方领导人物为切入，并结合全国人民喜闻乐见的《觉醒年代》等形式，使得广大师生更好地接受教育。同时，北京很多院校校史都可联系到民国时

---

[1] 习近平：《在联合国教科文组织总部的演讲》，载《人民日报》2014年3月28日，第3版。
[2] 董必武传记编写组：《董必武传略》，法律出版社1985年版，第120~121页。
[3] 张正新：《董必武训练和培养政法干部思想研究》，载孙琬钟、杨瑞广主编：《董必武法学思想研究文集》（第十二辑），人民法院出版社2007年版。

期的诸多名校，如北京大学、清华大学、燕京大学等公立、私立、教会大学，如我校前身北京政法学院就是在 1952 年的院系调整中，由北京大学、清华大学、燕京大学三校的政治、法律系与辅仁大学社会系民政组合并成立，院址定于北京大学旧址，即北京市东城区的沙滩地区（现在的东城区五四大街 29 号中共早期北京革命活动纪念馆）。

3. 以学校特色专业所在的专业行业资源为抓手

以高校的双一流学科或重点学科切入，加强与社会专业行业的联系。如法学专业，可以介绍党史上相关的红色政法人物，如李达、彭真等政法战线的领导人。彭真，曾任政务院政法委员会副主任，兼任中央政法干校首任校长，在我校昌平校区逸夫楼大厅内还专门设立了彭真同志的铜像。李达，中国共产党一大代表，我国少有的马克思主义法学家，[1]曾任中央政法干校的副校长，还在中央政法干校的前身原中国政法大学（1949 年）任第一副校长和中国新法学研究院任副院长。

（四）讲好红色校史档案育人故事，彰显学校红色档案文化影响力

在直接德育的课堂教学上，要将校史档案知识与价值观塑造有机结合，档案文化融入思政课程。引导高校思政教师灵活运用本校的红色校史档案，恰当嵌入到课程体系的教学设计中，丰富教学材料，增强课程的趣味性和吸引力。比如将经鉴定后可公开档案史料作为教学材料直接引入思政课，将经档案单位加工编研的成果作为教学辅助素材来参考。

在间接德育的社会教育中，潜移默化的影响也十分重要。一方面，编研的育人档案资料要能上领导的案头，如在周年校庆系列活动、开学毕业典礼讲话、招生宣传等方面涉及，增强传播力和影响力；另一方面，通过利用新技术，智慧开发推送，重视人民群众喜闻乐见的新媒体技术手段，红色校史档案通过编辑、拍摄成电视片、短视频、微电影等形式扩大传播力。如中央档案馆剪辑制作的俄罗斯联邦档案馆藏 1949 年新中国开国大典的彩色影像档案，对外公开发布后，在 24 小时内点击量就达到了惊人的 3 亿，产生了重大深远的影响。由此可见，原始档案文献利用新技术手段重温回顾新中国史，生动再现了党的初心使命，能够极大鼓舞人民群众爱党和爱国情感。

---

[1] 韩德培：《一位少有的马克思主义法学家》，载《武汉大学学报》1981 年第 1 期。

举办高校红色档案展览也是社会教育的重要方式。"要充分发挥图片展的社会作用,并通过各种形式的活动,以抗战历史和抗战精神教育广大干部群众特别是青少年学生",[1]通过实物、图片展览等形式再现当时的历史情景,展示历史细节,以生动的冲击力来起到育人作用。"建党时的每件文物都十分珍贵、每个情景都耐人寻味,我们要经常回忆、深入思索,从中解读我们党的初心"。[2]翔实的档案文物材料记录了学校发展的曲折历程和奋斗成果,不容置疑的真实性决定了不可抗拒的说服力和感染力。这些档案文物还承载着学校前辈们英勇奋斗的历史,记载着前人革命的伟大历程和感人事迹,[3]能振奋学校精神,使红色资源"活"起来、红色记忆"醒"过来,能有效增强学校凝聚力。[4]

四、结语

党的二十大报告指出"时代号角铿锵嘹亮,勠力同心逐梦前行",坚持把立德树人作为根本任务,讲好学校红色故事,打造学校品牌口碑,推动高校红色校史档案作为育人资源走向全国、走向世界,增强学校的文化软实力和国际影响力,提升文化自信自强和民族凝聚力,培养出新时代堪当民族复兴大任的时代新人,助力建设社会主义文化强国。

---

[1] 浙江省局法规宣传处:《省委书记习近平参观纪念抗战胜利六十周年图片展》,载《浙江档案》2005年第9期。

[2] 《习近平谈治国理政》(第三卷),外文出版社2020年版,第497页。

[3] 《习近平对革命文物工作作出重要指示强调:切实把革命文物保护好管理好运用好 激发广大干部群众的精神力量》,载《人民日报》2021年3月31日,第1版。

[4] 米亚文、徐能武:《习近平关于档案工作重要论述的生成逻辑、核心意涵与实践向度》,载《档案学通讯》2023年第1期。

新媒体环境下高校网络舆情风险治理研究
——以高校共青团思政引领工作为视角

共青团中国政法大学委员会　黄子洋

摘　要： 新媒体环境下，网络信息的生产方式发生根本性变革，网络舆情风险激增。高校网络舆情是网络舆情的重要组成部分，具有传播内容多元、主体意识强、传播速度快等新特点。为了切实做好新媒体环境下高校共青团的思政引领工作，需要深刻意识到不良信息对高校青年学生的价值冲击，认识到舆论信息会造成学生理性失控，了解新媒体形式对传统思政教育模式产生的冲击。面对网络舆情风险，高校共青团要积极作为，履行思政引领职责，探寻构建主流价值传播机制、推动网络思政教育、加强日常管理、注重平等交流等举措，构建完善的共青团舆情风险治理机制。

关键词： 新媒体　舆情风险　共青团工作　思政引领

一、高校网络舆情的研究背景与研究意义

（一）高校网络舆情的研究背景

1. 互联网信息交互方式的变革

诞生于20世纪60年代末的互联网，正迅速改变着人类的行为方式和思维模式。互联网技术不断革新，网络话语环境也向着多元化逐渐迈进。从Web1.0时代简单的信息交互到Web2.0引领的用户生产内容，再到2021年开始进入Web3.0时代，信息交互的去中心化模式愈加凸显，网络传播机制正在发生深刻变革。

（1）信息传播主体广泛。网民数量的不断攀升是互联网不断普及的直观表现。21世纪初，中国网民数量约2250万人，中国互联网普及率刚刚突破

1%。而经过 20 年的发展，中国互联网络信息中心（CNNIC）发布的第 50 次《中国互联网络发展状况统计报告》显示，截至 2022 年 6 月，我国网民规模为 10.51 亿，互联网普及率达 74.4%。[1]网络技术的不断革新也导致了创作门槛的下降，人人都是自媒体的时代，只需要一部手机就能成为网络信息的创造者、传播者、接受者。传播从由少数人、少数机构主导和控制的行为，变成了当前几乎每一个人都成为信息传播者和主导者的新局面，庞大的网民群体也直接造成了信息监管难度的增大，网络空间鱼龙混杂，舆情治理成本不断提高。

（2）信息传播方式多样。伴随着互联网的迅速发展，大数据、人工智能、5G 技术被广泛应用，媒介技术与社会生活实现深度融合，新的媒介文化形式也随之被催生。BBS、人人网等平台落幕退场，QQ、微博、微信等"微"文本交互应用用户达到十亿量级，再到抖音、快手、小红书等短视频平台带动起网络直播的新浪潮，媒介形式的多样化丰富了信息传播的载体。信息策源地越来越多，除了两微一端、传统媒体和网站作为新闻舆情事件深发地之外，一些新兴的平台不断冒现，诸如知识类的付费平台，还有一些小众化的平台，如知乎、百度知道等，这些互动平台也多样化发展，导致多起重大网络舆情事件源头多元复杂，网络舆论场出现新态势，走向新格局。[2]从简单的文字编辑到图文并茂，再到音视频的入场，网络信息的多渠道传播满足了不同受众的需求，在繁荣文化市场的同时，也加大了舆情风险发生的可能性。

（3）信息传播速度提升。通信技术的革新造成了信息生产力的迅速解放，几何倍地提高了信息传播效率。技术在信息传播中发挥着重要作用，史无前例的数字传播时代正在到来。据统计，数据传输速率已从 2G 的 64kbps 提高到 3G 的 2mbps 和 4G 的 50~100mbps。5G 将提供与密集异构网络的无缝兼容性，以满足实时流量的高需求，从而最终用户将体验到与网络的平滑连接。[3]毫无疑问，信息传播速度的提升缩短了舆情发酵时间，而一味求快的报道方式也导致虚假信息的泛滥，各大媒体为争夺新闻的时效性及第一手报道，往

---

[1]《第 50 次〈中国互联网络发展状况统计报告〉发布》，载 http://www.gov.cn/xinwen/2022-09/01/content_5707695.htm，最后访问日期：2023 年 2 月 22 日。

[2] 姚映秀：《新媒体时代网络舆情发展变化及舆论引导探析》，载《视听纵横》2018 年第 4 期。

[3] 方兴东等：《大众传播的终结与数字传播的崛起——从大教堂到大集市的传播范式转变历程考察》，载《现代传播（中国传媒大学学报）》2020 年第 7 期。

往没有对事件进行更深入的调查便草率发布新闻,导致新闻的真实性受到更加严峻的挑战,信息的无序聚合进一步增加了舆情风险。

2. 高校新媒体发展现状

近年来,在《中国教育现代化2035》和《加快推进教育现代化实施方案(2018—2020年)》的指导下,我国高等教育规模继续稳步发展,高等教育结构逐步优化,普通高校教师学历层次继续提高,办学条件得到进一步改善。[1]同时,高校学生也在互联网信息交互过程中扮演着"主力军"的角色。

高校新媒体以其传播效率高、互动性强的显著特征,成为校园文化建设中的重要一环。作为"互联网原住民"的当代高校青年们,更是受到新媒体的影响,日常生活中的"网络媒介情结"日益增强。不论是学习还是娱乐,他们更愿意选择网络来获取信息或者进行社交。可以说,新媒体已日渐覆盖青年群体的日常生活。

新媒体丰富的呈现方式对高校文化宣传、品牌形象建立有很大作用;同时,新媒体的建设使得高校学生获取校园信息更及时,海量的学习资源可以不受时空限制方便学生加以利用;此外,新媒体搭载的各项小程序功能有效实现线上线下联动,极大地便利了学生的学习生活。例如,高校微信平台的建立就为师生及广大公众了解校园信息动态提供了便捷窗口,一些高校在微信平台上推出的线上网络课堂更是打造了"全民学习"的新样态。据统计,截至2019年,100%的教育部直属高校、全国范围内共计1634所大学都已开通官方微信公众平台。[2]

(二)高校网络舆情的研究意义

在新媒体深度影响社会公众生产生活的同时,也带来了相应的危机与风险。近年来,涉及高校的网络舆情事件时有发生,其源头难寻、传播迅速、裂变升级,再加之新时代高校大学生思维活跃、关注热点、善用网络,使得高校网络舆情传播环境日趋复杂。

---

[1]《中国教育概况——2020年全国教育事业发展情况》,载 http://www.moe.gov.cn/jyb_sjzl/s5990/202111/t20211115_579974.html,最后访问日期:2023年2月22日。

[2] 祁雪晶等:《高校官方微信公众平台运营状况、问题与对策——基于北京十所高校的调查分析》,载《北京教育(高教)》2020年第10期。

鱼龙混杂的网络空间环境加大了对信息真实性的辨别难度，大学生群体相对栖居于"象牙塔"的自身局限性以及网络随时变化的不确定性，致使构建高校网络舆论环境面临诸多困境，高校的意识形态工作与思想政治教育也面临着新的挑战。当前我国社会正处于社会转型的关键时期，大学生作为社会最活跃、最敏感的群体，对社会政治动态、思想潮流变化以及经济形势表现出极大的兴趣和敏感。[1]

习近平总书记指出，党的新闻舆论工作是党的一项重要工作，是治国理政、定国安邦的大事。作为党的助手和后备军，共青团始终聚焦主责主业，把培养社会主义建设者和接班人作为根本任务，与此同时高校肩负着立德树人的根本任务，在加强思政教育的过程中，必然要充分依托和发挥新媒体的网络育人作用。因此在年轻大学生的世界观、人生观、价值观尚未完全成熟的情况下，注重观测高校网络舆情，选择合理的方式适时引导，对高校共青团的育人工作也具有重要意义。

二、新媒体环境下高校网络舆情的新特点

近年来经济社会发展错综复杂，以信息技术、互联网等为代表的新兴技术正在向人类生活的各个领域渗透，舆情信息传播速度快、范围广，往往"一石激起千层浪"。真假信息混杂以及网络平台的前端匿名化形式导致网络言语环境恶化，群体性潜在矛盾增加，高校舆情亦呈现增长态势。伴随着互联网技术的日新月异，信息交互形式的变革促使着高校网络舆情出现新特点。

（一）传播内容多元

高校师生群体数量庞大，且随着高等教育的深入发展，高校师生群体规模正不断壮大。根据教育部官方数据统计，2018年至2022年，高校毕业生人数从820万增长至1076万。[2]大学生群体普遍思维活跃，接受高等教育，愿意为其感兴趣的话题发表独到见解，致使高校网络舆情呈现立场和价值观多元化的特征。庞大的师生规模致使高校网络舆情涉及内容十分广泛，包括校

---

〔1〕 陈培源等：《新媒体时代高校网络舆情危机应对研究》，载《网络安全技术与应用》2022年第3期。

〔2〕 《2022届高校毕业生规模预计1076万人，同比增加167万》，载http://www.moe.gov.cn/fbh/live/2021/53931/mtbd/202112/t20211229_591046.html，最后访问日期：2023年2月22日。

园建设、师德师风、高校发展、疫情防控等多领域，并出现了性别歧视、动物保护等新兴议题。

图1   2022年高校舆情事件热度top10[1]

排名	事件	热度
1	西北工业大学遭受境外网络攻击	388 897
2	南开大学三名教师被实名举报	274 217
3	武汉大学出现一例霍乱病例	186 498
4	河南大学龙子湖校区被央视点名批评	165 513
5	西南政法大学通报学生不当言论	123 446
6	同济大学问题猪肉事件	100 173
7	第二轮"双一流"名单公布	99 115
8	山西财经大学学生体育课猝死	98 608
9	上外一学生向同学杯中投放异物	91 448
10	北大一教授被指校内猥亵学生	88 712

据统计，图1显示的2022年高校舆情事件热度前十名中，校园安全、信息安全、师德师风等传统议题占绝大多数，高校舆情事件吸引着社会广泛关注。需要注意的是，当校园事件上升至公共话语空间，其影响力与传播度也随之呈几何倍攀升，高校舆情事件关注度高、热度上升快、关注时效长等特点使得高校舆情风险治理愈发重要，在多元的社会思潮冲击下引导大学生做出正确的价值判断与价值选择，不被多元复杂的信息所裹挟。

与此同时，高校师生思维活跃，新兴议题也受到师生广泛关注。根据中国政法大学2023年高校校园安全的实证调研，性别议题在网络空间的关注度呈上升态势。校园中的"卫生巾互助盒"、就业中针对女性的性别歧视等话题充分显现出"她文化"在网络舆情中占据着更大的分量，"她文化"的发展正在进入爆发期。

---

[1] 数据来源：TRS网察大数据分析平台。

(二) 主体意识强

主体意识是网络舆情的重要特征之一,指的是网络舆情主体的个人意识以及活跃性都较强。Web2.0 时代以来,参与式文化凭借自由、平等、公开、包容、共享的新型媒介文化样式得到越来越多的认同,个性化的媒介创作以及"求新求异"的表达方式受到群体推崇。相较于其他主体而言,高校师生群体学历层次更高,对事件的见解也更能抽丝剥茧,站在更高的立意、更开阔的视野去探究校园事件,尽可能少地被虚假不实信息所裹挟。

需要注意的是,科技的进步将"麦克风"递到公众嘴边,公共话域不断扩张,随之也伴随着私人话域被逐渐压缩。在某平台发表的个人意见极可能被不断转发到其他平台,置于公共话域下而受到公众的集体审视,言语自由的"双刃剑"效应凸显。由言论自由而引发的新一轮网络暴力侵犯了信息发出者的私人空间,强主体意识下不同的价值认同易导致群体矛盾加剧,互联网的匿名性、开放性促使网民情绪先行,造成舆情风险。

(三) 传播速度快

从高校舆情的线上传播渠道看,自媒体成为首发渠道的主阵地,而舆论的发酵往往是多平台共同作用的结果,网络信息由点扩散到面,最终到全平台的爆发,形成舆论危机。一方面,社媒平台的快速发展推动内容生产模式多元化,微博、微信公众号等平台承接了图文、视频等多种内容形式,媒介自身具有强曝光度;另一方面,高校师生通过 QQ、微信等社交媒体建立紧密的社群联系,各高校专属的"校园墙""树洞"等定制类应用集中高校网民,使得舆情信息能够实现对用户的精准传播,加速了校园舆论传播过程。

相较于社会的大熔炉,高校在公众心中作为象牙塔般的存在,迅速传播的舆情信息将校园工作缺漏暴露在公众视野下,一定程度上满足了普通网民猎奇、围观的心理,再次助推了舆论发酵进程。校园安全、学术不端、师德师风建设等事件被频频曝光,与原本高校所扮演的学术殿堂形象相去甚远,也因而格外引人入胜,成为网民饭后谈资,网络平台众说纷纭。如 2022 年"南开大学三名教师被实名举报"的话题因涉及不正当男女关系、师德师风建设而在公众中迅速发酵。仅以微博平台为例,包括"共青团中央""中国新闻周刊""中国妇女报"在内的 117 家官方媒体相继关注,话题阅读次数达 3.2

亿。而高校又往往面临舆情处置经验不足的现实问题，处置失当后的次生舆情问题也会助推新的舆情危机出现，加大舆情危机事件曝光度。

三、舆情风险下高校共青团思政工作面临的挑战

2023 年 1 月，共青团中央印发了《中国共产主义青年团宣传工作条例（试行）》，指出共青团宣传工作是团的基本职能，是共青团为党做好青年群众工作的基本途径和重要方式。网络信息鱼龙混杂，难以辨别真伪，互联网具有高隐蔽性和不可控性，高校青年学生可能受到错误信息引导，导致个人价值观和政治思想畸变，对共青团的宣传工作及思政引领提出了新的挑战。

（一）不良信息冲击价值观念

新媒体信息泥沙俱下、鱼龙混杂，难免存在低俗、偏激甚至不良的信息，冲击着学生眼球的同时，也对青年学生世界观、人生观、价值观产生不同程度的消极影响。调查数据显示：在通过媒介浏览信息和新闻时，有 67.41%的学生会偶尔想一想它的真实性，而只有 19.80%的学生在大部分时候会有意识地辨析它的真实性。[1]可见，高校学生对于信息的辨识意识仍有待提高，而缺乏辨别和判断地获取信息则很容易使不良信息乘虚而入，对学生造成消极影响。因此，复杂的新媒体环境对高校共青团在学生思想政治方面的宣传、引领工作提出了新的挑战。

（二）舆论信息造成理性失控

网络的前端匿名性为网络暴力提供了温床，在原本用来保护使用者合法的隐私权利的匿名制下，网络施暴者攻击、谩骂与侮辱他人、泄露他人隐私等行为拥有了一层"屏障"，这让侵权者更有恃无恐地突破社会规则的约束，实施不计后果的言语施暴行为，在群体的网络狂欢中造成个人理性的失控。同时，文化市场的商业性也不可避免地伴随着无良媒体的恶意引导、煽动，用缺乏真实性的报道带来错误的舆论引导，成为网暴的"助推器"，在舆论热度激增的背后获取经济收益。

青年学生不加辨别地接受虚假、不良信息和不加思考、不计后果地传播

---

[1] 戴颖：《新媒体时代大学生媒介素养教育探析——以福建师范大学为例》，载《河北软件职业技术学院学报》2016 年第 1 期。

和表达，极可能成为网络狂欢中的施暴者，使得新媒体环境在某种程度上显得无序和混乱。

（三）新媒体冲击传统思政教育模式

蓬勃发展的新媒体平台，本质上也是基于互联网技术和社会交往构建的新型圈群关系和自组织形态，是一个具有鲜明群众性导向和服务特性功能的媒体阵地。[1]随着新媒体不断渗透进高校师生的学习生活，在"人人都是传播者"的环境中，传统的灌输式、讲座式思政教育已不适用于习惯自由表达、畅所欲言的高校学生，以教室教育为主的传统授课模式已经无法满足新时代青年学生的现实需求，单一的讲授形式也会使教学效率大打折扣。必须承认的是，新媒体时代颠覆性的发展与革新为高校共青团思政教育提出了新的挑战。探索新媒体交互过程中教育者与被教育者在对话过程中的平等模式，在实践中进行潜移默化的思政引领，是新时期高校共青团工作的应有之义。

四、高校共青团思政引领工作应对策略

网络空间同现实社会一样，既提倡自由，也要保持一定秩序，方能营造风清气正的网络空间环境。2021年国务院办公厅印发的《关于加强网络文明建设的意见》指出，要加强网络空间思想引领。坚持以习近平新时代中国特色社会主义思想统领互联网内容建设，推动党的创新理论走深走心走实。[2]思政教育是学生塑造健全人格的重要环节，高校作为大学生学习、生活的重要场所，共青团作为党的助手和后备军，应承担起立德树人的根本教育任务，将思政工作贯穿共青团工作全过程，实现全程育人、全方位育人。

（一）构建主流价值传播机制

在高校共青团的宣传工作中，要明确宣传是手段、媒介是载体、核心在育人。网络思想政治宣传教育工作是一种坚持主流价值的文化传播活动，学校共青团组织作为传播主体，既要建立自上而下的组织结构，同时还要保证自下而上的内容创意生产活力。

---

［1］李铁军：《新时代高校新媒体运营现状、困境与策略研究》，载《传媒》2022年第17期。
［2］《国务院办公厅印发〈关于加强网络文明建设的意见〉》，载 http://www.gov.cn/xinwen/2021-09/14/content_5637195.htm，最后访问日期：2023年2月22日。

新媒体环境对高校思政工作提出挑战的同时，也提供了新的发展机遇。共青团思政引领工作也要顺应发展趋势，利用平台和技术，实现媒体融合，打破技术瓶颈，顺应新时代信息传播特点，把最先进的传播理念和技术纳入共青团思政引领工作中来，实现传播速度、内容深度、影响广度和育人效度的协调统一，构建获得青年学生喜爱、认可的宣传平台，实现思政工作弯道超车。在面对校园舆情风险时，要增强共青团的引领力、组织力、服务力，利用团属新媒体平台及时回应社会关切，发挥校园官方媒体的权威性作用，实事求是发布具有公信力的情况通报，避免次生舆论风险。

（二）推动网络思政教育

新媒体以其信息传播的多样态向受众彰显了强大的生命力，利用好高校媒体宣传平台展现学校综合实力，讲好思政故事，助力团的思政工作开展，是应对校园舆情风险的策略之一。北京大学融合新旧媒体打造出融媒体宣传平台，推出多个品牌栏目："北大发布""大美北大""教授书单""北大的课"，这些高质量的固定栏目在培养了大量忠实用户的同时也将北大"知识高地、人文高地"的形象向社会广泛传播；中国政法大学校团委利用微信公众平台推出"CUPL青微课"网络微课堂，邀请名师讲授法律知识，用青年学生喜爱的方式对其进行思想深度引导，对青年思想教育全面发展具有良好的促进作用。

（三）加强日常管理

广大的团员青年是造成高校舆情风险的潜在参与者。从源头上减少舆论风险，需要高校共青团系统加强日常管理，明确权责分工。共青团组织要认真贯彻落实教育部党组、团中央和市委教育工委、团市委关于学生社团的建设管理要求，制定完善学生社团管理办法，统筹做好学生社团工作的审核把关，配齐建强学生社团指导教师队伍，管好用好学生社团骨干；加强对学生会、学生社团的日常管理，建立学生社团工作台账，做好学生社团登记注册、年审、活动审批等相关工作，及时应对处置学生社团发展过程中的突出问题；强化对学生社团建立的各类新媒体平台的建设监督管理，要求各平台做好重要内容发布前的审核把关；加强对学生志愿服务、社会实践、文体活动、科技创新等工作中的意识形态把关，把好正确导向。

（四）注重平等交流

在自由、开放、平等的新媒体环境中，高校学生更倾向于以独立而平等的姿态去对话与交流，传统灌输式教育模式已渐渐不适于当今的新媒体环境，这就要求转变工作理念，通过青年乐于接受的方式与他们进行交流。例如在 2022 年校园疫情防控期间，中国政法大学团属新媒体平台"法大青年"在学校采取临时管控措施当晚，发布推文《我当然是你永远的底气》，对校园疫情防控工作真实记录，呼吁师生共克时艰，及时回应学生及社会关切，获得良好反响，阅读量突破十万。注重平等交流，在沟通对话中实现对青年思想政治的引领作用，能在舆情风险中化被动为主动，使校园舆情治理获得实效。

五、结语

高校网络舆情的治理对构建青年大学生主流价值观的形成具有重要意义，也是新时期高校共青团思政引领工作必须面对的挑战。本文以新媒体环境下高校网络舆情面临的现实问题为参照，结合高校共青团思政引领工作实际提出应对策略，探寻构建主流价值传播机制、推动网络思政教育、加强日常管理、注重平等交流等应对网络舆情的措施，提倡高校共青团思政引领工作能够抓住机遇、迎接挑战，顺着新媒体的东风切实推进新时代的共青团工作，希望能为做好高校共青团思政引领工作提供一定的帮助与借鉴。

参考文献

［1］郝晓伟主编：《网络舆情应对与处置案例分析》，国家行政学院出版社 2015 年版。

［2］中国网络空间研究院：《中国互联网发展报告 2021》，电子工业出版社 2021 年版。

［3］李姮：《大学生网络舆情正向引导研究》，社会科学文献出版社 2019 年版。

［4］姚映秀：《新媒体时代网络舆情发展变化及舆论引导探析》，载《视听纵横》2018 年第 4 期。

［5］方兴东等：《大众传播的终结与数字传播的崛起——从大教堂到大集市的传播范式转变历程考察》，载《现代传播（中国传媒大学学报）》2020 年第 7 期。

［6］祁雪晶等：《高校官方微信公众平台运营状况、问题与对策——基于北京十所高校的调查分析》，载《北京教育（高教）》2020 年第 10 期。

［7］陈培源等：《新媒体时代高校网络舆情危机应对研究》，载《网络安全技术与应用》2022 年第 3 期。

［8］戴颖：《新媒体时代大学生媒介素养教育探析——以福建师范大学为例》，载《河北软件职业技术学院学报》2016年第1期。

［9］李铁军：《新时代高校新媒体运营现状、困境与策略研究》，载《传媒》2022年第17期。

四、协同育人

新时代背景下研究生党建与思政教育协同育人机制研究

中国政法大学人权研究院　吴冕君

摘　要：研究生阶段的教育和管理具有自身的特点，新时代背景下，高校承担着为国家培养高层次人才的重要责任，需要积极探索内涵式发展道路，提升人才培养质量，而党建和思政教育工作在其中起到了重要作用，但在协同育人机制的构建过程中，仍存在各种主客观的问题和困境，因此，高校必须重视队伍建设，强化顶层设计，利用信息技术手段，在研究生培养中的各关键点创新思路，以党建引领思政教育，推进两项工作的融合建设。

关键词：新时代　研究生　党建　思政教育

教育部、国家发展改革委、财政部发布的《关于加快新时代研究生教育改革发展的意见》中强调：研究生教育肩负着高层次人才培养和创新创造的重要使命，是国家发展、社会进步的重要基石，是应对全球人才竞争的基础布局。[1]因此，研究生教育必须强化思想引领，引导研究生根植社会主义核心价值观，坚定理想信念。党建和思政教育在其中的作用不言而喻，高校应该充分认识到两者辩证统一的关系，持续建立健全党建与思政教育的协同育人机制，扎实落实人才培养这一时代重任。

---

[1]　《关于加快新时代研究生教育改革发展的意见》，载 http://edu.sc.gov.cn/scedu/c100503/2020/9/22/fcffb3ab29914169bd87010bce02b541.shtml。

一、研究生党建与思政教育协同育人的可行性和必要性

（一）可行性

1. 目标任务和理论基础具有一致性

"三全育人"是党和国家站在新时代的关键历史节点上，对高校提出的战略要求。作为研究生教育的重要工作内容，党建工作和思政教育的工作方向和工作目标始终都是围绕着为党和国家培养有理想、有信念、有担当的有为青年为价值导向开展的。具体来说，党建工作是以思想引领为主要方式，以学校各级党组织为战斗堡垒，团结青年学生，建立健全学生的社会主义核心价值观，引导广大研究生树立坚定的马克思主义信念，自觉投身社会主义建设。而思政教育则是通过课程和其他教育形式，以马克思主义理论为根本遵循，以先进的理念规范研究生的思想行为，全面培养他们的专业素质和道德素质。由此可见，党建工作和思政教育都是以马克思主义为理论遵循，以为党育人和为国育才为任务目标来组织科学研究、教育教学和各项工作的。

2. 工作对象具有重合性

开展好思政教育工作，不仅要坚持从学生实际需要出发提出具体详细的解决措施，努力为所有学生解决不同的心理和思想问题，同时还要鼓励学生们提高思想站位，在实现中华民族伟大复兴的征程中，主动融入个人的成长轨迹和人生理想。党建工作主要通过学生党支部等基层党组织的示范引领，做好学生党员的管理和教育工作，以及对入党积极分子和预备党员的考核和发展工作。新时期，党建特别是高校的学生党建工作，更是需要深化党团之间的联系，以党建促团建，习近平总书记在庆祝中国共产主义青年团成立100周年大会上就强调，"各级党组织要落实党建带团建制度机制。"[1]因此，研究生党建工作的内容和作用对象要比传统意义上的党建工作要更为广泛，与思想政治教育对象可谓是高度重合。

3. 教育内容和育人方式具有的共融性

研究生党建工作的基本工作形式就是为学校党组织培养"新鲜血液"，发

---

[1]《习近平总书记在庆祝中国共产主义青年团成立100周年大会上的讲话》，载https://www.ccps.gov.cn/xtt/202205/t20220510_153824.shtml。

展和培养学生党员干部队伍。同时，通过开展理论学习、支部书记及教师讲党课、各类红色实践活动等党支部活动，促进大学生党员自觉提升政治素质和思想境界。而思政教育也需要从研究生群体出发，主动将教育内容与学生的学习生活深度融合，通过课程思政以及各类社团活动、文化及体育活动，促进研究生的全面发展。研究生党员党性教育和思想政治教育在教育内容上都涵盖了理想信念、爱国主义、思想道德建设等方面，理论学习、社会实践、文化建设、氛围营造、建设网络阵地等方式方法也都可以为党建和思政教育所利用，因此可以说，研究生党建和思想政治教育工作的方式方法是相辅相成的。

(二) 必要性

1. 协同育人机制是强化高校基层党组织的重要保障

高校党建育人工作不仅需要深入贯彻其育人目标，同时也必须充分考虑研究生群体的特殊性和专业性。首先，随着时代发展，高校党建工作的外部环境和内部环境日益复杂，研究生经过大学四年的学习生活，虽然具备了一定的认知水平，有一定的专业知识背景和一些社会经验，但仍普遍存在理性思维有限、思想观念随外部因素波动较大、易产生极端心理的特点。此外，部分研究生或多或少存在着一定程度的"功利主义"思想，与本科生最大的区别就在于研究生面临较大的就业压力，因此，有的研究生将能增强自己在就业和职业发展中的竞争优势作为主要的入党动机，这显然无法匹配新时代青年群体所必需的人生观、价值观、利益观和职业观，更加偏离了为社会主义培养人才的根本任务。而构建思政教育与党建工作协同育人长效机制，不仅能够使各级党组织充分了解研究生群体的思想动态，时刻保持党的先进性和纯洁性，同时也能够真正将党建育人落到实处，发挥党建对研究生思想道德的引领作用。

2. 协同育人机制是实现思政教育真正价值的必要环节

高校基层研究生党组织标准化、规范化建设，对于发挥学生党员的示范引领作用，提升思想政治教育质量，强化思政教育成效有着重要作用。由于不同研究生在教育背景、家庭状况、人生阅历、思维和认知水平、个人素质各方面都有明显分化，思政教育不等同于简单的知识灌输，无法通过制定统一模板来实现培育时代合格青年的任务，因此，要让思政教育真正在实践过程中发挥应有作用，就必须依靠基层研究生党组织的组织力和政治力。

二、在构建研究生党建和思政教育协同机制过程中面临的困难与挑战

研究生教育阶段的管理和培养机制有着自身的特点，这使得研究生党建和思政教育在开展时面临着客观的困难，从研究生管理体系和思政教育开展情况来看，管理机制的不顺畅和部分教师、管理人员及研究生存在思想上的不重视，导致二者现阶段也未能实现真正的有机结合。

（一）研究生学制和培养机制的限制

目前我国研究生的学制一般为 2~3 年，甚至由于面临实习、就业等因素影响，实际在校时间可能不到 2 年甚至更短。对于学术型硕士，除一年级需要在校完成培养方案里的课程学习外，很大一部分研究生从二年级开始就会尝试各种类型的实习，三年级开始更是忙于求职鲜少在校。而对于专业型硕士，二年级开始就已经进入了毕业年级。从培养机制来看，我国研究生培养主要还是实行导师负责制，即学生们大部分时间是跟研究生导师以及同门师兄弟们一起开展专业研究和学习。总而言之，研究生在校时间短，课程和科研任务多、压力大，加上导师制的培养机制限制，难以组织集中性的实践活动，这使得研究生在思政教育方面的参与程度不高，这也成为各高校研究生党建和思政教育所面临的主要客观困境。

（二）合力育人机制不健全

研究生党建与思政教育作用的充分发挥需要依赖健全的合力育人机制，包括沟通、管理、服务和评价等各个方面，确保运行高效、权责明确、成果显著、评价准确。但各校在建立健全合力育人机制的过程中，却存在一些问题：从管理体系来看，各院（系）的研究生党建工作主要由分管副书记总体负责，由辅导员老师具体落实工作，而思政教育则是由思政课教师、研究生导师和辅导员共同完成。在当前的高校管理体系中，辅导员的核心功能逐渐淡化，往往难以从繁琐的日常学生管理与服务的工作中抽身，即便很多研究生辅导员参与部分研究生党建和思政教育工作，也难以实现与思政教师和研究生导师的深入沟通，这使得工作往往流于形式。而对于思政课教师和研究生导师，将党建融入教育教学的方式也主要局限于理论方面，缺乏在实践活

动中的思想引导，这让研究生难以做到理论联系实际，从而阻碍党建和思政教育的实际教育作用。

（三）信息化带来的挑战

随着全球化和信息化的进程加快，网络为研究生党建和思政教育的深度融合提供了更多的手段和渠道，越来越多的高校开始尝试运用"互联网+""智慧校园""云党建""云思政""微课堂"等平台，但也因专业技术水平有限、思维方式僵化、教学模式单一等因素，难以真正发挥网络的作用。首先，党建难以网络化的形式进行宣传教育和价值导向的原因复杂，一方面，党建工作本身的权威性和公益性使其尤其需要注意网络信息安全的问题，另一方面，利用互联网十分快速和便捷，已经成为研究生最主要的获取信息的方式，这就导致高校党建工作与学生思想政治建设工作之间出现了互联网领域内的脱节。其次，在推动高校党建与思政教育工作融合发展过程中，仍有部分高校主动作为意识不足，重视程度不够。例如，在教学内容的选择上，没有能够紧跟时事政治、社会热点及时调整，有时仍习惯于照本宣科、故步自封；在教学形式上，部分教师还采用传统的单向灌输式教学，对引入融媒体技术开展创新教学还相对比较陌生和抵触，这导致教学工作模式无法与新媒体互联网的发展现状相匹配，对学生们的吸引力和影响力都大幅度降低。还有部分高校虽然对创新教学形式比较重视，也及时开通了微博、微信、抖音等新媒体平台对学生进行宣传引导，但在实际运营维护过程中，却由于缺少专业化的设备和队伍，平台上的内容和形式相对缺乏新意和吸引力，未能有效利用新媒体的平台功能。

（四）思想不重视

当前，不少高校存在着重科研、轻党建的现实问题，对教学任务与教育目标的实现更为重视，相对而言对党建与思政教育的融合发展推动不足，这也导致一些教育问题无法从根本上加以创新改善。一些高校更注重培养学生的理论教育和成绩，忽视了针对学生的素质教育和思想政治教育。还有一些学院大多习惯于采用物质刺激代替思想引导来推动师生完成任务，这也导致在开展思政教育工作过程中，存在弱化、效应递减的问题，各级思政工作人员存在不敢抓、不愿抓和不想抓现象。此外，在推进高校协同育人体系建设过程中，部分辅导员与思政教师依然存在多方面的认知偏差。例如，一些辅导员片面认为开展党建活动是专门针对党员和入党积极分子的，不需要扩大覆盖面；而思政教师对学生思想转化和提升的重视程度不足，认为只需要做好教材上的内容教学即可。在这种情形下，构建协同育人体系不完善、教学理念贯穿不深入等问题迟迟未能得到解决，进而导致学生核心素养培养存在偏差。从研究生自身发展的需求来看，思政教育并不能给自身在学习成绩、学术科研以及求职就业上带来即时的实质帮助，因此部分功利心较重的研究生就会对党建和思政教育方面的活动表现出敷衍的态度，甚至不愿参加。

三、建立协同机制的路径分析

如何克服主客观困难，突破现有困境，牢牢把握主动性，强化育人作用，笔者认为应该从组织和制度层面、培养过程的关键点、信息化建设、工作队伍素质等多方面着手，让基层党组织通过组织建设和制度建设，压实研究生思政教育。

（一）统筹顶层设计，夯实组织和制度建设

统筹完善顶层设计是协同机制建立的先决条件，各高校可以着重强化研究生党支部的组织构建，通过完善支部发展机制和合理组织制度建设，强化思政教育内涵发展的组织和制度基础。

第一，高校可以针对研究生培养的特点，在校党委的统筹指导下，根据专业、人数和发展预期综合考虑，合理分置党支部：可以按照相同专业或研究方向来进行设置，集中利用党建资源来带动学术力量充分成长；也可以跨相同专业的不同年级设立党支部，这样不仅能够增强党群凝聚力，同时也能发挥同专业学生的天然聚合力，从而碰撞出学习科研、实践创新思想的"火花"。同时，在入学季和毕业季，不同年级学生党员的党组织关系调动频繁，可变相形成支部党员人数与支委班子的相对平衡，可保持各支部稳定的结构，同时，充分发挥"传帮带"作用，让新生党员的思想得到迅速提升。

第二，要健全制度保障。首先，结合支部实际严格制定组织生活制度规范，将党章党规学习、"三会一课"制度和发展党员组织生活制度化、规范化；其次，可以基于研究生教育的特殊性和党员发展随意性等实际问题，构建党群联系制，结成帮扶对子，让作为联系人的研究生先进党员承担直接的教育和培养任务；最后，还要注意灵活修订和应用规章制度，及时总结归纳经验后，上升为制度并适时调整。

(二) 紧盯关键环节，探索协同育人创新模式

1. 在科学研究中协同育人

科研是高校重要的基本职能，提升科研能力也是研究生最根本的需求，如何破除师生参与性不高、学术科研与党建"两张皮"的困扰，让思想引领作用不断深入，是提升党建和思政教育育人水平的关键。一方面，研究生党支部可以积极主动开展学习教育，以网络授课、观看红色电影、参观见学、实践体验等各种载体将红色血脉根植于心，唤醒他们的时代价值感和使命感，引导研究生党员主动将个人前途和专业理想与建设国家和报效社会相融合，在实践中升华理想信念。另一方面，党支部还可以充分发挥自身科研创新优势，主动邀请教师导师和社会精英，鼓励发挥博士研究生的带动作用，定期举办学术沙龙、科研分享等活动，积极创建打造"党建引领、思政育人"的品牌质量。同时，还要把思想政治贯穿学术研究过程，引导学生高度重视科研诚信教育，主动与学术不端倾向作斗争。

2. 在研究生培养中协同育人

无论是研究生党建工作还是思政教育工作，都必须时刻把握住"三全育人"的核心要义和时代内涵，契合研究生培养方案，根据其专业特色、时间安排及职业生涯规划等，以生动而直观的方式让党建与思政教育贯穿于研究生培养的各个阶段和各个方面，克服客观困难，保证育人机制的连贯性和长效性，让党建的思想引领作用落地落实。首先，让党建与思政教育在推进职业规划和就业指导工作中融合发展。研究生职业生涯规划指导必须以党性教育为内核，以课程思政为创新点，引导研究生自觉将个人成长与国家发展相结合，将职业选择与国家战略相匹配，成为国家建设大军的中坚力量。其次，让党建与思政教育在志愿服务、实习等实践活动中协同发展，发挥研究生的专业优势，加强对党员干部的思想政治建设，这也是思政教育突破课堂理论教学的关键点。通过组织研究生的实践活动，一方面能够节省教育资源和时间，实现资源的最大化利用，另一方面，党员和群众能在实践活动中深入沟通，从而达到以党员干部的思想政治水平引导学生的思想政治水平发展的目的。

3. 在暖心关怀中协同育人

党建的思想政治教育功能不仅存在于宏观方面的顶层设计，更重要的是将重心下沉，落实落细基层业务，因此，研究生党建育人还要做好"贴心"的现实关怀，重视研究生的心理健康，做好困难群体的帮扶。一方面，在研究生宿舍、导学组、专业学术团队或党团组织内形成"亲密关系"，开展健康知识普及、团体辅导等活动，让组织活动传递更多细致入微的温暖关怀。另一方面，做好特殊帮扶援助，关注特殊或困难群体，以精神激励和物质帮扶，从内在增强党员幸福感和责任感，进一步激发其带动作用形成辐射。

（三）运用信息化手段，搭建"云"上工作平台

信息化时代的到来让信息唾手可得，良莠不齐的碎片化信息的冲击、信息技术更新换代、网络安全等都给高校党建和思政教育工作不断带来挑战，但如果利用好信息化手段，不仅能克服这些困难，更是能够一定程度解决研究生在校时间短、学习研究任务重、群体分散等现实问题，提升工作的吸引力和实操性。首先，可以利用校外现有的大型平台，建立并持续更新大数据库，全面收集、整理涉及研究生学习生活各方面的数据信息（如教育背景、家庭背景、学习成绩、实习实践经历、志愿服务经历等），为协同建设提供数据支撑，不断提升党建和思政教育工作的协同性、预见性和针对性。其次，要充分利用新媒体展开组织形式多样的线上活动，提高研究生的参与度和反馈度。例如配合利用各官方党建学习平台的丰富资源组织研究生积极开展知识竞赛；积极满足研究生追求个性化的学习需求，利用校级和院级已有的线上平台创建模块，供研究生根据自身的情况自主设计学习方案，将学习强国APP、时事政治、名师大家微课程等自由组合搭配，让理论学习逐渐成为研究生每日的"必修课"。最后，利用"云"上工作平台整合教育资源，推进党员教育和培养的系统化进程。研究生专注于专业学习而对党的基本知识理论理解不深，加上入党动机的功利性倾向等问题，都使得研究生党员的入党教育更加重要。充分利用"云"上工作平台，能够将入党基础教育和党的基本知识理论系统化、体系化、模块化，使学生能够更好地理解和掌握最新理论成果。

（四）加强队伍建设，提升教育管理能力素质

建立健全党建、思政教育协同育人机制的关键在于队伍建设，只有不断

强化队伍活力、增强队伍凝聚力、培养新鲜血液，才能提升管理水平，贯彻育人理念。一是要凝聚思想，转变意识，激发思政教师、研究生导师、辅导员、各级管理人员的主动性，主动寻求协同共育的路径。各级党组织要充分发挥引导作用，通过为教师安排党建与思政工作讲座，激发教师队伍的自主学习积极性，使其不断加强自身理论知识学习，实现个人精神层面的升华。二是要构建平台，深化交流和配合，增强凝聚力。首先，学校要为辅导员和思政教师提供丰富、灵活的培训机会，充分发挥信息化平台优势，加强二者之间的沟通协调，逐步在思政教育理念方面达到统一和融合。其次，辅导员和思政教师虽然属于不同部门，但二者通常都有党员身份，能够借助学校党建活动和党员会议进行深层次交流。三是要培养学生党员骨干，发挥朋辈示范作用，通过定期组织针对支部书记、支委委员的干部培训班，邀请专家和优秀校友来校做专题讲座和经验分享等形式，阶梯培养思想觉悟高、工作能力强、服务意识深的学生党员干部队伍。

党的十八大以来，各高校都在积极探索培养改革创新所需的高端人才之路，高校要全面深入落实"三全育人"要求，就必须把不断强化党的领导和不断夯实思政教育作为重要抓手，坚持以党建为纲领，以思政教育为基础，持续探索党建与思政教育协同育人机制。

参考文献

[1] 胡艺凡：《高校研究生党建与思政教育融合模式探析》，载《智库时代》2019年第29期。

[2] 赵进等：《党建视野下研究生思政教育内涵发展路径研究的几点思考》，载《高教论坛》2021年第1期。

[3] 王韶婧：《基于"大思政"视角的高校学生党建工作实践探究》，载《北京教育（高教）》2022年第7期。

[4] 付晓婷、宋吉玲：《新时代高等院校研究生党建思政育人功能探析》，载《沈阳农业大学学报（社会科学版）》2022年第1期。

[5] 邓永霞：《新时期高校思想政治教育目标的内涵、发展及实现》，载《山东青年政治学院学报》2017年第4期。

高校研究生党支部高质量建设长效机制探索

——以比较法学研究院学生"样板党支部"建设为例

中国政法大学比较法学研究院　周方正

摘　要：加强新时代研究生党支部高质量建设，是高校党建工作面临的一项重要任务。本文针对当前高校研究生党支部建设中存在的政治功能不突出、组织建设形式单一、创新建设动能不足、党建队伍力量不足等问题，结合比较法学研究院样板党支部建设的实践经验，提出加强系统设计、科学设置党支部提供组织保障以及创新工作方式等建议，推动研究生党支部的政治功能和组织功能进一步提升，不断探索研究生党支部高质量建设的长效机制。

关键词：研究生党支部　高质量建设　长效机制　样板党支部

研究生党支部建设是高校党建工作的重要内容，是研究生思想政治教育的重要抓手。在习近平新时代中国特色社会主义思想和党的二十大精神的指导下，探索出党支部高质量建设的长效机制，对高校学生基层党支部建设有着极其重要的现实意义。

一、高校研究生党支部高质量建设面临的挑战

（一）新时代下研究生群体的特征

研究生阶段的教育是高层次人才的重要培养途径，是国家人才、科技竞争的重要支柱。[1]相较于本科生群体，作为高层次人才培养的对象，研究生群体具有价值观念复杂性、学习生活分散性和生源情况的多样性等特征。

第一，价值观念的复杂性。当代的研究生群体总的来说表现出了学历高、

---

[1] 赵婳娜：《研究生教育关键在高质量》，载《人民日报》2020年9月4日，第5版。

接受事物快、接触信息多的特点。[1]面对当前的信息全球化和教育普遍化趋势，研究生群体相较于本科生接触了更多样丰富的思想动态和前沿知识，加之专业学习的思维训练，能够从多视角、多层面分析问题。但由于生活经历和实践经验的缺乏，又使得其难以在诸多价值体系中坚定个人的价值观，因此在生活中经常会采取多重价值标准来判断问题，导致了研究生群体在价值观念方面体现出复杂性的特征。

第二，学习生活的分散性。研究生群体在学习、生活中较本科阶段有较大的差异。学习上以自主学习为主，生活上也具有更强的独立性和分散性，以导师为指导中心的科研方式，和形式多样的就业实习，一定程度上削弱着研究生群体的集体观念和凝聚力。

第三，生源情况的多样性。研究生生源上可以区分为应届生与往届生、定向生与非定向生等，培养方式上也发展出学术型研究生与专业型研究生等。不同生源的研究生群体，表现出年龄差距大、经历差异大的多样性。

(二) 推进研究生党支部建设高质量长效发展的意义

新时代背景下，基层党支部是高校党建工作的基础，是培养人才的主阵地，是提升政治功能的动力，也是凝心聚力的纽带。

在高校基层党组织中，学生党支部主要的作用就是引导和服务学生，它是人才培养和思想政治工作的基础阵地。国务院相关意见中也曾强调，要特别加强研究生党支部的建设工作。[2]如前文所述，研究生群体的价值观念复杂，学习和生活中的独立性较高，缺乏凝聚力，而建设高质量的研究生党支部，加强党支部自身先进性，能够引导学生更加积极地参与支部建设工作，发挥党支部的先锋模范作用和战斗堡垒作用。研究生生源的多样性，也要求党支部加强机制体制创新，切实通过党支部传达党的最新方针政策、学习理论知识，提高党支部的基层工作能力和凝聚力，从而进一步提升研究生党支部的战斗力。

高校党建，要将立德树人作为重要目标，着力培养青年学生，带动学生

---

[1] 朱毅：《综合改革背景下研究生党建和思想政治工作的管理模式与实践路径研究》，载《黑龙江教育（理论与实践）》2018年第9期。

[2] 中共中央、国务院印发《关于加强和改进新形势下高校思想政治工作的意见》。

为实现伟大中国梦做出自己的贡献,而党支部高质量建设就是高校实现育人目标的重要抓手。研究生党支部是联系学生党员和学生的重要桥梁,党支部建设的长效性与院系党组织建设有直接关系,提升研究生党员对支部活动的认同,激发其积极性和创造力,能够吸引更多学生向党组织靠拢。在党支部建设中积极探索如何提升党支部组织活动对新时代下研究生群体的号召力,同时借助互联网新兴技术平台的发展,使党支部建设焕发新的活力,将更好地发挥党支部的战斗堡垒作用,推动高校教育发展。

(三) 研究生党支部建设存在的不足

结合研究生群体特点和高校党建的制度与实施要求,目前高校的研究生党支部高质量建设中,具体还存在以下问题:

1. 党支部政治功能不突出

当前,部分研究生党支部建设中,存在着政治功能弱化的问题。可以发现,很多党建工作中存在着"三会一课"欠缺规范化、"两学一做"较为形式化、党员纪律不够严格化等问题。也有部分党员政治意识不强,只注重专业知识的学习,而忽视了政治素养的提高,研究生的日常工作中也多为强调学科知识和技能的提高,造成研究生党员不同程度地存在着诸如政治信仰迷茫、对党的理想信念较淡薄等问题。[1]随着现代化信息技术的发展,研究生面临着工作和学业的双重压力,党员作为学生群体中的一部分,在党支部要求的组织活动中,确实出现了流于形式的问题,导致研究生党支部的政治功能难以发挥作用。正因如此,研究生党支部建设中,要重视其建设的长效性,加强对大数据等新兴技术的应用,创新活动形式,促进研究生党支部的高质量建设。

2. 党支部组织建设形式单一

当前,高校研究生党支部大多是以班级为单位建立,日常通过各种支部主题实践开展组织活动,但是随着学生人数的逐渐增多,出现了生源复杂、学习生活相对分散等新情况,导致原本党支部建立模式难以完全应对,出现

---

〔1〕 许志勇等:《新时代高校研究生党建工作机制优化与实践》,载《湖北师范大学学报(哲学社会科学版)》2022年第3期。

了一定的弊端。[1]一方面，学生党支部活动的开展，习惯完全根据党内文件和讲话精神开展，缺乏创新动力和自觉性；另一方面，党支部组织活动的开展，很少与学生专业进行有效结合。反映出当前主要问题是组织生活形式单一、有效性不足，以及组织生活内容贫乏、针对性不强，等等。[2]

3. 党支部创新建设动能不足

不可否认，部分高校的党支部组织活动流于形式，简单地采用学文件、读讲话等墨守成规的方式，缺乏对组织方式的创新思路，使支部党员对参与支部活动出现消极情绪，显然不利于党支部发挥战斗堡垒作用。[3]另外，在互联网技术的发展下，网络新媒体已经成为学生党支部建设的重要平台，许多学生党支部建设中都建立了微信公众号作为宣传联络媒介，但是实际工作又因缺乏对党建宣传重要性的认识，导致宣传范围存在一定的局限性。部分党支部的建设工作中，虽然利用了微信等平台，但是大多数活动只是简单地转化为线上形式，并未深入拓展网络新媒体在党支部建设中能够发挥的创新作用。

4. 研究生党建队伍力量不足

高质量的党务工作队伍是研究生党建工作的重要保证，[4]研究生党支部建设尚存在工作队伍力量缺乏的问题。由于研究生党建中，对学生的思想政治引导和专业能力培养是密切相关的，党支部建设的总体规划上应当更加注重导师的关键地位。在研究生培养过程中，导师往往对研究生思想政治教育"第一责任人"的认同感不强，主要关注学生的专业学习、课题论文，较少参与研究生党建思想政治工作，[5]没有科学合理地将业务工作与党务工作有机结合，无形中降低了党支部的号召力和影响力。

---

[1] 刘军伟等：《研究生纵向党支部设置模式及其评价方法研究》，载《湖北师范大学学报（哲学社会科学版）》2020年第1期。

[2] 袁素文：《高校学生党建工作新思路的探索》，载《鞍山师范学院学报》2007年第5期。

[3] 彭海英、杨子生：《高校基层教师党支部建设中存在的主要问题与发展途径探析》，载《高教学刊》2020年第2期。

[4] 郭洁、林志煌：《多元背景下高校学生党支部创新建设探索》，载《江西电力职业技术学院学报》2018年第11期。

[5] 张启钱、王爱伟：《导学思政与研究生党支部建设的融合模式研究》，载《学位与研究生教育》2021年第6期。

二、基于比较法学研究院全国党建工作"样板党支部"建设的实践分析

比较法学研究院学生第二党支部是全国"党建工作样板支部"培育创建单位。支部以习近平新时代中国特色社会主义思想为引领,以提升支部"组织力、凝聚力、战斗力"为重点,着力完成好党员教育、党员发展、党员监督、党员服务等各项工作,充分发挥研究院人才多样化特色,开展"多语种微党课"品牌活动等各类主题教育和学习活动。支部探索实现学习型、服务型、创新型"三型"党支部建设,设立"教学助手党员先锋岗""就业服务党员先锋岗""朋辈帮扶党员先锋岗"三类党员先锋岗,共同构建"互相学习、互相促进、互相提高"的党建工作格局,着力发挥支部组织力、战斗力,发挥支部党员的先锋模范作用、带头作用。

(一)研究生党建工作机制的优化实践

1. 紧密结合专业优势,开展特色支部共建活动

支部结合专业优势,努力构建"互相学习、互相促进、互相提高"的党建工作格局。通过联合开展支部共建活动,实现教育资源、文化资源的共建共享,推动支部党员深入基层、服务群众、奉献自我、回报社会,并注重弘扬社会主义精神文明,助力和谐社区的建设,共同推动党建工作的发展进步。

2. 灵活党员教育形式,增强党性教育实效

支部坚持"引进来"和"走出去"结合的方式开展党员教育,满足党员的多样化需求,增强党员教育的灵活性和实效性。在"引进来"方面,通过观看高校微党课,聆听党支部书记讲党课、党员讲党课,开展专题研讨等形式进行集中理论学习,增强理论学习的系统性、深刻性、有效性。在"走出去"方面,充分利用北京当地特色,带领支部党员走出教室,前往爱国主义教育基地和党性教育基地进行校外学习实践活动,身临其境感悟精神传承、学习理论知识,增强党员教育实效。

3. 理论学习常态化制度化,切实提升党性修养

党员学习教育作为党建工作的重要内容,支部将其作为重点工作,每季、每月确定学习主题、制定学习规划,形成月度理论学习手册供支部党员学习使用。支部每月集中一定的时间组织党员进行理论学习与讨论、撰写心得感悟,在思想的互动与碰撞中增强学习效果,营造积极学习的浓厚氛围。

4. 发挥党员先锋模范作用，设立学生党员先锋岗

支部继续秉承在学生党员先锋工程"先锋计划"活动中的优良传统和工作经验，结合不同的主题教育和疫情防控整体部署，在校内外设立若干学生党员先锋岗，号召学生党员一人一岗、承诺践诺，切实发挥先锋模范作用，服务首都人民和师生群众。支部设立"教学助手党员先锋岗""就业服务党员先锋岗""朋辈帮扶党员先锋岗"三类党员先锋岗，辅助老师的教学工作、收集就业信息、分享求职经验。党员先锋岗展现出了学生党员的责任与担当，营造出做贡献、讲奉献、做表率的良好风尚，形成了支部发挥凝聚力量的有效机制，进一步强化了支部政治功能。

5. 打造特色品牌项目，拍摄外语微党课视频

支部相继制作"纪念马克思诞辰 200 周年"和"献礼建党 100 周年"外语微党课视频。学生党员使用德语、意大利语、俄罗斯语、日语、英语等多种外语讲述建党伟大历程和伟大成就，总结提炼在党史学习教育中的学习收获，分享与展现马克思主义中国化成果，影响并号召新时代青年学史力行。支部充分把握契机、拍摄优质外语微党课视频，切实展现党员风貌，深化理论学习成效。

（二）研究生党建工作机制优化的成效与经验分析

1. 严格遵守党员发展制度，党员发展更加标准化

严格按照《中国共产党章程》《中国共产党发展党员工作细则》《中国共产党支部工作条例（试行）》和《中国共产党党员教育管理工作条例》的要求，规范发展党员工作流程，按年度制定发展党员计划，按程序、标准开展工作，做好党员教育，进一步提升党员发展流程标准化。

2. 坚持"三会一课"制度，组织生活更加规范化

支部在上级党委的指导下，切实落实全面从严治党要求，始终将"三会一课"制度作为支部组织生活的基本制度，长期坚持并认真遵守会议制度的各项要求。支部结合党员特点和支部实际，围绕中心工作，每月召开一次支部党员大会、支委会，每季度上一次党课，通过建立党员活动考勤评价体系、党员活动总结反馈制度，强化党员管理，严肃组织生活，真正确保"三会一课"制度效果落到实处，进一步提升组织生活规范化。

3. 遵守党支部评价反思制度，述职评议更加严格化

支部结合每年度上级党委开展组织生活会的要求，在全体党员中开展专题组织生活会，开展民主评议。同时，认真开展支部书记述职考核工作，支部书记在支部组织生活会和院党委会上分别述职，由全体党员和院党委委员进行测评，进一步提升述职评议严格化。

4. 严格党务公开制度，评价体系更加透明化

支部各项工作做到及时公开，建立透明的党务工作成果评价体系，借助院网站、微信、党员 e 先锋等平台公开支部活动；通过支部书记述职评议、支部民主评议等活动，定期听取院党委会、群众的意见和建议，认真反馈和落实，进一步推进评价体系透明化。

三、高校研究生党支部高质量建设工作机制优化的路径建议

鉴于上文所述研究生群体价值观念复杂、学习生活分散、生源多样的特点，结合全国党建工作"样板党支部"建设中的实践经验，本文针对高校研究生党支部高质量建设中的现存问题提出以下建议：

（一）强调体系化设计，建立健全协同育人的研究生党建工作领导体制

作为一项系统工作，研究生党支部的建设应当做好体系化设计，建立起学校党委、二级学院党委和研究生党支部的三级衔接机制，联合校部机关、团委和研究生导师，借由多层次多方面的协作模式，强调体系化的研究生党建工作领导体系，形成多层次、全方位协同育人的党支部长效建设格局。[1] 科学合理的组织体系是研究生党支部发挥先锋堡垒作用的基础，打造出一支政治素质过硬、组织能力较强、先锋作用突出的党建工作队伍，是严格管理党支部建设工作、推动党支部高质量发展的必要保障。

（二）科学设置党支部，提升研究生支部组织凝聚力

规范化、科学化的研究生党支部结构，是发挥研究生党支部教育培养功能的坚实基础。研究生党员群体在学科、背景和年级上都存在着一定的差异，因此在构建研究生党支部的组织架构上，要遵循科学合理的原则——既要有

---

〔1〕 许志勇等：《新时代高校研究生党建工作机制优化与实践》，载《湖北师范大学学报（哲学社会科学版）》2022 年第 3 期。

利于发挥党支部的战斗堡垒作用和党员先锋模范作用，又要有利于开展党员管理服务活动，同时也要依具体情况兼顾灵活性，构建科学化的党支部，提升支部的凝聚力。

一般情况下，以班级为单位在同年级内横向建立党支部，有利于在新生入学阶段快速集中党支部资源帮助其适应研究生的学习生活。但是对于以科研、实验为主要任务的专业或年级，大部分时间与导师、课题组共同开展研究，更适合在相近专业、同一课题组或实验室纵向设置党支部，有利于依托更为紧密的日常交流，提升党群凝聚力。同时还应考虑到，因交叉学科研究或科研项目论证的需要，经常有不同学科、不同专业背景的学生共同开展研究活动，此时还可以根据课题组年级构成、人数多少等具体情况，尝试设置临时党支部，实现党支部政治功能的连续发挥以及教育功能的全面覆盖，共同促进研究生党支部的长效建设。

（三）创新工作方式，深化学术辅导与就业支持有机融合

研究生党支部的高质量建设必须考虑学生的切实需求，通过切实帮助、满足学生的目标，引导其筑牢共产主义理想信念。因此，研究生党建应将学术辅导与就业支持作为两大抓手，从提高学术研究能力和实现顺利就业两个层面组织活动，提升吸引力和创新性。一方面，从新生入学开始，就要注重如何充分发挥研究生导师的引导作用，在日常教学和科研中，合理融入思政内容，引导研究生筑牢集体意识。另一方面，针对毕业年级提供充分的就业支持，定期组织科研经验、就业创业、深造学习等与其密切相关的支部活动，深化组织育人与学术科研的有机融合，创建党建育人品牌。

（四）把握新媒体契机，充分运用信息时代党建有效经验

在当前互联网时代背景下，新媒体以其自身的多元化、个性化等传播特点，在研究生群体中发挥着不可替代的作用。党支部建设应当进一步推进智慧化数字化发展，合理运用互联网平台，将党建与信息网络技术的发展充分结合，创新活动载体，顺应时代发展需求。研究生群体思维活跃、学习场所分散，利用互联网平台开展党支部活动具有重要的现实价值。加强组织功能和网络功能有效融合，将各类导师指导、就业创业辅导、学业经验分享等活动纳入线上平台，还可以通过开设支部生活、微党课等栏目，全面促进党建

与新媒体手段的融合，极大地促进研究生党支部的长效建设，更好地适应信息时代党支部建设的新发展。

本文以全国党建工作"样板党支部"为例，结合研究生群体的特征，探索出一条高效的研究生党支部长效建设路径，促进研究生党支部制度化、规范化建设，对今后的党支部建设工作具有十分重要的借鉴意义。研究生党支部应当坚持既严格依法依规，又因地制宜地规范做好党建各项工作，结合支部党员的特点与具体实际，不断创新优化党建工作形式，真正做到党支部高质量、长效化建设。

当代高校全员全过程全方位育人研究

中国政法大学学生工作部（处）　柏懿娜

随着全球化与信息化的不断发展，知识经济时代对人才提出了更高要求。在这个过程中，高等教育成为创新驱动发展战略和人才战略的重要支撑，而全员全过程全方位育人则成为实现高等教育目标的必然选择。当前，中国高等教育正在实施以"质量立校、特色兴校、人才强校"为基本方针的教育改革，全员全过程全方位育人已成为当前中国高等教育教学改革的重要议题。

本文旨在通过对当代中国高校全员全过程全方位育人理念的阐述，分析其发展的现状、存在的问题及原因。针对存在的问题，提出有效的对策和措施，以期能够推动中国高校全员全过程全方位育人事业的健康发展，培养更多具有综合素质、创新意识和实践能力的高等教育毕业生，为国家的经济发展和社会进步做出积极的贡献。

一、高校全员全过程全方位育人的意义

（一）全员全过程全方位育人的内涵

中共中央、国务院《关于加强和改进新形势下高校思想政治工作的意见》提出坚持全员全过程全方位育人，[1]在当代高校，全员全过程全方位育人面向全体学生，涵盖整个学习阶段，从入学到毕业，包括思想政治教育、学科教育、实践教育、个性发展等多个方面的全方位培养。以提高学生综合素质和能力为核心，以适应复杂环境和未来挑战为目标，致力于让高校毕业生成为复合型人才。

---

[1]《中共中央、国务院印发〈关于加强和改进新形势下高校思想政治工作的意见〉》，载新华网：http://www.xinhuanet.com/politics/2017-02/27/c_1120538762.htm，最后访问日期：2023年1月12日。

全员全过程全方位育人旨在通过所有教育阶段及教育主体的共同努力,提高学生的综合素质和能力,实现人的全面发展。这一理念既是对当下教育现状的反思,也是对未来教育发展的期许和引领。

(二) 全员全过程全方位育人的特点

全员全过程全方位育人是新时期高校教育改革的重要内容之一,其核心是以学生为中心,保证学生全面成长。它具有以下几个特点:

(1) 全员。所有参与教育工作的教师、管理人员、学生以及与学校相关的社会各界都应该参与到全员全过程全方位育人中来。尤其是教师,除了传授专业知识外,还需要承担思想政治教育、道德教育、创新能力培养等任务。

(2) 全过程。强调从入学到毕业贯穿整个学习阶段,这不仅包括学术领域的教育和培养,也包括人文素质、社交能力、情感智慧等方面的培养。因此,全过程教育要考虑学生的成长特点、心理发展和跨代沟通,注重个性化、差异化和多样化教育模式。

(3) 全方位。除了学习成绩外,还应该注重学生的思想、道德、文化素养等方面的培养,让学生得到全面发展。这包括认识世界、个人发展、社会参与、职业规划等维度。全方位育人需要将学科教育和其他领域进行有机结合,以提高学生的综合素质和能力水平。

(4) 多元化。强调不同教育模式和活动形式在全员全过程全方位育人中的重要性,除了传统课堂教学外,还包括实践教学、社会实践、交换学习、创新创业等多个领域。多元化育人旨在促进学生全面性和差异化,满足其多维度的需求和期望。

(三) 全员全过程全方位育人的重要性

全员全过程全方位育人是现代高等教育的基本要求,也是实现高等教育目标的必然选择。它不仅能够提高学生的知识水平和专业技能,更重要的是能够培养他们的创造力、社会责任感和国际化视野,[1]使他们具备适应复杂环境和挑战的能力,为未来的事业奠定坚实的基础,具有重要的现实意义和长远影响。

---

[1] 刘九七:《合作学习在大学体育啦啦操教学中的实验研究》,湖南理工学院 2021 年硕士学位论文。

（1）提高人才培养质量。全员全过程全方位育人能够使学生在思想、知识、技能、实践等多个维度上获得更为全面的培养，从而大大提高其素质和能力水平，培养出更加优秀的综合型人才。这对于我国现代化建设和经济社会发展具有重要的战略意义。

（2）推进教育改革。全员全过程全方位育人是高等教育改革的内在需要，创新教育模式是推进教育改革的必由之路。它符合时代发展的趋势和需求，体现了教育本身应该具备的服务性和导向性，可以有效地推进和促进高校与社会的对接。

（3）适应未来社会发展。随着社会经济的不断发展，未来社会的需求将越来越多样化和复杂化，所需要的人才的综合能力和专业技能也将有所提高。全员全过程全方位育人可以针对这一趋势来进行教育改革，将学生培养成为具有多重能力和素养的综合型、创新型人才。

（4）落实"立德树人"的教育目标。全员全过程全方位育人是实现"立德树人"重要内容之一。通过在全过程中注重学生品德、人文素质和社会责任等多个维度的培养，不仅可以提高学生的道德修养和伦理观念，也能够帮助学生形成正确的价值取向，从而推动我国教育迈向更加立体化和人性化的方向。

综上，全员全过程全方位育人极其重要，是广大教育工作者全心全意育人的真正反映，也是适应未来社会发展的必然趋势。只有推动全员全过程全方位育人的深入实践、打造更优质的教育生态环境，才能提高教育服务质量，推进我国人才培养与社会发展的协调共进。

二、全员全过程全方位育人的形式

高校全员全过程全方位育人是一种旨在提高学生综合素质和能力的教育理念和实践，这种培养不仅注重专业知识的传授，还包括思想政治教育、社会实践、创新创业、就业指导等多个方面的培养，旨在塑造复合型人才，适应现代社会和经济的发展要求。

（一）思想政治教育形式

高校通过开设思想政治课、组织性教育活动、举行主题讲座等方式，引导和教育学生树立正确的人生观、价值观和世界观。[1]此外，也可以通过校园网络、微信公众号等平台，推送一些有益于学生健康成长、积极向上的内容，如人文历史、科技前沿等。

（二）学科教育形式

传统的课堂教学将以专业技能培养为主，而现代的教学模式则更加注重发掘学生的潜力和个性，开发他们的创造力和创新能力。在这种教学模式下，教师不再是知识的传授者，而是扮演着引导者和指导者的角色，通过启发式和多样化的学习方式，帮助学生获得更广泛的知识、体验更多的学科交叉，并将所学的知识与社会实践相结合。

（三）实践教育形式

实践教育包括教师实践、学生实践和社会实践等形式。这些实践活动可以让学生更好地了解自己的专业领域，并将所学的知识应用到实际工作中，提高实际操作能力，同时了解真实的社会经济情况和市场需求。例如，通过组织学生参加大型活动、实践课程设计和拓展训练等方式，提高学生的综合素质和能力。

（四）个性发展形式

学生可以通过参加社团、文艺、体育、志愿服务等活动来丰富自己的校园生活，同时也可以在这些活动中发现自己的兴趣爱好和潜力，并得到更好的锻炼和发展。此外，学生还可以通过一些评选活动、演讲比赛等机会获取更多展示自我的平台，促进个性化发展。

（五）创新创业形式

创新创业教育是高校全员全过程全方位育人的新生力量。学校应该为学生提供科技创新和创业的机会和平台，培育学生的创新意识和实践能力。[2]例如，开展科技成果转化、知识产权保护等相关活动，引导学生积极参与到创新创业中。学校还可以建立创业孵化器、创新基地、科研机构等，为学生

---

[1] 张兰：《精准扶贫政策下多元化资助育人工作研究——以江苏C高校为例》，载《才智》2023年第6期。

[2] 李阳：《在信息技术教学中培养学生的高阶思维》，载《江西教育》2022年第40期。

提供丰富的资源和支持。

(六) 就业指导形式

高等教育的任务之一是帮助学生找到一份理想的工作。学校应该为学生提供职业规划、就业指导、招聘信息等服务,帮助学生适应社会环境并进入社会。此外,高校也应该积极与企业沟通合作,了解市场需求,为学生提供更好的就业机会和前景。

综上,高校全员全过程全方位育人是一种综合性的教育改革,旨在为学生提供更好的教育和发展机会。从上述形式中可以看出,这种教育改革涉及思想政治教育、学科教育、实践教育、个性发展、创新创业和就业指导等多个方面,是一种全面的教育理念。高校应该在这些方面不断探索和实践,为学生提供更加丰富的教育资源,培养出更加优秀的综合型人才。

三、当代中国高校全员全过程全方位育人存在的问题

当代中国高校全员全过程全方位育人虽然是一种旨在提高学生综合素质和能力的教育改革,但在实践中还存在着一些问题。

(一) 师资队伍建设问题

1. 教师队伍不足

高校师资队伍是实现全员全过程全方位育人的核心力量,但当前部分高校教师缺乏教育教学经验和管理能力,技术和知识水平与社会需求不符,难以胜任全员全过程全方位育人任务,这使得一些学生在全面发展方面缺乏支持和指导。

2. 教师与学生观念理念不一

当代高校全员全过程全方位育人需要教师们具备创新精神、开放思维、跨学科能力等素质,但一些教师仍存在传统教学思想的束缚,难以适应新型的教育理念和方法。同时,部分学生也容易产生浅尝辄止、功利主义等问题,难以形成长期的全面发展观念。

(二) 课程设置问题

1. 课程改革进展缓慢

高校虽然开始尝试开设多元化的跨学科课程,但在实际中进展缓慢。一

方面是因为一些高校基础设施条件较差，教学资源匮乏，难以满足多个学科课程的开设；另一方面是由于部分传统的学科结构和课程体系固化，难以改变。

目前大学课程设置普遍重视专业课程传授，但对于学生的综合素质和创新能力培养显得不足，难以满足当今时代的发展需求。如何深化课程改革，打破学科之间的壁垒，注重跨学科的学习和实践创新课程，引导学生从多个方面获取人文社会、科学技术等方面的知识，是当前高校课程改革亟待解决的问题。

2. 学科之间缺乏协同性

当代高校全员全过程全方位育人需要跨学科、跨领域的合作与交流，但目前高校内部的学科结构比较单一，单一学科专业化程度过高。这导致不同学科之间的协同性较差，阻碍了教师和学生跨学科的学习和创新思维的发展。

（三）创新意识培养问题

创新是推动社会进步和经济发展的重要因素。然而，当前中国高校学生创新精神不足，外部环境与内部制度等原因限制了学生的创新能力的培养。尤其是一些本科生缺乏独立思考的能力和创新意识，无法独立完成复杂的实践任务，这使得他们在就业市场上很难有竞争力。

（四）学生参与状况不尽相同

全员全过程全方位育人是一种综合性的教育模式，涉及的领域较为广泛，因此也会面临学生参与状况不尽相同的问题。

1. 学生背景和自身素质

不同学生的家庭、地域、学习经历等背景都不尽相同，他们对于教育方式和内容的接受程度也会有所差异。同时，不同学生的主观能动性、积极性以及实践能力也会有所不同，对于全员全过程全方位育人的参与程度也存在差异。

2. 教育教学方法和形式

全员全过程全方位育人注重多元化教学方法，但这并不意味着每一个学生都适应所有的教育教学形式。例如，有些学生可能更适合传统课堂教学而不是社会实践或项目性学习，会出现参与程度不高的情况。

3. 激励机制的缺失

在全员全过程全方位育人中，鼓励学生的参与和积极性成为关键。如果学生感到教师或学校存在对其参与的价值缺失、反馈不及时等情况，就会导致参与状况不尽相同。因此，建立明确的激励机制对于促进学生全面参与十分必要。

四、高校全员全过程全方位育人工作发展趋势

当代高校全员全过程全方位育人的工作是教育改革与发展的重要方向之一，未来几年将继续得到广泛的重视和推广，重点围绕以下几方面开展工作：

（1）推进教育信息化建设。随着时代的变迁，新技术已经成为影响全员全过程全方位育人的新因素之一。未来，学校应该继续推进教育信息化建设，加强对全员全过程全方位育人的数字化支持和辅助。通过多种形式的在线教育、虚拟实验室以及数字化课堂等方式提升教学效果，加强师生互动，为学生提供更加丰富多彩的学习资源。

（2）加强社会责任培养。随着社会的快速变革，全员全过程全方位育人的任务不仅限于传授基础知识和技能，更需要强调社会、人类的命运共同体意识、责任意识和环保意识。[1]学校应通过组织志愿服务、实践教学等活动，培养学生的公民道德，增强他们的社会责任感和创新能力，为国家和社会发展做出贡献。

（3）突破学科壁垒。全员全过程全方位育人强调多元教育和跨学科融合，未来将会有更多的学校支持跨专业课程开设、跨领域研究项目等创新。通过打破传统学科壁垒，学生可以得到更广泛的知识与技能，提高整体综合素质，更好地适应当前快速变化的社会。

（4）优化实践教学。全员全过程全方位育人要求注重学生实际操作、体验式学习和探究探索学习，未来的高校必然更加注重实践教学。学校应该建立更加丰富多彩的实践教育体系，组织各类实践活动，鼓励学生积极参与实践探究，实现理论与实践的结合。

---

[1] 安家彤：《教育教学中达斡尔族舞蹈文化保护与开发研究》，载《尚舞》2021年第8期。

五、完善当代中国高校全员全过程全方位育人的路径

要完善全员全过程全方位育人，需要针对存在的问题及未来发展趋势，落实相关措施，才能够让全员全过程全方位育人真正落地并取得实效。

（一）加强师资队伍建设

教师作为教育的主体，在全员全过程全方位育人中是非常关键的一环。学校应从多个方面进行努力，为教师提供必要的支持和环境，不断提升教师专业素质和教学能力。通过各种手段和机制创新，促进教育教学工作的开展和提高，最终实现全员全过程全方位育人的目标。

1. 创新教师培训机制

学校应该不断改进和完善教师培训机制，包括对培训内容、方式等多个方面进行创新。通过组织丰富多彩的培训活动，鼓励教师积极参与，并给予奖励和荣誉的表彰，促使教师不断提升自己的专业技术和教育能力。

2. 建立教师交流平台

学校可以建立教师交流平台，为教师提供一个展示自身技能和才华的机会。通过举办各种形式的教学论坛、课堂观摩活动等方式，促进教师之间的交流和沟通，从而推动教育教学工作的改革和提高。同时，优秀老师可以担任导师，引导新教师熟悉学校的发展理念、教学方法和管理制度，为新教师提供良好的中长期成长环境。

3. 重视教师综合素质培养

在加强师资队伍建设时，除了注重教师教育教学方面的能力提升外，还要重视教师的综合素质培养。例如，鼓励教师参加文艺、体育等特长活动，并给予相应的表彰和奖励，以激发教师对生活和学生多元化需求的关注。

4. 推动教育信息化建设

信息化时代的到来，也为师资队伍的建设注入新的动力。学校应该推进教育信息化建设，提供更好的硬件和软件条件，加强对教师的信息技能培训，将信息技术运用到教育教学中，并积极探索创新教育思维与教学方式。

（二）优化学科建设

1. 深化课程改革

高校应该把课程改革放在一个更为重要的位置，实行不同层次、不同性质的课程，注重学生的综合素质培养，重视学生的终身教育思想，推行跨学科的学习和实践创新课程。并且，应该鼓励学生自主选择课程，保证多元化的选修课程设置。

2. 加强教学方法创新和落地实施

全员全过程全方位育人需要创新教学模式和方法，比如项目制学习、案例教学、任务式教学等。同时，在教学实践过程中，要注重将这些教学模式转化为更加具体的教学实践操作，保证教学效果。

3. 优化教学设计

在教学设计中，应充分考虑学生需要，制定符合其发展规律和成长特点的教学计划。同时，在课堂教学中采用互动式、探究式的教学模式，注重实践性、个性化教育，提高教学效果。同时，吸引业内专家、专业研究机构等多方资源的参与，建立科学、规范的教育教学体系。

（三）打造优秀的教育环境

1. 优化校园教育氛围

全员全过程全方位育人需要营造良好的教育氛围和环境。要着力打造宜人的校园文化，为学生提供良好的学习、交流、实践条件，让他们能够在轻松活跃、积极向上的氛围中成长和发展。

2. 加强家校联系和互动

建立良好的家校联系和互动渠道，有助于增强学生参与全员全过程全方位育人的积极性。可以通过开设家长会、建立电子学生档案、协调家庭支持等方式来加强家校联系和互动。

3. 教育目标的多元化

全员全过程全方位育人融合了传统教育的精华，关注知识的传授和技能的训练，同时也注重学生情感、道德及身心发展等多方面的培养。因此，需要明确多元化的教育目标，并为学生提供不同形式的教育机会和支持。

(四）注重学生综合培养

1. 建立多元化评价与奖励机制

对于全员全过程全方位育人，单纯的考试成绩并不能完全体现学生的综合素质和能力。因此，建立多元化评价机制，采用综合性评价、多样化评价等方式，可以更好地反映学生在各个层面上的表现和发展潜力。

评价与激励是推进全员全过程全方位育人的基础。特别是在社会实践、创新创业等方面，需要建立完善的评价标准和鼓励机制，[1]给学生更多的支持和激励，通过正向激励来提高其参与积极性和创造力水平。

2. 提高社会实践组织和服务水平

社会实践是全员全过程全方位育人中不可或缺的一个环节，但在组织和服务方面仍存在不足。加强社会实践活动的策划与组织，提升服务水平，针对不同类型的学生，开设不同形式的社会实践活动，满足他们的需求和兴趣。

3. 培养学生创新意识

高校应该在课堂教学、实践教学和社会实践等方面加强学生的意识和方法的教育，并开展相关的活动和竞赛，让学生有更多机会锻炼自己的创新能力。同时，在办学理念上应该由单一知识体系向多元化发展转变，以提高学生的哲学素质，拓宽他们的人生视野。

4. 注重国际交流与合作

加强国际交流与合作，融入国际先进教育理念和资源，开拓一扇窗口，让祖国山河更加精彩。这有助于增强全员全过程全方位育人的内涵，促进学生成为具备国际视野、胸怀全球的综合型人才。

六、结语

全员全过程全方位育人是当代中国高校教育改革的一个重要议题，其实现需要全社会的共同努力。在构建全面发展的高等教育体系方面，实施全员全过程全方位育人是关键所在，它不仅能够提高学生的知识水平和专业技能，同时更重要的是能够培养他们的创造力、社会责任感和国际化视野，使他们

---

[1] 刘雪伦：《基于创新人才培养的〈摄影技艺〉课程教改实践研究》，新疆师范大学2018年硕士学位论文。

具备适应复杂环境和挑战的能力，为创造未来的事业奠定坚实的基础。通过加强师资队伍建设、深化课程改革、培养学生创新意识等对策和措施，有利于进一步推进中国高校全员全过程全方位育人事业的健康发展。同时，该议题也需要教育部门、高校、企业等多方面的合作和支持，共同为学生的综合素质和未来发展创造更好的环境和条件。

高校二级学院教学管理与学生管理协同育人机制研究
——基于"三全育人"视角

中国政法大学人文学院　姚　瑶

摘　要： 高等院校应始终坚持人才培养的中心地位。作为基本教学单位，二级学院的教学管理工作与学生管理工作既是人才培养工作的主要环节，也是贯彻"三全育人"科学理念的有效途径。本文基于"三全育人"视角，阐述高校二级学院教学管理与学生管理协同育人的现实意义和理论意义，有的放矢地提出构建协同育人主体机制、改进协同育人过程机制与健全协同育人融合机制等三条优化路径，促进二者有机融合。这不仅能有效提升高校协同育人成效，开创高质量人才培养新格局，也有助于全力提升高校育人水平，协同培养德智体美劳全面发展的新时代人才。

关键词： 教学管理　学生管理　协同育人　三全育人

2017年2月，中共中央、国务院印发了《关于加强和改进新形势下高校思想政治工作的意见》，提出坚持全员全过程全方位育人，把思想价值引领贯穿教育教学全过程和各环节。[1]近些年，各高校积极将"三全育人"科学理念充分融入管理之中，紧密结合人才培养中心工作，进行深入探索与研究。这不仅有助于进一步拓宽高校管理的新思路，不断完善管理体系建设，也有利于提升资源整合能力和人才培养质量，落实立德树人根本任务，扎实推进学校人才培养中心工作高质量发展。

---

〔1〕《中共中央、国务院印发〈关于加强和改进新形势下高校思想政治工作的意见〉》，载中华人民共和国中央人民政府：http://www.gov.cn/xinwen/2017-02/27/content_5182502.htm。

二级学院是指高等学校独立法人单位设置的具体从事教学、科研及社会服务等工作的下属单位。[1]作为基本教学单位，二级学院既是高校人才培养中心工作的直接实施者，严把教学质量关口的重要主力军，又是高校扎实筑牢大学生思想政治教育的前沿阵地。对于人才培养工作而言，二级学院教学管理与学生管理是两个既相互独立又互相影响的工作体系。二者既是人才培养工作中的主要环节，也是贯彻"三全育人"科学理念的有效途径。因此，在"三全育人"综合改革背景下，二级学院健全教学管理与学生管理协同育人机制具有十分重要的现实意义和理论意义。

一、现实意义：高校二级学院教学管理与学生管理协同互动有助于补齐育人"短板"，形成育人合力

（一）教学管理工作与学生管理工作之间是相对独立、自成体系的

对于高校二级学院来说，教学管理工作与学生管理工作是两个相对独立的工作体系。一般情况下，一方面，二级学院教学管理工作主要由教学工作办公室负责，主要成员包括分管教学工作院长、各教研室及研究所教学负责人、一线授课教师及教学秘书等，具体工作涉及专业培养方案的制定与实施、课程安排与建设、教学质量监督与评价、学生选课、考试安排与成绩管理等。另一方面，二级学院学生管理工作则主要由学生工作办公室负责，主要成员包括分管学生工作党委书记、学生辅导员等，具体工作涉及学生思政教育工作、学生团体活动、心理辅导、就业指导与日常生活咨询等。

但是，由于二级学院教学管理与学生管理工作的根本宗旨都是以学生为本，因此，二者在诸多工作环节中，必然会存在一定程度的交叉，甚至互相影响。以学生奖学金评定工作为例，该工作一般主要由学生工作办公室承担，但是学生的成绩排名必然会涉及成绩管理等方面，属于教学管理工作范畴。因此，为了更好地发挥育人合力，二级学院必须积极将教学管理与学生管理有效地协同互动起来，使二者相辅相成，互相促进，才能真正凝聚强大合力，最大化地提升协同育人专业水平。

---

[1] 张士泽：《我国普通高校二级学院管理体制问题分析——以上海市L高校为例》，华东理工大学2012年硕士学位论文。

(二)教学管理与学生管理之间协同互动不足,难以形成育人合力

由于高校二级学院教学管理和学生管理的垂直管理部门、工作任务和目标等方面都存在一定差异,一旦二者协同互动不足,则极易导致管理工作统筹协调不到位,使学院在人才培养过程中产生部分"真空地带",甚至招致互相推诿责任、争权夺利等问题。

在二级学院日常工作中,教学管理队伍与学生管理队伍各司其职、各负其责。一旦发生二者缺乏沟通的情况,则极易导致学院在人才培养环节出现脱节现象,无法保障协同合作育人实效。一般情况下,分管教学工作院长的工作重点主要在于学院本科与研究生教学管理等工作,负责组织和开展相关教育教学活动,较少指导学生思想政治教育工作;一线授课教师主要负责学生课堂教学的开展与效果,较少关注学生在整个大学期间的学业发展进度;教学秘书主要承担教学服务工作,较少主动与学生进行一对一谈心,不太了解学生思想动态;而辅导员主要关注学生思想政治教育等方面,不太考虑活动是否对专业学习有益。

因此,一旦学生管理工作完全脱离于教学管理工作来开展,则不能有效发挥两个部门的协同合作效果,实现不了高校办学治校的根本任务。而教学工作脱离开学生工作就不能很好地借助学生管理与学生零距离接触的优势来掌握学生的思想动态,不易进行专业教育与学业指导。[1]

二、理论意义:"三全育人"视角下,高校二级学院教学管理与学生管理双管齐下,能有效提升协同育人整体效应

近些年,随着"三全育人"科学理念的不断推广,高校二级学院对于今后教育教学管理有了新的指导思想和发展方向。中共教育部党组曾指出,要积极推进"三全育人"综合改革试点,深入探索凝聚校内外育人力量、整合课内外育人资源的合力育人机制,加快构建全员全程全方位的育人格局。[2]基于"三全育人"视角,二级学院应积极将教学管理与学生管理二者有效地

---

[1] 高岭梅、郑颖君:《教学管理与学工管理良性互动有效提高教育教学质量》,载《教育科学与管理工程国际学术会议论文集》,北京,2011年8月16日。

[2] 中共教育部党组:《光明专论:大力培养中国特色社会主义建设者和接班人》,载《光明日报》2017年9月8日,第2版。

协同起来，这对于全面提高人才培养质量具有十分重要的理论意义。

第一，从"全员育人"视角出发，调动育人主动性，动员二级学院教学管理与学生管理队伍共同参与人才培养工作，有助于构建"三全育人"新格局。

"全员育人"教育理念指的是学校、家庭和学生组成的一体化育人体系，它能为"全过程育人"与"全方位育人"提供扎实的人员保障。不论是学院分管教学和学生工作的领导、一线授课教师，还是教学秘书、辅导员，都应同向同行，拧成一股绳，积极加入育人队伍，在日常工作中不断提高服务育人、管理育人的意识，积极履行自身岗位职责，使全员参与"三全育人"管理工作。一方面，通过协同效应，将价值塑造、知识传授和能力培养三者有机地融为一体；另一方面，通过将专业知识传授和思想政治教育相结合，潜移默化地培养学生诚信待人等优秀道德品质，从而构建全员育人大格局。

第二，以"全过程育人"为指导，二级学院教学管理与学生管理协同育人有利于提升学生培养中关键环节的育人实效，全面提高人才培养质量与水平。

"全过程育人"教育理念是指从学生从大一踏入校园起直到毕业离开校园的整个大学时期，高校应持续性地将育人根本目标与整个教育教学过程紧密结合起来，通过整体性的科学引导，关注人才培养全过程，确保人才培养质量水平。

二级学院需注重创建全过程协同培养机制，建立新生入学教育、过程教育和就业教育协同机制，对学生的学业和未来发展提供全程指导，直至顺利完成人才培养工作。[1]以"全过程育人"为指导，要求二级学院始终将立德树人根本任务贯穿于教育教学全过程。不论是对于专业培养方案的制定与实施、课程安排与建设等教学管理环节，还是学生思想政治教育工作、就业指导等学生管理环节，二级学院都应予以持续性的关注与引导，保障人才培养的可持续性，确保学生培养的各个环节全覆盖、无盲区。

第三，以"全方位育人"为指导，二级学院教学管理与学生管理协同育人有利于实现二者之间的有机联动，培养更多德智体美劳全面发展的新时代人才。

---

[1] 李婷婷：《"三全育人"格局下高校二级学院教学管理与学生管理协同育人探究》，载《长春师范大学学报》2022年第7期。

"全方位育人"教育理念要求高校二级学院充分利用多元化教育资源，着力打开多层次、多角度、多维度的育人格局，不断提升学生综合素质水平，促进学生德智体美劳全面发展。不能单方面只注重学生的学业成绩，而是应鼓励学生不断拓宽视野与眼界，积极创新思维方式，促进人才全方面、全方位地正向发展，实现人才培养的各个环节零盲区、无死角。

在日常教学管理过程中，二级学院应采用多元化方式融入思政元素，充分发挥协同育人合力，不仅应重视学生对于专业知识的掌握程度，更应重视不断提升学生的综合能力素质。无论是第一课堂还是第二课堂、校内教学还是校外实践，二级学院均应通过整合各类教育资源，为学生成长成才提供扎实的育人质量保障，为国家输送更多德才兼备的新时代人才。

三、"三全育人"视角下，高校二级学院教学管理与学生管理协同育人实施路径

基于"三全育人"视角，高校二级学院只有充分发挥主观能动性，通过积极实现教学管理与学生管理的有机融合，加强二者之间的联动与合作，才能最大化地发挥教学管理与学生管理对于人才培养中心工作的重要作用，形成协同育人强大合力，更好地为学生成长成才提供更为优质、便捷的人性化服务，保障立德树人根本任务全面落实。

（一）全员育人：教学管理队伍与学生管理队伍联合互动，构建协同育人主体机制

对于高校二级学院而言，教学管理工作与学生管理工作是两个相对独立的工作体系，在诸多方面存在一定的差异。但是，从"全员育人"视角出发，二级学院应充分调动教学管理与学生管理队伍之间的育人主动性，动员全体成员拧成一股绳，共同参与人才培养工作，构建"以学生为本"的"全员育人"新格局。对于学院育人中心工作，两个部门应积极地联合互动，集思广益，互通有无，杜绝互相推诿、越俎代庖等现象发生，进一步提高人才培养质量与工作效率。

二级学院教学管理队伍中的每位成员都是高校教育教学活动的组织者和直接参与者。从"全员育人"角度出发，为了对学生进行精细化管理，二级学院必须积极调动并整合资源，化整为零，打通全员参与育人的新渠道，探

索全员育人的新途径。通过奖励、激励等方式，积极调动全员育人的主动性，动员所有教学管理人员主动参与学生管理工作，为人才培养营造良好的工作氛围。

首先，分管教学工作院长应将"三全育人"科学理念始终贯穿于学院教育教学活动之中，扎实、有序地持续推进课程思政建设工作，以立德树人为人才培养根本任务，深化思政教育，注重道德操守、独立人格、健全心理等传统内容的培养。其次，各室所教学负责人应积极推动课程思政建设，在制定专业人才培养方案时，应通过开展专业研讨、教材遴选、集体备课、师德培训等多元化方式，注重在专业课程中融入课程思政元素，推动专业建设与思政建设同向同行。同时，一线任课教师应结合课程内容，主动深挖课程思政元素，发掘教学过程中的思政形式，主动培育一个立体多样、切实可行的课程思政体系。此外，作为基层教学管理的执行者，教学秘书主要负责课程安排、学生选课、考试管理等环节，应坚持以服务师生为本位，主动担当管理育人、服务育人的责任，积极关注学生学业进展，定期与辅导员沟通与联系，发挥好桥梁纽带作用。最后，作为辅导员，除了完成常规工作以外，也应积极参与各专业的教学工作例会，定期与班主任、教学管理人员召开沟通会议，及时了解并追踪学生学业情况；涉及学生学业问题时，应主动与教学管理人员沟通，妥善解决学生学业问题。

二级学院只有将教学管理队伍与学生管理队伍全部联合起来，加强沟通合作，充分发挥各自对于人才培养的重要作用，才能顺利构建协同育人机制，形成育人合力，有效提高学院整体管理水平和人才培养质量。

（二）全过程育人：教学管理与学生管理融入思政元素，改进协同育人过程机制

为了更好地推进"全过程育人"教育理念，二级学院应将思政元素积极融入人才培养工作的各个环节，尤其是将其贯穿所有教育教学活动的始终，通过教学管理与学生管理的通力合作，改进全覆盖、持续性的协同育人过程机制。

一方面，作为学院辅导员等学生管理人员，可以通过谈心谈话、学生团体活动等多元化渠道，充分融入思想政治教育，潜移默化地科学引导学生树立正确的世界观、人生观和价值观；也应定期与各专业、各年级班主任召开

沟通工作会议，及时反馈学生在学业与生活中遇到的困难，进一步提升学生管理工作效率。另一方面，作为一线授课教师，应在课程建设上下功夫，主动深挖课程中的思政价值元素，积极发掘教学中思政融入形式；对于与中华优秀传统文化、社会主义核心价值观、共产党人的精神追求和政治灵魂、红色经典文化等密切相关的专业课程，应坚持重点培养，通过基层教学组织，邀请授课教师与教学管理人员共同研讨，进一步提升课程在全校的影响力，增强协同育人实效。

此外，以"全过程育人"教育理念为指导，二级学院还应持续性地关注学生从大一踏入校园起直到毕业离开校园的整个大学时期，将人才培养目标与教育教学过程紧密结合起来，为学生提供全过程的科学指导与培养。对于高校而言，毕业生就业工作是人才培养中心工作的重要组成部分。高校要立足学校的基础和优势，使就业育人工作体系贯通学科体系、教学体系、教材体系、管理体系，使就业育人的各项工作覆盖学生从进校到毕业的全过程。[1]

在当下"三全育人"背景下，二级学院更应将思政元素积极融入就业指导工作，通过建立多元化、协同性的就业指导育人体系，为学生提供更为人性化、精准化、高效化的就业指导服务，以全面保障就业指导工作的顺利进行。一是二级学院可以通过成立就业指导工作室等方式，根据学生不同的毕业需求精准分类，包括就业、升学、出国等需求，对学生就业提供分类化指导，并邀请有相关专业背景的授课教师积极加入其中，进一步提升就业指导工作的效率和实效。二是二级学院可以通过学生管理与教学管理双管齐下，加强二者之间的联动合作，通过定期召开联席工作会议等方式，及时反馈毕业生学业情况与就业情况，为毕业生就业指导工作保驾护航，促进高校毕业生更加充分、更高质量地就业。

（三）全方位育人：教学管理与学生管理开拓多元育人方式，健全协同育人融合机制

"全方位育人"教育理念指的是二级学院通过多元化的育人方式，建立多

---

[1] 姚奎栋：《"三全育人"背景下高校就业育人定位与实践路径》，载《沈阳大学学报（社会科学版）》2021年第5期。

层次、多角度、多维度的育人格局，不断提高学生综合素质水平，协同培养德智体美劳全面发展的新时代高素质人才。

从"全方位育人"理念出发，对于教学管理工作与学生管理工作，二级学院应始终坚持以服务育人、管理育人为核心，以服务师生为本位，将"我为师生办实事"实践活动贯穿人才培养全过程，聚焦全院师生"急难愁盼"问题，秉承"现场优先、要事立办"的工作原则，提供优质、便捷的人性化服务，坚持把好事办在师生急需处，把温暖送到师生心坎里，鼓励学生在实践活动中培养创新精神和创新能力，推动"三全育人"科学理念见行见效。

为了实现"全方位育人"目标，二级学院应从以下三方面加强教学管理与学生管理之间的协作，营造高品质育人环境，开创立德树人新格局：

第一，对于学生在大学期间的课堂学习，二级学院应充分调动学生管理队伍的工作积极性和创新性，将思想政治教育与学风建设等有机融合在一起，更好地实现"全方位育人"功能的最大化。除了学院教学管理人员以外，辅导员等学生管理人员也应主动参与教育教学活动，了解学生日常教学管理的全过程，掌握各年级、各专业的专业培养方案，着重关注各专业的育人目标和培养要求，并加强与授课教师之间的沟通交流，以便及时掌握学生的学业状态。

第二，针对学生课堂学习以外的"第二课堂"，二级学院应积极加强与其他学院、学校校团委等部门的交流与合作，为学生举办各式各样的校园文化活动，力争打造出一系列有特色的校园品牌活动；主动邀请具备相关专业背景的一线授课教师作为指导教师，加入学生社团管理，不仅能为学生社团增添活力，丰富学生社团活动，也能有助于加强学术性社团建设，进一步推进复合型、创新型的人才培养。

第三，为了鼓励学生不断开拓视野，激发学生创新思维，二级学院应积极引导学生主动参与学校组织的各类学科竞赛和创新创业训练计划项目申报，努力将所学的专业理论知识转化为实践创新成果，进一步增强个人创新意识和提升实践能力。通过教学管理与学生管理二者之间的协同合作，二级学院将通过给予一定奖励等方式，鼓励一线授课教师担任指导教师，为学生提供专业、细致的指导，进一步增强学生的创新能力和竞赛能力，从而促进学生全方面、全方位地正向发展，实现人才培养零盲区、无死角。

四、结语

综上所述,高校二级学院教学管理与学生管理协同育人机制是教学工作与学生工作相互渗透、相互促进、相辅相成的有效机制,是教学管理与学生管理深化教育改革的重要内容,也是全面落实立德树人根本任务的必然要求。

因此,二级学院应坚持积极贯彻"三全育人"科学理念,促进教学管理与学生管理二者之间的有机融合,调动教学管理队伍与学生管理队伍"全员育人"主动性,在人才培养环节中融入思政元素开展"全过程育人",通过多层次、多角度、多维度开拓多元育人方式实现"全方位育人",形成协同育人合力,全面提高人才培养质量和育人水平,协同培养德智体美劳全面发展的新时代人才。

参考文献

[1]《中共中央、国务院印发〈关于加强和改进新形势下高校思想政治工作的意见〉》,载中华人民共和国中央人民政府:http://www.gov.cn/xinwen/2017-02/27/content_5182502.htm。

[2] 张士泽:《我国普通高校二级学院管理体制问题分析——以上海市L高校为例》,华东理工大学2012年硕士学位论文。

[3] 高岭梅、郑颖君:《教学管理与学工管理良性互动有效提高教育教学质量》,载《教育科学与管理工程国际学术会议论文集》,北京,2011年8月16日。

[4] 中共教育部党组:《光明专论:大力培养中国特色社会主义建设者和接班人》,载《光明日报》2017年9月8日,第2版。

[5] 李婷婷:《"三全育人"格局下高校二级学院教学管理与学生管理协同育人探究》,载《长春师范大学学报》2022年第7期。

[6] 姚奎栋:《"三全育人"背景下高校就业育人定位与实践路径》,载《沈阳大学学报(社会科学版)》2021年第5期。

[7] 丛兴苓、侯兆铭:《高校二级学院教学管理与思政建设的融合研究——基于三全育人视角》,载《厦门城市职业学院学报》2022年第3期。

[8] 代晓明等:《教学管理与学生管理联动机制的探索与实践》,载《中国电力教育》2013年第31期。

充分发挥教材在人才培养中的铸魂育人作用
——以我校本科教材建设为例

中国政法大学教务处　朱亚峰　姚桐林

引　言

众所周知，高校肩负着高素质人才培养的重要使命，而人才培养是通过教育来实施，这个实施教育的过程又是通过教师、教材和学校设备来实现的。[1]这里的教材是指"向学生传授知识、技能和思想的基础'范本'，是教学规范化的基本路径"[2]。它不仅包含供学校使用的纸质教学用书，还包括在线课堂、应用程序（APP）等相关教学数字资源。

2012年党的十八大报告首次提出"把立德树人作为教育的根本任务"，2022年党的二十大报告再次强调"育人的根本在于立德"，并明确提出要加强教材建设和管理，这凸显了教材工作在党和国家事业发展全局中的重要地位。深入实施科教兴国战略、人才强国战略、创新驱动发展战略，办好人民满意的教育，课程教材发挥着基础性和关键性支撑作用。教材建设和人才培养密切相关，人才培养离不开教材，它是开展教学活动、进行教学改革、实现人才培养目标的基本依据。相应地，教材建设就要适应人才培养和高等教育事业的发展，要服从于人才培养模式的改革与需要，充分发挥好在人才培养过程中的导向和育人作用，为培养德智体美劳全面发展的社会主义建设者和接班人贡献力量，切实落实党和国家对人才培养的总要求。

---

〔1〕《教材建设对于教学管理的重要意义》，载郑州工业应用技术学院职业教育与成人教育学院首页"学生管理—日常管理"栏目：https://zyjy.zzuit.edu.cn/info/1052/1805.htm。

〔2〕杨松等：《德法兼修法治人才培养目标的实现路径探讨——基于辽宁大学法学院的探索》，载《法学教育研究》2017年第4期。

教育部颁布的《关于全面深化课程改革落实立德树人根本任务的意见》中明确提出要协同推进教材编写、教学实施、评价方式、考试命题等各环节的改革，把教材建设作为关键领域和主要环节改革着力推进，在编写和修订教材上突出立德树人这个关键着力点。各高校纷纷以此为契机，深入学习领会文件精神，把教材作为解决"培养什么人、怎样培养人和为谁培养人"[1]这一根本问题的重要抓手，在教材建设上踔厉奋发，大显身手。加强教材的顶层规划，准确把握教材建设工作要求，创新教材建设与管理机制，形成适应中国特色社会主义发展要求、立足国际学术前沿、体现中国特色社会主义特色的教材体系。

什么样的教材，造就什么样的人才。"教材建设要体现教材目标的整体性，即秉持正确的价值取向"。[2]真正认识到教材对高校人才培养起着导向育人作用，对高校教材建设工作有着十分重要的意义。在促进学生健康成长成才，教会学生有能力、有责任、有爱心，助力学生全面发展，学有所长，发挥教材铸魂育人、启智增慧作用等方面，学校做出了一些有益的尝试，特别是在本科教材建设方面采取了一系列重要举措和推进路径，有力支撑了学科建设、人才培养、科学研究和社会服务等工作。

一、坚持立德树人为核心，强化教材工作主体责任，建立健全教材工作体制机制

教材工作不仅仅是学术工作，它同时承担着为党育人、为国育才的重要任务。教材作为立德树人的基本载体，在知识准确的前提下，其在引领思想、塑造价值、陶养品格方面的作用也是不容忽视的。为贯彻落实党的教育方针，引导学生树立正确的世界观、人生观、价值观，培养出党和国家需要、对社会有用的时代新人，学校将立德树人贯穿到教育教学的全过程，强化与一流本科相匹配的教材规划顶层设计，以深入推进中国特色社会主义理论体系"进教材、进课堂、进头脑"为主线，重视教材建设的导向性和方向性。通过

---

[1] 出自2019年3月18日，中共中央总书记、国家主席、中央军委主席习近平在北京主持召开学校思想政治理论课教师座谈会上的讲话。原文为：办好思想政治理论课，最根本的是要全面贯彻党的教育方针，解决好培养什么人、怎样培养人、为谁培养人这个根本问题。

[2] 刘学智、王馨若：《基于立德树人的大中小学教材一体化建设》，载《课程·教材·教法》2019年第8期。

建章立制，强化教材工作主体责任，完善教材工作体制机制。

(一) 加强组织领导，建立多方联动教材工作体系

教材建设是国家事权和国家意志的体现，"发挥好教材育人作用，首要任务就是坚持党的全面领导"。[1]学校党委始终坚持对教材工作的全面领导，强化思想引领，高度重视教材工作的政治方向和价值导向。以深入推进习近平新时代中国特色社会主义思想、习近平法治思想进教材为基点，充分发挥教材在人才培养中的引领和导向作用。加强组织领导，细化管理职责，健全完善学校教材管理工作机制。

近几年，学校成立了教材工作指导委员会、教材研究与管理中心、本科教材选用委员会及研究生教材工作领导小组，强化统筹指导，严格把好教材编写、审核及选用等各个重点环节。各教学院（部）实施党政联席会议工作机制，强化意识形态责任制。在工作中明确要求把涉及教材方面的工作内容列入重大事项，须经过上会讨论方可通过。通过分工合作、明晰职责，学校已逐步形成了以统筹为主、上下贯通，校院协作、齐抓共管的多方联动的教材工作体系。

(二) 通过建章立制，确保教材建设有章可循

为落实立德树人根本任务，遵循教育教学规律、人才成长规律，适应人才培养模式变革，注重发展学生核心素养，将知识传授、能力培养与思想观念、理想信念教育有机融合，促进学生的全面发展，引导学生树立正确的世界观、人生观、价值观，就必须有一套健全的规章制度作为保障。

在对现有规章制度进行系统梳理前提下，学校先后制定了《中国政法大学教材建设规划》《中国政法大学研究生精品教材建设管理办法》，修订了《中国政法大学本科教材选用管理办法》《中国政法大学本科教材建设规则与标准》等规章制度。所有制度无一例外地强化了"一本教材，两种职责"理念，即教材在传递知识的同时，更要传播正确积极的价值观。无论是教材的规划、选用、审核、编写等各个环节，都须遵循这一基本理念。

---

[1] 田慧生：《推进新时代教材建设，发挥好教材育人作用》，载《中国教育报》2020年10月19日，第2版。

二、推进优质教材进课堂，坚持"凡选必审""凡编必审"，强化教材选用和审核管理

推进新时代教材建设，要发挥好教材的育人作用。既要做好国家统编教材"马工程"教材统一使用工作，又要引导支持选用高质量优质教材。推进高质量优秀教材进课堂，是全面提高教学质量的有力保障。通过各类优秀教材激发学生学习兴趣，促进学生立德成才。

（一）两度修订选用办法，强化选用审核程序

学校分别于2017年和2020年两次修订教材选用管理办法，严格审核标准，规范审核程序。健全基层教学组织选用、学院审核、本科教材选用委员会审批、学校党委备案的教材管理体制，做到分工合作，层层把关，完善了教材选用规范的保障机制。学校始终坚持"马工程"教材选用全覆盖原则，逐步提高国家和省部级规划教材、精品教材及获得省部级以上奖励的优秀教材的使用比例，有效促进教材体系向教学体系的转化，提升课堂教学内容价值导向与知识教育的融合度。严格依照选用审核程序，科学审慎选用境外教材，严把教材选用关。同时根据上级有关教材的工作要求，及时做好相关教材停用及更换、教学衔接等工作。

（二）坚持"马工程"教材首选和全覆盖原则

"马工程"是马克思主义理论研究和建设工程的简称，该项目自2004年正式启动，其中教材建设是项目的重要任务，是"马工程"成果转化应用的重要环节，对落实立德树人根本任务，培养造就德智体美劳全面发展的社会主义合格建设者和可靠接班人具有重大和深远的意义。其建设目标就是有目的、有组织、有计划地编写139种基本覆盖高校思想政治理论课和马克思主义理论、哲学、政治学、法学、社会学、经济学、文学、历史学、新闻学、教育学、管理学、艺术学等哲学社会科学主要学科专业的基础理论课程和专业主干课程教材，逐步形成具有中国特色、中国风格、中国气派的哲学社会科学教材体系。

按照上级及学校文件精神，凡是学校对应开设的课程有已出版的"马工程"教材，要求必须首选使用该教材。每学年学期学校向各教学院（部）及任课教师及时公布提供"马工程"教材出版与修订信息。目前在本科教学阶段，与学校课程相对应的"马工程"教材已实现全面覆盖。为更好地配合学校"习近平法治思想概论"这一通识必修课程学习，学校为2022级新生征订了"马工程"教材——《习近平法治思想概论》，确保新生入校人手一册，以便课堂上下学习和理解。提高教材的使用率，使我校的思政育人导向作用更加鲜明。

(三) 严格审核标准和程序，实施编审分离

按照教育部《普通高等学校教材管理办法》文件精神，学校专门成立了教材审核专家库，根据教材工作需要从各教学科研单位遴选一批政治立场坚定、学术造诣精深、熟悉课程教材建设工作的教师，建立校级教材审核专家库，参与相关教材审核工作，逐步建立教材质量信息评估与反馈机制。坚持教材"凡选必审""凡编必审"原则，重点对学校教材选用管理办法中规定的本科教材选用标准与程序的执行进行监督。同时对境外教材的选用进行严格复审，强化境外教材选用审核机制。凡是学校教师自编教材在公开出版之前要经过校内同行教师的审核，实施编审分离，通过后方可出版。

(四) 配合特殊时期线上教学，及时跟进选用教材信息，为师生排忧解难

在新冠疫情防控初期，学校根据教育部关于疫情防控时期线上教学最新精神和要求，开展了"停课不停学"的线上教学活动。结合当时各教学院（部）提出的教学阶段各种问题与师生的困惑，教务处及时跟进并出台了"本科生课程在线教学规范及保障十问答"。同时，针对关于线上教学教材获取困难问题及时答疑解惑，顺利保障线上教学有序开展。教师使用的在线教学电子版教材要以学校审核通过的选用教材为准，为保障学生的学习效果和质量，我们多方搜集课程所选用教材的电子版信息和获取路径，通过各教学院（部）和授课教师及时有效地传达给身处异地的莘莘学子。各教学院（部）和授课教师也充分发挥主观能动性，在教学资源上各显神通，为学生的学习质量保驾护航，让"不返校，不停学"的学生们感受到来自母校的关爱同时，切实充分发挥教材的育人作用，坚持特殊时期教材功能不缺位。

三、以铸魂育人、启智增慧为基点，打造较为完备的具有法大特色的教材体系

学校坚持以马克思主义和中国特色社会主义法治理论为指导，依托学科优势，彰显法大特色，积极探索"教材—教辅—案例—视频"为特色的教材体系化建设之路。加强统一谋划，统筹资源，创新教材呈现方式和话语体系，有序开展自编系列教材建设。提高教材可读性，增强育人实效性。积极加强与出版社及互联网技术公司密切合作，尝试开发新形态电子化教材。鼓励有资质的教师编写本学科优质课程教材。

学校秉承先进的法学教育教学理念，充分利用教师资源、出版资源和数字网络平台优势，在全国率先开展建设"中国特色社会主义法治理论"系列教材（以下简称"'中特'系列"），涵盖22本法学专业的核心课程教材；"中国特色法学教材·法学方法与能力素养"系列教材11本；"法哲学与法理论口袋书"系列教辅教材10本及"同步实践教学"系列教材4本等。同时，其他专业教材编写建设工作也在有条不紊地展开。特别是经过几轮学科评估后，各教学院（部）充分认识到教材编写的紧迫性和必要性，更加重视所属学科的教材建设。他们力争"入主流，创特色"，结合国家和社会发展需求，对接学科建设前沿，依托学校法学的优势与传统，寻求特色化的专业建设和教材建设之路，彰显法大人才培养的特色。比如，学校商学院的"法商"系列教材以及光明新闻传播学院的"网络与新媒体"系列教材等正在建设和探索中。

四、以多出精品教材，助力学生成才为目标，组建一流的教师编审队伍建设

好的教材离不开教师的奉献，教师是优选和编写教材的主力军。学校充分利用法学、政治学、社会学等学科优势，培养一支政治立场坚定、业务精湛、学养深厚的高素质专业化教材编审队伍。依托一大批现有的政治素质过硬、教学水平高超、学术能力超强学科专家，确保形成了一套思想、内容、质量引领的教材体系。注重新老衔接、带扶新人，确保形成老、中、青接力有力的教材编写与审核队伍，保障学校教材建设的时代性、思想性和科学性。

以"中特"系列教材编写团队为例，编写团队教师们不仅长期在教学第

一线，经验丰富，学养深厚，深受学生喜爱，而且他们在教师队伍中出类拔萃，各种荣誉傍身，当中不乏"最受本科生欢迎的十位教师"获得者、"北京市高等学校教学名师奖"或"青年教学名师奖"获得者、"优秀本科育人团队"和"全国高校黄大年式教师团队"带头人、"宝钢教育奖"获得者、"全国杰出青年法学家"及"教学贡献奖"获得者，等等，这样的编写队伍有力保障了教材建设的整体质量。

为多出精品教材，为提升教材质量提供人才保障，更好服务学生的成长成才。学校积极培育教材建设良好环境，加大教材建设资金投入力度，纳入年度预算。明确教材成果认定在职称评审和各类评优评奖中的地位，健全优秀教材奖励制度。激励教师投身本科教学工作，践行育人使命，潜心立德树人，开展教育教学教材研究与改革，编写高质量教材。同时，积极组织教师申报"马工程"重点教材、国家级规划教材、国家级教材奖以及北京市优质教材课件等各项评选工作。为学校争优创先打基础，为学校教材建设创造良好环境。

教材无小事，好的教材一定是有思想有内涵有灵魂的，"好教材要为学生燃灯指路"[1]。它们能让学生获取到真正的学识，学到真正能够用得上的知识技能，对学生创新、创造能力起到启发作用，这样的教材对学生能力素质培养与成长都非常有益。因此，无论从教材的思想性、科学性和适宜性方面，教材的铸魂育人作用都是毋庸置疑的。

"好教材应当是科学严谨的，具有时代印记的，应当发挥其铸魂育人、启迪智慧的功能。"[2]在一次教材编写研讨会上，"中特"系列教材的编写教师刘家安曾表达了这样的想法：学术专著的使用范围和影响力远不及一部好的教材，一部好的教材影响面广，可以源远流长，希望能编写出一部经得住实践、时间检验的好教材。这同时也代表了有担当、有责任、有操守的广大教师们的心声。

新时代新征程，"济济多士，乃成大业"。人才是第一资源，培养国家亟

---

[1] 朱婧：《好教材要为学生燃灯指路》，载中工网：https://www.workercn.cn/c/2022-09-10/7161513.shtml，最后访问日期：2022年9月10日。

[2] 朱婧：《好教材要为学生燃灯指路》，载中工网：https://www.workercn.cn/c/2022-09-10/7161513.shtml，最后访问日期：2022年9月10日。

需的人才是高校题中应有之义。教材建设要成为人才培养的"助推器",为高质量人才培养助力加油。下一步,学校将继续全面加强教材建设工作,全面完善教材支撑体系,全面提高教材质量水平。着力把握处理好教材编写选用中的共性与个性、编写团队与个人、教材内容简与繁、政治性与专业性、传承与创新之间的关系。积极探索尝试编写有代表性的新兴学科、交叉法学教材。组织力量编写法学教育和社会亟需的证据法学、信息法学、公共卫生法学、监察法学、国家安全法学等新兴法学学科和交叉学科教材。牢牢把握教材育人的正确方向,助力本科生人才培养,为国家输送堪称大任的有用人才,更好地服务于我国经济社会的发展。

参考文献

[1] 杨松等:《德法兼修法治人才培养目标的实现路径探讨——基于辽宁大学法学院的探索》,载《法学教育研究》2017年第4期。

[2] 刘学智、王馨若:《基于立德树人的大中小学教材一体化建设》,载《课程·教材·教法》2019年第8期。

[3] 田慧生:《推进新时代教材建设,发挥好教材育人作用》,载《中国教育报》2020年10月19日,第2版。

关于完善"直博生"培养管理的思考和建议

中国政法大学国际法学院　刘　凯

摘　要：党的十八大以来，党中央高度重视人才强国战略和青年人才的培养，培养创新拔尖人才是国家发展和民族振兴之需。"直博生"制度作为一种新型的贯通式人才培养方式，相对于传统的分段式博士生培养方式具有明显的制度优势，更有利于快速培养出创新拔尖人才。但作为一种新的人才培养方式，在实践中"直博生"的培养管理遇到了不少的现实问题，为此需要我们深入思考和研究"直博生"的培养管理方案并提出切实可行的建议，以加强"直博生"的培养和管理，促进创新拔尖型人才培养目标的实现。

关键词："直博生"　制度优势　主要问题　相关建议

党的十八大以来，以习近平同志为核心的党中央高度重视教育发展，重视青年人才的培养，结合人才强国战略在不同场合多次强调国家发展靠人才，民族振兴靠人才，人才是"强国重器"，要"聚天下英才而用之"。我校作为国内法学教育的最高学府，于2021年推出了接收优秀应届本科毕业生免试攻读博士研究生（简称"直博生"）制度，并招收首批12名学生，为加快培养国家急需的高层次人才，充分发挥一流法学教育资源和教学水平的优势，培养一批德才兼备的、具有科研素养、科研能力的高水平法学人才做出了积极尝试。"直博生"与传统的分段式博士生，即完成硕士阶段学习之后再攻读博士生不一样，是一种新的贯通式博士生教育方式。教育部2014年出台《招收攻读博士学位研究生工作管理办法》指出，直接攻博是指符合条件的招生单位在规定的专业范围内，选拔具有学术型推免生资格的优秀应届本科毕业生直

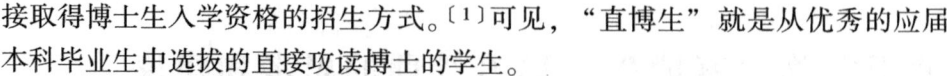

接取得博士生入学资格的招生方式。[1]可见,"直博生"就是从优秀的应届本科毕业生中选拔的直接攻读博士的学生。

一、"直博生"制度的优势

"直博生"制度相对于普通的博士生招生方式具有明显的优势。一是避免优秀学生的流失,获得高质量的生源。各个高校都非常重视本校培养的优秀学生,但与此同时也出现了各高校的优秀学生不断地向外流失的情况,如本校优秀学生选择出国留学或者是通过考研考博去往更优秀的高校,尤其是那些本来不是"211""985"或者"双一流"的高校,优秀学生流失的情况更为严重。所以,通过"直博生"制度,这些高校可以选择优秀的本科生提前攻博,避免本校优秀人才的流失。二是缩短培养周期,提高培养效率。在传统的博士生深造过程中,需先攻读硕士学位再攻读博士学位,一般最少也需要六年才能全部完成,而"直博生"最少花费四年时间就能培养出一个博士,时间成本大大降低。原因在于"直博生"不要求撰写硕士论文,不颁发硕士研究生毕业证书和硕士学位证书,也不需要求职找工作,这就使得直博的学生能够将完整的四到七年时间投入到学术研究中。三是可以保持科研方向的一致性与连贯性,专心在一个领域中深耕,更易于取得高质量的研究成果。与普通博士生不一样,"直博生"本科毕业之后就取得了攻读博士的资格,可以结合专业兴趣和在导师的指导下及早开展学术研究,进行科研建设和学术能力培养,更易产出高质量的研究成果。

应该说,"直博生"制度是我国的研究生教育进入新的历史发展阶段,是社会各界对于拔尖创新型人才需求更加强烈的背景下产生的,是研究生人才培养中创造的一条"超车道""快车道",对于快速培养拔尖创新型人才具有重要意义。[2]

二、"直博生"培养管理中遇到的主要问题

"直博生"制度作为一种贯通式人才培养的方式,弥补了分段式培养的缺

---

[1]《教育部印发〈2014年招收攻读博士学位研究生工作管理办法〉》,载http://www.gov.cn/xinwen/2014-04/15/content_2659115.htm,最后访问日期:2023年2月4日。

[2]《贯彻落实党的二十大精神,着力培养造就拔尖创新人才——我校召开第一届直博生培养研讨会》,载https://news.cupl.edu.cn/info/1011/36807.htm,最后访问日期:2023年2月4日。

陷，具有明显的优势，但同时作为一种新型的人才培养方式，发展还不成熟，就国内各高校的"直博生"培养情况并结合相关研究来看，还存在着一些明显的问题。

（一）招生方面

与普通博士生不一样，"直博生"是直接从优秀本科生中选拔具有科研创新潜质和能力的人才，这于那些在本科教育阶段只把重心放在学业成绩而没有放在科研方面的学生来说，无法提供可以证明其科研能力和水平的相关证明材料，这一点与经历了硕士阶段学习的普通博士生相比（后者因为在硕士教育阶段已经开展了初步的学术训练和学术积累），具有一定的不确定性，而且在"直博生"实际的录取过程中，招生工作组也主要参照的是学生本科阶段的学业成绩。所以，如何选择出有科研创新能力的人才是"直博生"选拔过程中遇到的一个主要难题。

（二）课程方面

"直博生"培养时间短，跨越了硕士生和博士生两个培养阶段，因此课程设置和开课水平就成为制约培养质量的一个关键问题。相关研究表明，为数不少的"直博生"仅仅把上课看作是"拿学分"，并不重视课程学习，原因主要有三个：一是很多高校没有开设专门针对"直博生"的精深和特色课程，只是从已有的硕士生课程和博士生课程中选取一部分课程供"直博生"修读，无法满足其本科起点但需快速接近学术前沿的需求。二是课堂形式单一，主要以教师授课学生听课为主，缺乏高级研讨班、跟随教授或导师"独立研究"的课程、独立学习、网上开放课程等形式的学习。三是没有把课程学习成绩与中期考核、淘汰分流挂钩，"直博生"只需修完规定课程并取得相应学分就算是完成了课程学习。

（三）淘汰分流方面

"直博生"是创新，同时也是实验和试错，应当严格退出机制，才能保证高质量的人才培养和有效的资源得到充分利用，但是目前在国内高校，"直博生"的淘汰分流机制陷入尴尬境地，甚至有的高校出现"零淘汰"的情况。而国外著名大学的博士生通常都有较高的淘汰比例，一般为10%~30%，有的高达50%。[1]造成"直博生"淘汰分流困难的原因比较多,一是淘汰率的设定困难,在"直博生"培养中设定适当的淘汰率是一个复杂的问题,既涉及招生规模、招生质量,也涉及学校和学科的文化传统,还涉及学生个体的职业兴趣和职业取向。[2]二是导师不愿意淘汰自己带的"直博生"。国内高校每位导师分配的博士生名额有限,每位导师每年招收的"直博生"不足一人,而且如果出现淘汰也不可能再为导师追加名额,所以从导师的角度讲,导师也不舍得浪费稀缺的博士生名额。三是相关制度性规定障碍。博士生的淘汰分流涉及户口和档案问题,这个问题也是中国独有的,需要相关地方管理部门提供有力的支持。四是社会文化心理。国内高校、研究所很少有博士生被淘汰,读博失败在社会认知层面意味着家人、求职单位,甚至导师、同门都会用质疑的眼光看待自己,会给"直博生"造成巨大的心理压力,甚至有的学生会因此走向极端。[3]

（四）服务保障方面

"直博生"没有经过硕士阶段的训练,直接以博士生身份进入科研或者课题组,实际上是一个"科研小白",需要导师或者导师组足够的理解和支持,或者是帮助。但是一方面是导师或者导师组没有意识到"直博生"培养的特殊性,另一方面,导师事务繁忙或者是导师组每个人都有自己相应的任务,很多时候"直博生"在学术研究中遇到的问题没有得到足够重视和及时解决,这使得一部分"直博生"的学术研究热情逐渐被削减,甚至产生了退出的想法。在王昕红教授及其同事开展的一项对"直博生"学业坚持和学业压力进行的调查研究中,发现"直博生"除了受学术表现、论文和毕业压力的困扰之外,还受就业、婚恋、家庭、经济等非学术压力的困扰。[4]部分"直博生"之所以产生退出的心理,部分是受到了非学术压力因素的困扰。

三、完善"直博生"培养管理的建议

"直博生"制度在国内高校已经是一种普遍的新型人才培养方式,并因为

---

[1] 王昕红等:《长学制直博生培养的五个问题》,载《学位与研究生教育》2014年第12期。
[2] 王昕红等:《长学制直博生培养的五个问题》,载《学位与研究生教育》2014年第12期。
[3] 温才妃:《中国式博士淘汰制该如何实行》,载《中国科学报》2013年第5期。
[4] 王昕红等:《长学制直博生的学业压力、自我效能与学业坚持》,载《学位与研究生教育》2016年第10期。

其自身的优势而为各个高校所重视，但在招生、课程、淘汰分流、服务保障等方面也还存在或大或小的问题，需要我们提出相应的对策加以解决。

（一）加强顶层设计，设立专门机构，为"直博生"这一新型的人才培养方式提供有力的政策支持

不同于传统的人才培养方式，"直博生"走的是"快车道""超车道"，旨在相对较短的时间内培养创新拔尖人才和社会急需人才，因此从教育方或者说学校的角度，要结合社会需求和学校实际，明确本校"直博生"的培养目标和方向，凝练特色，避免雷同，通过设立专门机构，加强领导和指导，而且还要在人力、财力、资源、政策支持等方面加大投入，关注"直博生"的诉求，对"直博生"培养管理过程中遇到的困难和问题及时发现，随时解决，提高人才培养的效率，实现人才培养的目标。

（二）规范"直博生"入学招生考试评价体系和监督体系

"直博生"招生考试的流程可以逐渐规范和统一。"直博生"是直接从优秀本科生中选拔具有科研创新潜质和能力的人才，实际培养过程中发现部分"直博生"之所以选择直博，是因为可以快速拿到博士学位或者是可以缓解本科就业竞争的压力，并不是出于自身的学术志向和兴趣。所以，首先必须明确"直博生"的招生对象必须是具备科研创新潜质的、有纯粹学术追求的、适合学术性研究的人才。学校和导师在选拔"直博生"的过程中除了参考其本科期间的学业成绩和科研经历之外，应进一步加强对专业素养和科研潜力的考核，加大面试成绩比重，必要时可以增设笔试环节。另外，对"直博生"招生，学校和导师有较大的自主权，为了保证公平公正，防止权力滥用，需要健全和完善相应的监督体系，形成制度约束，建立招生申诉通道，保证招生工作公平公正进行。

（三）改革课程内容，创新授课方式，激发"直博生"学术兴趣

实际情况表明在授课时将硕士生课程和博士生课程简单相加，会导致"直博生"对课程学习不感兴趣且减弱其对课程学习的重视程度。为此一是要结合"直博生"专业知识扎实、研究时间更为充分的特点增设有特色有深度的高级专门课程，一方面激发"直博生"的学术研究兴趣，另一方面有利于学生取得更为优秀的研究成果。二是开设跨学科课程，打破常规思维，开阔

"直博生"的研究视野。三是创新课堂授课方式，改变传统的知识传授式的教学方式，多采用探究式、研讨式学习方式。四是规范课程考核制度，严格过程考核，引导"直博生"重视课程学习。

（四）建立适当的淘汰分流机制，妥善安排退出的"直博生"

为了提高"直博生"的整体培养质量，淘汰分流势在必行。一是应结合中期考核，设定科学合理的考核评价机制，对考核不通过的"直博生"进行博转硕的培养，或者进行清退。当然在此过程中，一定要结合实际情况明确要求，清晰标准，并允许考核不通过的学生进行申诉，聆听学生的意见。二是在博士生指标的分配上，要向博士生导师进行倾斜，对"直博生"导师适当增加博士生名额，这样导师在对"直博生"淘汰分流时才能有底气。三是对退出的"直博生"要进行妥善安排，可以转硕的按照硕士生要求继续培养，不符合转硕条件的积极帮助学生找到适合其自身的发展方向，同时做好心理层面的安抚工作。四是在学籍和户籍制度方面加强同相关部门的协同合作，推动管理部门提供有力支持。

（五）加强服务保障，为"直博生"减压，促进"直博生"身心健康发展

"直博生"作为一个群体，他们从本科生直接迈入博士生，既是学习者，又是研究者，除了承受学术和毕业的压力之外，同时还承受着来自非学术方面诸多因素如婚恋、家庭、经济、就业等的压力，所以学校须加强服务保障体系建设，为"直博生"减压。一是加强博士生导师和博士生指导小组的指导，建设导师和学生双向选择、平等交流的制度，帮助"直博生"尽快适应新的学习环境，建立研究能力，明确研究目标和方向。二是建立"直博生"奖助学金体系，明确标准，提高待遇，减轻经济和生活压力。三是加强对"直博生"在国内外交流交换、出国进修、联合培养、实习实训、科研竞赛等方面的资助，鼓励"直博生"开展学术研究。四是关注"直博生"身心健康，开展丰富多彩的课外活动，完善活动设备，促进"直博生"身心健康发展。

四、结语

我国博士生贯通式培养模式发展时间较短，不可避免地受到分段式博士

生培养模式的影响，还不够成熟和合理。但"直博生"作为培养拔尖型人才的重要举措，是人才强国战略和国家与社会发展的迫切需求，是我校创新法学人才培养模式和培养法学拔尖创新人才的重要探索，相信通过不断地探索和完善，我校一定可以在研究生人才培养中创造一条"超车道""快车道"，培养出大批优秀人才，为中国自主性法学知识体系的构建和创新做出贡献。

五、就业创业指导

新形势下高校毕业生就业现状与对策探索

中国政法大学学生工作部（处） 高菲斐

摘 要：就业是国家政治与经济景气程度的一项重要指标，党的二十大报告明确指出，就业是最基本的民生。作为高素质专业人才，高校毕业生是国家人力资源配置的重点群体，其就业不仅直接关系到个人的发展成长，也是影响社会经济稳定发展的重要因素。近些年来高校毕业生就业已经成为社会各界关注的焦点问题。分析当前高校毕业生的就业环境以及就业现状，探索新形势下高校毕业生就业问题的对策，有助于我们认清客观状况，为高校毕业生就业提供可供选择的实践路径。

关键词：新形势 毕业生就业

一、当前高校毕业生就业的外部环境

（一）经济转型、产业升级的经济形势给高校毕业生就业带来挑战

习近平总书记在党的十九大报告中指出，我国经济"正处在转变发展方式、优化经济结构、转换增长动力的攻关期"，清楚指明了当前我国经济发展所面临的形势。改革开放四十余年，我国经济持续高速增长，经济总量已经达到一定规模。经济持续快速发展以及国际金融危机爆发导致我国经济发展的内、外环境和条件都发生了变化。以外需带动、投资拉动、规模扩张为主要特征的粗放增长模式已不能适应我国经济发展需求。经济发展方式由粗放型向集约型转变，由高碳经济向低碳经济转变，由投资拉动型向技术进步型转变，提高经济发展质量成为我国经济发展的必然选择。

（二）数字经济繁荣发展与传统经济转型与再造相结合形成新二元经济，为高校毕业生就业提供新的机遇

经济转型升级过程中，一些落后产业逐渐萎缩、退出市场，互联网、大数据、人工智能蓬勃发展并日益融入各领域实体经济。中共中央、国务院2020年3月发布的《关于构建更加完善的要素市场化配置体制机制的意见》，明确提出将技术和数字作为新型生产要素。2021年中国数字经济规模达到45.5万亿元，占GDP比重达39.8%，[1]数字经济蓬勃兴起已经成为我国经济增长主引擎之一。2021年6月国家统计局颁布的《数字经济及其核心产业统计分类（2021）》从"数字产业化"和"产业数字化"两个方面确定了数字经济的基本范围，将数字经济分为数字产品制造业、数字产品服务业、数字技术应用业、数字要素驱动业、数字化效率提升业等五大类。[2]为进一步加速数字经济发展，加速数字技术创新，推动数字人才队伍建设，2022年9月修订的《中华人民共和国职业分类大典（2022年版）》在保持八大类不变的情况下，首次标注97个数字职业，占职业总数的6%。党的二十大报告亦鲜明提出"加快发展数字经济，促进数字经济和实体经济深度融合，打造具有国际竞争力的数字产业集群"的任务。

（三）新冠肺炎疫情等突发事件为就业市场增添了不确定因素

市场在高校毕业生就业中起到基础的导向、调节作用，如果市场主体不能有效恢复，市场活力减弱，都会给高校毕业生就业带来巨大压力。从2012年起我国劳动年龄人口总量逐步下降，就业参与率也逐年下滑。持续三年的新冠肺炎疫情造成长时间的市场岗位需求下降，特别是吸收就业规模较大的服务性行业，对高校毕业生在劳动力市场的机遇进一步造成负面影响与冲击。国家统计局数据显示，2022年12月，全国城镇调查失业率为5.5%，其中16~24岁劳动力调查失业率为16.7%，25~59岁劳动力调查失业率为4.8%，31个大城市城镇调查失业率为6.1%，高于2021年同期水平；2021年全国城

---

[1] 《在乌镇探寻全球数字发展道路》，载http://zqb.cyol.com/html/2022-11/10/nw.D110000zgqnb_20221110_5-01.htm。

[2] 《国家统计局首次确定数字经济基本范围 为我国数字经济核算提供标准》，载https://news.cctv.com/2021/06/04/ARTIGUp5Xvw7TO6h11c6kjNv210604.shtml。

镇调查失业率为 5.1%，16~24 岁人口为 14.3%，25~59 岁人口为 4.4%，31 个大城市城镇调查失业率为 5.1%。这些突发的不确定事件增加了生活的不确定性，市场岗位需求的降低，进一步增加了高校毕业生的择业焦虑。

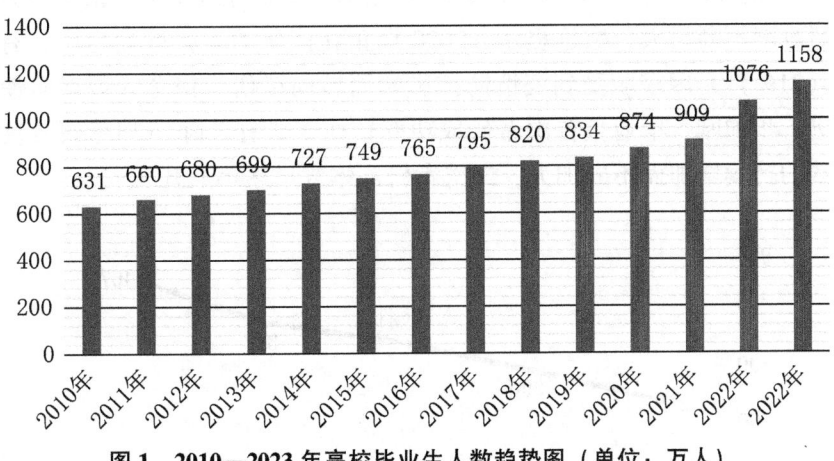

图 1　2010—2023 年高校毕业生人数趋势图（单位：万人）

（四）连续二十多年的高校扩招，加剧了就业市场的严峻形势

1999 年实施大学扩招政策以来，我国高校毕业生人数逐年增加。2022 年高校毕业生人数突破千万大关，2023 年高校毕业生预计超过 1100 万，高校毕业生就业压力随着毕业生人数的增加不断增大。经济转型升级时期工作岗位增加趋缓，连年增多的毕业生人数远远超过经济、社会发展所能提供与之相配的有效就业岗位，加之社会创业资源有限、创业环境不完善，使高校毕业生就业形势非常严峻。

二、高校毕业生就业现状

具有较高人力资本的高校毕业生是劳动力市场上的优势群体。经济发展转型等导致就业市场求职竞争非常激烈，迫使更多高校毕业生选择继续深造、自由职业、慢就业等方式缓解自身就业压力。

第一，本科生直接就业意愿率低、选择继续深造比例高，考研人数持续刷新历史纪录，研究生成为就业主力军。用人单位硬性学历要求是求职的门槛，很多主流岗位要求硕士及以上学历，本科生就业竞争力日益低下，迫使本科毕业生希望通过考研提升学历和学校层次。特别是 2020 年后受疫情防控影响，有意向继续深造的高校本科毕业生比例逐年增高，研究生成为高校毕业生就业主力军。考研群体逐年扩大。考研报考人数由 2019 年的 280 万上升到 2022 年的 457 万，五年里研究生报考人数增长率达到 63%。报考人数增多让考研难度不断增大，数据显示，2020 届正在读研的本科毕业生中，有两成以上（21%）是因求职受到疫情防控影响而转向读研。报考人数增多使考研竞争进一步加剧，毕业生首次考研成功率较往年略有下降。[1] 考研难度因报考人数的持续增加而不断加大，二次考研群体数量逐年上升。

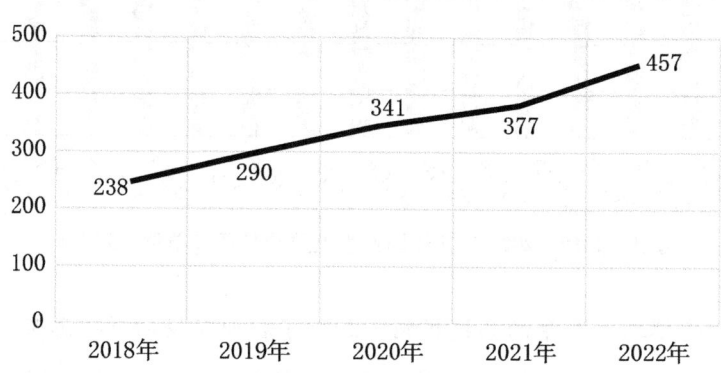

图 2　2018—2022 年全国硕士研究生报考人数趋势图（单位：万人）

第二，高校毕业生单位就业比例持续下降，慢就业趋势强化。经济转型升级过程中，传统行业就业岗位饱和，需求度逐渐降低，而新的就业资源与毕业生就业意愿不匹配，不能满足毕业生个人及家庭高质量就业的期待。智联招聘发布的《2022 大学生就业力调研报告》显示，2022 届高校毕业生中，50.4%选择单位就业，比 2021 年下降 6 个百分点，比 2020 年下降 25 个百分点；15.9%选择慢就业，比 2021 年高出 3 个百分点，比 2020 年高出 8 个百分点；18.6%选择自由职业，比 2021 年上升 3 个百分点，比 2020 年上升 11 个百分点。

---

[1] 麦可思研究院主编：《就业蓝皮书：2021 年中国本科生就业报告》，社会科学文献出版社 2021 年版，第 184 页。

（数据来源：智联招聘）

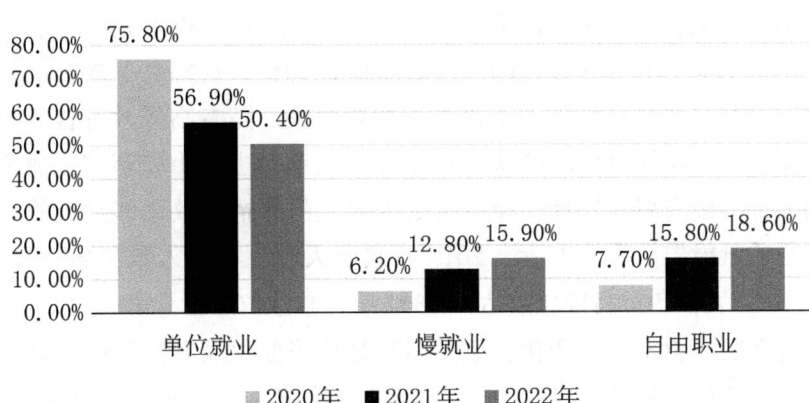

图3 2020—2022年毕业生单位就业、慢就业与自由职业趋势图

第三，高校毕业生创业意愿低，择业心态开始趋向务实。受持续三年疫情防控影响，创业机会明显减少，创业风险明显增大，加上缺少创业资源，高校毕业生主动选择创业意愿较以往降低，择业心态开始趋向稳定务实，具体表现在高校毕业生在就业地区、就业单位的选择和薪资期望度上。麦可思研究院《就业蓝皮书：2021年中国本科生就业报告》显示，近五年本科毕业生选择在地级城市及以下地区就业的比例持续上升，从2016届的50%上升到2020届的56%。前文提及智联招聘发布的《2022大学生就业力调研报告》显示，2022年选择微型企业、小型企业的毕业生占比3.6%、34.4%，高于2021年的1.8%、28.7%。就业压力加大下的务实选择，与期望月薪下降表现一致。2022届毕业生平均期望月薪6295元，比上一年下降约6%，表明高校毕业生愿意降低薪资以适应就业市场。

三、高校毕业生就业存在的主要问题

首先，高等教育发展普及化的现实与高等教育精英化思想观念的落差造成高校毕业生主观上的高质量就业需求与客观就业环境之间的矛盾。智联招聘公布的2022年第三季度高校毕业生CIER指数（市场招聘需求人数/市场求职申请人数）为0.57，远低于2021年同期的1.24。就业岗位减少、就业市场景气指数低，高校毕业生就业时难以找到满意的工作。

自1999年我国高校扩大招生规模以来,在校大学生人数急速增长。1998—2021年我国高等教育的毛入学率从9.8%上升到57.8%,提高了48个百分点。根据马丁·特罗提出的高等教育阶段理论,我国高等教育的发展已经由精英阶段、大众阶段进入了普及化初期阶段。随着高等教育普及化程度不断提高,接受高等教育已经从特权演变成权利,进而由权利演变成为人们的普遍义务,接受高等教育已经不再是少数人的事情。教育部发布的《中国高等教育质量报告》数据显示,2015年我国大学生在校人数位居世界第一,达到3700万人;各类高校总数达到2852所,总数位居世界第二。[1]

社会发展环境发生了变化,但大多数高校毕业生及其家庭就业观念仍固化在高等教育精英阶段,抱着二三十年前的高等教育精英阶段的择业观就业,对接受高等教育后的就业期待较高,择业时在就业单位、就业地域、薪资待遇等方面,仍普遍把进大城市、大单位、捧上"铁饭碗"作为首选,青睐热门岗位、知名企业、社会地位高及福利待遇好的职业。高等教育精英化时期的就业观念使大多数现阶段高校毕业生一时无法接受现实中逐年扩大的高等教育规模、紧张的就业局势和不断增大的就业压力。就业观念影响毕业生的就业去向和就业分布,不适宜的就业观念是造成结构性就业矛盾的重要因素。智联招聘数据显示,2022年期望到国企和国家机关就业的应届毕业生为53.8%,62%的应届毕业生期望到大中型企业就职;我校毕业生就业质量年度报告(2021年)数据显示,2021届毕业生到机关单位就业的人数最多,达到873人,占全部落实单位总数的42.03%,国有企业就业人数占全部落实单位总数的14%;从就业地域看,毕业生在京就业人数最多,占全部落实单位总数的51.71%,京外就业主要是在沪、浙、苏等经济发达的东南沿海地区。

高质量就业需求的就业观念固然是人趋利避害的本性使然,更是学生家庭分担部分高等教育成本政策,追求教育投资高回报的后果。2000年高校收费完全并轨,2014年研究生教育也全面步入收费时代,高等教育的学费、住宿费与生活费全部由学生家庭分担。国家统计局发布的数据显示,2022年城镇居民人均可支配收入49 283元,农村居民人均可支配收入20 133元。按国家助学贷款本科生每年12 000元、研究生每年16 000元的贷款额度计算,本

---

[1]《中国高等教育质量报告(摘要)》,载《中国教育报》2016年4月8日,第5版。

科生每年助学贷款额度占城镇居民人均可支配收入比例达24%，占农村居民人均可支配收入比例高达60%；研究生每年助学贷款额度占城镇居民人均可支配收入比例为32%，占农村居民人均可支配收入比例高达80%。可见，个人分担的高等教育成本占人均可支配收入的比重很大，大多数家庭需要承受的经济负担较重，特别是农村家庭。很多来自农村家庭的学生只能通过依靠助学贷款支付其分担的高等教育成本，完成高等教育学业。因此这类家庭往往对高等教育的投资回报期待更高，认为接受高等教育就可以进入社会获得良好就业机会、拥有稳定的职业收入和生活保障。

其次，高校毕业生自我认知与职业认知模糊，缺乏清晰合理的职业生涯规划，就业愿望不清晰，扩大了自身就业困惑。正确的自我认知与职业认知是择业的重要前提。职业规划课上的抽样调查显示，98%的学生以前没有接触过职业规划，95%的学生对自己的兴趣、性格、技能不甚了解，96%的学生缺乏明确的职业发展规划，对目标行业认识不清晰，对行业细分、岗位职责存在困惑。高校毕业生十余年的学生角色单一，缺少社会实践，对社会行业信息的了解度和认知度较低。缺乏充分的自我认识、职业认知模糊必然导致求职时迷失就业方向，不能立足自身需求理性做出个性化的就业选择。

最后，慢就业比例上升趋势明显，逐渐成为本科毕业生就业的常态。毕业生高质量就业需求与客观现实就业环境之间的矛盾以及缺乏职业规划是导致毕业生慢就业比例增加的主要原因。智联招聘发布的《2022大学生就业力调研报告》显示，2022年毕业生慢就业比例已经高达15.9%。慢就业包含懒就业、消极就业的成分，需要高校与社会各界关注并积极予以干预。慢就业容易使毕业生产生懈怠情绪，对高校毕业生个人职业成长发展危害极大。并且一旦错过就业最佳时机，毕业生失去应届毕业生身份便无法参加校招，社招时又因缺少工作经验成为求职市场的弱势群体，必然导致其就业信心下降，形成恶性循环。慢就业不仅造成国家人力资源的巨大浪费，也给毕业生家庭（特别是经济困难的家庭）带来一定的经济负担，影响社会稳定。

四、新形势下高校毕业生就业的对策探索

高校毕业生作为高学历专业人才，其能否顺利就业关系到毕业生个人的生存与发展，也关系到国家发展与稳定。高校毕业生就业问题解决需要毕

生个人、高校与社会多方参与、共同发力。古语云"授人以鱼不如授人以渔",作为育人单位,高校应把增强毕业生自主择业能力作为解决当前高校毕业生就业问题的核心抓手。

第一,充分发挥职业生涯发展与就业指导在高校毕业生就业中的导航作用,丰富、完善职业规划与就业指导课程体系,对学生实施分阶段、多层次、多形式的职业规划与就业指导课程及活动。以培养、增强毕业生自主择业能力为教学宗旨,通过课程开展活动,让学生明确自己的就业方向和就业目标,提升学生职业规划能力与自主发展能力。毕业生择业时如果缺少与个人兴趣、价值观取向个性化的适配会严重影响其就业准备和定位。把职业生涯规划意识融入日常教育教学,贯穿大学教育始终。通过职业生涯规划课程,开展职业启蒙教育活动,让学生接触、了解到职业规划,培养学生职业规划能力与意识,能够认识自我,逐渐明晰自己的职业价值观,引导学生逐渐厘清自己的择业目标。通过就业指导课程,开展职业生涯访谈等实践活动,进一步增强学生的就业技能,帮助学生了解社会与用人单位对人才素质和能力的要求,掌握求职技巧,促进学生全面发展,为择业铺平道路。

第二,完善个性化就业指导,建立个性化与团体辅导相结合的就业辅导机制。每一个学生都是独一无二的个体,成长环境、兴趣爱好、学业水平等个性差异决定了学生面临不同的职业困惑与就业选择个性化差异,并且不同专业的毕业生面临的就业形势也会有细微的差别。现有的团体就业辅导难以满足学生个性化的实际需求。个性化就业指导是基于个性化辅导理念,强调关注学生个体的实际需求,为学生个体提供适宜其个人的就业指导服务。个性化就业指导主要以交流、探讨、答疑方式与学生进行"一对一、面对面"个性化的咨询与指导。个性化指导主要是满足毕业生的个性化求职需求,一对一地帮助学生个体理性分析就业环境与自身能力、性格、兴趣,纠正不合理的就业观念,调整就业预期。与团体就业辅导相比,个性化就业指导能深入了解学生个体遇到的就业问题,具有更强的针对性与实效性,可以有效补充团体就业辅导的不足。

第三,加强人文关怀,关注高校就业困难群体。就业困难群体能否顺利就业是确保毕业生就业稳定的关键。高校就业困难群体主要包括就业能力困难群体和家庭经济困难群体。通过个性化就业咨询,掌握就业困难群体学生的就业意向和就业心理。对于就业能力存在困难的学生以提升就业能力为主，开展精准的求职辅导培训。对于家庭经济困难的就业困难生通过发放求职补贴、报销求职费用等方式解决其困难。对就业困难群体的心理状态给予及时关注，帮助就业困难群体调整就业心态，疏导其因自身困难带来的焦虑情绪，使其树立求职信念，以成熟理智的就业心态实现个人职业价值理想。

第四，引导毕业生关注新领域新业态，鼓励毕业生抓住数字经济发展带来的新机遇。当下互联网、大数据、数字经济蓬勃发展与传统经济转型与再造相结合形成的新二元经济，不仅成为助推我国与世界经济增长的新动力，也为高校毕业生就业提供新的发展空间。数字经济突破时空界限形成的协同开放的经济模式，以及与实体经济的深度融合催生出的更多新兴的灵活就业创业形态。通过定期邀请具有代表性的新领域新职业的业内人士给毕业生做深度的行业职业介绍讲座，引导毕业生关注、了解新领域新职业，鼓励毕业生在新产业新领域中寻找机遇。

五、结语

经过短短二十年，高等教育从精英教育到大众化教育进而过渡到了普及化教育阶段。高等教育普及化一方面扩大了高等教育的机会供给，满足了中国家庭对高等教育的需求；另一方面高等教育普及化使接受高等教育的人数跳跃式增长，导致高校毕业生就业满意度降低、待就业人数增加。在经济转型、疫情防控等因素叠加放大高校毕业生就业难度的严峻形势下，我们应理性地面对现实，从实际出发，引导高校毕业生选择适合自己的就业路径。

全面提升精准化就业工作机制，促进实现大学生高质量就业

中国政法大学国际法学院　何新宇

就业是党和国家十分重视的一项民生工程。习近平总书记在党的二十大报告中（以下简称《报告》）关于民生的部分对就业问题进行了详细阐述。《报告》指出：实施就业优先战略。就业是最基本的民生。强化就业优先政策，健全就业促进机制，促进高质量充分就业。[1]"实施就业优先战略""强化就业优先政策"，《报告》中两次提及"就业优先"，这无疑凸显出党中央对就业问题的高度重视和解决好就业问题的重要意义。

一、研究背景

《报告》强调未来五年是全面建设社会主义现代化国家开局起步的关键时期，主要目标任务是经济高质量发展取得新突破，科技自立自强能力显著提升，构建新发展格局和建设现代化经济体系取得重大进展。[2]大学生是国家培养出来的具备高等素质、高等水平和高等能力的群体，是国家和社会发展建设的中坚力量，是实现高质量经济发展，建设现代化国家的重要人才资源，为了确保充分发挥人才资源的力量，就必须促进大学生高质量的就业。然而，我国在经历了三年疫情对经济的冲击后，整体经济形势面临着巨大压力，三年疫情的累积影响导致社会用工需求降低，这给大学生就业造成了极大困难。

---

[1]《高举中国特色社会主义伟大旗帜　为全面建设社会主义现代化国家而团结奋斗——在中国共产党第二十次全国代表大会上的报告》，载 https://www.12371.cn/2022/10/25/ARTI1666705047474465.shtml，最后访问日期：2023年1月26日。

[2]《高举中国特色社会主义伟大旗帜　为全面建设社会主义现代化国家而团结奋斗——在中国共产党第二十次全国代表大会上的报告》，载 https://www.12371.cn/2022/10/25/ARTI1666705047474465.shtml，最后访问日期：2023年1月26日。

除此之外，高校毕业生人数不断上升与社会招聘规模不断下降形成了巨大反差，根据教育部、人力资源和社会保障部数据显示，2023届全国高校毕业生人数预计将达到1158万人，同比增加82万人。[1]在这种情形下，如果把就业岗位比作"蛋糕"，那便是"蛋糕"小了而分"蛋糕"的人变多了，这必然会造成就业岗位的分配不均衡或者就业形势的两极分化。新的问题要以新的方式去解决，高校作为大学生培养的主要阵地，要解决当下大学生就业困境，就需要去探索提升大学生高质量就业的新途径，以科学、精准的就业指导帮助大学生提高自己的就业竞争力，让大学生可以在建设国家、服务社会的舞台上发光发热。本文于此背景之下，通过分析造成大学生就业困难的主要因素，提出如何提升大学生高质量就业的建议和对策。

二、造成大学生就业困难的三方面因素

（一）社会层面因素

根据中国政法大学国际法学院2022届毕业生就业求职情况，以及笔者对学生就业过程中出现的某些社会现象的认识与理解，笔者认为造成当前大学生就业困难问题在社会层面的主要因素有以下两个方面：

1. 经济增速与产业结构转型对大学生就业带来挑战

经济增长是带动大学生就业最重要的保障，没有经济增长就没有新的就业岗位需求。在新冠疫情对我国经济大环境造成冲击之前，我国经济增速始终保持相对稳定的上升态势。然而，伴随着三年疫情的影响，以及人口老龄化带来的劳动人口规模下降、国际贸易竞争愈发激烈等多种不利因素，使得我国经济增速出现了波动。经济形势好时，企业为占据更有利的市场地位，会不断扩充自己的业务板块，因此也就会创造出更多的就业机会。相反，当经济形势不好时，企业对市场前景的期望值变低，拓展市场的积极性变差，通常都会选择降低成本以谋求稳定发展，而裁员便是多数企业降低成本的一项常见措施。

---

[1]《2023届全国高校毕业生规模预计1158万人 同比增加82万人》，载http://m.moe.gov.cn/jyb_xwfb/xw_zt/moe_357/jjyzt_2022/2022_zt18/mtbd/202211/t20221116_992995.html，最后访问日期：2023年1月26日。

经济高速增长也推动了我国产业结构优化调整，从政府相关数据来看，我国第三产业就业人口占比不断提升，仅2021年较2014年便提高12.3个百分点，已成为我国吸纳就业人口最多的产业。2012年之前第三产业GDP占比的单位百分点平均增长率为4.98%，即第三产业GDP占比每提高1个百分点则城镇就业规模将增长4.98%。然而，到2022年单位百分点平均增长率已降至2.43%，这实际上代表了以服务业为代表的第三产业对就业的推动效果明显下降。[1]

以法学专业毕业生主要就业领域之一的律师行业为例，律师事务所本质上来说属于合伙企业，行业性质上属于服务业，目前多数律师事务所也是参照企业管理的模式运转，所以律师事务所的招聘规模很大程度上也受到经济增速的影响。经济快速增长时，招聘律师人数多，而一旦经济增速放缓，便会通过大幅缩减律所人数来维持律所收益。国际法学院2022届本科毕业生中，仅有15人最终被律师事务所录用，录用人数较往年有所下降，经济增速对大学生就业带来的影响显而易见。不过，2022年政府工作报告显示我国国内生产总值增长8.1%，十年平均增速超过5%，[2]所以我们应该相信我国政府稳定经济增速和经济发展的能力和决心。随着国内疫情防控的工作重心由防控感染转向医疗救治，全国生产经营正在逐步有序恢复，经济环境和大学生就业环境必定会得到改善。

2. 就业认知变化和就业差异性造成大学生就业质量失衡

（1）传统就业观念变化导致大学生"慢就业"。最早在计划经济时代，大学生毕业后都是由国家分配工作，所以从来没有人担心自己找不到工作，也就形成了毕业就要就业的传统观念。但是，随着计划经济被社会主义市场经济取代，社会制度发生了重大变革，传统的就业观念被打破，现如今只有一小部分专业的学生毕业后还由国家分配工作，绝大多数的大学生都只能自主择业。而自主择业必然会导致大学生们在求职中产生激烈竞争。就业竞争力强、工作能力突出的大学生往往可以在就业中占据主动，但这毕竟是少数群体，根据盖洛普公司的最新调查研究结果显示，仅有11%的用人单位表示

---

[1] 岳昌君：《以就业优先促进高质量充分就业》，载《中国大学生就业》2022年第21期。
[2] 《政府工作报告——2022年3月5日在第十三届全国人民代表大会第五次会议上》，载http://www.gov.cn/premier/2022-03/12/content_5678750.htm，最后访问日期：2023年1月26日。

其录用的应届毕业生的工作能力可以达到岗位要求。[1]更多的人不得不面对就业困难的现实问题。因此，竞争所带来的风险性使得一部分大学毕业生开始选择逃避，再加上自媒体时代在网上不断涌现出的"佛系""躺平""GAP"等观念，导致在大学生群体中逐渐形成了"慢就业"的现象。"慢就业"是指部分大学生毕业后没有选择立即工作，而是通过游学、备考、支教或创业等方式放慢求职步伐，推迟求职时间，慢慢探索未来的人生方向。[2]虽然这种现象某种程度上代表了当代大学生对自我价值的追求，但是客观上也确实对社会整体就业形势造成了一定影响。

（2）就业群体差异性较大。就业差异性体现在多个方面，例如就业群体的性别、学历、专业、期望薪资、工作经验、户口所在地等。其中既包含社会层面的原因，也包含大学生个人认知层面的因素。笔者在与国际法学院2022届毕业生交流中发现，比较突出的一点便是男女性别差异带来的就业分化。这一点在有关专家的调查研究中也得以印证，《高校毕业生就业调查报告2021》的数据显示，男性毕业生在就业机会和就业质量方面均优于女性毕业生。首先，男性毕业生的初次就业率（81.6%）高于女性毕业生（72.3%）。男性毕业生已确定就业单位、国内升学、自由职业、自主创业的比例均高于女性毕业生；女性毕业生出国出境、其他灵活就业的比例高于男性毕业生；女性毕业生待就业的比例较高。其次，男性毕业生的起薪和对所找工作感到满意的比例均高于女性。[3]就业差异性代表着就业机会的不对等，进一步导致大学生就业质量不充分、不均衡，我们应当予以重视和改善。

（二）大学生个人层面因素

通过对国际法学院2022届本科毕业生就业工作的前期调研和最终总结，笔者认为大学生就业认知偏差是造成大学生就业难、就业质量不高的主要原因之一。有关专家将就业认知分为就业准备认知、就业形势认知和就业期望认知。[4]

---

[1] 李红恩：《针对性探究提升就业工作的对策与建议》，载《就业与保障》2022年第10期。

[2] 秦星、赵洪远：《大学生"慢就业"解读》，载《合作经济与科技》2022年第24期。

[3] 岳昌君：《以就业优先促进高质量充分就业》，载《中国大学生就业》2022年第21期。

[4] 刘潞：《纠正高校毕业生就业认知偏差》，载《人力资源》2022年第14期。

1. 就业准备认知偏差，目前自身就业状态如何？

选项	小计	比例
已有明确就业单位，待签约	10	3.02%
已确定升学（保研）	52	15.71%
已确定境外升学（已有 offer）	14	4.43%
未定	255	77.04%
本题有效填写人次	331	

图1

如图1所示，在2021年11月对国际法学院2022届本科毕业生就业情况调研中发现，距离毕业离校仅剩半年时间时，仍有77.04%的学生就业状态未定，即便是在确定就业去向的学生中，也只有10人是已有明确就业单位，其他均为国内升学或出国深造。这明显可以反映出，多数大学毕业生在求职季到来之前，并没有做好充足准备，对自己未来出路没有明确规划。在未确定就业去向的255人里，还有超六成的学生持观望态度，想要等考研成绩公布后再决定是否就业，大大压缩了自己求职的黄金时期。

就业准备认知偏差还体现在毕业生获取就业相关信息的渠道方面。在就业工作中，笔者发现有相当一部分大学毕业生了解就业信息主要依靠被动分享。只有少部分同学会通过学校就业信息网或者其他渠道主动寻找就业信息，甚至有些同学对就业流程和所需材料都不清楚，更不要提深入了解就业岗位的职责、内容和要求具备的工作能力。虽然辅导员会刻意对这部分同学单独提供指导，短期内会有所改善，但是实际效果并不显著。

2. 就业形势认知偏差，如研究生考试未通过，则——

选项	小计	比例
拟就业	22	14.19%
如有合适单位先就业，没有则继续备考	33	21.29%
坚定不移，继续备考	76	49.03%

续表

选 项	小计	比 例
还没想好	24	15.48%
本题有效填写人次	155	

图 2

图 2 显示，在报名参加研究生考试的 155 人中，有近一半的同学表示如未上岸将选择暂不就业，继续备考。笔者认为，这种情况一方面是受到前文提到的"慢就业"现象影响。另一方面则是现如今就业市场"内卷"严重，就业形势不容乐观，大学生只有具备更高的水平和能力才能被市场接纳，加之资本运作下的教育培训机构营销，越来越多的大学生对自身需求和实际情况产生错误认知，对就业形势产生错误判断，选择不切实际的就业目标，盲目追求高学历、高薪资，致使就业竞争愈发激烈。

3. 就业期望认知偏差，如就业，感兴趣的就业方向是——

选 项	小计	比 例
公务员	141	54.65%
律 所	176	68.22%
企事业单位	107	41.47%
自主创业	18	6.98%
只要有工作即可	38	14.73%
本题有效填写人次	258	

图 3

就业形势越困难，大学生越是抱有更高期望。如图 3 所示，相较于进入企业和自主创业未来的不确定性，更多的人选择国家机关、事业单位、律所这些传统意义上的"铁饭碗"或"高薪职业"。过高的期望值导致毕业生在同一就业领域的竞争更加激烈。除此之外，笔者在工作中还发现只有极少数同学愿意前往偏远地区投身国家基层建设。其中包含着大学生个人价值追求与社会责任之间的冲突，同样是一项亟待解决的问题。

（三）高校就业工作方面因素

1. 高校就业工作模式有待改进

第一，多数高校都会开设就业教育相关课程对大学生进行就业帮扶指导，或是举办求职类讲座传授大学生求职技巧。但通常此类课程都是选修课程，无法覆盖所有毕业生，且授课老师在课堂上也只能进行就业理论讲解，缺少实践应用，仅仅通过几节课的时间很难帮助每个学生树立良好的就业观。求职讲座多集中在毕业季，只能泛泛地介绍一些面试经验或技巧，无法有效针对每个参与学生的特长、兴趣、能力等提供精准的就业指导。并且，就业市场的要求不断变化，高校的就业教育课程也很难保证教授的内容能够适应当年的就业环境。

第二，高校就业工作队伍人员数量严重不足，专业性不够。一般高校的就业工作都是由学校就业中心与辅导员相互配合，其他部门予以协助完成。但实际情况是，就业中心和辅导员面对日益增加的毕业生人数和繁重的程序性事务，很难抽出时间为每一个毕业生提供就业指导。而且参与就业工作的教职工并非都是专家，更多的是根据个人社会经验和认知对学生进行指导，无法保证就业指导效果科学有效。

2. 高校就业教育与思政教育结合度不够

思政教育是帮助大学生树立正确就业观的重要推手。无论是大学生的思想意识形态还是就业观念，都需要很长时间引导。但目前高校通常是学生面临工作之际才开始进行就业指导，[1]一些缺少经验的辅导员在思政教育中也很容易忽略将学生个人就业与大学生所肩负的社会责任有效融合。

三、提升高校精准化就业工作机制的建议与对策

自党的十八大以来，党中央高度重视就业工作，把就业工作放到"六稳""六保"首位。[2]面对严峻复杂的就业环境，为了响应党中央的指示精神，促进大学生高质量就业，高校应当以科学、精准、长效的就业工作机制为大

---

〔1〕张亚萍：《试析思政教育对高校大学生就业的影响》，载《就业与保障》2021年第8期。

〔2〕《二十大代表热议：促进高质量充分就业》，载 http://www.gov.cn/xinwen/2022-10/20/content_5719969.htm，最后访问日期：2023年1月28日。

学生就业求职保驾护航。

(一) 确立科学的工作目标

科学的就业工作目标是具体就业工作方式、内容的重要来源，也是具体就业工作有效开展的根本保证。根据前文分析，我们可以看出大学生就业困难是多方面因素共同影响下造成的一种社会现象，这就要求高校对整体就业工作具有全局性、前瞻性的认识与判断。因此，高校制定就业工作目标时，既要对国家、学校、教师、学生各级就业工作主体充分认识到位，又要对相关就业政策、办法等吃准吃透。其实各个高校在制定当年就业创业工作实施方案时都会对上述主体、政策进行研判，但问题在于多数大学生就业过程是动态变化的，各地方就业政策发布时间也不一致，所以高校可以采取就业工作例会的方式，定期由学校就业中心牵头，组织各部门就业工作负责人和辅导员参与，及时通报就业形势和就业政策变化，对学生就业中的急难愁盼问题、各部门工作中的实际困难，及时在下一阶段工作目标和计划中予以调整和解决。既有指导性的长期目标，又有动态调整的短期目标，以此才能保证就业工作目标全过程的科学性。

(二) 实施精准的工作内容

在科学的就业工作目标指导下，各高校还应针对造成大学生就业困难的原因，精准实施具体工作内容。

1. 树立大学生正确就业观

在学校层面，高校应有意识地将对学生的思想政治教育融入就业工作中。就业教育不仅仅是帮助学生找一份应付生活的工作，更重要的是实现学生的个人价值。[1]在就业教育中融入社会主义核心价值观和理想信念教育，引导学生将个人的前途命运与国家社会的未来紧密结合，提升学生看待自己人生价值的高度，营造学生积极投身国家和社会建设的良好氛围。

同时，在大思政教育背景下，高校思想政治教育贯穿于大学生在校培养的全过程。辅导员作为思政教育的主要实施者和与学生接触最为密切的存在，应当注意在四年的思政教育中对学生就业观念的教育。大一新生对自己的专

---

[1] 李琦：《高校大学生就业指导中的思想政治教育观察》，载《文教资料》2021年第9期。

业认识不够，缺少对未来职业规划的意识，辅导员便可以带领学生们认清自身追求，结合个人特长，尽早确立今后发展方向。并且，辅导员还可以在思想教育中时刻提醒大学生们所肩负的历史使命，鼓励学生选择到国家需要的地方就业，以高度的社会责任感实现学生个人价值与国家价值的统一。

2. 提高大学生就业竞争力

数高校提升学生就业能力的方式就是专业实习、就业创业选修课或者优秀校友讲述就业经验和求职技巧类的讲座等方式。但这些方式大多是建立在大学生同等条件竞争之上，这点无可厚非，也确实取得了一定成效。而从另一个角度出发，当今的就业环境对大学生投入社会生产已经提出了更高要求，"考公热""考研热"等社会现象短时间内也无法发生改变，或许通过高校教育培养来帮助大学生取得就业市场要求的更高学历或证书等门槛性质的条件，也是提高大学生就业竞争力的一种有效途径。以法学专业学生为例，要想从事法律相关职业，必须通过法律职业资格考试。如果学校可以在满足培养方案既定的法学专业教学之外，增加一部分法考相关培训，相信对法学专业毕业生进入法律行业有很多帮助。帮助大学生获得职业入门条件后，高校还应强化专业实习和就业指导课程、讲座中对学生"职业匹配度"的训练，从而促进学生实质就业。

3. 注重大学生个体需求

就业指导不是简单地督促学生在特定时间做出一项选择，更重要的是从学生个体需求和目标出发，协助学生确定适当的方向，并引导学生客观理性地分析自身与目标之间存在的差距，以及如何补足短板、缩短差距，从而更好地做好就业准备。因此，以学生个体需求为基础的"个性化服务"是精准化就业工作最为有效的方式。这就要求就业工作人员对就业工作有更加全面和细节的把握，小到就业推荐表等材料的准备和填写，大到学生培养方案完成情况、职业规划设计等，都需要就业工作人员及时且全面的精准服务。例如，就业台账是现在很多辅导员在就业工作中记录学生就业情况的工具，为了进一步提升个体服务质量，辅导员还可以采取大学生成长笔记的方式，综合分析学生入学以来的学习成绩和生活表现，为学生提出更加符合个体需求的就业建议。

(三) 打造专业的工作队伍

打造一支专业的就业工作队伍，首先要保证全员参与。从学校各级领导到专任教师、辅导员、行政老师、学生骨干，都要坚持全员参与，各司其职，形成高效的联动机制，推动就业工作目标的实现。其次，在加强对就业工作队伍就业指导理论和经验培训基础上，更要注重对就业工作人员专业学科理解能力、持续主动学习能力、就业信息收集分析管理能力、高效沟通能力、职业规划指导能力等方面的培养。最后，还可以结合工作实际，以聘请优秀校友担任就业导师的方式，为学生们提供真实的就业教育。例如，在中国政法大学国际法学院的涉外法治人才培养模式中，可以聘请在国际组织任职的校友担任就业导师，让同学们对涉外法治工作有具体的认知了解，让更多的同学愿意投身涉外法治工作，从而带动涉外法治人才的精准就业。

(四) 形成长效的反馈机制

大学生高质量就业不是简单的就业率高与低，更重要的是帮助学生达到"职业匹配度"的要求，使其能够在工作岗位上得到良好发展。为此，我们应该形成一套长效的反馈机制，包括就业工作问题和经验总结、学生对就业工作的意见、用人单位对毕业生满意度等方面，定期汇总，分析问题，改善做法，从而提高精准化就业工作水平，促进大学生高质量就业。

高校职业生涯规划教育体系的构建研究

中国政法大学商学院　贾娜琳捷

2021年8月，国务院印发的《"十四五"就业促进规划》指出，要强化高校毕业生就业服务，健全校内校外资源协同共享的高校毕业生就业服务体系。[1]在此背景下，开展高校学生职业生涯规划教育适逢其时。然而，当下该领域还有很多问题亟待研究。如何更好地推动高校学生就业，成为当前高校学生乃至全社会对职业生涯规划教育认同与否的关键。本文试图通过对高校职业生涯规划教育体系的构建研究来解决上述问题。

一、国内外职业生涯规划研究现状

王月霄认为高校生涯课程体系构建中存在的问题是职业生涯规划教育缺乏针对性和连续性，并提出了相关对策。[2]詹一览从目前社会就业现状及高校就业指导工作出发，简述高校开展大学生职业生涯规划教育的重要性，并针对当下存在的问题提出建立健全就业规划体系的具体策略。[3]翟雨翔等阐述了通过搭建平台，完善职业生涯规划教育、服务和指导体系，探索虚拟公司在高校的模拟运营以及"校友+企业+名师"面对面工作坊等创新性实践活动，提出具有实效性和针对性的大学生职业生涯规划教育对策。[4]

---

[1]《国务院关于印发"十四五"就业促进规划的通知》，载http://www.gov.cn/gongbao/content/2021/content_5637947.htm，最后访问日期：2023年1月20日。

[2] 王月霄：《基于大学生职业素养培育的高校生涯教育课程体系构建的研究》，载《公关世界》2022年第12期。

[3] 詹一览：《构建高校大学生职业生涯规划教育体系研究》，载《中国多媒体与网络教学学报》2022年第5期。

[4] 翟雨翔等：《高校大学生职业生涯规划体系构建研究》，载《大众标准化》2021年第18期。

二、职业生涯规划的基本理论

（一）相关概念的界定

职业规划的英文是"Career Planning"。管理学家诺思韦尔将其定义为：个人结合自身情况和环境因素，决定实现职业目标的方向、时间和行动计划。美国管理学家佩斯认为，职业规划就是积极制定并积极实施职业目标。

（二）职业生涯规划理论概述

做职业生涯规划，需要从其每个人的自身情况出发，包括他的兴趣、特点、人生目标等，既要考虑到客观因素来进行规划，又要结合其自身的主观意向，选择一个适合的、能够发挥其长处的最匹配的行业和岗位。

1. 人-职业匹配理论

人-职业匹配理论是遵循以个性心理学和差异性心理学为基础的理论，其理论前提是承认人的个性结构存在差异。

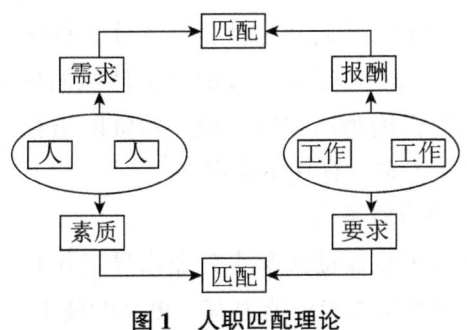

图1　人职匹配理论

2. 霍兰德职业兴趣理论（职业性向）理论

霍兰德生涯选择理论认为，生涯选择是个人的人格在工作世界中的表露，遗传因素和长期的生活经验形成了个体独特的导向。[1]然而，他们在制度落实上往往缺少可复制性，面对新形势下的教育现状难以提出有效的解决路径。

3. 职业生涯发展理论

舒伯将职业生涯发展划分为成长、探索、确立、维持和衰退五个阶段，

---

〔1〕 魏卫主编：《职业规划与素质培养教程》，清华大学出版社2008年版，第23页。

提出了职业生涯发展理论。舒伯的职业生涯发展理论有国际化的视角，已经广泛应用于各国的各级学校和社会机构。舒伯建立的主要理论由两部分组成，即职业生涯阶段理论和职业生涯层面理论。

4."职业锚"理论

"职业锚"又名"职业系留点"，实际上就是人们选择和发展自己的职业时所围绕的中心点，是一个人在不得不做出选择时，都不会丢失的价值观。是在追求职业的过程中自我感知到的才能（talents and abilities）、基本的价值观（values）和动力（motives and needs）的整合体，体现了"真实的自我"（Edgar H. Schein, 1990）。只有明确了自己的"职业锚"，才能做出更符合真实自我的职业决策。

三、高校职业生涯规划教育面临的问题以及成因分析

（一）师资队伍缺乏稳定性，专业化程度有待进一步提升

1. 师资队伍不稳定、流动性过高

学科交叉的好处在于既强调理论性、规律性、科学性，又强调了行政推动市场的开拓力，结合二者才是一个好的师资队伍的构成。但就业中心、辅导员、专业教师、校内咨询师培训师、校外师资队伍都是相关主体，权责不够明晰，专业教师设置不多，存在不稳定性。

2. 队伍专业化水平有待提高

专业的就业指导队伍是保证大学生就业指导工作有序、高质量开展的重要基础。新形势对指导教师的专业能力有了更高的要求，掌握就业指导方法，全方位了解最新的就业政策、社会层面人力资源情况及用人单位用工趋势等，通过多个维度为大学生的就业提供专业化的指导。从现状来看，仍有许多高校不重视就业指导师资队伍的建设，在实际的职业生涯规划指导中，大多由辅导员开展，就业指导教师不能走出校门去"取经"，导致就业指导教师的专业指导能力不强，无法适应当前大学生职业生涯规划指导工作。[1]缺少心理学、教育学相关背景的老师和该课程的相关性不强，难以获得专业指导。缺

---

[1] 孙银玉：《试论职业生涯规划在大学生就业指导工作中的有效应用》，载《就业与保障》2022年第11期。

乏进修和长效培训机制，良好的机制路径应该是学习、使用、交流、督导、再培训，从而获得提高。

3. 师资队伍缺乏长期发展的机制保障

专任教师发展缺乏机制的保障，武汉大学的朱伟指出："我们学校也是有行政序列、教师序列、专技序列。有些老师虽然是教师序列，但是在评副教授等职称的时候，是单列还是跟其他老师一起并行仍面临较大矛盾。相关问题可以最早追溯到教育部2007年的文件，但十几年来这个问题没有彻底地解决。像我们在武汉大学，大家都是行政人员，没有专业的教师，我们的专业化程度还有待提高。"

4. 尚未形成学术或行业共同体，缺少行业规范和学术交流平台

缺乏行业学术共同体。没有固定的教研室，明确的学科归属，虽专业教师和行政人员都有开设相关课程，但并没有具体的划分。课程、咨询、研究的三驾马车也需要从行政上推动。职业生涯规划教育在高校并不是核心主业，故缺乏统一理论认识。目前职业规划师在实践中不具备权威的考核和实务标准。

(二) 理论建设本土化不够，理论创新与实践操作有较大差距

1. 理论体系不够本土化

帕金森、霍兰德等人的理论在国际上饱受赞誉，但是遗憾的是，在中国高校职业生涯发展规划教育中，这些理论在适用上仍存在水土不服的困境。个人主义与集体主义的冲突中，课程的价值引领不够。必须结合课程的应用性与实操性特征，在充分吃透主要知识的基础上，在社会实践中不断应用和巩固。对学生传授方法的同时，还需要让学生形成仰望星空、脚踏实地的务实风格，让学生明白理论必须联系实际才能产生巨大的生命力。

职业生涯与发展规划在我国高校的实践时间并不长，也没有和科学发展形成紧密的联系，而广大科学家的躬身实践和为国付出，勇攀科学高峰，创造出一个个可歌可泣的科研故事，这些都是宝贵的教学案例材料，可以引导学生树立对科学家的崇拜和尊重，厚植爱国主义理念，培养改革创新精神，坚持将"小我"与社会国家之"大我"结合起来。培养谨慎、科学的作风品格，加强自我要求。通过一些名人事迹以及典型案例进行教学，有助于产生

更具针对性的效果，防止课程理论性较强而导致学生失去学习兴趣的情况。[1]

2. 理论研究与实践距离较远

理论对实务的指导不够，系统内的就业课题更难落地。从学校层面，专业教师的研究太学理化，学工队伍的研究像工作报告，缺乏科学的学术规范和方法。

一方面，因为职业生涯规划的教学体系较为滞后，无法跟上新的时代和潮流。而教学方法、教学工具的不足，使其短时间内面临着较大的困境，职业生涯规划对于学生没有发挥出预期的引导作用。比如，一些教师在生涯规划课程中，断开了理论与实践的关系，对于课程的设计不够合理，使得教学效果大打折扣。在授课内容方面，教学内容较为传统，没有契合学生的需要以及时代发展的需要，很多教师都是理论论述较多，学生的参与积极性不够。

另一方面，因为高校的教学手段缺乏，尽管设置了职业规划课程，同时纳入了必修课体系中，但是在师资、教学资源、教学活动等方面的配套设计上不够。一些从教人员缺乏足够的职业规划经验，在理论的掌握上也存在误区，对于课程的讲解不透彻、不深入、不全面。也难以很好地结合学生专业实际进行引导，整个课堂较为单调、乏味，对学生的实际帮助不大。因此，教师必须转变思想观念，紧密结合社会形势发展和学生实际，引进现代化教学手段和工具，搭配一些生动、形象的案例，提升学生在课堂上的专注力，让学生积极主动参与职业生涯规划课程学习。[2]

四、构建高校大学生职业生涯规划教育服务体系的路径研究

（一）健全校内、校外资源协同共享的高校毕业生就业服务体系

以中国政法大学为例，其坚决落实党中央、教育部和北京市关于疫情防控各项决策部署，在校外资源对接方面，校党委书记胡明、校长马怀德共同发出《中国政法大学2021届毕业生就业推荐公开信》，向社会各界推荐2021届优秀毕业生，邀请用人单位到法大招贤纳才。校领导先后赴七个重点学院

---

[1] 郑晓倩、张佳敏：《职业生涯与发展规划课程思政教学改革研究》，载《对外经贸》2022年第12期。

[2] 马旭、高山：《高校学生职业生涯规划研究》，载《秦智》2022年第1期。

进行了专题调研活动,开展就业工作督导;学生处紧抓重点学院、重点群体毕业生就业,结合各院情况实施"一院一策",指导学院工作,先后走访湖北、河南校友会,就如何共同促进法大毕业生就业展开深入沟通交流;各学院通过召开全院大会、线上辅导、致校友和社会各界公开信、网络招聘等形式积极推荐毕业生,全员合力,共同促进毕业生就业。2021年5月12日,法大就业微信公众号积极响应普通高校毕业生就业"百日冲刺"行动,推出首期"百日冲刺·招聘信息汇总",坚持每日更新招聘信息,同时启动网上招聘、线上课堂,提高毕业生的就业竞争力。

校内资源构建方面,其还开设了中国政法大学就业创业信息网,下设"预约咨询""培训活动""政策导航""在线课程"等多个栏目,包括"公务员/选调生宣讲会""双选会""实习信息""实习实践基地"等,完善多元化服务机制,将毕业生及时纳入公共就业人才服务范围。

(二) 全面创新工作形式

1. 创新工作模式,实施"云就业"

通过"云咨询""云讲堂""云宣讲"等形式,实现服务不断线、全天候的"云就业"。积极拓宽就业渠道,持续开展就业创业指导服务,充分调动校友资源,构建全员、全过程、全方位"三全"就业工作格局,促进毕业生更加充分更高质量就业。学校对就业管理平台的就业辅导咨询系统进行调整,启用在线咨询功能,聘请了26名校内外具有丰富就业指导经验的就业指导教师或职业发展导师担任职业咨询师,为学生提供一对一线上咨询。此后,中心相继开发上线"云宣讲""云讲堂""云招聘"系统,构建了"云就业"体系,基本实现毕业生就业线上服务全覆盖。

2. 就业数据收集,精准对接用人单位

开展就业意向调查,精准推送就业信息。学校面向全体毕业生开展《中国政法大学2020届毕业生就业意向调查》,共计回收问卷989份,通过就业信息管理平台开展毕业生就业意向摸底登记工作,共计3596名同学登记了意向信息,为学校就业工作研判提供了有力的数据支持。精准推送系统上线,该系统与毕业生用户数据、招聘信息数据、毕业生就业意向数据深度融合,自动准确匹配学生就业意向和信息接收习惯,自动选择微信服务号、邮件、手机短信(接口)等渠道点对点向毕业生推送就业信息,全年共向数千名毕业生精准推送定制就业信息 7 万余条。

加大信息收集发布力度，促进毕业生充分就业。学生处人员按地区分工负责，协助学生就业创业指导中心收集整理并发布全国各地招聘信息。校友工作办等部门积极配合，充分调动各地校友会作用，2021 年 12 月 23 日，中国政法大学与北京市国资委合作，举办线下首都优质国企中国政法大学专场招聘会，近四十家首都主要国有企业到场招聘，我校两百余名毕业生提前预约、分时段参加了就业双选活动。

3. 加强就业引导，注重就业育人实效

学校多次召开新疆、西藏招录北京地区高校毕业生工作部署会、专招工作政策宣讲会，让毕业生了解国家有关政策，引导毕业生到西部和艰苦地区就业。2020 届毕业生中有 3 名本科生主动申请到新疆、西藏等边远基层地区工作，92 名毕业生被北京以外的其他地区招录为定向选调生，到西部基层、到祖国需要的地方建功立业。

4. 完善就业与创业指导服务工作

就业指导方面，分别以政策解读、基层就业、选调生、简历制作、求职礼仪形象、留学规划为主题成立就业创业指导工作室建设，开展就业创业专业咨询；邀请实务专家、优秀校友为不同年级学生举办"就业百分百"求职实务系列活动，深受同学们的欢迎。创业指导方面，先后和教务处、校团委共同举办第六届中国国际"互联网+"大学生创新创业大赛初赛暨中国政法大学第十一届创业大赛；联合北京其他四所高校共同举办七期高校创业公开课；与学校科技园共同举办创业大讲堂活动，以期增强学生创新创业能力。

5. 持续开展"千帆计划"，加大就业、实习、实践组织力度，开展大规模、高质量的职业技能培训

"千帆计划"是中国政法大学根据学生培养方案面向全校法学专业学生所设立的社会实践（本科二年级）、专业实习（本科三年级、四年级，和研究生一年级、二年级）的全校性项目。该项目致力于为全校法学专业学生创造良好的实习机会，搭建广阔的实习平台，使同学在实习期间可以充分将学习的理论知识和法律实务工作相结合，了解和体验法学实务工作的多样性，结识众多的法律实务从业者，奠定有力的视野和经验基础。同时，服务于学生以就业为导向的多种实习需要。

自 2016 年开始至今，学校开辟了法院、检察院、律所、仲裁机构、企业法务为主要实习方向，同时设置有一定量的非法律应用实习单位，实习接收单位共计 218 家，遍布全国 89 个城市，每年为上述单位输送实习生 1800 余人。项目安排的实习期间为每年 6 期，分别为：1—2 月（8 周左右）；3—5 月；7 月（4 周）；8 月（4 周）；9—11 月；12 月—次年 2 月，为在校本科生和研究生有组织地安排实习单位并进行动态的服务和管理。

以 2023 年寒假为例，"千帆计划"协调安排了 223 名同学在 54 个城市的 98 个单位进行线下专业实习，39 名同学在 7 个单位进行线上专业实习，171 名同学在 5 个项目上进行社会实践。

结　语

笔者认为高校应该重视辅导员、班主任在生涯教育中的角色，做好辅导员、班主任的生涯规划教育培训，使得辅导员专业化发展。作为辅导员，在学生职业生涯规划中可以扮演两种角色：一是方向指引者，做学生的人生指导者、引路人。二是帮扶暖人心，为困难学生群体、少数民族地区群体、就业困难群体、心理障碍群体等不同类型的学生群体提供温暖人心的帮扶，切实建立高校大学生职业生涯规划教育体系，真正做到暖学生、暖社会、暖教育、促就业。

参考文献

[1] 王月霄：《基于大学生职业素养培育的高校生涯教育课程体系构建的研究》，载《公关世界》2022 年第 12 期。

[2] 詹一览：《构建高校大学生职业生涯规划教育体系研究》，载《中国多媒体与网络教学学报》2022 年第 5 期。

[3] 翟雨翔等：《高校大学生职业生涯规划体系构建研究》，载《大众标准化》2021 年第 18 期。

[4] 魏卫主编：《职业规划与素质培养教程》，清华大学出版社 2008 年版。

[5] 陈曼道：《大学生职业生涯规划的研究》，湖南师范大学 2005 年硕士学位论文。

[6] 刘兆平：《大学生职业生涯规划意识的培养机制研究》，苏州大学 2008 年硕士学位论文。

[7] 孙银玉：《试论职业生涯规划在大学生就业指导工作中的有效应用》，载《就业与保

障》2022年第11期。
[8] 郑晓倩、张佳敏:《职业生涯与发展规划课程思政教学改革研究》,载《对外经贸》2022年第12期。
[9] 马旭、高山:《高校学生职业生涯规划研究》,载《秦智》2022年第1期。
[10] 吕志娟、陈旭东:《后疫情时代高校辅导员就业指导工作路径探究》,载《现代商贸工业》2022年第3期。
[11] 周利娜等:《高校辅导员就业指导能力提升策略研究——基于大学生就业意向视角》,载《中国大学生就业》2019年第23期。

双专业双学位本科生就业工作提升路径探究
——以中国政法大学法学院为例

中国政法大学法学院　刘彦君

摘　要：党的二十大站在全面建设社会主义现代化国家、全面推进中华民族伟大复兴的高度，对就业工作做出了全面部署。然而随着社会对学历要求的提高，本科生就业逐渐成为就业工作中的重点和难点问题，其中具有双重专业背景的双专业双学位本科生作为复合型人才，在就业过程中具有特定的问题和优势，成为就业工作推进中的重中之重。本文通过对法学院双专业双学位本科毕业生进行就业跟踪调研，清晰认识到目前双专业双学位本科毕业生就业工作遇到的问题，并针对此类问题提出解决思路，以有效提高双专业背景学生培养质量，改变其就业观念，群策群力，进行精准帮扶，努力提升双专业双学位本科毕业生就业落实率和就业质量。

关键词：双专业双学位　本科生　就业工作

习近平总书记在党的二十大报告中指出："强化就业优先政策，健全就业促进机制，促进高质量充分就业。"[1]就业是最大的民生，作为高校辅导员，要时刻认识到，毕业生就业是学生工作的落脚点，是人才培养的指挥棒。为进一步提高本科生培养质量，我校经教育部批准设立双专业双学位复合型人才培养模式，人才培养质量不断增强。然而随着社会对学历要求的提高，本科生就业逐渐成为就业工作中的难点问题，其中具有双重专业背景的双专业双学位本科生由于其自身就业期待值较高等原因，更为就业推进工作带来了挑战。在当前日趋严峻的就业形势下，如何增强双专业双学位本科生自身综

---

[1] 习近平：《高举中国特色社会主义伟大旗帜　为全面建设社会主义现代化国家而团结奋斗——在中国共产党第二十次全国代表大会上的报告》，载《先锋》2022年第10期。

合素质，提高其就业创业能力，推动其实现高质量就业，成为当前双专业双学位人才培养面临的主要任务。

一、法学院双专业双学位本科生近年就业状况分析

双学士双学位是我校经教育部批准的一种培养方式，凡我校统招统分在籍的普通本科生，经过一学年的学习，绩点达到一定要求的，经本人申请且学校审批，可以通过 5 年的学习，研修原专业和自己选择的另一个专业，毕业时获得两个学位（即 4+1）。这是我校培养复合型人才的重要举措，该类同学在就业等方面颇具优势。然而，随着社会大环境影响和双专业双学位本科生数量增加，近年来该类毕业生就业工作存在一定困境。

（一）就业基本情况

一方面，双专业双学位本科生就业率有待提高。以 2022 年为例，法学院各类毕业生共计 1029 人，其中毕业本科生 626 人，就业率 74.12%；毕业硕士研究生 335 人，就业率 97.73%；毕业博士研究生 68 人，就业率 100%。通过数据分析可知，研究生就业率与往年相比较为稳定，且就业质量稳步提升；但本科生就业率明显下滑，研究生与本科生就业率出现明显分化。究其原因主要在于双专业双学位本科毕业生就业人数多、难度大，且随着该类学生人数的持续增加，该挑战将继续存在，解决双专业双学位本科生就业问题迫在眉睫。

图 1　法学院双专业双学位学生人数

另一方面，双专业双学位本科生就业去向较为单一。以 2022 届毕业生为

例，双专业双学位本科毕业生共计404人[1]，其中国内升学人数为90人，占比22.27%；出国出境深造人数为32人，占比7.92%；修读第二学士学位（4+2）人数为58人，占比14.36%；直接就业工作人数为46人，占比13.86%。由此可知，双专业双学位本科生毕业后求学深造人数近一半，直接就业人数较少，考研再战人数占比较多。并且，直接就业的同学中大部分前往北上广深等一线城市，前往基层工作同学较少。

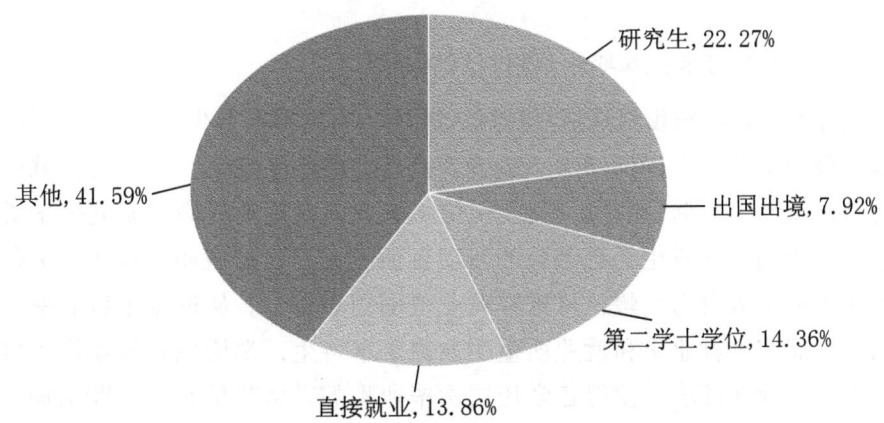

图2　2022届法学院双专业双学位毕业生就业去向

（二）就业特点分析

一方面，双专业双学位本科生毕业后升学意愿较高。教育部最新统计结果显示，2022年我国硕士研究生报名人数457万，创历史新高，增幅高达21%，考研热潮已成为一种趋势。尤其作为具有双专业背景的法大本科毕业生，其求学意愿更加强烈。通过对法学院2023届双专业双学位本科毕业生同学调研得出，毕业后选择国内或国外读研成为75%毕业生的选择。近年来就业数据也能体现出，双专业双学位本科毕业生考研失利后，半数以上会选择暂缓就业、再次考研。

另一方面，直接就业同学的就业满意度整体较高，但结构性矛盾较为突出。通过对双专业双学位已就业本科毕业生及其单位的调研结果显示，就业

---

[1]　图中人数为入学时的428人，入学后毕业前部分同学退学，最终毕业生人数为404人，入学时人数不等于毕业生人数。——作者注

满意度较高，由于双专业双学位同学拥有双重学科背景，因此用人单位对双专业双学位同学较为肯定。但是受观念影响，同学们对就业单位的选择还是较为局限，根据调研分析得出，双学位双专业本科毕业生就业首选是党政机关、事业单位和国企公司，对于民营企业的求职意愿逐年减少；从区域看，多数本科毕业生还是希望到一线城市就业，基层就业比例相对较低。

二、双专业双学位本科生就业工作所遇困境分析

（一）用工需求：入职学历门槛相对提升

近年来，因经济形势造成单位用人减少，岗位需求量少，在扩招背景下，毕业生就业竞争压力逐渐增大。随着就业压力的不断加大，高学历在就业时的优势越发明显，部分高质量就业岗位将就业门槛逐渐提高到研究生学历要求，研究生强于本科生，有经验的劳动者强于无经验的应届毕业生，本科生毕业生就业形势更为严峻，可选择就业范围相对较窄。从近年来就业率也可以看出，研究生就业率和就业质量明显高于本科生，学历越高就业优势越明显。严峻的就业环境，使得各学历层次毕业生的升学热情都在不断增加，具有双重专业背景的双专业双学位毕业生本科后直接就业的意愿更低。[1]

（二）就业期待：学生就业期待值较高

法大毕业生由于本科教育起点较高，自我定位也较高，尤其作为具有双重学科背景的双专业双学位本科毕业生，繁重的课业压力使其比普通毕业生付出更多心血，无论是毕业生自己还是其父母均对其就业期待非常高。相当一部分家长和毕业生缺乏对就业市场事实的准确认知，又受近年来疫情影响，很多仅把就业范围局限在岗位有限且极具选拔性的行政事业单位、知名央企国企等，且就业地域一般局限于北上广深等大城市，个人定位偏高。[2]对于学校、学院及校友资源等推荐的就业资源匹配度低，或者置之不理，就业推进工作较难有效进行。

---

[1] 黄宇施等：《基于考研动机调查的大学生就业观探析》，载《中国大学生就业》2021年第20期。

[2] 冯君莲等：《疫情影响下国内顶尖高校毕业生就业状况变化——基于8所高校2017—2021年毕业生就业质量报告的调查》，载《大学教育科学》2022年第6期。

（三）主观意愿：学生尽快就业的意愿不强

根据最新的调查数据，2022年我国公务员考试报名人数超过212.3万人，而考研报名人数也高达457万人，达到历年最高。在法大此现象尤为突出，受社会发展及父母观念影响，"考研热""考公热"持续升温，导致"慢就业""缓就业"现象持续存在。尤其我校双专业双学位本科毕业生，对"一般性用人单位"积极性不高，缺乏"毕业即就业"的决心，盲目"二战"考研、考公成为常态，就2022届双专业双学位本科毕业生而言，毕业后41.6%的同学准备继续考研、考公。此外，近年来毕业生逐渐变为00后群体，经调研，他们大多数在心理上尚未做好就业准备，缺乏明确的就业目标，这给就业工作推进带来不小的挑战。加之目前社会竞争较为激烈，大部分学生认为"较好"的单位，门槛即为研究生学历，且要经过公开招考，这进一步加深了学生盲目"二战"考研、考公的观念，这种观念在应届毕业生中传播影响较快，很难短期内予以扭转。[1]

（四）疫情影响：客观上限制了辅导员与学生有效沟通

辅导员在就业工作中发挥着重要作用，毕业生就业情况受就业政策、岗位需求、用人单位招聘计划、学生本人就业观念、就业技能、学院就业工作开展情况等多方面因素影响，要确保其高质量就业，需要辅导员与学生进行深入沟通，对其就业进行有效指导。然而近年受疫情防控影响，大部分毕业生无法回校，一定程度上限制了辅导员对其进行精准的就业指导，再加之缺少就业氛围，进一步加剧了"懒就业"等现象的发生。

三、双专业双学位本科生毕业生就业工作提升思路与举措

由于具有双重专业背景，双专业双学位本科毕业生的学习能力等不低于普通硕士生，在知识背景上高于普通硕士生，有着强劲的发展潜力。通过调研也能发现，优秀的双专业双学位本科毕业生颇受用人单位的欢迎。作为就业工作推进重点，无论是学院还是辅导员都应高度重视，积极探索卓越复合

---

[1] 邱飞等：《高校本科应届毕业生求职"错茬"效应探析》，载《中国大学生就业》2021年第16期。

型人才培养模式，全方位推进助力双专业双学位学生高质量就业的进程。[1]

（一）提升学生素质，完善双专业双学位学生培养模式

虽然有些企业仍然存在对本科毕业生的偏见，但是个人能力和综合素质终归是最有用的职场入场券和通行证。[2]要想真正提升双专业双学位本科生的社会认可度，根本还在于真正提高人才培养质量，使双专业背景学生真正成为社会稀缺性人才，使其具备为经济社会高质量发展增值赋能的能力。

坚持将双专业双学位本科毕业生就业工作作为学生管理和学生培养工作的落脚点，不断完善《学生就业工作大纲》，将学生就业工作与学风建设和学生综合素质培养紧密结合起来，把着力提高其就业竞争能力纳入学生工作的重要组成部分。日常教育管理过程中，通过持续不断的学风建设和对学生实践能力的培养，不断提高学生综合素质，督促其发展成为名副其实的复合型人才，使双专业双学位本科毕业生在就业求职过程中具备较强的竞争力；落实毕业生就业工作会议常态化、毕业生就业技能培训与指导常态化、模拟面试指导常态化等一系列常态化就业指导工作，从日常学习生活中引导学生提前做好就业准备。

（二）全员参与，建立健全就业工作机制

高度重视双专业双学位毕业生就业工作，深入贯彻落实上级重要精神指示，按照学校相关工作要求，把做好就业工作作为重点工作予以推进。以法学院为例，多年来，学院不断完善就业工作机制，实现了就业工作的三级管理和服务体系，即学院统筹安排、辅导员具体负责组织落实、学生会研究生会和班集体党支部合力参与相互促进。

一是学院统筹安排，全院统筹协调，全员参与做好就业工作。不定期召开专题就业会议研究当年双专业双学位本科毕业生就业工作的阶段性工作进展，解决就业工作中出现的问题。特别是面对受疫情影响显著增大的就业压力，学院把双专业双学位本科毕业生就业工作摆在更加突出位置，多次召开学院党委会、毕业生就业工作推进会等，重点研究就业工作，学院党政领导班子深入一线协助开展推进就业工作，各研究所党支部把学生就业工作作为

---

[1] 岳昌君：《以就业优先促进高质量充分就业》，载《中国大学生就业》2022年第21期。

[2] 吕冰：《高校毕业生就业新趋势及应对策略》，载《中国大学生就业》2023年第1期。

重要工作内容，辅导员建立毕业生就业落实动态管理机制，通过创建群组等方式实时更新毕业生就业落实情况，全力做好双专业双学位本科毕业生就业工作。

二是深化落实就业推进委员会，提升就业工作队伍凝聚力和战斗力。深化拓展就业推进委员会，成员涵盖学院领导班子、教师支部书记等，占学院教工人数的25%。推进委员会成员多次通过线上线下会议，积极建言献策，联系就业岗位、收集就业信息，通过网络平台发送就业信息等方式帮扶就业困难同学，直接有效帮助双专业双学位本科毕业生解决就业困难。同时，需要进一步充分发挥学院教师资源优势，通过辅导员、班主任等多方协同完善就业机制，树立"就业工作人人有责"的思想。

三是辅导员具体负责落实，教师党支部组织教师协同工作。作为辅导员，要坚持充分发挥思政工作主渠道作用，把思政工作贯穿就业工作全过程，深入推进思政工作与就业教育深度融合，为双专业双学位本科生形成理性的择业观、正确的价值观保驾护航；动员专任教师在课堂上指导学生树立正确就业观念，注重培养学生就业能力；鼓励班主任等教师发挥资源优势，大力推荐学生就业。以法学院为例，近年来，辅导员及专任教师针对不同年级学生进行了充分的就业引导帮扶，比如开设专业性就业课程、开设就业指导室等，很大程度上解决了部分双专业双学位学生就业上存在的心态与技能问题。

四是依托学生会、班集体、党支部等学生活动平台形成就业交流、培训、互助体系。通过辅导员指导学生会、研究生会组织定期举办就业指导培训类讲座、论坛活动，全力提升双专业双学位本科毕业生的就业技能，营造就业氛围，提高其求职热情。为了更好地为学生提供便利的就业支持，可以设立"学生就业与发展服务中心"等专门机构，以便能够更好地从多角度提高就业服务水平。同时，在班级倡导"全员就业"目标，由班级党支部牵头，班委、团委组建就业互助小组，在班级里形成积极的就业氛围，互相帮助互相促进，班级安排学生骨干对特殊群体毕业生给予特殊关照，辅导员重点指导，一对一帮扶，如对家庭贫困学生、少数民族学生和心理有障碍学生，进行重点指导、重点帮助，解决就业难问题。

(三) 提前动员，营造浓厚就业氛围

目前扭转双专业双学位本科毕业生就业观念是就业工作的重点，为有效推进该类学生就业问题，应继续加强就业观念引导，通过召开就业工作动员会、分析往年就业数据等方式继续动员双专业双学位本科毕业生积极就业，并将就业全面引导渗透在学院各项教育教学活动中，实现就业动员的全覆盖。

全面引导双专业双学位本科毕业生确立合理就业期望，增强信心，积极主动就业。针对坚持再次考研或考公同学，与其分享往年再次考研或考公上岸数据，引导其做出符合自身发展的正确选择，指导学生在备考的同时积极寻找其他就业机会，两手并进。引导该类本科毕业生拓宽就业范围，不局限于公职单位，选择能够充分体现自身价值的工作。在引导其就业选择过程中，做好国家就业政策宣传，鼓励学生到基层就业。并且，把就业指导工作贯穿教育全过程，在双学位双专业学生进入法学院之初即开展就业指导，真正引导学生实现就业观念的扭转，认识到自身价值和未来发展方向，以更好地利用在校时间学习相关技能。同时，开展历届毕业生就业升学跟踪工作，通过调研得出二战考研成功概率等，通过数据让毕业生明确之后发展路径。

以法学院为例，近年来，法学院坚持以双专业双学位本科毕业生就业动员大会为龙头，重点解决该类学生在就业观念、就业准备、就业方向和就业主动性等方面存在的问题。针对严峻的就业形势和部分学生就业定位过高等情况，学院积极指导学生转变就业观念，动员毕业生回家乡、下基层、到西部就业。同时引导学生充分利用国家各项政策和信息，如大学生入伍、国家对大学生就业、创业的政策性支持等政策，引导学生扩展就业思路。

（四）精准服务，构建就业推进新格局

一是保障就业岗位推送不断线。充分利用好学校就业服务网、各类企业就业信息发布网等平台提供高质量就业信息，通过微信平台等进行推送，对未就业毕业生进行精准推送；主动联系就业单位开展宣讲，增强本科毕业生对不同类型单位的了解与认识。

二是确保全方位就业指导培训。及时组织就业能力提升等活动，加强校企合作，通过与教育培训等机构合作，为双专业双学位本科毕业生提供专业培训，提升其就业技能；辅导员、专任教师、毕业校友等对毕业政策、就业形势等进行讲解，组织开展职业生涯规划；同时，针对毕业生不同需要，精准施策，重点面向未就业毕业生提供个性化指导，根据不同专业方向不同特点的毕业生建立独特就业规划方案，实现"一人一档""一人一策"。

三是确保重点帮扶不断线。不断优化就业帮扶供给，建立完善重点帮扶台账，明确记录双专业双学位本科毕业生基本情况、及时更新毕业生就业意向、帮扶状态等信息，实时关注其就业进展及就业求职过程中遇到的困难，为其提供有效的帮助和服务，必要时进行家校联系，通过家庭、学校和社会的力量共同促进学生就业。重点关注有就业意向的双专业双学位本科毕业生，根据不同需要提供有效的岗位信息；关注家庭困难学生就业情况，综合分析困难毕业生就业需求，针对性地开展就业帮扶，必要时予以经济支持。

四是充分调动队伍力量，依托就业推进会及各地校友资源，满足毕业生多元化、个性化的就业需求，提供精准的就业帮助，提升就业率及就业质量。根据不同复合专业方向建立并完善用人单位岗位需求信息数据库和毕业生求职意愿信息数据库，在此基础上进行精准匹配，通过微信平台等方式向学生发布高质量有效岗位信息，向相关单位重点宣传推广学院双专业双学位本科毕业生。同时，努力建设高质量实践教学及人才联合培养基地，将实践教学基地打造为重要就业转化平台，由其负责优秀毕业生就业留用或推荐等工作。

以法学院为例，学院将具体的未落实就业单位的双专业双学位本科毕业生落实到具体老师负责，书记院长带头行动，全院上下群策群力，一对一地做好毕业生的沟通帮扶工作，全院三分之一教师参与到一线就业推进工作中来，协助辅导员老师全面做实做细毕业生帮扶工作，每位教师负责与二十余名同学进行一对一沟通帮助，深入了解每一位毕业生就业情况，对未就业学生进行分类化指导。尤其针对有明确就业意向的双专业双学位本科毕业生，学院努力联系校友及实践教学基地等，为其精准提供就业岗位。

（五）寻求支持，打造就业推进新合力

可考虑在学校、学院网站建立并完善用人单位岗位需求信息数据库和双专业双学位本科毕业生求职意愿信息数据库，建立就业信息、实习实践信息发布平台，与相关部门进行沟通，为尽早打造精准化、数字化就业平台提供基础保障，以更好帮助愿意接受帮扶的毕业生实现就业目标。

此外，由于双专业双学位毕业生在本科学习期间管理隶属两个学院，因此对其进行就业引导时也需要加强与其他学院的沟通联系，原学院辅导员老师等对双学位双专业学生就业指导与沟通工作予以辅助，协助做好毕业生的思想认识和就业观念沟通交流，形成合力共同推进双学位双专业本科生就业

工作，更有效率地解决该类毕业生就业挑战问题。

高质量就业关乎社会稳定，也是高校人才培养质量的重要体现。双学位双专业本科毕业生就业作为我校复合型人才培养的出口，面临着人数多、难度大、就业率低和就业质量不高等挑战，更应该引起高度重视，该类学生培养过程中要坚持秉持着以学风建设为主线、以综合素质培养为核心、以提升学生的就业竞争力为导向的思路，坚持底线思维，建立规范化就业工作体系和科学性就业工作机制，做实做细做精各项工作，全力以赴，形成上下齐心合力共促就业的良好局面，努力推动双专业双学位本科毕业生高质量就业，努力探索一条法大特色、世界一流的拔尖复合人才培养新路。

中国政法大学人文学院本科生实习去向调查研究

中国政法大学人文学院　卢　迪

一、引言

大学生实习活动，是本科阶段重要的教育形式之一，可以培养学生综合素质、拓宽学生视野、帮助学生前瞻劳动力市场发展趋势，并能按此动态调整和规划自身发展的重要过程。本文旨在通过对我校人文学院的本科生实习生群体进行实习去向的调查分析，为学院实习工作的政策制定提供有价值的指导与建议。通过本次调研，我们可以更好地认识本科生，了解他们的实习需求，从而在相关政策制定方面，合理分配资源，加强对本科生实习的管理、引导和服务。同时，力图为改善我校非法学专业的大学生的就业前景提供助力，以期促进我校整体教学质量，持续为社会输送高水平人才。

本次调研，统计了中国政法大学人文学院的中文专业与哲学专业，2014—2020级6个年级，12个班，共454名本科生的实习去向（其中，中文专业280人，哲学专业174人）。时间跨度为2017年暑假至2022年暑假共5年期间，涵盖了疫情前（2017年、2018年、2019年）、疫情平稳期（2020年、2021年）、疫情反复期（2022年）共三个阶段。

其中，2014—2019级本科生实习数据，是取自其大三暑期实践，为期十周；2020级本科生实习数据，是取自其大二暑期实践，为期四周。

之所以2020级本科生的实习数据是取自其大二暑期实践，是因为截至本文撰写之时，2020级同学尚未进行大三暑期实践。由于同样的原因，2020级和2019级的实践数据，都是出自2022年暑期，这也是为何6个年级只覆盖5年期间的原因，特此说明。

二、本科生实习去向概览

纵观过去 5 年,本科生的实习去向主要由以下类型的企事业单位组成:
- 私人律所(代表单位:北京厚大合川律师事务所)
- 公检法司(代表单位:北京市昌平区人民法院)
- 政府机关(代表单位:中共天祝县委巡察办公室)
- 省市图书馆(代表单位:湖北省图书馆)
- 报社(代表单位:光明日报)
- 出版社(代表单位:国家图书馆出版社有限公司)
- 市作协(代表单位:哈尔滨市作家协会)
- 电视台(代表单位:通榆县广播电视台)
- 博物馆(代表单位:湖北省天门市博物馆)
- 私人教育机构(代表单位:北京学而思教育科技有限公司)
- 互联网企业〔代表单位:阿里巴巴(北京)-大文娱事业群〕
- 金融业(代表单位:中国人寿养老保险股份有限公司)
- 房地产相关企业(代表单位:青岛国际职业教育科技产业城管理委员会)
- 高校(代表单位:中国政法大学人文学院学生工作办公室)
- 中小学(代表单位:文登区三里河中学)
- 文创企业(代表单位:大连一舟文化创意有限公司)
- 我院实习基地(代表单位:中华书局下属古联中华数据库)
- 其他私企(代表行业:药企、制造业、贸易、旅游)
- 其他国企(代表行业:国家电网、中铁、石化、移动联通、地铁、航天)

(一)中文专业实习去向概览

经统计,中文专业的本科生实习去向中,排名靠前的为(为节约篇幅,仅列举总占比超过 5% 的去向分类):
- 第一名:我院实习基地(代表单位:中华书局下属古联中华数据库)
实习总人数:59 人,总占比 21.1%。
- 第二名:公检法司(代表单位:北京市昌平区人民法院)
实习总人数:45 人,总占比 16.1%。
- 第三名:私人律所(代表单位:北京厚大合川律师事务所)

实习总人数：27人，总占比9.6%。

·第三名（并列）：政府机关（代表单位：中共天祝县委巡察办公室）

实习总人数：27人，总占比9.6%。

·第四名：出版社（代表单位：国家图书馆出版社有限公司）

实习总人数：18人，总占比6.4%。

·第五名：私人教育机构（代表单位：北京学而思教育科技有限公司）

实习总人数：16人，总占比5.7%。

以上六类去向，占2014—2020级中国政法大学人文学院实习去向的总比例，达到68.6%，而排名在此之后的其他去向，总占比均不足5%，故不再列举。

（二）哲学专业实习去向概览

经统计，哲学专业的本科生实习去向中，排名靠前的为（为节约篇幅，仅列举总占比超过3%的去向分类）：

·第一名：公检法司（代表单位：北京市昌平区人民法院）

实习总人数：29人，总占比16.7%。

·第二名：私人律所（代表单位：北京厚大合川律师事务所）

实习总人数：24人，总占比13.8%。

·第三名：政府机关（代表单位：中共天祝县委巡察办公室）

实习总人数：21人，总占比12.1%。

·第三名（并列）：我院实习基地（代表单位：中华书局下属古联中华数据库）

实习总人数：21人，总占比12.1%。

·第四名：高校（代表单位：中国政法大学人文学院学生工作办公室）

实习总人数：7人，总占比4%。

·第五名：中小学（代表单位：文登区三里河中学）

实习总人数：6人，总占比3.4%。

·第五名（并列）：私人教育机构（代表单位：北京学而思教育科技有限公司）

实习总人数：6人，总占比3.4%。

以上七类去向，占2014—2020级中国政法大学人文学院实习去向的总比例，达到65.5%，而排名在此之后的其他去向，总占比均不足3%，故不再列举。

（三）概览分析

通过以上的概览数据，可以看出，公检法司、私人律所、政府机关、我院实习基地，这四类实习去向，无论在中文专业还是哲学专业，都是排名最靠前的，是学生的最优之选。这四类实习去向总占比，在中文专业达到56.4%，在哲学专业达到54.6%，均超过半数。

且若是抛开我院实习基地的影响，无论在中文专业还是哲学专业，公检法司、私人律所、政府机关都是实习去向的排名前三，且公检法司和私人律所均分列一二位。这说明，像公检法司和私人律所这样的法学相关实习单位，即便在我校中文和哲学这样的非法专业中，"人气值"仍然很高。这一方面体现了我校在法学专业领域的学科优势，另一方面也折射了我校非法学专业本科生对法学相关专业的就业需求倾向。

三、本科生实习去向类型概况分析

根据中国政法大学人文学院本科生实习去向，按类型进行分类，可以得到以下几个分组：

· 法学相关 VS. 非法学相关

其中，法学相关实习去向包括：私人律所（代表单位：北京厚大合川律师事务所）、公检法司（代表单位：北京市昌平区人民法院）。

· 专业相关 VS. 非专业相关

（1）中文专业相关实习去向包括：政府机关（代表单位：中共天祝县委巡察办公室）、省市图书馆（代表单位：湖北省图书馆）、报社（代表单位：光明日报）、出版社（代表单位：国家图书馆出版社有限公司）、市作协（代表单位：哈尔滨市作家协会）、高校（代表单位：中国政法大学人文学院学生工作办公室）、中小学（代表单位：文登区三里河中学）、文创企业（代表单位：大连一舟文化创意有限公司）、我院实习基地（代表单位：中华书局下属古联中华数据库）。

（2）哲学专业相关实习去向包括：政府机关（代表单位：中共天祝县委巡察办公室）、高校（代表单位：中国政法大学人文学院学生工作办公室）、中小学（代表单位：文登区三里河中学）。

·实习基地 VS. 非实习基地

实习基地，即中华书局下属古联中华数据库。

·国有单位 VS. 非国有单位

其中，国有单位相关实习去向包括：公检法司（代表单位：北京市昌平区人民法院）、政府机关（代表单位：中共天祝县委巡察办公室）、省市图书馆（代表单位：湖北省图书馆）、报社（代表单位：光明日报）、出版社（代表单位：国家图书馆出版社有限公司）、市作协（代表单位：哈尔滨市作家协会）、电视台（代表单位：通榆县广播电视台）、博物馆（代表单位：湖北省天门市博物馆）、高校（代表单位：中国政法大学人文学院学生工作办公室）、中小学（代表单位：文登区三里河中学）、我院实习基地（代表单位：中华书局下属古联中华数据库）、其他国企（代表行业：国家电网、中铁、石化、移动联通、地铁、航天）。

非国有相关实习去向包括：私人律所（代表单位：北京厚大合川律师事务所）、私人教育机构（代表单位：北京学而思教育科技有限公司）、互联网企业［代表单位：阿里巴巴（北京）-大文娱事业群］、金融业（代表单位：中国人寿养老保险股份有限公司）、房地产相关企业（代表单位：青岛国际职业教育科技产业城管理委员会）、文创企业（代表单位：大连一舟文化创意有限公司）、其他私企（代表行业：药企、制造业、贸易、旅游）。

（一）中文专业实习去向类型概况

在中文专业 2014—2020 级本科生的实习去向中，各类型分类概况如下：

选择法学相关实习单位的总人数，为 72 人，占比 25.7%；

选择非法学相关实习单位的总人数，为 208 人，占比 74.3%；

选择中文专业相关实习单位的总人数，为 136 人，占比 48.6%；

选择非中文专业相关实习单位的总人数，为 144 人，占比 51.4%；

选择实习基地单位的总人数，为 59 人，占比 21.1%；

选择非实习基地单位的总人数，为 221 人，占比 78.9%；

选择国有单位的总人数，为 179 人，占比 63.9%；

选择非国有单位的总人数，为 101 人，占比 36.1%。

（二）哲学专业实习去向类型概况

在中文专业 2014—2020 级本科生的实习去向中，各类型分类概况如下：

选择法学相关实习单位的总人数，为 53 人，占比 30.5%；

选择非法学相关实习单位的总人数，为 121 人，占比 69.5%；

选择哲学专业相关实习单位的总人数，为 34 人，占比 19.5%；

选择非哲学专业相关实习单位的总人数，为 140 人，占比 80.5%；

选择实习基地单位的总人数，为 21 人，占比 12.1%；

选择非实习基地单位的总人数，为 153 人，占比 87.9%；

选择国有单位的总人数，为 100 人，占比 57.5%；

选择非国有单位的总人数，为 74 人，占比 42.5%。

（三）实习去向类型概况数据分析

对中国政法大学人文学院 2014—2020 级本科生的实习去向类型的统计数据进行分析，结果如下：

1. 法学相关 VS. 非法学相关

中文专业 2014—2020 级本科生，选择法学相关实习单位的人数占比，达到 25.7%。

哲学专业 2014—2020 级本科生，选择法学相关实习单位的人数占比，达到 30.7%。

可以看出，虽然中文专业与哲学专业并非法学专业，但得益于我校法学相关专业的优势，我校中文与哲学专业本科生在进行实习单位的去向选择时，仍然会把法学相关专业放在十分重要的地位。

这一点，在哲学专业中体现得尤其突出，因为在 2014—2020 级哲学专业本科生的实习去向中，选择法学相关实习单位的人数占比（30.5%），竟然明显超过了选择哲学相关实习单位的人数占比（19.5%），使法学相关实习单位成为哲学专业本科生的第一首选。

而在中文专业 2014—2020 级本科生中，选择中文相关实习单位的人数占比高达 48.6%，稳居第一。但除此之外，仍然有占比 25.7% 的中文专业本科生选择法学相关实习单位，这说明对中文专业本科生而言，法学专业同样是实习去向的优先选择。

2. 专业相关 VS. 非专业相关

中文专业 2014—2020 级本科生，选择中文专业相关实习单位的人数占比，达到 48.6%。

哲学专业 2014—2020 级本科生，选择哲学专业相关实习单位的人数占比，达到 19.5%。

二者对比，我们可以发现，在专业相关实习单位的人数占比上，中文专业（48.6%）远远高于哲学专业（19.5%），这说明哲学专业的同学，在实习单位的选择上，相较中文专业更为分散，并不集中在某一特定的专业领域，这与哲学专业本身"出口广"的特点是有关的。

同时，必须强调一点，之所以中文专业本科生选择中文相关实习单位的人数占比达到 48.6%，是由于我院实习基地（中华书局下属古联中华数据库）同样属于中文专业相关实习单位，这在很大程度上增加了中文专业相关实习单位去向的占比。并且，在 2022 年疫情反复期，由于我院实习基地（中华书局下属古联中华数据库）提供了大量的线上实习岗位，因而对被疫情困扰无法外出实习的很多同学而言，就解决了无法进行线下实习的困扰，从而大大提高了中文专业相关实习单位去向的占比。但是，这种情况具有很强的特殊性，并不能作为普遍规律进行探讨。

若剔除实习基地的数据，再做一次分析，则得到以下的结果：

中文专业，选择中文专业相关实习单位的人数占比，在剔除实习基地数据后，达到 18.7%。

哲学专业，选择哲学专业相关实习单位的人数占比，在剔除实习基地数据后，达到 22.7%。

可以看出，当剔除实习基地数据后，中文与哲学专业的本科生，其选择自身专业相关实习去向的比例，均为 20% 左右。

3. 实习基地 VS. 非实习基地

中文专业 2014—2020 级本科生，选择实习基地单位的人数占比，达到 21.1%。

哲学专业 2014—2020 级本科生，选择实习基地单位的人数占比，达到 12.1%。

相比法学相关实习单位和本专业相关实习单位，2014—2020 级本科生中，选择实习基地单位的人数相对较少，但在总体去向中，仍然占据较大比重。尤其对哲学专业本科生而言，虽然实习基地并非其专业相关，但选择实习基地的人数占比仍然很高，达到所有实习去向排名的并列第三位。

对比来看，中文专业本科生选择实习基地单位的人数占比（21.1%），显著高于哲学专业本科生选择实习基地单位的人数占比（12.1%）。这说明，学生在选择实习去向时，还是更倾向于选择和自己本专业相关的去向。即便对于哲学专业这样"宽出口"的专业而言，也并不会"不假思索"地选择一份和本专业完全不相干的实习去向。而对于中文专业的同学而言，"实习基地+专业相关"的"双重加持"，就使得选择实习基地的中文专业本科生人数占比非常之高，占据中文专业所有实习去向的第一位。

4. 国有单位 VS. 非国有单位

中文专业 2014—2020 级本科生，选择国有单位的人数占比，达到 63.9%。

哲学专业 2014—2020 级本科生，选择国有单位的人数占比，达到 57.5%。

可以看出，无论在中文专业还是哲学专业，2014—2020 级本科生中，选择国有单位的人数占比，均在 60% 左右，中文专业的人数占比（63.9%）相对哲学专业的人数占比（57.5%）略高，这同样可以归因于我院实习基地（中华书局下属古联中华数据库）亦属于国有单位，而中文专业本科生对其的倾向性更加明显，因而在一定程度上，提高了中文专业本科生选择国有单位的人数占比。

总体而言，国有单位是中文、哲学专业 2014—2020 级本科生的更优之选，但 60% 左右的比例，也并非绝对意义上的高。这是因为，有相当大比例的同学，会选择去法学专业相关的私人律所进行实习，因而在一定程度上，拉低了国有单位的实习去向比例。

四、疫情对本科生实习去向的影响分析

如前所述，本次调研的时间跨度为从 2017 年暑假至 2022 年暑假共 5 年期间，涵盖了疫情前（2017 年、2018 年、2019 年）、疫情平稳期（2020 年、2021 年）、疫情反复期（2022 年）共三个阶段。

（一）疫情对中文专业本科生实习去向排名的影响

列举各个时期我院本科生实习去向排名的前几名，结果如下：

疫情前（2017年、2018年、2019年）：

·第一名：公检法司（代表单位：北京市昌平区人民法院）

实习人数：22人，占比18.8%。

·第二名：政府机关（代表单位：中共天祝县委巡察办公室）

实习总人数：21人，总占比17.9%。

·第三名：私人律所（代表单位：北京厚大合川律师事务所）

实习总人数：21人，总占比17.9%。

疫情平稳期（2020年、2021年）：

·第一名：出版社（代表单位：国家图书馆出版社有限公司）

实习人数：13人，占比15.9%。

·第二名：我院实习基地（代表单位：中华书局下属古联中华数据库）

实习总人数：12人，总占比14.6%。

·第三名：私人律所（代表单位：北京厚大合川律师事务所）

实习总人数：10人，总占比12.2%。

·第三名（并列）：公检法司（代表单位：北京市昌平区人民法院）

实习总人数：10人，总占比12.2%。

疫情反复期（2022年）：

·第一名：我院实习基地（代表单位：中华书局下属古联中华数据库）

实习总人数：47人，总占比58%。

·第二名：公检法司（代表单位：北京市昌平区人民法院）

实习总人数：13人，总占比16%。

·第三名：政府机关（代表单位：中共天祝县委巡察办公室）

实习总人数：5人，总占比6.2%。

（二）疫情对哲学专业本科生实习去向排名的影响

疫情前（2017年、2018年、2019年）：

·第一名：政府机关（代表单位：中共天祝县委巡察办公室）

实习总人数：13人，总占比18.1%。

・第二名：公检法司（代表单位：北京市昌平区人民法院）

实习总人数：10人，总占比13.9%。

・第三名：私人律所（代表单位：北京厚大合川律师事务所）

实习总人数：9人，总占比12.5%。

疫情平稳期（2020年、2021年）：

・第一名：私人律所（代表单位：北京厚大合川律师事务所）

实习总人数：10人，总占比18.2%。

・第二名：公检法司（代表单位：北京市昌平区人民法院）

实习总人数：9人，总占比16.4%。

・第三名：我院实习基地（代表单位：中华书局下属古联中华数据库）

实习总人数：7人，总占比12.7%。

疫情反复期（2022年）：

・第一名：我院实习基地（代表单位：中华书局下属古联中华数据库）

实习总人数：14人，总占比29.8%。

・第二名：公检法司（代表单位：北京市昌平区人民法院）

实习总人数：10人，总占比21.3%。

・第三名：私人律所（代表单位：北京厚大合川律师事务所）

实习总人数：5人，总占比10.6%。

（三）疫情对中文、哲学专业本科生实习去向类型的影响

对中国政法大学人文学院2014—2020级本科生的实习去向类型的统计数据进行分析，结果如下：

1. 法学相关 VS. 非法学相关

疫情前：

中文专业选择法学相关实习单位的人数占比，达到29.9%。

哲学专业选择法学相关实习单位的人数占比，达到26.4%。

疫情平稳期：

中文专业选择法学相关实习单位的人数占比，达到24.4%。

哲学专业选择法学相关实习单位的人数占比，达到34.5%。

疫情反复期：

中文专业选择法学相关实习单位的人数占比，达到21.0%。

哲学专业选择法学相关实习单位的人数占比，达到31.9%。

2. 专业相关 VS. 非专业相关

疫情前：

中文专业，选择中文专业相关实习单位的人数占比，达到30.8%。

哲学专业，选择哲学专业相关实习单位的人数占比，达到23.6%。

疫情平稳期：

中文专业，选择中文专业相关实习单位的人数占比，达到50.0%。

哲学专业，选择哲学专业相关实习单位的人数占比，达到12.7%。

疫情反复期：

中文专业，选择中文专业相关实习单位的人数占比，达到71.6%。

哲学专业，选择哲学专业相关实习单位的人数占比，达到21.3%。

3. 实习基地 VS. 非实习基地

疫情前：

中文专业，选择实习基地单位的人数占比，为0%。

哲学专业，选择实习基地单位的人数占比，为0%。

疫情平稳期：

中文专业，选择中文专业相关实习单位的人数占比，达到14.6%。

哲学专业，选择哲学专业相关实习单位的人数占比，达到12.7%。

疫情反复期：

中文专业，选择中文专业相关实习单位的人数占比，达到58.0%。

哲学专业，选择哲学专业相关实习单位的人数占比，达到29.8%。

4. 国有单位 VS 非国有单位

疫情前：

中文专业，选择国有单位的人数占比，达到54.7%。

哲学专业，选择国有单位的人数占比，达到48.6%。

疫情平稳期：

中文专业，选择国有单位的人数占比，达到52.4%。

哲学专业，选择国有单位的人数占比，达到49.1%。

疫情反复期：

中文专业，选择国有单位的人数占比，达到88.9%。

哲学专业，选择国有单位的人数占比，达到78.7%。

（四）疫情对中文、哲学专业本科生实习去向的影响分析

可以看出，在疫情的各个时期，排名前几位的实习去向相对稳定，公检法司、私人律所、政府机关，在疫情的各个时期，都是本科生实习的首选。

在疫情反复期，由于防控要求，本科生寻找实习单位的难度增大，故选择实习基地的人数比例有了很大提高，以29.8%的占比，排名第一。这说明，实习基地的设立是很有必要的，它可以在特殊时期为同学们提供一个"保底"的实习选项，以渡过特殊的困难时期，不会影响到正常的学习进度。

还有一点值得注意，虽然在疫情反复期，有很多同学选择了实习基地，但选择公检法司、私人律所的人数比例，相对此前并没有明显降低，依然维持30%左右。这说明，这部分同学有着强烈的意愿，即便在特殊时期，也要排除万难，进入法学相关单位实习，增加自己的"法学背景"，以便为日后从事法学相关工作打好基础。这折射出我校非法学专业本科生，对法学相关工作，具有较强的倾向性，哪怕在疫情反复期，这种倾向仍然十分明显。

另外，我们可以看出，在疫情前和疫情平稳期，中文、哲学专业本科生，选择国有单位的比例，维持在50%左右，相对非国有单位，并没有明显优势。而在疫情反复期，则有约80%的同学选择国有单位实习，这是由于在此期间，选择实习基地的人数比例增高所致。这说明，我校本科生在选择实习单位时，对国有单位并没有十分明显的偏好。

五、总结

通过以上的数据统计与分析，我们可以得到以下结论：

公检法司、私人律所、政府机关、实习基地，是我校中文、哲学专业本科生实习的优先之选。

在疫情反复期（2022年暑期），选择实习基地的本科生人数大幅提高，这主要是由于实习基地可以提供大量线上实习机会，且为中文相关专业。

若剔除实习基地数据的影响，中文、哲学专业本科生选择自身相关专业实习单位的比例为20%左右，均低于选择法学相关专业实习单位的比例。

公检法司、私人律所，为我校中文、哲学专业本科生实习去向的首选。这说明我校非法学专业的同学，依托于我校在法学领域的专业优势，对进入

法学相关领域工作，有着较强的倾向性。

无论在疫情前、疫情平稳期、疫情反复期，总会有30%左右的同学选择进入法学相关单位进行实习，比例维持稳定。说明这部分同学的意愿坚定、目标清晰，不为外部困难而改变自己的选择。

排除疫情反复期间的特殊影响，我校中文、哲学专业本科生，选择国有单位的比例维持在50%左右，相对非国有单位并无明显优势。

"四史"学习教育对高校创新创业教育的功能性研究

中国政法大学法律硕士学院　苏　宇

摘　要：创新创业教育和"四史"学习教育在目的和功能上具有统一性和融合性，将"四史"学习教育融入高校创新创业教育，将思想政治教育与创新创业教育协同育人，使思想政治工作真正回答学生之问、解决学生之需。当前，创新创业教育面临思想意识塑造的困境，青年亚文化现象正在消解创新创业精神，而"四史"中体现的精神价值与创新创业精神具有同一性，将"四史"学习教育融入创新创业教育对于发挥后者的思想政治功能具有重要作用。高校应当积极探索"四史"学习教育与创新创业教育的结合路径，尤其注重课程设计、第二课堂建设、师资队伍建设和红色实践平台建设。

关键词：创新创业　"四史"学习教育　思想政治

党的二十大报告指出，教育、科技、人才是全面建设社会主义现代化国家的基础性、战略性支撑。培养造就大批德才兼备的高素质人才，是国家和民族长远发展大计。[1]高校创新创业教育是我国创新驱动发展战略的重要组成部分，也是推动高等教育改革、提高人才培养质量的重要途径。创新创业教育是高校思想政治工作的重要内容，也是要素纷繁、结构紧密的系统性工程，其中思想理论教育和价值引领是其根本，贯穿创新创业教育的各个环节，发挥统领性和方向性的作用。党史、新中国史、改革开放史、社会主义发展史是中国共产党带领中国人民开展伟大实践所孕育的宝贵精神财富，是新时代高校思想政治教育的重要内容。习近平总书记在党史学习教育动员大会讲

---

〔1〕习近平：《高举中国特色社会主义伟大旗帜　为全面建设社会主义现代化国家而团结奋斗——在中国共产党第二十次全国代表大会上的报告》，载《先锋》2022年第10期。

话中强调:"要在全社会广泛开展党史、新中国史、改革开放史、社会主义发展史宣传教育,普及党史知识,推动党史学习教育深入群众、深入基层、深入人心。"强化"四史"学习教育,增强大学生政治素养和政治意识,有利于高校创新创业教育的社会主义方向,为改革开放和社会主义现代化建设服务。创新创业教育和"四史"学习教育在目的和功能上具有统一性和融合性,如何以"四史"学习教育引领助推高校创新创业教育,涵养大学生创新创业精神,真正将思想政治教育与创新创业教育协同育人,将思想政治教育与学生实际需求相结合,将思想政治教育落实于学生成长成才,这既是一个理论问题也是一个实践问题。

一、创新创业教育中思想意识塑造的困境

2022年发布的《新时代的中国青年》白皮书指出:"新时代中国青年富有想象力和创造力,思想解放、开拓进取,勇于参与日益激烈的国际竞争,成为创新创业的有生力量。"[1]中国青年是建设社会主义现代化强国、实现中华民族伟大复兴的中坚力量,他们怀有坚定的理想信念和远大抱负,他们拥有良好的身心素质和业务素养,他们积极开放融入世界同时也自信自立扎根祖国。然而,不可忽视的是,近年来"佛系""躺平""摆烂""摸鱼"等青年亚文化现象显现,显示青年大学生一定程度上存在信念模糊、精神消极、心理空虚、价值观偏误等共性问题,容易引起青年学生价值秩序的紊乱。这些思想误区投射到创新创业教育中则体现为以下三个方面:

第一,"躺平"心理是对奋斗精神的消解。"躺平"心理实则反映出部分青年大学生在成长发展过程中缺失方向感和自信心,用压低欲求来逃避竞争压力,用"无所谓"的自我安慰来掩饰焦虑心理,用劳动无用论来弱化个体存在价值,对奋斗精神抱有怀疑或否定的态度。在高校,躺平心理的突出表现则是部分学生呈现"慢就业、缓就业"的求职心理,这是劳动价值观危机的后现代亚文化表征,是以消极的存在主义生命观解构着劳动立身、奋斗幸

---

[1]《新时代的中国青年》,载人民网:http://politics.people.com.cn/n1/2022/0421/c1001-32405095.html,最后访问日期:2022年4月21日。

福的实践价值。[1]懒奋斗甚至不奋斗的现象背后所折射出的群体心理，一定程度上反映了社会发展的深层次矛盾和弊端，应当给予高度重视，若不及时关注和处理，这种消极心理会不断蔓延，影响社会良好风气的塑造。

第二，"从众"心理是对创新精神的削弱。随着信息技术的发展，信息的海量化、碎片化、即时化以及定点定向推送导致青年大学生缺少信息选择能力、整合能力、判断能力和深度思考能力，容易滋生学生从众心理，消解自主意识，削弱开拓创新的锐气，淹没创意创造的潜能。学生受限于自身的兴趣爱好，信息接收单一，人群接触范围狭窄，对其他事物的好奇心和热情度下降，所形成的信息茧房大大挤压精神空间。同时，"人人都是麦克风"的时代为个体思想的表达提供了更为自由自主的舞台，但大量垃圾快餐文化也在吞噬学生的精神生活，导致学生价值判断混乱，自我意识削弱，思考能力下降，由此滋生的从众心理使得学生容易被一些所谓的网络大V等意见领袖带偏，大大抑制了创新创业教育所重视的奋斗主体性、个体化的发展。

第三，"精致利己主义"是对"奉献精神"的销蚀。习近平总书记在考察中国政法大学的时候强调："当代青年要树立与这个时代主题同心同向的理想信念，勇于担当这个时代赋予的历史责任"。国家是土壤，通过历史文化、生活保障、安全环境等多种要素提供个人生活条件和品质；个人是种子，生长发育有赖于土壤提供的环境条件和质量，缺少优质的土壤，再好的种子也无法开花结果。小我与大我的融合是个人与社会良性发展的必然要求。然而，正如钱理群先生对于"精致的利己主义者"的描述，自私自利、唯利是图的不正之风已侵入青年大学生群体。他们以个人利益为重为先，而忽视能使更广大人群受益的社会价值和社会利益；他们以眼前物质利益为重为先，而忽视社会持续发展所需要的精神利益和精神价值。他们单一片面地看待问题，功利化的行为割裂了个体发展与社会发展的关系及眼前利益与长远利益的关系，同时抹杀了无私奉献与互帮互助所提供的道德感和幸福感，降低了个人对于精神世界的追求。精致利己主义只会破坏青年学生的社会属性，阻碍青年

---

[1] 张晶、秦在东：《当代青年的劳动价值观危机及破解理路》，载《思想教育研究》2022年第1期。

学生社会价值的实现和社会关系的良性构建。[1]

二、"四史"学习教育融入高校创新创业教育的必要性

在庆祝中国共产党成立100周年大会上，习近平总书记指出："一百年来，在中国共产党的旗帜下，一代代中国青年把青春奋斗融入党和人民事业，成为实现中华民族伟大复兴的先锋力量。"但面对世纪疫情、全球经济下行、就业市场疲软、思潮交锋激烈等问题，大学生对于时代发展和个人前途产生强烈的迷茫和困惑，如何将青春更好地融入国家发展大势成为大学生成长的难题。创新创业教育正是在这样的现实与群体困境中提出，成为我国建设创新型国家一系列战略举措的重要组成部分，也是高等教育因应中国式现代化发展的重要内容。创新创业教育把学生创新精神、创业意识和创新创业能力培养作为出发点和落脚点，通过人才培养体制机制的创新为国家提供源源不断的人才和智力支持。可见，创新创业教育是新时代大学生思想意识塑造和就业能力培养的有机融合。其中，思想意识塑造是创新创业教育的精神内核，发挥引领性和方向性的作用，贯穿创新创业教育的全过程，并内化为受教育者的自觉认知和认同。就业能力的培养需要在正确的思想意识指引与涵养下，结合专业特色、兴趣爱好、个性特长等因素激发大学生创业意愿和创业激情，使创新创业行为成为服务国家发展战略的自觉行动。

在实践中，创新创业教育更注重学生求职技巧、就业技能的提升，而忽视其思想政治教育功能的发挥。原因在于，一方面，精神的塑造是一件久久为功的事情，面对快节奏和功利化的社会，技能的习得相较于精神的锻造在求职过程中见效更快；另一方面，传统的思想政治教育内容和输出模式单一，理论性强于实践性，说教性强于指导性、距离感强于共鸣感，因对于学生的思想指引和人格塑造效果甚微而不受重视。因此，创新创业教育中思想政治教育功能的发挥很大程度上有赖于内容的丰富、手段的创新和载体的拓宽。"四史"作为中华民族发展过程中铸就的思想文化遗产，其蕴含的精神力量和价值内涵是新时代大学生实现自我成长和自我飞跃的思想武器。"四史"由一个个血肉之躯和一件件历史事件构筑而成，对思想活跃、情感丰沛的大学生

---

[1] 张晶、秦在东：《当代青年的劳动价值观危机及破解理路》，载《思想教育研究》2022年第1期。

来说，更为生动具象从而能产生价值认同和情感共鸣，因此"四史"教育应当全过程全方位融入高校创新创业教育之中，发挥红色资源的思想塑造性、价值导向性和教育实践性。然而，目前"四史"教育仅仅停留在思政课程、党课宣讲、学理研究等"道"的层面，未能真正满足大学生多元化、个性化的发展需求，达到入脑入心的目的。高校创新创业教育呈现碎片化、分散化、趋利化的问题，需要同高契合度、强贯穿性、泛公共性的精神内核实现整合与衔接，而这恰恰是"四史"教育的题中之义。将"四史"学习教育融入创新创业教育中，传承红色基因，赓续红色血脉，激励学生将个人成才梦融入国家民族梦，积极投身于社会主义现代化强国建设和中华民族伟大复兴的火热实践中，这正是高校创新创业教育的根本目的所在。

三、"四史"学习教育中的精神价值概述

建党一百年以来，中华民族从站起来到富起来再到强起来的不同历史阶段中，形成了一系列伟大精神力量，如长征精神、红船精神、大庆精神、焦裕禄精神、新时代北斗精神、伟大抗疫精神、北京冬奥精神等，这是中华民族宝贵的精神财富，青年学生应当从"四史"学习教育中感悟并汲取这一精神谱系的伟大力量，在创新创业中发扬红色传统，坚定信念、脚踏实地、努力拼搏、为国奋斗。

"四史"中蕴含始终如一的信仰精神。马克思主义是中国共产党始终坚持的信仰，从建党之初到中国特色社会主义进入新时代，马克思主义结合中国革命和建设发展实际，实现三次伟大飞跃，是我们立党立国、兴党强国的根本指导思想。中国共产党自登上政治舞台之时，即确立了为中国人民谋幸福、为中华民族谋复兴的初心使命。新民主主义革命时期，这一初心使命体现为"砍头不要紧，只要主义真"的呐喊；社会主义革命和建设时期，这一初心使命体现为确立了社会主义基本制度，建立了独立的比较完整的工业体系和国民经济体系；改革开放时期，这一初心使命体现为重新确立解放思想、实事求是的思想路线，探索出中国特色社会主义道路；中国特色社会主义进入新时代，这一初心使命体现为创立了习近平新时代中国特色社会主义思想，实现第一个百年奋斗目标。青年学生在创新创业初期要树立与国家同心同向的理想信念，"扣好人生第一颗扣子"，将青春奉献给祖国最需要的地方，并将

此初心贯穿人生的各个阶段。

"四史"中蕴含蓬勃向上的创新精神。从"中国人民站起来了"到"实现第一个百年奋斗目标",充分说明中国化时代化的马克思主义是国家事业发展的重要保障。党的二十大报告指出:"只有把马克思主义基本原理同中国具体实际相结合、同中华优秀传统文化相结合,坚持运用辩证唯物主义和历史唯物主义,才能正确回答时代和实践提出的重大问题,才能始终保持马克思主义的蓬勃生机和旺盛活力。"马克思主义不是教条,是中国共产党基于国家和自身实际发展需求而不断深化拓展的理论成果,它植根于中华民族历史文化的土壤,融合了中国人民的共同价值观念,实现了理论与实际相结合的飞跃。为了回答好中国之问、世界之问、人民之问、时代之问,中国共产党在长期奋斗中坚持解放思想、实事求是、与时俱进、求真务实,把马克思列宁主义基本原理同中国革命、建设、改革的伟大实践紧密结合起来,不断推进马克思主义中国化时代化,先后创立了毛泽东思想、邓小平理论、"三个代表"重要思想、科学发展观、习近平新时代中国特色社会主义思想,为党和人民事业的发展提供了科学指引。[1]青年学生应当从"四史"学习教育中汲取中国共产党在创业守业中不断开拓创新的精神,以首创精神发挥自己的聪明才智不断开创新领域,开辟新境界。

"四史"中蕴含锲而不舍的奋斗精神。艰苦奋斗是中国共产党的优良传统和作风,百年党史实际上是一部百年奋斗史。中国共产党以不懈的奋斗精神,领导中华人民共和国从积贫积弱走向世界第二大经济体,从外交弱国走向世界舞台的聚光灯,从传统文化的没落到中国故事所展现的文化自信。中国共产党通过艰苦奋斗将一个个不可能成为现实,将被迫突围转变为不断自我突破、自我挑战和自我革新。中国共产党百年奋斗所呈现的不只是物质层面的艰苦朴素、勤俭节约,更是精神层面的坚韧不拔、吃苦奋进,这种精神的力量支撑、引领、推动中国共产党克服困难、走出困境、实现目标。党的二十大报告强调"必须坚持人民至上",人民至上贯穿百年奋斗的全过程,既是奋斗目标亦是本质属性。就个体而言,奋斗是富有深刻价值内涵、设有明确目标、具有规划安排的行为,它是个人自我提升、自我完善、自我超越的品行

---

[1] 谭好哲:《坚持推进马克思主义理论创新》,载《中国社会科学报》2022年2月24日。

修养，也是敢于担当历史重任、实现社会价值的实干精神的体现。青年学生要站稳人民立场，不管是顺境还是逆境都应当葆有昂扬向上、永不言败的奋斗精神，既锐意进取又理性平和，画好个人成长与民族发展的同心圆。

"四史"中蕴含崇高纯粹的奉献精神。正如习近平总书记所强调的"带领人民创造美好生活，是我们党始终不渝的奋斗目标"。中国共产党建党以来以"立党为公、忠诚为民的奉献精神"，以全心全意为人民谋福利为宗旨，团结带领各族人民，努力维护好、实现好、发展好最广大人民的根本利益。纵观百年党史，随着年月熠熠生辉、永垂不朽的是那些在战争年代不惧牺牲向着炮火前进的革命先烈，是社会主义革命和建设时期"心中装着百姓，一切为了人民"的先进模范，是脱贫攻坚战中将生命奉献给村落泥土的扶贫干部，是疫情当前挥别小家逆行出征的白衣战士，是为实现九天揽月梦想而"特别能吃苦、特别能战斗、特别能攻关、特别能奉献"的航天员队伍……一代又一代、一个又一个中国共产党人的无私奉献才能"敢教日月换新天"，才能接力谱写中华民族永续发展的绚丽华章。共产党人切实将"计利当计天下利"的奉献精神与"千磨万击还坚劲"的实干笃行相结合，把群众满不满意、高不高兴、答不答应作为衡量一切工作的唯一标准。在实现第二个百年奋斗目标的征程中，坚定精神坐标，全心全意为人民服务，不仅形成向上向善的良好社会风气，而且让担当与付出转化为看得见、摸得着的果实，让处于新时代的中国人心怀获得感、满足感和幸福感。青年学生要树立天下为公、胸怀大局的观念，"先天下之忧而忧，后天下之乐而乐"，将人民的智慧和力量注入自身发展的动力，努力提升为人民服务、为社会尽责的本领。

四、"四史"学习教育与创新创业教育的结合路径

"四史"学习教育融入创新创业教育具有现实的必要性和紧迫性，作为丰富生动的教学内容，"四史"学习教育有助于强化创新创业教育的思想属性，作为形式多样的实践资源，能够强化创新创业教育的实践属性。"四史"学习教育功能的发挥取决于多种因素，需要从课程设计、教育资源优化、师资队伍建设、实践平台打造等方面探索二者的结合路径，以期提高创新创业人才队伍的培养质量。

第一，将"四史"教育融入课堂教学，推进高校创新创业课程体系改革。

首先，聚焦课程内容。高校应当找准"四史"教育与创新创业教育的融合点，充分挖掘"四史"中能够展现创新创业内涵的红色要素，尤其将一些生动的人物和事件作为教学内容，用历史经验和客观事实来增强教育的说服力和实效性，同时通过案例教学来提升思想教育的亲和力与感染力，给予学生直观的感性认识，贴合大学生的学习认知习惯和偏好。"四史"中成功经验的阐释能够帮助学生进一步认识到马克思主义的科学性，认识到中国共产党领导的正确性，认识到为人民服务的崇高性，从而树立正确的创新创业观念，切实投入到中国特色社会主义事业的奋斗中。另外，"四史"教育内容的选取还应当贴近学生创新创业的实际需求，譬如着重对工匠精神、诚信教育的解读等，加强学生职业道德素养的培育。其次，聚焦课程体系。高校应当提炼"四史"中的育人元素，打造"'四史'教育+专业教育+双创教育"的课程体系，通过课程设置、课程内容、课程形式、教学方法和评价方式的重构，把"四史"教育和创新创业理念贯穿于课程教学全过程，实现红色资源向教学资源的有效转化。譬如，设计以"'四史'+创新创业"为主题的课程组，增加基础课程、案例课程、实验课程以及能力课程建设中价值观塑造的内容，丰富创新创业教育课程的内涵，同时，实现不同学院的资源联通，整合教学资源，实现创新创业教育大格局，着力推动人格培育体系与知识培育体系一体化。"四史"教育与专业课和创新创业教育的结合能够使学生得到综合性的思维训练和培养，形成战略思维、系统思维、辩证思维、整体思维、大局思维等，有助于提升观察力、判断力和职场竞争力。最后，聚焦授课模式。高校应当开放并推广数字化教育资源，运用信息化手段设置"'四史'+创新创业教育"网络学习课程，实现资源共建共享。譬如开设高质量慕课，运用互联网技术突破时空限制，给予学生自行安排学习的便利。在授课过程中要充分运用多媒体技术，以图文并茂等学生喜闻乐见的方式呈现"四史"学习教育内容，帮助学生深刻认识历史规律，用以指导自己的行为。同时，通过小组研讨、案例分析等方式提高学生的参与感与代入感，使"四史"学习教育与时代结合、与实际结合，帮助大学生分析和处理创新创业中面临的现实问题。

第二，将"四史"教育融入第二课堂，拓宽创新创业教育的载体。高校应当将"四史"教育融入以创新创业为主题的校园文化活动中，丰富第二课堂的活动内容和形式，为学生提供多维度、多途径的创新创业教育，以提高教育的吸引力和凝聚力。第二课堂主要依托学生会、社团等学生自治组织开展，活动组织者以学生团队为主体，能够更好地把握学生群体的实际需求和困惑，以学生易于接受和乐于接受的方式通过特色主题活动将"四史"教育与创新创业教育相结合。首先，第二课堂可以开展以"'四史'+创新创业"为主题的比赛活动、文体活动等，在校园内渲染红色资源引领创新创业教育的氛围，使"四史"教育达到润物无声、浸润人心的效果，同时通过比赛活动创造"你追我赶、奋勇争先"的局面，提升学生创新创业的意识和热情。其次，第二课堂可以利用校外红色资源，开展"'四史'+创新创业"社会实践活动，聚焦基层、农村和边远地区，开展主题调研活动，帮助学生在重温红色历史、用脚丈量祖国的过程中体悟国情社情民情，以沉浸式、体验式的教育实践活动让"四史"中的精神力量深入人心，实现"四史"教育在创新创业教育中的育人价值。最后，针对有创新创业意愿的学生，高校应当利用第二课堂开展兴趣教育，坚持"理论指导、兴趣驱动、能力提升"，引导并指导学生积极参与各级各类创新创业大赛，提高学生创新创业能力。

第三，加强师资队伍建设，提升教师创新创业教育教学能力。目前，高校面临思政课专业教师、创新创业教师短缺的困境，并且将"四史"教育融入创新创业教育亦是教学领域的一项新挑战，因此教育质量的保障既有赖于教师队伍的扩增，也有赖于教师教学能力的提升。首先，教师队伍的扩增应当从校内和校外双向发力。就校内而言，鉴于"四史"教育、创新创业教育在教学内容上各有侧重，高校可以跨学院、跨学科、跨专业组建课程建设团队，选拔具有丰富教学经验的骨干教师组成教学队伍，同时探索新的教学方法、改革考核方式，鼓励教师将国内外前沿研究成果融入课堂教学。就校外而言，采取"走出去、引进来"的方式实现教学人才的互通交流，一方面鼓励校内创新创业教师前往地方红色实践基地挂职锻炼，深入当地红色资源研究，将研究成果转化为教学内容，保证创新创业课程的前沿性和时代性，同时教师通过实践训练亦能提高自身教学水平和科研能力。另一方面，高校与地方红色资源建立校外创新创业导师制度，吸引吸纳政治坚定、思想可靠、具备较高红色文化素养的优秀人才担任创新创业导师，承担"四史"部分的课程讲授及讲座和学生校外红色实践活动的指导，实现社会课堂与校内课堂的资源互补，及校外导师与专业课教师的协同联动。其次，设计科学完备的培训体系，建设高质量的培训基地，推进创新创业教师队伍的系统化培训，以提高教师的政治素养和专业能力。根据教师教学年限、职称职级、学科专业等的差异，设置不同的培训课程和培训标准，完善"基础课程+提升课程""必修课程+选修课程""通识课程+专业课程"的设计，并将学年培训的完成情况纳入年度考核，与评奖评优挂钩，帮助教师以训代学、以训促学，加强不同高校创新创业教师的交流研讨，实现教学与科研能力的提升。

第四，建设红色实践平台，延伸创新创业教育的触角。创新是"四史"教育和创新创业教育的共有内涵，也是教育的应有之义。创新创业教育旨在激发学生的可持续发展能力，与"四史"中中国共产党在百年奋斗中所体现的自我净化、自我完善、自我革新、自我提高的能力相契合。创新创业教育不能局限于校园内，而要充分利用社会优质红色资源，为师生提供更为广阔的实践平台。首先，高校应当积极与地方开展合作，利用具有地域特色的红色资源，以校外实习、实训、实践为依托，深化校企、校地、校际合作，构建创新创业教育实践平台，打造"红色+创新创业"实践活动品牌，创新实践和培训模式，定期输送师生前往当地开展实践学习或培训，培育学生家国情怀，提高创新创业教育的实践性和操作性。其次，高校可以将红色文化资源与大学科技园、大学生创业园、大学生创客空间等校内创新创业实践平台的建设相结合，譬如将红色文化融入实践平台的环境规划、空间布置和文化构造上，让学生浸润在奋发有为的红色氛围中，培育天降大任的使命感和自强不息的奋斗精神。再次，高校教师可以与红色实践平台开展科研合作，结合学科特点，深入挖掘红色文化资源与创新创业教育的新结合点，以拓宽教学的深度与宽度，同时引导学生聚焦乡村振兴、红色基因传承、社区治理等领域，真找问题、找真问题。[1]最后，中国"互联网+"大学生创新创业大赛的主办方可以运用当地红色文化资源，设立与红色主题相关的选题，引导青年学生走进革命老区、贫困地区和城乡社区，[2]鼓励学生关注社会、关注基层、关注民生，培育学生心系天下、情系百姓、胸怀大志、脚踏实地的情怀。

---

〔1〕 谭菊华等：《把红色文化融入高校创新创业教育》，载《江西日报》2022年6月8日，第10版。
〔2〕 谭菊华等：《把红色文化融入高校创新创业教育》，载《江西日报》2022年6月8日，第10版。

澳大利亚国立大学职业指导对我国高校的启示

中国政法大学法学院　王家启

摘　要：中国高校毕业生人数已经超过一千万，高校就业工作受到越来越多的关注。国内有不少关于对美国、英国、德国等国家高校职业规划和就业指导理念和实践展开的研究，但是关于澳大利亚高校的职业指导研究所见不多。笔者将对澳大利亚国立大学在学生职业指导方面的情况进行介绍和归纳，以期对中国高校的就业指导工作起到借鉴作用。

关键词：澳大利亚　职业指导　就业指导

关注国外高校关于职业规划和就业指导的研究成果，借鉴国外尤其是发达国家在这一领域的理论和方法，提高国内高校就业实践中的操作度，一直是国内学术界的一个研究方向。笔者曾在澳大利亚国立大学访学三个月，主要以学习和了解澳大利亚国立大学学生事务管理的基本情况为主。其中澳大利亚国立大学对学生职业规划和就业指导方面的内容是重要部分，本文将澳大利亚国立大学的职业规划和就业指导合称为"职业指导"并予以介绍。我国高校的职业规划和就业指导工作一般由学校就业中心负责，学院的学生工作部门配合共同完成。澳大利亚国立大学的学生职业规划和指导工作由"澳大利亚国立大学职业规划中心"（Student Experience and Career Development）负责，隶属于学生事务部，该中心致力于帮助学生制定职业发展规划、获取职业发展经验、了解就业市场；开展工作搜寻，进行工作申请，展开面试。不仅如此，中心还协助学生开展职业规划，帮助学生澄清职业价值观，增加工作的满意度，帮助学生明确技能、兴趣和价值，帮助学生加深对于劳动力市场的了解，帮助学生尝试探索本地和国际的劳动力市场。另外，中心提供的支持服务还有：简历撰写指导，求职信撰写指导；各种工作的选拔标准介绍，面试技巧的介绍；心理与态度的测试，职业相关的资源推荐；对工作的建议，以及开办就业展示会和提供雇主的相关信息。本文拟对澳大利亚国立大学的职业指导工作进行介绍，同时对我国高校的职业规划和就业指导工作提出几点建议。

一、澳大利亚国立大学职业指导研究概述

澳大利亚国立大学职业规划中心隶属于澳大利亚学生事务部，办公地点位于学生活动中心附近，便于为学生提供服务。职业规划中心有两间随到随来咨询房间，有一个大的活动室，里面有远程面试软件，也可以开展其他活动。中心入口左侧的墙上摆放了三四十种不同专题的宣传材料，还有澳大利亚国立大学职业指导手册，该手册的内容主要是关于就业求职的指导内容。入口的右侧是一个书架，书架上放着职业规划和求职技巧的书籍，学生可以在中心内免费阅读。

中心有四名正式员工，同时有若干学生助理协助完成日常工作。职业规划中心的老师需要具备以下条件：具有硕士学位，或者有多年的职业指导经验，对专业化要求比较高。

澳大利亚国立大学职业规划中心对学生的服务有：

（1）长期职业规划咨询。需要提前预约，一个小时一对一的职业规划辅导。主要包括了解学生的兴趣方向，现在具有什么技能，将来想发展哪些技能；学生在就业中想实现的价值，探索学生未来的就业发展路径。总结一下职业规划指导包括：了解自己；探索职业；未来职业目标；拓展技能；找到工作。

（2）随到随来的指导服务。不用预约，一个学生15分钟，也是一对一。根据学生到访顺序咨询，先到先咨询，排满为止。随到随来的咨询时间是周一到周三。两个员工，大概一上午可以接待14~15个学生。随到随来的咨询一般都是比较实用的技巧，如改简历修改，面试技巧等。

（3）澳大利亚国立大学职业规划中心为学生免费提供职业规划的测评软件，学生花一个小时回答问题，问题包括学生有什么技能，个人能力，价值观是什么。答完题后会出一个报告，呈现以上内容，报告上还会提供哪些工作适合学生。为一对一的面试辅导提供辅助，帮助学生找到未来的职业发展方向。澳大利亚国立大学职业规划中心还有一个提供远程服务的真人面试软

件，为学生提供就业辅导支持。

（4）澳大利亚国立大学职业规划中心还负责对毕业生的整体就业调查，调查问卷由政府下面的一个第三方非营利机构负责，做调查的时间要花一年，每年8月公布上一年度的调查报告。调查机构通过大学获取学生邮箱，进行抽样调查，然后再把反馈结果给学校。反馈包括就业率、某个专业的学生就业去了哪些行业等，给学生提供了很多信息帮助他们选择职业。

（5）澳大利亚国立大学职业规划中心会在网站上为学生提供未来某个专业的发展方向，某个行业的平均工资，国家政府对某个行业发展的政策等。与某些专业相关的一些专业机构，如会计协会、工程协会等也会在网站上为学生提供帮助信息。

澳大利亚国立大学的职业规划网站包括两大部分内容：职业和与未来职业相关的机会（Careers & Opportunities）。这个网站是为学生未来的就业服务的，包括的内容有：与职业相关的课堂内外的学习，为学生未来职业所做的准备，选择一个国际化的学习经验的机会，培养领导能力，提供就业实习和做志愿者的机会，为雇主、社区、社会服务等功能。

职业规划网站上包括的内容有：

（1）规划你的职业生涯。旨在让学生了解什么对他们的生活和工作是重要的，并提高学生在工作中的满意度。其中包括：①职业选择。②进一步学习，即让学生了解到继续学习的重要性，提供继续学习和深造的建议和机会，确保学生继续建立相关的工作场所的技能和经验。③确定技能、兴趣和价值观，为学生提供相应的辅导服务。

（2）找一份工作。对本地和国际劳动力市场进行广泛探索和了解，发现更多的就业机会。①建立你的就业能力。②与雇主联系。③实习。④职位搜索策略。⑤网络，告诉学生如何利用好网络为职业发展提供便利。⑥自我就业和创业精神。⑦工作类型。

（3）提供申请与面试的指导信息。学生在求职过程中，需要提交申请，随后进入到下一阶段的面试过程中。获得面试是展示学生技能、动机和文化适应的最好的机会，这一部分包括了就业求职的各个阶段。简历，求职信，选择标准，面试，心理和能力测试等。

（4）职业相关的资源。这一部分包括了一系列与职业指导相关的资源，从书籍和讲义到计算机程序和重要的在线工具和视频。

（5）其他资源。"CareerHub"（职业中心）是澳大利亚国立大学职业规划中心的一个网站，他们提供的服务对象包括三部分：在校生、雇主和毕业生。进入网站都要通过注册，学生的信息得到严格保护。CareerHub 也可以实现预约，校招、职业辅导都可以网上预约。①雇主，在网上公布招聘职位。②招聘会，包括校园招聘会和实习招聘。③为雇主提供的信息。④有针对性的邮件和电子邮件服务。⑤有的学院用来进行就业实习的管理。⑥就业指导的技巧在 CareerHub 上面也有。

澳大利亚国立大学职业规划中心对雇主的服务有：①校招服务。职业规划中心专门有一个全职工作人员负责与雇主的联系和服务。有些雇主会专门到校园里召开企业介绍会或者招聘会，专门招聘澳大利亚国立大学的毕业生或者实习生。②网络招聘服务。雇主通过在 CareerHub 注册，发布招聘或者实习信息。

雇主非常看重学生的实习经历、校园经历和领导力，因此澳大利亚国立大学职业规划中心针对不同年级，对学生的指导内容有所侧重。鼓励大一学生参加社团做领导或认识雇主，对于大二大三的学生鼓励他们参加实习或者找正式的工作，提供海外实习机会等。对于高年级学生更关注他与未来工作相关的学习。鼓励最后一年的学生参加毕业生项目，这些项目一般都是提前一年招生的。鼓励他们加入澳大利亚国立大学的校友网络，这也是他们未来发展的平台。

在澳大利亚国立大学，没有就业指导和职业生涯规划课程，主要以工作坊（workshop）为主，而且都不是强制的。在学生宿舍有高级社员会提供就业指导。

概括地讲，澳大利亚国立大学的职业指导工作重心是在学生自我评价的基础上帮助他们完成择业目标指导；同时辅之以择业训练和信息帮助，完成在校期间的职业指导工作，并将职业指导作为学生在大学期间受教育内容的一部分。学生入学的第一年，职业规划中心会帮助学生了解个人特征和就业市场，在此基础上进行职业定向，同时，积极引导鼓励学生参加社团活动，锻炼和培养雇主所希望毕业生具有的"沟通能力"和"领导能力"等素质；第二年和第三年帮助学生获得就业市场形势和用人单位信息，参加专业实践、实习，使学生对所选职业的工作情况有所认识；第四年对学生进行求职技能训练。其方式既有一对一的咨询辅导，也有通过模拟应聘面试等多种形式给学生的指导和服务。

二、澳大利亚国立大学学生职业指导对我国高校就业工作的启示

无论是职业指导模式构建，还是职业指导内容、形式等方面，澳大利亚国立大学的职业指导都对我国就业工作具有一定启发和借鉴意义。近年来，借助于现代化手段，国外高水平大学逐渐使职业指导工作趋向于规范化、科学化，指导队伍也趋向于专业化、职业化和专家化。推进我国高校就业工作高水平发展，推进就业指导队伍专业化、指导内容多样化，加强与单位雇主联系，加强专业实习，以社会需求为导向，积极开展全程化、专业化和全员化的就业指导是我国高等教育改革努力的方向，更是解决毕业生就业的现实需要。

第一，树立全程就业指导理念，注重工作的前瞻性和后续性。就业指导不能仅限于对学生毕业阶段的指导，而应该是一个系统且持续的过程，因此需要建立起全程化的就业指导体系。

首先，转变阶段性的就业指导为持续性的就业教育。目前，很多高校的就业工作以搜集发布就业信息和办理就业手续为主，就业指导工作阶段性、临时性特征仍较强。如简历制作、面试训练等求职技巧方面的培训主要集中在毕业年级，低年级学生相关的指导较少，就业指导从入学到毕业的持续性较弱。实际上，就业教育应该贯穿于整个学生时代，贯穿于大学学习的全过程，甚至从中学时期就应该有关于未来职业的相关教育。澳大利亚国立大学职业规划中心一般从学生入学开始就会对学生进行有关就业方面的教育和指导，中心通过开设职业教育工作坊等活动，将教育和指导形成完善的就业指导体系化。针对各年级的学生，澳大利亚国立大学职业规划中心的指导内容有所侧重。

澳大利亚国立大学官网结合学生职业生涯指导内容设计了四个服务项目板块，包括职业生涯、领导力、全球项目、志愿者。鼓励大一学生参加社团做领导或认识雇主，对于大二大三的学生鼓励他们参加实习或者找正式的工作，提供海外实习机会等。对于高年级学生更关注他与未来工作相关的学习。

鼓励最后一年的学生参加毕业生项目，这些项目一般都是提前一年招生的。鼓励他们加入澳大利亚国立大学的校友网络，这也是他们未来发展的平台。可见，这些职业规划和就业指导工作是全程化的过程。

国内高校的就业指导工作在国家和高校的重视下，近些年也得到了非常快的发展，就业指导模式较为健全，但是存在学生人数过多，专业指导老师不足，或者专业指导老师受行政化工作干扰，消减了就业指导工作力度等情况。因此，仍然需要有关部门进一步规范就业指导教师工作的职责范围，保证对学生的全程化就业指导。从学生入校后，学校有关机构或者学生辅导员就应该注重个性化的指导，建立学生个人档案，根据学生个人特点能力、职业兴趣及家庭背景等情况为学生搭建成长成才的平台。毕业年级学生应做好就业政策、技巧、心理压力疏导等方面的指导工作，毕业前开展岗前技能培训。

其次，多方位开展大学生就业跟踪调查。就业跟踪调查是高校就业指导的后续工作。定期对毕业生进行跟踪调查，如通过发放问卷，对毕业生进行访谈等形式了解学生对就业指导服务的意见和就业后情况；通过向用人单位发放问卷或座谈获取用人单位的意见和要求，调查和研究结果可作为高校以后专业和课程设置、人才培养方向以及改进就业指导工作的依据。一方面，高校应充分利用网络，建立起动态的毕业生就业跟踪和反馈系统；另一方面，重视校友作用，通过建立校友联谊会，拓宽毕业生就业的渠道。[1]

第二，逐步改变高校教育模式和课程设置。一方面，各专业培养模式和课程设置应该重视学生的实践能力，并与未来的职业接轨，使学生能够较早地树立职业观，并对自己的职业前景有更好认识，引导他们积极就业。另一方面，在课程设置方面加强就业教育课程，将学生的就业教育纳入为学校教育的一部分。就业指导老师不仅要讲授理论知识，更要善于将生涯发展规划和管理理念融会贯通到对学生的就业指导过程中，引导学生学会运用所学的职业生涯理论评估自身发展，制定实现目标的措施，做出合理的职业选择。使职业规划课和就业指导课成为名副其实的实践性课程。

第三，建立职业化、专业化就业指导队伍。就业指导是专业性很强的工

---

[1] 韩洁：《从牛津大学看英国大学生就业指导服务（上、下）》，载《环球就业》2006年第11、12期。

作，需要就业指导人员具有较高的专业知识、能力和素养，还要有丰富的工作经验。但是在目前，就业指导尚未作为一门专业纳入高等教育体系。因此，对于就业指导队伍的建设，要有发展眼光和长远计划，力求建立职业化、专业化高素质的就业指导队伍，才能使就业指导真正走上专业化、科学化、专家化的道路。首先，在人员聘用与任职选拔上，对就业指导老师的条件要严格把关；其次，大力加强就业指导工作人员的高水平培训学习；最后，加强就业指导老师和社会实践的联系，了解和掌握最新就业市场需求，不断提高就业指导水平。

第四，充分利用互联网作用，整合资源共享信息，实现就业指导网络化。首先，高校就业网站要为毕业生和用人单位服务，网络板块内容可以多借鉴国外高校的模式，做到服务内容丰富，针对性强，学生个人信息保密性强，网络使用体验好。其次，要完善校友网络建设。校友是高校就业工作的宝贵资源，一方面他们的求职经验和工作体验对于毕业生就业具有引导作用，另一方面他们也可以为毕业生提供就业实习和工作岗位。最后，高校应主动与用人单位联系，保持良好的合作关系，积极开拓毕业生就业市场。

第五，合理统筹和推荐学生实践、实习，将社会实践实习与职业探索联系起来。一方面，学生在实践实习中培养了实践能力和综合素质；另一方面，通过实习可以使学生与未来的用人单位之间充分了解，有利于学生对未来职业的选择，有利于学生理论学习与实践紧密结合，使学习更有目的性和针对性，有利于学生在毕业后尽快转变社会角色，使学生更适合社会发展的需要，并满足了单位的人才需求，避免了学校培养人才的盲目性。

关于法学专业本科毕业生"慢就业"现象成因分析及对策研究

中国政法大学刑事司法学院 吴 静

摘 要：就业是民生之本，本文从辅导员实际工作角度出发分析了法学专业本科毕业生"慢就业"表现及其成因。与研究生相比，法学专业本科毕业生主动选择"慢就业"比例更高，这一现象既与社会经济环境变化、学校培养体系、家庭因素的影响分不开，也与毕业生个人就业观念、就业能力和就业行动相关。针对这些情况提出改进法学专业本科毕业生的就业工作策略，加强毕业生职业价值观念引导，制定精细化本科教学培养机制，提升法学专业本科毕业生实践能力和开展有针对性的职业技能指导。

关键词：法学专业 毕业生 慢就业 对策

就业是民生之本，促进就业特别是促进高校毕业生就业，是实现经济持续健康发展、民生改善和社会大局稳定的重要保障。教育部、人力资源社会保障部在2022届全国普通高校毕业生就业创业工作网络视频会议上提出要关注因"慢就业"引发的"尼特族"现象。根据智联《2022大学生就业力调研报告》，在2022届高校毕业生中，50.4%的毕业生选择去单位就业，比去年下降6%，而自由职业者占比18.6%、"慢就业"占比15.9%，"慢就业"比例均较去年提高3%。在此社会大环境下，法学专业本科毕业生面临更大的就业压力，法学专业因"热专业冷就业"更加受到瞩目。与研究生相比，法学专业本科毕业生"慢就业"比例更高，这一现象既与社会经济环境变化、学校培养体系、家庭因素的影响分不开，也与学生个人成长因素分不开。

一、法学专业本科毕业生"慢就业"现象表现

"慢就业"通常是指高校毕业生毕业后未就业的状态,[1]已经成为一种社会现象——部分高校毕业生毕业后不准备立即就业,而是暂时在家陪父母、创业考察或准备各种类型的考试,慢慢考虑人生理想、人生道路的现象。[2]"慢就业"包含主观和客观两个层面,既是一种心理现象也是一种社会现象。从主观上来说表现为毕业生心理上对于毕业后进入职场的逃避和延迟进入职场的不成熟心态,客观上表现为毕业生在求职行动上的不积极、选择暂缓就业或不就业的行为现象。心理上的"慢就业"观念很大程度上会导致行动上"慢就业"行为,但"慢就业"的行为是各种因素综合作用的结果。法学专业本科毕业生"慢就业"具体表现在以下几个方面:

(一)法学专业本科毕业生主动选择"慢就业"比例更高

相对于法学专业研究生来说,法学专业本科毕业生中选择提升自己的学历来提高自己竞争力的比例更高,考研是法学本科毕业生的首选。以我院2023届毕业生为例,年级总人数为384人,其中将升学读研作为自己的第一毕业意向的学生人数达到332人,占年级总人数的86.5%。考虑过毕业后工作的毕业生有110人,其中仅25人将直接就业作为第一意向,不考虑读研或者出国等其他意向,仅占总人数的6.5%,其余85人均把就业作为第二或者第三意向考虑。完全不考虑毕业后直接就业的有274人,占总人数的71.3%。甚至有52.6%的学生如果第一次考研失败会考虑再考一年研究生。提升学历的追求使法学专业本科毕业生普遍对于毕业后直接就业的意愿不高,在往届法学本科毕业生中考虑升学的比例也一直都比较高,不仅限于2023届法学专业本科毕业生。

这种主动选择的"慢就业"也分几种情况:一是基于自己的生涯规划路径有清晰目标地选择"慢就业",将提升学历作为实现生涯目标的第一步。二是并无明确规划只是出于"从众心理"选择考研"慢就业"。截至秋季学期

---

[1] 宋健等:《"慢就业":青年初职获得时间及教育的影响》,载《青年探索》2021年第6期。
[2] 丁利利:《高校毕业生"慢就业"现象的成因及解决对策》,载《黑龙江科学》2022年第18期。

开学,大四毕业生打算考研的学生中仍有 11.43% 的毕业生尚未确定考研的方向,还有 20.32% 的毕业生没有制定好自己的考研复习计划。三是对于未来比较迷茫而将考研作为缓冲阶段选择"慢就业",占毕业生人数的 7.6%。这部分学生不清楚自己是否要考研,也不清楚自己将来要从事什么工作,希望通过一段时间的沉淀来确定自己的目标。四是对自己信心不足或者求职受挫主动选择"慢就业"提升实力,如打算先通过法律职业资格考试再考虑找工作等。

(二)法学专业本科毕业生被动"慢就业"受就业渠道和就业竞争力的影响较大

第一,社会提供的法学专业对口岗位有限。法学是一门应用性比较强的学科,其专业特点决定了只有在对口岗位专业知识才能发挥最大效应。毕业生选择的就业岗位也多是公检法机关、律所、公司法务等与专业关系密切的岗位。目前全国有 610 所高校开设法学专业,每年法学专业毕业生有 10 多万,而每年法院检察院能吸纳的毕业生不足 2 万。[1]作为接受过系统法学专业知识教育的本科生都希望从事专业对口的工作,有限的岗位使部分学生在激烈的竞争压力面前为了能从事自己理想的工作不得不选择"慢就业"。

第二,随着社会的发展,法学专业优质岗位应聘门槛在不断提高,岗位对毕业生能力素质要求在不断提高,相应的对毕业生就业竞争力要求也在提高。随着职业准入资格的完善,许多岗位要求通过法律职业资格考试才能应聘,一些优质岗位对学历和经验还有更高的要求。法学专业本科毕业生就业面临着资格、学历、经验的三重压力。一些有就业意愿但没有做好充分准备的毕业生在这种竞争压力下只能被动选择"慢就业",延长自己的择业期。

(三)法学专业本科毕业生"慢就业"不等于"不就业"

法学专业本科毕业生都希望毕业后能学以致用,包括选择"慢就业"的法学专业本科毕业生在经历过考研、考公等激烈的竞争之后,最终都能实现就业。选择暂缓就业再考研的毕业生,会在第二次考研之后确定自己的方向——升学或者就业进入职场。经过"慢就业"阶段的沉淀积累和四年法学

---

[1] 彭鹏:《法学专业学生就业现状与就业指导改革对策探讨》,载《法制与社会》2017 年第 31 期。

专业知识的学习熏陶，他们能更理智地考虑自己的未来发展，选择更为可行的计划调整自己的行动，如调整自己的就业期望值、先就业再择业等，而不是虚耗青春。只是相对其他专业毕业生来说，部分法学专业本科毕业生的择业期可能需要延长至毕业后1~2年。以我院2021届法学专业本科毕业生为例，"慢就业"群体中44.36%考虑继续深造，31.77%选择参加公务员或事业单位等公招考试，1.2%选择拟创业或拟入伍，16.07%正在找工作或准备签约中，6.76%选择暂缓就业。这些同学虽然未能在毕业后确定去向，但也都有自己努力的目标和方向，实现顺利就业只是时间问题。

二、法学本科专业毕业生"慢就业"现象的成因分析

法学专业本科毕业生"慢就业"产生的原因是多方面的，包括社会经济环境变化、学校人才培养体系、家庭因素以及学生个人因素的影响，[1]是各种因素综合作用的结果。随着依法治国政策的推行，社会对于法学专业人才的需求在增加，同时对人才能力素质的要求也在不断提高，而高校对法学专业本科生能力素质培养在一定程度上滞后于社会大环境的变化需求，加上家长对于毕业生的高期望值，这些都对法学专业本科毕业生的就业观念带来影响。从辅导员实际工作接触来说，这些主客观因素最终作用于毕业生的就业观念、就业能力、就业行动上，导致毕业生的"慢就业"状态。

（一）法学专业本科毕业生职业价值取向导致主动选择"慢就业"人数较多

在市场经济浪潮的冲击下，社会上多元的价值观念也影响着校园，欧美价值观和影视作品中的法律工作者社会精英的形象也影响着当代大学生的职业价值观。经济价值的衡量成为部分学生的择业的首要考虑因素，而以精英律师为代表的高收入、高社会地位阶层更是部分学生职业目标的首选。根据对影响我院往届法学专业本科毕业生岗位选择因素的调查来看，排在前几位的依次是高薪、发展前景、工作地点、专业对口，而符合毕业生高期望值的岗位对于毕业生能力素质要求也更高。一些优质岗位要求研究生学历才能报

---

[1] 罗俊慧等：《新冠疫情下大学生"慢就业"现象之破解研究》，载《宁波工程学院学报》2022年第3期。

考，使得部分学生产生高学历等同于高素质的错觉，从而盲目追求高学历。以 2023 届毕业生为例，就业岗位考虑公检法机关、事业单位的毕业生占 71.09%，考虑律所的占 71.61%，考虑企业法务岗位的占 54.95%，考虑其他非对口岗位的占 4.95%，考虑自主创业的占 4.95%，总人数中考虑专业对口岗位占 94.53%。关于工作地点的选择，选择经济发展较好的一线城市和各省会城市的占 55.99%，选择离家近城市的占 55.46%，考虑去西部基层仅占 7.29%。因此毕业生在没有家庭经济压力的情况下，如果暂时没有找到满意的工作会选择暂缓就业，继续考研、考公或者准备法律职业资格考试，提升自己竞争力再考虑就业。这就导致了社会上急需法学专业高素质人才，但又存在法学专业本科毕业生不好就业的矛盾现象。

（二）法学专业本科毕业生职业能力与社会需求不匹配

法学专业毕业生除了要有较好的专业知识基础，还要求毕业生要具备较高的综合素质和职业技能，而这些要求对于法学专业本科毕业生来说无疑增加了难度，导致部分毕业生在毕业时能力素质达不到用人单位的要求。法学是一门理论性、技术性、实践性比较强的学科，[1]法学专业本科生需要学习大量基础知识才能应对实际工作需要。对于高考前没有相关专业知识基础的本科生来说首先需要完成通识必修课程、专业必修课程和选修课程的学习，打好知识基础。这需要占用本科生大量的时间和精力，导致本科生实习实践活动参与不足，即便参与了实习实践但距离灵活运用知识解决实际问题依然存在很大的差距。另外，法学专业对口岗位很多都要求毕业生要通过法律职业资格考试，未能通过考试的毕业生就无缘竞争一些优质岗位。

从现有的法学专业人才培养体系来看，高校法学本科教育更重知识传授而轻实践教育，重专业技能的培养而轻综合素质能力的提升。表现在对于学生实习实践活动缺乏系统的指导，对实习实践活动的考核要求明显低于课程学习，学生综合素质培养缺乏指导机制。法学专业毕业生除专业知识技能外，经过大学四年的培养还应该具备良好的逻辑思维能力、语言表达能力、人际沟通能力、信息收集分析与整理能力、文字写作能力和团队合作精神等，但

---

[1] 徐芝兰、高毅：《法学专业毕业生就业难的供给侧改革》，载《沈阳师范大学学报（社会科学版）》2017 年第 6 期。

很多毕业生在学习的过程中对这些不重视，参与活动较少，缺乏锻炼，导致综合素质能力不足。

（三）法学专业本科毕业生欠缺求职主动性

第一，求职准备不积极。进入毕业年级且有求职意愿的毕业生大多数都未做好求职准备，秋招前甚至都拿不出一份合适的简历，也不知道怎么准备面试。我院2023届毕业生中需要就业形势分析与指导的占63.02%，需要生涯规划指导的占48.96%，需要简历制作与指导的占70.05%，需要面试礼仪与技巧指导的占61.98%。未做好求职准备很大程度上会导致应聘的失败，而应聘受挫会进一步打击学生的求职积极性。

第二，求职氛围较差。绝大多数法学专业本科毕业生在进入毕业年级后，会将时间和精力集中在复习准备考研和准备法律职业资格考试上，仅有少部分毕业生会留意就业信息尝试找工作，导致本科毕业生中整体求职就业氛围较差。在这种环境影响下，就业意愿不强的学生也会选择优先准备司法考试和考研，而对招聘信息选择性地忽视，甚至经过多次动员后本科毕业生参加校园招聘会的人数依然不多。

第三，求职行动不积极。新时代的法学专业本科毕业生是家庭经济中产化的小康一代，不急于工作减轻家庭经济负担，[1]甚至一些家庭经济不太宽裕的家长也会支持学生考研或考公。对于秋季校招来说，公司企业是招聘的主力，但因为考研学生暂不考虑求职，而考虑就业的学生中多数会优先选择报考公检法机关，公务员未录取才会考虑律所、公司法法务等岗位，因此本科毕业生对秋招应对不积极。等到法考、考研和考公基本结束，放弃继续考研和考公的毕业生才会将目光投向各种招聘信息，这部分毕业生才开始尝试找工作，这时已经基本临近毕业，合适的招聘信息和岗位有限，对那些本就不急于找工作的毕业生来说，如岗位不理想会选择继续准备考研或者公务员考试。

---

〔1〕陈立明、刘炳辉：《复兴一代："95后"大学生的时代特性剖析》，载《华东理工大学学报（社会科学版）》2019年第4期。

三、破解法学专业毕业生"慢就业"的可行策略

虽然有"依法治国"国家政策加持，但随着法学专业本科毕业生人数的增加，加上自2020年以来新冠疫情影响，许多毕业生选择"慢就业"来应对毕业后的择业问题。从学生个人发展的角度来看"慢就业"现象反映了部分法学专业毕业生经过大学四年的学习并不能适应社会需求，在职业价值观、求职准备、求职技能上均存在一定的不足。从社会需求来说，社会对法学人才规模的需求逐渐转变为对人才质量的要求，这也是社会发展进步的大趋势。高校对法学人才培养除了重视规模的扩大，更要注重人才培养质量的提高，使毕业生有足够的能力应对变化的社会形势和要求，在激烈的竞争中脱颖而出。高校培养法学专业毕业生是要为持续推进中国特色社会主义法治建设的输送人才，这与学生个人实现全面发展的成长成才目标也是一致的。

(一) 加强对法学专业本科生的职业价值观引导教育

转变法学专业本科毕业生就业观念，引导毕业生树立服务社会、建设法治国家的职业价值取向。"新时代中国青年要担当时代责任。时代呼唤担当，民族振兴是青年的责任"[1]，这是习近平总书记在纪念五四运动100周年大会上的讲话中对当代青年提出的要求。随着依法治国的政策的推行，社会发展离不开大量法学专业优质人才，特别是我国基层村务管理、法律服务等方面发展缓慢，基层地区法律人才匮乏。[2]需要大量法学本科毕业生投入基层、服务基层，提高基层民众的法治观念，提升基层工作人员的法治素养、法治能力。每个法学专业毕业生都希望能学以致用实现个人成长发展目标，"大学生成长发展需求是产生践行社会责任的内生动力"[3]。因此需要引导教育法学专业本科毕业生，不应只将求职目标放在经济发达地区的高收入职业，而是需要深刻理解新时代中国社会发展的变化和需求，理解青年学生在时代变革中只有将自己的个人理想与国家社会发展需求相结合，才能最大限度地发

---

[1] 习近平：《在纪念五四运动100周年大会上的讲话》，载《人民日报》2019年5月1日，第2版。

[2] 张慧霞：《法学专业大学生基层就业的思考与探究》，载《重庆科技学院学报（社会科学版）》2017年第8期。

[3] 刘友洪：《基于成长发展需求的大学生社会责任感培养策略》，载《黑河学刊》2020年第4期。

挥个人价值，实现个人价值与社会价值的统一，用自己所学以实际行动推动中国法治建设的发展，在基层工作中承担起新时代青年的社会责任。

（二）建立精细化法学专业本科人才培养机制

随着高校的扩招，法学专业发展经历了无序的规模扩张阶段，现有高校法学专业本科毕业生培养模式趋同。相似的"厚基础、宽口径"培养模式导致本科毕业生能力同质化较高，竞争优势不明显，因此建立精细化法学本科人才培养机制，培养能力素质符合社会需求的法学人才，才能有效解决现有法学专业本科毕业生"慢就业"的现状。

第一，制定符合学生自身发展和社会需求的法学专业本科生培养方案。法学专业本科毕业生升学意愿较高，一方面是受社会就业环境所限，另一方面也跟法学本科毕业生能力欠缺相关。现有的培养方案下，对于法学专业研究型人才培养和实用型人才培养目标不清晰，社会普遍认可学术型人才文凭的含金量更高，导致考研大军中不乏"盲目"追求学历的毕业生。在学生对自己职业兴趣、性格、能力、价值观探索不足的情况下，很难客观确立自己的职业目标和做好生涯规划。因此制定符合学生自身发展和社会需求的培养方案，才能解决学生自身发展需要和社会不同层次法学人才需要之间的矛盾。高校可以在现有的教学资源条件下，构建与社会普遍需求相衔接的法学人才能力结构体系，实现法律人才的分层培养、增强法律职业教育和进行法学特色教育。[1]

第二，建立符合学生自身能力特点的个人成长指导机制。专业能力学习和培养不是造就一批千人一面的毕业生，而是基于学生个人能力特点，引导学生做好大学生活学习规划，帮助他们顺利实现自己的职业目标。对低年级学生加强自我探索指导，帮助学生更好地认识自身特点，确立自己的发展目标。建立学生个人成长档案，对每位学生的个人成长目标提供有针对性的学习、活动、实践、实习指导，帮助学生在大学四年学习期间不断提升自己的综合素质和能力，在毕业时能够具备较好的就业竞争力。

（三）搭建实习实践平台，提升法学专业毕业生实践能力

适应社会发展要求的高素质法律人才必然要求具备较强综合素质和专业

---

[1] 李颖：《高校法学毕业生就业困境分析及对策研究》，载《法制与社会》2020年第24期。

实践能力,而现有本科教育培养方式更注重理论知识的学习,在课程设置、学习时间、考察方式上,都存在重课堂学习而轻实习实践教育、重专业知识而轻综合素质与能力培养的现象。因此,搭建实习实践平台,对提升法学专业本科生的综合素质与能力,提升毕业生的专业实践能力有着重要的现实意义。一是在课程体系的设计上增加专业实践类课程,注重学生解决实际问题的职业能力培养。二是建立各类志愿服务平台。培养学生的社会责任感和服务社会的能力,锻炼本科毕业生实践能力。三是建立长期化多类型的专业实习平台和平台维护机制。针对学生发展目标,提供相应的实习机会,提升学生实际动手能力和职业素养,提升职业竞争力。同时,加强平台的维护,保证实习实践活动的持续进行。最后加强对学生实习实践活动的指导和考核,包括加强对学生社团组织活动的指导和学生实践活动过程的指导,严格实习实践活动的考核,让各类实习实践活动落到实处。

(四) 对法学专业本科毕业生开展针对性求职技能指导,提升就业竞争力

一是分类指导。对法学专业本科毕业生来说,毕业意向主要为国内升学、出国留学、直接就业三大类。对于有确定毕业意向的学生针对其需求分类加以指导,如对考研的学生,组织开展经验交流等活动,指导合理制定复习规划;对出国留学的学生在学业规划、信息咨询等方面提供支持;对求职就业的学生提供各种就业帮扶活动。二是加强毕业生职业生涯规划指导。帮助毕业生做好自我探索、了解就业形势和职业机会,帮助确立适合自己的职业目标。三是对于积极就业的毕业生开展就业政策宣讲和解读,如基层就业政策、"三支一扶"、参与入伍等,鼓励毕业生将个人理想与祖国需要相结合,积极投入国家基层法治建设。四是开展毕业生求职技巧指导,如简历撰写技巧、求职面试技巧等,针对毕业生的求职目标开展公务员考试指导讲座,组织模拟面试等,提升毕业生求职面试成功率。五是对有就业困难等特殊情况的学生,一方面加强就业技能指导,另一方面主动联系校友资源推荐合适就业岗位,帮助毕业生实现顺利就业。

对后疫情时代下高校就业指导工作的思考

中国政法大学人文学院　吴紫夷

2020年初，新冠肺炎疫情暴发。随着疫情的肆虐蔓延，全国乃至全世界都迅速进入抗疫状态。疫情不仅给人民的生命安全和身体健康造成了严重威胁，也给经济社会发展带来了巨大冲击。受疫情的影响和冲击，大量中小型企业、个体工商户经营困难，甚至倒闭；互联网大厂出现"裁员潮"；部分企业集体降薪或者阶段性停产歇业。由疫情导致的经济下行问题进一步加剧了高校大学生的就业压力。就业岗位需求缩减，薪酬不能达到预期，编制竞争激烈，"就业难"仿佛成了高悬在每一个高校毕业生头上的"达摩克利斯之剑"。

党的十八大以来，以习近平同志为核心的党中央高度重视就业问题。习近平总书记反复强调，就业是最大的民生工程、民心工程、根基工程。现如今，经过三年多来的疫情防控攻坚战，我国取得了疫情防控重大决定性胜利。在全面放开的后疫情时代下，高校需要发挥主观能动性，深入了解学生在就业过程中遇到的实际问题和困难，积极探索实现毕业生高质量就业的科学途径。

一、高校大学生就业现状

（一）就业市场竞争激烈，学历内卷严重

近年来，随着我国教育水平逐步提高，高等教育进入普及化发展阶段，高校毕业生人数不断攀升。2022届高校毕业生人数更是首次突破千万，成为近二十年内增幅最大的一届。[1]

---

[1] 陈洁、胡晴：《高校毕业生2022年人数破千万：一年增长167万"推后就业"效应叠加》，载《21世纪经济报道》2022年1月7日，第6版。

表1 2020—2022年高校毕业生人数统计表

毕业生年级	毕业生人数/万	同比增长人数/万	同比增幅/%
2020届	874	40	4.80
2021届	909	35	4.00
2022届	1076	167	18.37

由此可见，高校毕业生已经成为新增劳动力的主力军，劳动力市场中几乎"人人都是大学生"。虽然劳动力市场总体供大于求，但是高校毕业生的供给在短时间内爆发，在一定程度上与社会和经济发展的速度不匹配，人力资源供给与岗位需求不平衡、招聘市场岗位冷热不均的问题十分凸显。大学生就业市场进一步由"卖方"变为"买方"，就业市场中优质岗位有限，而应聘者人才济济，由此导致用人的尺子水涨船高，就业市场竞争趋于白热化，学历内卷严重。几年前本科学历就可以应聘的岗位，现在已经要求硕士及以上学历了。此外，学历的含金量也开始内卷，应聘热门岗位的非双一流学历背景的高校毕业生甚至无法通过

简历筛选，名校仅为敲门砖。就业市场的学历内卷导致不少高校毕业生选择继续深造学习。根据中国研究生招生信息网公布的数据，2023年考研人数为474万人，同比增长了17万人，"考研热"持续升温。[1]

(二) 就业倾向有所改变，体制内就业偏好增强

近几年，疫情对劳动力市场带来了严重的负面冲击，进而影响到高校毕业生的就业选择。总的来说，高校毕业生单位就业比例下降，灵活就业和慢就业比例增加。北京大学"全国高校毕业生就业状况调查"课题组的问卷调查结果显示，2021届高校毕业生的单位就业比例为32.1%，比2019年降低了5.3%。相比起传统受雇就业的比例下降，"慢就业"的就业观念略有增加，7.9%的高校毕业生选择了"不就业拟升学"或"其他暂不就业"。[2]智联招聘

---

[1]《分类设置专用考场通道 全国474万名考生参加2023年研考》，载中国研究生招生信息网，https://yz.chsi.com.cn/kyzx/kydt/202212/20221225/2250616260.html，最后访问日期：2022年12月25日。

[2] 岳昌君：《二〇二一年，哪些岗位更受高校毕业生欢迎》，载《光明日报》2022年1月4日，第14版。

发布的《2022大学生就业力调研报告》数据显示，在2022届高校毕业生中，仅一半（50.4%）毕业生选择单位就业，选择自由职业（18.6%）和慢就业（15.9%）的毕业生比例进一步提升，约占总人数的三成。[1]

与此同时，受到疫情影响，整体经济波动较大，外部环境的不确定性导致更多高校毕业生追求稳定，因此公务员和企事业单位等体制内单位带编制的岗位成为更多高校毕业生的首要选择。2023年国考计划招录3.71万人，即使受到疫情影响导致国考延期，实际参加考试人数仍然有152.5万人，参加考试人数与录用计划数之比约为41∶1。[2]根据华图教育统计的数据显示，2023年国考平均岗位竞争比为71.1∶1，竞争最激烈的岗位甚至高达5872∶1。"宇宙尽头皆是编制"的言论屡见不鲜。

（三）就业期望下降，愿意适应就业市场

自疫情以来，几乎每一年都被称为史上最难就业季，就业的严峻形势不断加剧，高校毕业生对自己求职就业的预期也更加理性。智联招聘的数据显示，2022届55%的高校毕业生主动降低求职期望。毕业生的平均期望月薪为6295元，同比下降约6%。在已签约的高校毕业生中，平均签约月薪为6507元，同比下降12%。总体来看，高校毕业生主动降低了就业期望，理性务实地适应就业市场，在求职行为上更加保守。

二、我校本科应届毕业生的就业状况及原因——以人文学院为例

人文学院在我校属于非法学专业的体量较小的学院，下设哲学和汉语言文学两个本科专业。历年来，人文学院本科应届毕业生大多数选择升学或攻读第二学士学位，只有个别同学选择本科毕业后直接就业。为了更好地了解学生的就业情况及遇到的困难，切实有效地开展就业工作，人文学院采用问卷调查、面谈和线上沟通等多种方式进行调研。2022年7月，学院针对2023届本科毕业生进行了生涯规划情况的问卷调查，总共收到了54份有效回答。后续与全部毕业生进行了面谈和线上沟通。调研结果显示，2023届本科毕业生的选择

---

[1]《2022大学生就业力调研报告》，载智联招聘，https://special.zhaopin.com/2022/sh/njsy032819/images/2022大学生就业力研究报告.pdf，最后访问日期：2022年4月28日。

[2]《152.5万人实际参加2023国考笔试，竞争比约41∶1》，载中国新闻网，https://www.chinanews.com/gn/2023/01-09/9930564.shtml，最后访问日期：2023年1月9日。

与以往相似，大部分毕业生准备攻读本校法学第二学士学位并备战考研，"推迟就业"现象明显，且毕业生普遍对于未来的职业生涯感到迷茫和不确定。

（一）"延迟就业"趋势明显

问卷调查显示，基本上所有毕业生都打算继续深造，其中41%的毕业生打算直接升学（考研、保研和出国等），57%的毕业生计划在本校攻读双专业双学位后再升学，只有一位毕业生希望在取得第二学士学位后直接工作。由此可见，毕业生们都打算延迟进入职场。

问及原因，部分毕业生表示自己一直都想学习法学专业，当时报考学校的时候就填的法学，因为成绩不够所以被调剂到现在的专业，所以希望通过攻读双专业双学位来完成梦想；部分毕业生认为就业形势过于严峻，自己目前的本科专业学位在求职就业时缺乏竞争力，需要通过攻读本校王牌专业法学作为双专业双学位，或者考研考到更好的学校来提升竞争力，当然这部分毕业生或许有逃避就业的心理；个别毕业生希望通过考研来二次选择自己喜欢的专业。

（二）对就业前景认知局限，职业规划笼统

问卷调查中有一题为"你是否对所学专业足够了解？以1~5进行评分，1代表完全不了解，5代表完全了解，分数越高代表了解程度越高"。哲学专业毕业生的平均分为3.81，汉语言文学专业毕业生的平均分为3.64。从数据结果来看，毕业生对于所学专业的主观认知较为清晰。但是，通过后续的谈话得知，毕业生们对所学专业的就业前景认知非常局限，对未来打算从事何种职业感到不确定。人文学院大多数毕业生计划攻读本校法学双专业双学位，然后考法本法硕，硕士毕业后再考虑参加工作或者继续学习深造。当谈到未来的职业选择，这部分选择走法学路线的毕业生的回答要么是进入体制内公检法，要么是进入律所当律师，这也代表了两个求职偏向——求稳定和求高薪。在问到是否考虑别的就业岗位时，毕业生们表示还可以进入公司当法务，其他的工作没有考虑过。选择继续走原专业路线的毕业生大多数准备未来考公、考编并进入体制内，个别同学希望深造后进入高校或者研究所。

总体来看，毕业生们对所学专业的就业前景认知符合大众认知，但较为笼统单一。大多数毕业生们都没有锚定一个或几个具体的理想职业，这可能跟毕业生们准备继续深造有关。继续攻读双专业双学位和读研增加了就业缓冲期，让毕业生们有更充裕的时间进行职业选择和探索。但是这也阶段性地让毕业生们的职业探索积极性下降，反正时间还来得及，现阶段最重要的是学习和考研备考，其他的则走一步看一步。缺乏职业探索直接导致毕业生们对职业的认知较为笼统和局限，在职业规划上容易随波逐流。而跟风设置的笼统职业目标一方面不一定合适，毕业生们真正到了工作岗位上可能会痛苦后悔；另一方面麻痹了求职神经，会让人误以为自己有目标了，朝着目标努力就行，实际上因为目标不清晰导致没有努力的方向，无法有效地提升自己的竞争力，最终使得毕业生们处于被动状态。

（三）直接就业意愿弱

毕业生们普遍认为以目前本专业本科的学历背景无法找到理想的工作，本科毕业直接就业的积极性不高。主要有以下几点原因：

首先，从客观上来看，目前本专业学历背景不具备核心竞争力。人文学院下设的哲学和汉语言文学的学科排名不高，横向比较不占优势。而且哲学和汉语言文学属于基础学科，在求职就业时缺少不可替代性，可以应聘的岗位往往是多学科同时竞争，竞争压力非常大。再加上可以报名继续攻读本校法学双专业双学位，以双一流法学本科背景求职，直接大幅度提升竞争力。相较而言，直接以本专业本科的学历背景应聘性价比很低。

其次，从主观上来看，本科毕业生们不愿意将就着找一个工作直接就业，更愿意继续提升学历背景。自疫情以来，就业市场的竞争愈加激烈。人数逐年增长的应届毕业生群体，受疫情和国际形势影响选择归国就业的留学生群体，因受近两年疫情影响未找到合适工作的有应届生身份的待业群体，都挤在就业市场中苦苦求职。用人单位的选择余地很大，因此要求也越来越高。不仅在求职时"神仙打架"，连寻找实习机会也开始卷学历、卷背景。毕业生们表示，北京实习的机会确实不少，但是北京的法院和检察院要求法学本科背景，目前不符合要求。投互联网大厂和大型企业的实习屡屡遭拒，去小型企业实习又往往被安排一些打杂的工作。虽然可以去家乡的法院和检察院实习，但是毕竟寒暑假时间有限，实习效果一般。实习受挫在一定程度上促进了毕业生们选择继续提升学历背景，也让部分毕业生们逃避就业，把考研当作一种就业途径。此外，受历年本专业本科生毕业去向的影响，大多数毕业生惯性地认为本专业的毕业生就应该继续深造，缺乏对其他生涯发展可能性的探索。而且毕业生们大多数家庭经济条件较好，家长能够也愿意提供充足的经济保障让毕业生们继续深造。家庭的支持让毕业生们不急于就业，更愿意升学。

（四）客观原因导致职业探索受阻

虽然整体的直接就业意愿不强，毕业生们仍然尝试着进行各种职业探索，但是疫情等客观原因让毕业生们的职业探索受阻。

大多数毕业生都积极地寻找实习机会，认为实习一方面可以赚点外快，另一方面可以积累经验，对未来找工作有帮助。但是由于疫情，很多实习改为了线上，或者干脆取消，毕业生们认为线上实习承担的工作比较边缘，无法接触到核心的工作任务，对个人的职业探索帮助很小，因疫情而错失线下实习机会非常可惜。

大部分毕业生表示有考虑未来回到家乡参加工作。但是在疫情的大环境下，虽然很多求职面试改为了线上，但是毕业生们偏好的公检法系统的招聘往往是统一组织线下考试。考虑到来回车票费用、疫情防控的隔离费用、住宿费用、花费的时间等因素，回家乡应聘的成本显得过高，导致大多毕业生没有采取行动。

因为考点在北京市内相对方便，部分毕业生报名参加了国考和选调考试。这部分毕业生表示不想浪费应届生参加考试的宝贵机会，认为参加考试可以当作真题模拟积累考试经验，如果考上了去工作也不错。但是受疫情影响而考试延期和发烧身体不适等各种不利因素导致最终只有个别毕业生参加了考试。

三、后疫情时代下高校推进毕业生就业的可行途径

随着全面放开疫情管控政策的实施，后疫情时代正式开启。顾名思义，后疫情时代是指新型冠状病毒疫情过去后的时代。有学者认为，在后疫情时代中疫情并不会完全消失，而是时有起伏，进而对人类社会各方面产生深远影响，不可能完全恢复如前。[1]因疫情带来的诸如疫情防控隔离要求、无法

---

〔1〕《后疫情时代命运与共的人类未来》，载光明网，https://www.gmw.cn/xueshu/2022-02/14/content_35515396.htm，最后访问日期：2022年2月14日。

线下实习等问题已经不复存在，但是疫情带来的改变仍然深远地影响着社会生活。在后疫情时代下，高校需要快速适应疫情带来的新模式，进一步优化就业指导工作模式，助力高校毕业生顺利走向职场。

（一）加强就业队伍建设，提升就业一线工作者的理论与实践水平

疫情的冲击让互联网在生活中扮演着重要角色。在线平台网课教学、居家办公、线上面试、电商直播、数字就业等疫情带来的新模式将继续存在和发展，为高校毕业生就业带来挑战和机遇。高校就业一线工作者在开展就业工作时需要与时俱进，提高政策敏感性，利用好互联网这一有效工具，积极了解我国就业创业政策的最新实施办法，及时为在校学生推送招聘信息和招聘要求，努力为学生提供优质就业指导服务。对高校就业一线工作者自身来说，需要进一步加强就业方面的理论学习，并且有针对性地补充新形势、新业态的相关知识。在开展就业指导工作时优化方式方法，用更贴合学生、让学生更容易接受的方式，通过案例分享、现场实践、线上参观、求职就业模拟等多种形式，加强学生对求职就业的理解和认识。对高校来说，需要加强就业指导队伍的建设，对新入职的高校就业一线工作者进行就业指导的培训，并且定期开展就业指导工作经验交流分享，提升就业指导队伍的专业性和协同性，从而为稳步开展就业工作打下坚实的基础。

（二）加强院系沟通合作，共同助力学生就业

我校目前有两个年级仍然实施"4+1"双专业双学位培养模式，并且仍然设置有"4+2"第二学士学位教育，学生们也倾向于选择修读双专业。选择双专业的学生们属于跨专业复合型人才，在求职就业时不能局限于某一个专业对口的工作，而需要综合考虑。因此，学校可以为院系搭建线上和线下的沟通合作的平台，鼓励院系间分享就业信息和资源，协同开展就业指导工作，为修读双专业的学生提供更有针对性的就业指导服务。

（三）加强思政和就业协同融合，深度开展职业生涯规划

思想政治教育是大学教育中必不可少的一环，从新生入学开始并贯穿整个大学生涯，是帮助学生树立科学的世界观、人生观和价值观的基础与关键。如今，高校开展思想政治教育已经相对成熟。但是，高校往往是针对毕业年级开展就业指导工作，对学生职业生涯规划的整体性重视不足。在之前提到

的问卷调查中有一题为"你有做过职业生涯规划吗？1=已有详细规划，正在努力实践中；2=有想过，但不太懂；3=规划不规划无所谓；4=没听说过"。27.8%的毕业生选择了已有详细规划，66.7%的毕业生选择了有想过但不太懂，其余的毕业生选择了没听说过。由此可见，针对学生开展的职业生涯发展与规划的引导还不够充分。因此，高校可以尝试将思政和就业有机地结合起来，从新生入学开始就引导学生开展职业生涯规划。例如，在入学之初，可以组织学生进行职业兴趣与能力测评等相关指导，引导学生展望毕业后的生活，制定一个对未来的初步计划；以主题班会为抓手，针对不同年级、不同发展阶段的学生，有针对性地开展兴趣探索、性格探索、技能探索、价值观探索和工作世界探索等职业规划探索，帮助学生制定合适的职业生涯发展规划，引导学生正确评估自身目前的专业知识、能力和综合素质，认识到自己与职业要求的差距，查漏补缺提升自己的求职就业竞争力；依托谈心谈话的方式，了解学生内心对求职就业真实的想法，运用生涯平衡单、生涯幻游等心理学方法科学地衡量不同选择的利弊，帮助学生厘清生涯选择困惑；利用寒暑假实习实践的机会，鼓励学生积极主动进行职业探索，了解感兴趣的行业的发展状态、发展趋势、发展方向等信息，进而帮助学生开展具体职业分析。系统的职业生涯规划可以帮助学生构建自己的生涯规划档案，让学生根据自己的情况选择适合自己且想要继续探索的职业，并制定长期目标和短期目标，从而更好地采取行动探索自己的理想职业，为学生顺利从大学校园过渡到职场奠定基础。

（四）加强课程与就业协同融合，增强学生的自主就业意识

自2016年以来，所有高校都设置了创新创业教育课程，并纳入学分管理，由此可见高校对学生创业就业的重视。但是，部分创新创业课程针对全校同学，偏向理论探讨，与专业实际结合程度不高。而且创新创业课程的学时较短，往往只有一学期或者半学期，学生难以把课程中学到的内容真正用于实践。可以尝试把就业融入专业课程中，一方面让培养方案与专业的职业发展方向挂钩，培养市场需要的专业人才；另一方面将价值观教育和就业理念融入日常教学的知识讲授中，让学生意识到就业问题不可回避，引导学生关注当前的行业发展趋势和市场需求，从而增强自主就业意识。

后疫情时代大学本科生就业工作思考和研究
——以中国政法大学民商经济法学院2019级本科为例

中国政法大学民商经济法学院　代丽丹

摘　要：后疫情时代，大学本科毕业生就业形势更加复杂严峻，出现了许多新问题和困难，高校就业工作研究具有更为突出的现实意义。就业工作事关民生大计，是国家、社会、高校、教师和学生共同关注的焦点核心。后疫情时代就业工作的开展和创新，更应是社会、高校与家庭共同协作的过程。本文从辅导员实际工作出发，结合时代和学生特点，对大学本科生就业工作进行重新思考和梳理，探索就业工作新模式和方法，为帮助指导大学生实现高质量就业找寻可行性路径。

关键词：后疫情时代　就业　大学本科毕业生

新时代背景下，我国经济总体发展前景向好，但是突如其来的新冠疫情影响了经济的发展。后疫情时代，我们面临着经济发展速度趋缓、行业发展不平衡、结构性矛盾突出等一系列问题。与此同时，大学毕业生数量逐年递增，2003年全国扩招后第一年毕业生的总数为212万人，到2023年毕业生总数预计达到1158万人，就业形势更加不容乐观。

新形势下，面对新问题，发现新困难，找寻新途径，必然成为高校就业工作的核心环节和任务。

一、发现新问题

（一）大部分本科毕业生缺乏基本的就业认识

就业认识包括就业思维和就业知识两个方面。就业思维的形成需要建立在获取就业知识的基础之上。对就业形势、环境、政策、方法等一无所知，自然无法形成科学、正确的就业观念和思维。后疫情时代下的大学生，尤其是本科毕业生，基本没有进行过相关就业知识的学习。虽然，疫情下校园的氛围越来越"卷"，但学生们主要"卷"的是专业课的学习，大量的时间和精力都集中在决定能否保研的专业课课程上，四年只围绕一个短期目标转，对社会环境、专业前景、实践平台知之甚少。学生们获取信息的渠道、方式越来越多，但了解的社会实际却越来越少。知识的缺失导致认识的碎片化，加之与社会的陌生和疏离感，使得绝大多数本科毕业生毕业不想就业，以各种方式逃避找工作。中国政法大学民商经济法学院2019级本科毕业生共369人，毕业明确要就业找工作的只有60人。

（二）日益激烈的竞争形势严重压缩了本科毕业生的就业范围

人力资源和社会保障部的数据显示，北京市的28.5万名高校毕业生中，硕博毕业生人数首次超过本科生，这在全国尚属首次。研究生越来越多，"学历贬值""学历膨胀"成为大家关注的话题。究其背后的原因，其实就是社会竞争越来越激烈，大学生数量越来越多，高学历成为找工作的"敲门砖"，本科学历越来越不"值钱"，本科生也越来越不自信。中国政法大学民商经济法学院2019级本科毕业生369人，明确意向要考取研究生的有220人左右，实际参加考试的有200人左右。绝大多数的本科毕业生在大四选择继续攻读硕士研究生，固然存在学习热情的部分因素，但更多的是因为本科生的择业范围和空间被极大挤压，学生认为本科毕业无法找到一个满意的工作。因而，就业工作中本就存在的"不就业""慢就业""等靠要"等问题，在后疫情时代下的本科毕业生中越来越突出。

（三）部分本科生对于职业生涯规划的动态性发展认识不足

"金兹伯格和舒伯的职业生涯发展理论都将人的职业发展过程划分为若干阶段，其中都包括了青年期的'探索'阶段。"[1]职业生涯规划是一个长期、循序渐进的过程，不是一蹴而就的，也不能一劳永逸。本科生正处于自身职业探索的初级阶段，在这个阶段，他们的职业生涯规划要随着自身条件和外部环境的变化及时进行调整和修正。现在的一些大学本科毕业生虽然制定了

---

[1] 魏鹏：《新时代高校辅导员加强大学生职业生涯规划指导的研究》，载《科学咨询（科技·管理）》2022年第12期。

初步的职业生涯规划，但是由于没有清楚地认识到职业生涯规划可以随时间和环境及时调整的动态化特征，一味执着于完全固化一个最终的职业规划目标，反而因此失去了行动的勇气，不敢迈出第一步，不敢投出第一份简历，不敢争取第一次面试，导致自身的就业预期和求职目标存在很大差异，使自己错过了就业的黄金时期，降低了自己的核心竞争力。

二、探索新途径

（一）建立常态化的本科就业指导全程服务

就业指导服务是一个不断推进的全过程化工作体系，本科毕业生的就业指导不能只集中在大学第四年突击开展，而应该涵盖大一到大四的整个本科培养教育阶段，实现全过程化就业认识的培养和塑造。学校就业指导部门可以根据本科不同年级的特点，有针对性地提供就业指导服务。向低年级同学普及讲解就业基本知识和相关政策，引导低年级同学入学伊始便着眼于自我的认知和定位，进而探索初步的职业生涯规划。对高年级同学要根据用人单位的需求，注重对应聘技能、面试技巧的培训，有的放矢，有效提升学生的核心竞争力。

首先，学校可以设置较为完善的职业生涯规划和就业指导课程体系。"我国高校对大学生的就业指导所采取的路径主要有收集统计毕业生求职方向、向学生传授面试技巧等。就实践效果来看，并未取得实质性成果，究其原因是开设课程浮于表面，未实现全过程的培养。"[1]单设几门课程，简单的宣传，学生只能形成碎片化的认识，不能掌握全面系统的就业知识，自然也就无法形成与时代、自身相契合的就业思维，也难以确立科学的就业认识。建立专业课老师、班主任、辅导员、就业指导部门行政老师共同联动、协作的服务主体，制订可行的本科就业指导全程化方案，开设完备的就业服务相关课程，从根本上塑造后疫情时代大学生科学正确的就业观念和思维方式。

其次，学校可以建立更多的实习实践基地，提供更多的就业机会和平台。就业需要的是综合能力和素质，不是简单的书本知识，而是持续的学习实践能力。用人单位不要求本科毕业生掌握所有的专业课知识，但是需要学生在

---

[1] 徐淑娟：《期待视野下大学生就业路径优化研究》，载《江苏高教》2023年第2期。

实践中具备不断学习的能力。因此，只是本科课程要求的一次专业实习和社会实践，已经明显不能应对社会对实习实践能力的需求。学校可以开阔思路，积极拓展渠道，建立多样化的实习实践基地，鼓励在校生在课程学习之余，积极参与社会实践，在实践中锻炼自己的综合能力和素质。同时，学校还可以积极开展多样化的比赛活动，鼓励学生独立思考，把学到的书本知识运用到实际生活中，培养学生的动手能力和创新精神。适应社会发展的需要，加强基础，拓宽专业，注重核心竞争能力的培养，让学生有机会和途径尽快接触社会、适应社会，才能使学生具备不断适应社会发展变化，持续学习和更新知识的能力。

最后，高校可以更多地发挥辅导员在就业指导中的作用。高校辅导员是就业工作的主力军，"高校辅导员要加强对大学生职业生涯规划的指导，使大学生明确自己的发展方向和就业目标，这对帮助大学生实现充分就业、顺利开启人生新征程具有十分重要的意义。"[1]但在实际工作中，存在许多具体的困难。

辅导员专业背景差异太大，并不具备统一的学科专业知识，在开展就业工作时会欠缺科学性和专业性。因此，学校在招聘辅导员时，应该充分考虑到就业工作所需要的专业背景知识，优先考虑持有职业生涯规划、就业指导等专业证书的应聘者，同时加强辅导员的专业化培训，让拥有足够专业知识和能力的人在辅导员岗位上，才能为学生提供更为专业的指导和服务。

辅导员平时事务性工作繁重，所带学生数量庞大。受时间和精力的限制，高校辅导员很难有针对性地开展"一对一"的就业指导。学校应该推进建立全员化就业指导体系，积极给辅导员日常事务工作做减法，让辅导员能够有更多的时间指导学生开展毕业设计和职业生涯规划。

（二）构建全员化的本科就业指导服务体系

大学生就业工作是衡量高校人才培养质量的一个重要指标，它的重要性毋庸置疑。然而就业工作不是哪一个部门或者哪一个辅导员的任务，而是需要国家、社会、学校、家庭、学生共同参与、协作、维护的全员化体系。一

---

[1] 魏鹏：《新时代高校辅导员加强大学生职业生涯规划指导的研究》，载《科学咨询（科技·管理）》2022年第12期。

方面"政府、社会、高校、家庭构成就业环境,建立一个动态平衡、自我革新、自我完善的就业互动机制"[1],另一方面学生努力学习专业知识,锻造基础能力和素质,积极提升竞争实力,才可能为解决大学生尤其是本科生就业难的问题提供可行之径。

"政府、社会、高校、家庭在大学生就业道路上承担护航角色。政府通过出台政策引导高校培养人才,高校向社会组织输送人才。校企合作、家校联合,都是为了更好地服务大学生,实现高质量人力资源的配置。"[2]只有各方主体目标一致,通力合作,打破固化的模式,努力开拓创新,才能真正将探索本科生就业新路径落到实处。

(三)培养全面发展的复合型人才

全程化、全员化就业指导服务体系,最终目标都是给予学生科学、专业、有效的指导和帮助,培养出符合时代和社会需求的复合型人才,缩小大学本科毕业生就业期待和社会岗位需求之间的差距,弥合供需结构性矛盾。由此可见,从根本上说,大学就业工作的关键依然在于学生。

首先,要引导学生开阔视野,树立长远目标,广泛汲取多学科知识,丰富自身的素养。本科生在脚踏实地学习专业课知识的同时,更要仰望星空,树立远大的理想和长远的奋斗目标。不能四年时间,一门心思只关心专业课学习和能否保研,而应该了解更多学科的知识,包括就业和生涯规划知识,让自己尽快适应大学生活,及早做好毕业设计和职业规划,缩短迷惘期和困惑期。在社会竞争越来越激烈的今天,"使大学生掌握系统而深邃的科学知识、扎实的专业知识、广泛的社会知识、必要的历史知识等,致力于培养一专多能的复合型人才,使之具备完善而全面的知识结构"[3]显得尤为迫切而必要。民商经济法学院2019级本科生,保送攻读硕士研究生共88人,占比23.8%,虽然略高于往年,但也只占总人数的五分之一,可见,保送研究生只是大学本科毕业的一条路径,而非唯一路径。

其次,要培养学生对"第二课堂"的兴趣,鼓励学生积极参与第二课堂

---

[1] 徐淑娟:《期待视野下大学生就业路径优化研究》,载《江苏高教》2023年第2期。
[2] 徐淑娟:《期待视野下大学生就业路径优化研究》,载《江苏高教》2023年第2期。
[3] 楼锡锦等:《大学生就业竞争力分析》,载《教育发展研究》2005年第13期。

教学实践活动。"根据美国一份有关失业的研究报告，失业中的90%的人不是因为不具备工作所需的专业能力，而是因为不能与同事、上司友好相处，或者经常迟到。"[1]核心竞争力是一种综合能力和素质，要求学生不仅要具备专业知识和素养，更要有稳定良好的心态，广泛的知识结构，良好的个人素质，掌握人际交往的沟通技巧，有团队合作精神，能够持续不断地学习和完善自己。除了专业课堂的书本学习之外，其他能力和素质的提升需要"第二课堂"教学平台提供更多的锻炼机会。要引导大学生充分认识到"第二课堂"的重要性，培养学生对"第二课堂"的浓厚兴趣，让学生自己积极主动地参与到"第二课堂"的教育教学活动中去，通过各类活动和比赛，启发创新性思维，锻炼语言表达能力，培养良好沟通技巧，树立起团队协作意识。民商经济法学院2019级毕业生，志愿服务、实习实践课程完成缓慢，有极个别学生到大四还未按照要求完成相应的时长，一方面，固然是受到疫情的影响，另一方面，更反映出大学生对"第二课堂"教学活动的重视程度不够，没有充分发挥自身的主观能动性，因而缺少核心竞争实力。学校可以适当加大"第二课堂"教学活动比重，浓厚校园的文化氛围，帮助学生摒弃"唯成绩论""唯书本论""唯专业知识论"的片面想法。

最后，要提升学生的动手能力，涵养学生行动的勇气。截至2023年4月，民商经济法学院2019级本科生中签约人数6人，占比仅为1.6%。本科生签约率低的一个重要原因在于学生的自信心不足。在"学历贬值"等敏感话题的影响下，社会、家庭、学长都在发出"不读研究生找不到工作"的声音，使得本科毕业生失去了面对社会拣选的勇气，不敢迈出第一步。另一方面，更多的本科生执着于一次性确定人生的职业目标，而忽视了职业生涯规划动态发展的特征，希望能"一步到位"。这样反而使得自己在反复思考和得失计较中失去了行动的勇气。很多学生已经在头脑中设计过千百次就业的选择，但始终没有写下第一份简历。"知易行难"，知识要用于实践才能真正发挥作用，要鼓励大学生在勤于思考的同时，更要积极行动起来，从写简历，浏览搜索就业信息开始，一步一步迈出就业的坚实步伐，不要"纸上谈兵"，更不要只建"空中楼阁"。

---

[1] 谢志远：《关于培养大学生就业能力的思考》，载《教育发展研究》2005年第1期。

三、引入新思维

每一年大学生就业形势都很严峻，大学生就业也都很困难。这个难究竟是难在哪里呢？"研究表明从 2003 年扩招开始，大学生就业的确发生了'难'的问题。按照现行统计指标计算的大学毕业生初次就业率呈下降趋势。本科生的初次就业率为 80%与 20 世纪 90 年代中后期的 90%相比下降了 10 个百分点；2002 年 6 月大学本、专科毕业生的初次就业率为 64%，2003 年截至 6 月的初步统计为 47%。"[1]由此可见，我们现在一直强调的大学生就业难，本质上是指在现行就业评价指标下，大学生的初次就业率低，初次就业困难。那么这些大学生最终去向是哪里呢？是否真的失业，成为社会的负担了呢？事实也并非如此。民商经济法学院往届本科毕业生，除了极个别特殊情况之外，基本最终都找到了适合的岗位，没有出现"飘落社会"的情况。因此，或许我们可以重新审视目前的就业评价体系，引入新的评估维度，跳出固有模式，重新认识和理解大学生尤其是本科生就业工作。

（一）延长本科生就业评估的时间长度

目前的就业评估标准，时间上是以大学生毕业离校时间为限，也就是毕业当年的 7 月份。实际上，在这个时间范围内，很多单位的招聘进程还未结束，无法与学生正式签订就业协议或劳动合同。很多本科生在下半年才完成签约，实际完成了就业，时间上只相差了几个月，却未能计入当年的签约人数中。还有更多的本科生是在毕业后的两三年内找到了工作，实现了就业，也未计入当届毕业生的签约人数中。这些数据的缺失，影响了本科生就业评估的科学性。建议国家、学校可以适当延长本科生就业评估的时间长度，建立起本科毕业后三年就业统计、分析、评估的动态系统，实时追踪更新，以获取更为准确的数据信息。

（二）精确本科生就业评估的人员基数

目前的就业评估标准，是把当年毕业的所有本科生作为就业的总人数。实际上，大部分本科生当年并没有要就业的意愿，其中一部分坚定地要继续

---

[1] 曾湘泉：《变革中的就业环境与中国大学生就业》，载《经济研究》2004 年第 6 期。

考取国内硕士研究生，另一部分则是要继续申请攻读国外硕士研究生。升学率和就业率两者能否区分开，单独计算，这是就业工作评价标准值得思考的角度。实事求是，根据具体情况区分不同群体，把有升学意愿的学生计入升学率计算的基数，把想要找工作的学生计入就业率计算的基数，区分出"主动不就业"和"未签约就业（灵活就业和自主就业、创业）"的群体，能够获取更为科学、合理的数据，反映出更为真实、可信的本科生就业现状。

（三）营造更加健康、规范的就业氛围

制定更为完善的法律法规，保障良性竞争环境，简化就业非必要环节和手续，探索灵活多变的就业服务方式，建构更为科学、合理、准确的就业评估体系，从行动主体和客观评价标准两个维度同时着手，共同促进大学本科毕业生就业工作长期、积极、有效地开展。

参考文献

[1] 徐淑娟：《期待视野下大学生就业路径优化研究》，载《江苏高教》2023年第2期。

[2] 吴克明、刘若霖、钟云华：《社会资本影响大学生就业的两面性研究：理性选择理论的视角》，载《教育与经济》2021年第4期。

[3] 杨伟国、王飞：《大学生就业：国外促进政策及对中国的借鉴》，载《中国人口科学》2004年第4期。

[4] 秦建国：《大学生就业质量评价体系探析》，载《中国青年研究》2007年第3期。

[5] 楼锡锦、周树红、吴丽玉：《大学生就业竞争力分析》，载《教育发展研究》2005年第13期。

[6] 谢志远：《关于培养大学生就业能力的思考》，载《教育发展研究》2005年第1期。

[7] 曾湘泉：《变革中的就业环境与中国大学生就业》，载《经济研究》2004年第6期。

[8] 魏鹏：《新时代高校辅导员加强大学生职业生涯规划指导的研究》，载《科学咨询（科技·管理）》2022年第12期。

职业规划与大学生就业指导关系解析

中国政法大学学生工作部（处）　杨婷婷

摘　要：随着我国大学毕业生逐年增加，增强大学毕业生的竞争优势和提升其综合素质已成为高等教育管理的重要环节。目前，大学生职业生涯规划与就业指导逐渐受到各高校的重视，但是仍旧存在着大学生缺乏职业生涯规划、高校就业指导师资力量薄弱、就业信息服务平台不完善、毕业生就业反馈不太理想等问题，需要从学生、学校、社会等层面进行职业生涯规划与就业指导的有效融合，从而指导大学生的职业生涯规划，使其更加顺畅地就业。

关键词：职业生涯规划　就业指导　综合素质

近年来，"求职难"始终是热点议题，对于大学应届本科生来说，如何在严峻的就业市场中取得竞争优势也已变成一个不可忽视的问题。因此，高校教师应该积极引导学生做好规划，并通过求职规划，协助他们认清个体的性格特征和综合能力优点，从而确立自主的职业目标，以便在就业竞争中取得公平竞争优势地位。

一、大学生职业发展和就业指导面临的挑战和问题

大学生职业规划旨在帮助他们根据自身情况制定合适的职业规划，以提高就业率。然而，由于存在一些问题，这项工作仍然需要进一步完善。

大学生缺乏主动进行规划的意识，致使他们在校读书时将重心放到理论学习和提高专业技能上。这种情况使得大多数学员未能建立清晰的职业规划，以为毕业后求职是水到渠成的事情，因而他们对经济社会资讯知之甚少，不理解各个产业职位的要求，最终使得职业发展目标与现实产生较大差距。研究表明，大学生在毕业后频繁跳槽和失业的重要原因之一是他们对职业规划

的认知存在误区，他们以为只有进入特定的职位才能实现职业规划，而缺乏针对性地掌握职业发展目标知识，这也是他们大学毕业时尚未实现职业规划的主要原因。所以，应该注重加强对大学生自身职业规划的教育，让他们能够更好地实现自己的职业发展梦想。

许多大学生在进入高校后仍然保留着"因为学业而学业"的习惯，没有具体的目标，这就造成了他们没有职业规划的能力，从而影响了他们的职业发展。有些大学生认为考入心仪的大学就可以轻松获得满意的工作，但这种想法却忽略了规划的重要性，他们没有充分了解社会就业形势，从而使得自身在就业竞争中处于劣势地位，甚至影响到他们的思想和行为。

大学生职业方向不明确是一个严峻的问题，它可能表现为他们的职业规划不够合理，或者他们的职业目标缺乏明确性。一些大学生在完成了职业规划后，被高薪工作所吸引，这种情况导致他们不再坚持自己的职业规划，从而无法实现长期的职业目标。

求职指南应该充分考虑毕业生的个体差异，以便更好地帮助他们实现职业规划。然而，目前老师在求职指导中经常忽略毕业生的个体差异，将他们的选择方向局限于与本学科专业有关的领域。在求职指导中，学生的多样化需要往往被忽视，比如个性、兴趣爱好等都可能变成限制就业的因素。比如，销售行业对学生的专业技能需求量较低，但是对于一些内向的学生来说，参与销售工作可能会带来较大的挑战，这会严重限制他们的求职积极性。由于求职引导的周期较短，大部分院校不能给应届大学毕业生提出长期有效的求职指导，这也导致了学生们对教师提出的求职指导方案缺乏深入思考，从而影响了实施效果。高等学校应该加强对求职引导的管理，以确保学生能够获得有效的职业指导，并且能够更好地实现自己的职业梦想。然而，针对那些提早步入学习期的应届大学毕业生来说，由于缺乏有效的求职引导，他们可能会面临许多困难和挑战。因此，高等学校应该采取措施，加强对就业指导的管理，以确保学生能够更好地实现自己的职业梦想。在工作中，学生面临着许多挑战和困惑，而这些问题往往得不到教师的及时引导，这是高校大学生就业指导中一项不可忽视的问题。

二、做好大学生的职业生涯规划的重要性

大学生职业生涯规划是一个系统的过程，旨在协助他们理解自身未来的

职位未来发展走向,并通过实践不断提升自身能力。这个过程可以为他们未来的就业打下坚实的基础,同时也能满足社会和国家的需求。因此,大学生应该在低年级就开始制定职业发展生涯计划,并认真遵循计划。

第一,这有助于大学生建立科学的就业观和择业标准。不同的学生在专业知识、学习兴趣喜好、思想水平和价值观上都有所差别。基于此,高校开展积极、有效的就业引导,可以让学生很好地了解自我,并为自身的未来做好准备。通过全面评估自己,并为未来的发展目标和职业方向做出明确的规划和决定。确立明确的认知,将当前的专业学习与未来的职业发展目标紧密结合起来,以实现最佳效果。通过积极拓展就业领域,并采取实际行动来实现这一目标。

第二,通过培养大学生自身的能力和求职竞争力,可以大大提高他们的求职竞争性。随着企业和事业单位用人成本的不断上升,他们越来越重视招聘者的能力和素质。因此,希望招聘到具备综合能力的员工,以满足岗位需求。单位会通过多种方式来评估应聘者的性格特质和心理状态,包括笔试和面试等形式。通过提升学生的素质和专业能力,我们可以确保他们能够胜任所需的岗位。

学校应该尽早制定职业生涯规划和就业指导方案,并为学生提供全面的培训和训练,以帮助他们挖掘自我的潜质和优势,进一步提高总体综合能力,以满足用人单位的需求,实现更大的成就。在大学期间,学生应该重视个人发展规划,勤奋学习,参与实践,不断地提升自身技能和素养,以期获得更好的未来。

三、大学生职业规划和就业指导的具体方案

第一,教师应该积极引导学生,让他们深刻意识到自己的价值,并且鼓励他们发挥主观能动性,以便更好地实现自己的职业梦想。只有这样,才能真正提升他们对职业的重视,让他们在未来的职业中取得成功。因此,在未来的工作中,高校教师应该加强对专业的重视,并加强对专业理论与实践问题的研究,以满足本科生的实际需求。通过完善制度建设、优化教学管理和提升师资力量,让学员更好地理解专业的意义,从而更好地实现自身的职业发展目标。

第二，教师应积极引导大学生认识职业规划的重要性，并通过多种渠道向他们介绍有关职业规划的知识，包括如何制定职业规划方案、职业规划的注意事项等，以帮助他们更好地实现自身的职业梦想。为了提升学生的职业认知水平，我们应该在校园内建立良好的舆论氛围，并举办各种辩论比赛等活动。此外，老师还应该提供有关本学科就职发展前景、行业人才状况等信息，鼓励学生利用多种渠道搜集资料，并积极与其他同学交流，以便更好地实现自己的职业梦想。通过参与社会实践，才能够激起学生对职业发展的浓厚兴趣和热情，并让他们意识到在校期间进行职业规划的重要性。

为了能更好地帮助年轻人实现职业发展梦想，应当将规划融入大学校园教育工作的整体进程。专家们认为，本科生求职是一项长期的任务，当前我国的大学生就业局势日益严重，因此，我们必须从大学校园教育工作的整体出发，创新教学模式，以提高培养水平。对于达成这些总体目标，我们建议在专业中应当以生涯发展研究的阶段特点为基础，针对不同时期采用多样化的职业生涯规划策略。在大一年级，老师应当着重关注学生的职业认知，让他们知道不同职业的特点，并明白专业的重要性，以及如何更好地实现自己的职业发展梦想。在当前严酷的就职情况下，专业知识的市场发展前景显得尤为重要。因此，在大二年级，老师应该将重点放到提高学生的基本素质上，并尽量帮助他们发掘自己的优点，以便他们能够更好地进行职业规划。例如，善于沟通交流的毕业生应该将重点放到营销工作上，而其他毕业生则应该通过评估能力、性格等相关因素来调整自己的职业。在大三年级，老师应该将重点放到职业发展指南上，让学生有机会近距离接触用人单位和人才市场，以便更好地了解自己的优势和不足，并且在必要时，应该引领学生观摩当地的人才招聘集市，让他们感受到招聘会的气氛。在大四年级，老师应该重点关注就业服务和择业指导，并为学生提供一对一的专业指导，帮助他们掌握求职技巧和面试技巧。这些内容能够帮助学生正确书写求职信，并抓住每一次面试机会。在所有大学生职业规划中，这些教育内容相互联系，有助于提高学生的求职信念，并对学生的求职技能产生深远影响。

为了能更好地指导学生求职，应当采用就业指导老师激励机制。这种激励机制能够让学生得到专业的职位咨询，并且老师能够根据学生的专业技能、特点、实际工作心态和方法等因素，给出与他们相配套的职位发展意见，从而帮助学生实现职位生涯规划。研究表明，人们在选择岗位时会发现自己的潜能，并认识自己。想要解决这个问题，教师需要清楚地定位自己的职业目标，并能够从岗位中获得成长和收益。

以实践为基础，就业导师可以协助学生最好地定位自身的职位成长路径，从而更有针对性地引导，让他们在短时间内找到自身的兴趣爱好和专业水平。此外，还可以根据学生的个体评价结果，为他们提供有效的职业选择指引，协助他们找到最适合自身的工作。就业导师可以提供多种协助，包括职业规划、思想品德教育、创新能力培养、实习机会推荐、职业类型参考等，以帮助学生最好地实现自身的职业发展梦想。

尤其是应注重加强网络平台的求职引导，以提高教师在工作中的效率，发挥他们的作用，并采取有效措施来防止网络信息途径不通畅或是求职引导信息内容交流不足的情况发生。教师可以运用网络技术手段建立跨地域的新兴求职服务模式，以信息为基础，提供全面的就业指导，帮助学生实现职业梦想。在具体实施过程中，应着重完成如下任务：建立"求职资料短信平台"网络平台，以甄选出重要人才资源，并以短信的形式向全部应届大学生发出招聘信息。教师可以为学生提供全面的网络求职培训，让他们能够更好地适应网络求职的环境，并且提供必要的设备，以便他们能够进行视频面试。基于院校当前电子商务信息系统平台，我们希望构建一种全新的求职指导模式，主要是在网络平台上设置"生涯教学""职业人生指引"等专栏，由专业人员进行建设和运营，采用案例分析、疑惑解决、经历讲述等方式为学员进行求职咨询服务，从而实现就业指导工作的延伸。

经过校企合作，学生可以得到更多的实际就业，从而更好地完成职业规划。为了提高就业指导的效率，教师应该不断创新工作模式，提供多样化的就业指导，以帮助学生更好地实现自身的职业梦想。大学可以利用与企业的合作，设立大学生实践培训基地，让学生有机会体验实际的就业，特别是利用寒暑假等实践机会，让学生在实践中丰富社会生活经历，提升自主动手意识和实际操作技能。为了更好地培养大学生的技能，可以提前对大二和大三年级的学生进行技能考核，以甄选出公司所需的大学毕业生资源，并加强他们的实践和社区经验。此外，我们还将采取订单式的人才培养模式，依据当前社会对高校毕业生的要求，针对性地提高他们的专业知识，以便将高等学校打造成一个稳固的人才输出培训基地。老师通过将与求职导向有关的主要知识点融入教材，通过讲解专业技能基础知识和提供求职导向资讯，帮助学生更好地理解专业学习方向和目标，从而提高求职导向的效率，达到校方、学生和公司之间的合作。

高等学校岗位规划与求职引导是解决就业难这一社会现实问题的关键，为了更好地适应社会就业需要，教师应该创新工作教学模式，以工作职位引导为基石，协助学习者树立正确的工作发展总体目标和职位人生成长发展理念，调动学习者的主体能力，推进高等学校求职引导教学模式的改革，以提升学习者的求职绩效和服务水平，真正为大学生的顺利就业打下坚实的基础。

参考文献

[1] 刘慧等：《研究型大学精准化生涯教育体系构建》，载《江苏高教》2019年第1期。

[2] 赵忠见：《基于学生需求分析的高校就业指导课程优化策略研究》，载《教育理论与实践》2020年第6期。

[3] 李春玲：《疫情冲击下的大学生就业：就业压力、心理压力与就业选择变化》，载《教育研究》2020年第7期。

[4] 范琼：《针对大学生就业从众心理的主体性就业指导策略》，载《学校党建与思想教育》2020年第2期。

[5] 陈晓雯：《职业生涯规划在大学生就业指导工作中的作用解析》，载《文化创新比较研究》2019年第32期。

本科生就业选择的困境
——以法学为例

中国政法大学民商经济法学院　姚国强

摘　要： 近年来，受社会观念、外部就业环境以及学校培养模式等多方因素的影响，本科生就业选择空间遭受挤压，多数本科生趋向于选择继续深造。以法学专业为例，法学本科生的延迟就业现象显著，用人单位人才供需不平衡，学历门槛居高不下等连锁反应加剧。社会各方需要系统性反思当前人才培养模式及就业政策等问题，积极调整，协同共治，探索摆脱本科生就业困境的有效路径。

关键词： 本科生就业　法学　就业

一、现状分析：就业环境困难重重

据教育部数据，2022届高校毕业生规模预计1076万人，创下历史新高，不论是人数还是未来去向，都备受社会关注。本科生就业工作是高校毕业生就业工作的基础，是高校稳定就业的重中之重。近年来，继续深造已经成为本科生就业的主要流向。受新冠疫情和外部就业环境等诸多因素的影响，本科生继续深造的愿望往往是高期望低达成，慢就业的现象也愈发突出，求职市场供需两难的不平衡显著，求职门槛居高不下等连锁反应加剧。在此情形之下，高校需要系统性分析当前本科生就业现状及主要影响，积极调整政策及环境，主动应对可能的问题，为减缓与破解本科生就业选择困境探索有效路径。

以法学专业为例，近年来，随着我们党对新时代实施全面依法治国进行的系统性部署，法学一度成为青年学生们追捧的热门专业，亦是一门需要大量精力和时间去持续学习的高深学科。但是，法学专业的本科毕业生在就业方面，却似乎遇到了困难。根据麦可思研究院发布的法学专业毕业生数据，[1]近年虽然法学专业的毕业生数量呈上升趋势，但是就业率较低，无法与毕业生数量的增长相匹配。可能导致的结果是拥有法学专业毕业证书人数众多，但对口专业的岗位相比甚少，无法满足每一年毕业生的就业需要，最终造成岗位竞争激烈，不少法学生被市场淘汰，无法找到一份合适的工作，使得法学专业屡亮红牌，越来越成为人们口中的"就业黑洞"。从调查结果来看，法学专业本科毕业生的工作与专业相关度在各大本科学科门类中处于较低水平。毕业生都从事对口专业不符合就业市场现实，也不符合职业选择的规律，但是持续三成以上的不匹配问题可能说明法学学科从专业教育到就业与岗位设置可能还存在一些不合理或者需要调整的地方。

实际上，法学专业"热招生冷就业"的话题也一直为人们所热议。以我校为例，2021—2022年本科教学质量报告显示，学校2022年毕业本科生2088人，签约就业163人，占全部毕业生的8.7%。作为国内最顶尖的政法院校，毕业生就业情况引发热议，法学类本科专业再次被推上了风口浪尖。然而需要注意的是，实际上中国政法大学本科毕业生2088人，毕业去向落实人数1872人，毕业去向落实率89.66%。其中继续深造1547人，占毕业去向落实总数的82.64%（其中，国内升学790人，占毕业去向落实总数的42.20%；出国、出境113人，占毕业去向落实总数的6.03%）；签约就业（含签就业协议和签劳动合同）163人，占毕业去向落实总数的8.70%；其他形式就业162人，占毕业去向落实总数的8.65%。从数据上来看，高校法学专业本科生就业率处于较低水平，法学生在就业方面面临着巨大的挑战和压力。

正因如此，本文希望从法学本科生就业选择的视角出发，系统性探究其就业选择究竟有何困境，造成此种困境的原因又是什么，为高校本科生就业困境的减缓提供思考的有效路径。

---

[1] 数据显示：2015届、2016届法学专业大学毕业生五年后的工作与专业相关度分别为64%、63%；2019—2021届法学专业毕业本科生的工作专业相关度分别为68%、65%、65%。明显低于医学、教育学、文学等。

二、困境分析：就业选择阻力究竟在何？

（一）社会层面

从社会层面来说，主要涉及社会对法学专业本科生的认可度、就业岗位的要求以及就业制度这三个因素。

首先，社会对高校法学专业认可度不高是导致高校法学专业本科生就业困难的首要原因。不少人认为法律更需要的是经验和实践，而很多法学高校本科生初出茅庐，经验不足，实践有限。由此，人为的就业高门槛就此立下，很多高素质的本科生因尚未通过法律职业资格考试或未取得硕士学位被拒之门外，无法顺利就业。然而实际上这可能落入一个逻辑的怪圈。一方面，经验与实践恰恰也需要在就业过程中逐步积累；另一方面，术业有专攻，从专业来看，高校学术氛围潜移默化的影响，已经无形提高了法学生的起点，其培养出的法学本科人才质量的高低不能仅用一纸证书就一刀切判断。

其次，诸如检察院、法院、公司法务部门、律师事务所等用人单位对学历的高要求是造成高校法学专业本科生就业困境的直接原因。有些用人单位的岗位要求设置远高于岗位实际要求，可能无形中也导致了人才的高消费和人才资源的普遍浪费。

最后，部分用人单位或行政部门在人事制度、户籍管理等方面的制度保障不足也是导致高校法学专业本科生就业难的不可忽视的因素。一些本科生在毕业时自主择业、双向选择时，常常遇到一些人为的制度障碍，可能会因地方用人单位的制度限制而止步于"就业的最后一公里"，一定程度上遏制了人才的流动。

（二）学校层面

随着国家现代化进程的发展，高等教育改革不断推进。法学专业招生"如火如荼"，传统法学名校继续保持法学专业人才培养的规模；其他院校也不甘落后，新设法学专业，理由是要将自己定位为综合性大学。随着法学专业不断壮大及国家法治建设的舆论导向，法学专业在广大考生心中被塑造成需求广大、发展前景良好的热门专业，"专业优于学校"的选择优先级使得许多考生为了选择这样一个好专业而蜂拥至各类院校的法学专业。在此背景之下,各高校法学院各放异彩:专门的法学院学科划分详细,专业化程度高,提供更为基础性、系统性的法学教育,帮助学生夯实学科基础;综合性大学法律专业的特色在于,发挥多学科优势,与法学教育交融并汇。

然而问题在于,高校对于法学本科生专业培养结构可能滞后于产业结构和市场对于人才需求的变化。在扩招潮下,部分高校尚未有完善的科学化就业观念培养的体系化建设,专业趋同现象严重,与市场所需的人才要求不匹配,在增加了同行竞争的同时,也增加了就业的难度——全国半数文科院校均设有法学专业且为争夺优质生源扩大招生政策。几重因素叠加下,最后导致了市场供需失衡。

同时,较强的理论教学培养模式可能导致学生很难在大学四年期间迅速完成自我成长。部分学校在对高校法学专业本科生的培养方案上选择单一、枯燥的理论型培养方式,而忽视了法学学科本身实践性的要求。高校法学专业课程开设主要集中于理论教学,而缺乏诸如法律文书写作、庭审实务技能乃至细分学科的实操技能等课程内容,忽视了对法学本科学生实践与操作技能的培养。另外,需要注意的是,部分高校尚未建立起科学化就业观念的培育及矫正机制,对于就业指导投入不够。科学化的就业观念不足导致被培养者没有能力根据社会的实际需要来提前调试自身的就业规划,导致部分法学专业本科毕业生在面临就业选择时迷茫无措,甚至刚踏上社会就跑偏了职业方向、荒废了所学专业、迷失了人生理想。

(三)学生层面

根据麦可思研究院发布的《中国本科生就业报告2022》蓝皮书显示,应届本科毕业生有半数为主动选择(因个人期待、薪资、工作环境方面的考虑而选择)与专业无关工作。而被动选择与专业无关工作也与疫情以来部分行业领域用人需求变化、高校毕业生规模持续增大、经济发展压力增大等因素有关。

从外部环境来说,近年受新冠流行影响,出国(境)留学渠道不畅,导致考研人数激增,[1]而研究生总体招生规模有限,考研竞争异常激烈,"上

---

[1] 张思楠、郭尽美:《人数大增分数上涨 考研缘何持续升温》,载《中国财经报》2022年4月12日,第1版。

岸"难度攀升，考研失利群体逐年积累。据报道，2022年，全国硕士研究生报名人数457万，比2021年增长80万，增幅为21%；[1]2023年全国考研报名人数继续缓慢增长，达到474万人，仅比2022年增长17万人，和2022年增长21%的增幅相比，增长率大幅下滑，但仍处于高位。[2]此种情况下，本科生深造难度逐年攀升，而继续深造意愿居高不下，未成功升学的本科生更倾向选择"二战"，乃至"三战"。这可能导致恶性循环：一方面，"二战""三战"群体数的积累可能导致考研基数不断扩张，使得升学竞争更激烈，考研门槛整体提升；另一方面，随着应届生身份丧失，其很可能彻底失去求职窗口期，升学和求职的希望都日渐渺茫，导致未就业群体逐年积累，引发更多的社会问题。

从学生自身主观选择来说，大多数法学专业本科生的求职意愿持续走低，阻力加大。与法学研究生不同，本科生大多以继续深造为导向，其学业活动也主要聚焦于保研、考研等升学目标之上，在读期间往往缺乏有效的求职准备，对本科毕业求职存在畏难心态。且受社会主要需求导向影响，多数选择考研的本科生期望通过考取知名学校的研究生来避免学历歧视等问题。而求职往往成为法学专业本科生的末位选择。同时，同辈及家长的外部影响可能对法学本科生的心态影响更大：家长往往成为本科生再战升学的支持者或敦促者，而同辈的升学案例则成为其他尚未上岸本科生继续考取升学的带动者或给其带来同辈竞争的隐性压力。因此，法学专业本科生的求职意愿逐渐走低，"轻就业重升学"现象加剧。

总的来说，法学本科生就业的两难矛盾不断加深。一方面，本科毕业生求职基数减少可能迫使用人单位缩减本科生职位的数量，求职难度加大；而另一方面，由于本科生毕业选择的不确定性使得原本受欢迎的校园招聘难度增加，一些招聘单位主动与就业部门联系，到学校来宣讲招聘信息，有时候都"求"不到学生来"捧场"。考虑到效率和成本问题，用人单位可能选择直接转向研究生招聘，使得学历门槛居高不下，本科生的就业选择空间进一

---

[1]《2022年全国研究生招生调查报告》，载中国教育在线：https://kaoyan.eol.cn/yuan_xiao_xin_xi/202201/t20220130_2206607.shtml，最后访问日期：2023年1月1日。

[2]《2023年全国研究生招生调查报告》，载中国教育在线：https://kaoyan.eol.cn/nnews/202212/t20221224_2262775.shtml，最后访问日期：2023年1月1日。

步被压缩。在定位上，学历门槛这一原因更容易被多数本科生认为是造成就业困难的主要因素，进而在本科毕业时求职意愿加速下跌，届时本科生校园招聘会难上加难，从而造成就业选择和岗位招聘两大难的恶性循环。

三、应对与解决：减缓就业困境的有效路径

（一）促进就业环境良性循环

以当前就业实际情形而言，法学专业本科生就业困境的破解单靠高校一方努力，难见成效，需要高校、社会以及用人单位共同参与，协同发力。从社会角度来看，社会舆论对于法学学生就业和择业等形势应当正确解读，不要过分渲染本科生就业难、学历门槛等情绪，应加强正向引导和报道，为本科生营造良性情绪，增强本科生选择就业的信心；从用工单位来看，其首先需要纠正自身唯学历论、唯证书论的认知偏差，丰富人才评估的面向与考量因素，全面、系统地理解法学本科生人才培养的流程、标准和职业路径。

更重要的是，各部门可以发挥协同效应，教育系统要高效协同人力资源和社会保障部门，推动更多的政策保障落实以促进本科生求职：一方面倡导用人单位开拓法学本科生就业岗位需求，或者可以依据单位需求不断创新校园招聘的方式和途径，提升本科生就业岗位质量；另一方面教育部门以及就业管理部门也应当主动宣传法学专业本科培养模式以及培养成效，与各地各高校积极配合；同时开拓非全日制研究生教育发展路径，[1]给还希望继续深造的在职本科生提供更多选择和职业发展路径，也能有效缓解全日制考研的竞争压力。政府机关也需推动更多的政策落地，助力本科生毕业求职的需求：放宽人事制度、户籍管理等政策对高校法学本科生的就业限制，鼓励各地各高校法学本科生流动就业，抓紧构建和完善真正意义上的法学人才流通市场，让市场发挥就业选择的主导作用，而尽可能地降低人为抬高就业门槛的风险和障碍。用人单位也需要意识到法学人才评价体系的非单因素论，寻求多元化的用人标准，促进就业市场良性循环。

---

〔1〕 苏明政、杨柳：《非全日制研究生培养模式改革问题研究》，载《黑龙江教育（理论与实践）》2021年第8期。

(二) 高校培养方案改进

法学教育是我国高等教育中不可或缺的一个重要分支。高校对于法学专业本科生的培养模式和方案对于社会人才结构的合理性以及教育资源的分配利用等都具有重要意义。坚持全面依法治国、建设法治国家对高校的法学人才培养模式提出了新要求。一方面，校企联合办学成为一种新思路，采用订单式人才培养模式，试行培养职业技能紧缺型人才；另一方面，在学科建设上，不少高校尝试融入市场需要，改革教学内容与体系化方案，增设实务型课程，加强学生的实习实践环节的考核与要求，对接学生与法学实务界的体验方式，增强学生社会适应的能力和动手能力，重视培养应用型法学人才，促进复合型法学人才发展，利用现有资源调整法律人才培养目标和知识结构。

近年来，各高校也在不断探索法学专业人才培养的新机制。以中国政法大学为例，多年来深化"一个专业，多个培养方案"的建设理念，注重个性化培养、强调因材施教，拓展人才培养的维度，完善人才培养的体系；而上海交通大学的法学试验班则强调"通识+专业+实践+个性化"的课程组合，鼓励学生结合自身实际，在跨学科、跨专业的课程组内选课，为博学多才的学生培养提供所需的广泛选择和个性化发展空间；除此之外，一些高校也依据学科设置与专业特色开设了不少创新性人才培养实验班[1]。

另外，高校学生工作的开展也需要以促进就业为目标之一，聚焦于提高学生的综合素质。如面向学生建立更多品牌活动和咨询渠道，关注学生共同存在的就业疑虑以及就业选择的个性化需求，加快进行社会实践资源的对接工作，搭建点对点就业实习基地，为学生探索就业路径提供更多可选择平台。

(三) 学生个人就业观引导

回归到本科生自身来说，问题的根本还在于本科生就业定位以及自身核心竞争力有待提高，多数法学本科生无法接受一毕业即要踏入社会的现实，或者说根本没做好准备，而是临近毕业被动地进行就业规划。一方面，学生自身对法学就业职场世界缺乏系统性认知，对法学本科生毕业的求职方向和可能的发展路径可能不全面；另一方面存在着一定的认知偏差，使学生自身

---

[1] 如西南政法大学、华东政法大学、中南财经政法大学以及西北政法大学等。

因此逃避求职，而希望跟随大流扎堆考研，甚至不惜"二战""三战"。

而本科生就业困境要破局，关键还在于引导学生内在认知的成长。以中国政法大学为例，通过教授午餐会、尚学一对一以及人物专场访谈等多样化活动，搭建高低年级学生之间、学生和老师交流的新型平台。交流内容涉及社会发展、人生价值、学业规划、职业选择和人际交往等学生成长成才的重要话题，引导学生确立正确的就业观乃至人生方向，鼓励学生努力发掘自身价值，实现人生应有的价值追求，塑造完善的人格。由此，打破学生的认知局限和信息壁垒，更新法学专业本科生自我定位的滞后观念，赋予其更大程度的主观能动性，避免在信息壁垒下大批量学生就业选择过度集中。

同时加强学生个人认知的矫正机制建构，确保学生的就业观念与社会主义核心价值观相契合。分节点、分时间段引导学生进行职业规划，建立起从低年级到高年级全流程就业指导工作体系，打通法学学生与社会职场之间的壁垒，为高年级学生提供更为全面深入的实习、就业的机会与信息。让法学专业本科生一入学就开始了解社会对法学人才的需求，了解就业政策和求职择业所应当具备的能力和素质，对当前及未来就业形势有所了解。利用便利化日常化的交流引领机制，引导学生更好地发掘自身优势，判断自身能力与职业发展期望，避免随大流、盲目跟风的就业选择现象，树立正确的就业新观念。

四、结论

总的来说，高校法学专业本科生就业困境的造成因素是多方面、多层次的，而解决这一问题需要社会各方力量合力关注。在坚持全面依法治国、建设法治国家的大背景下，国家对于高素质法治专门人才的需求依然很大。近年来国家实施了一系列新的发展战略，如实施乡村振兴战略、"一带一路"建设、雄安新区建设、长江经济带发展、粤港澳大湾区建设、海南自贸试验区建设，其中蕴含着大量适合法学专业毕业生的就业机会和发展机遇。国家加大对外开放力度，继续推进包括服务业在内的市场开放，也势必会增加对法治专门人才的需求。不少法学本科生毕业生积极响应国家号召，选择到西部和基层单位就业，毕业生就业地域和结构分布更加合理。然而法学本科毕业生的就业问题仍有很长的路要探索，而这离不开各方力量的支持与配合。

六、心理健康教育

青年大学生积极人格特质与困难解决方式的关系

中国政法大学学生工作部（处）　陈肖悦

近年来，随着青年大学生自我意识的发展、个性化的突出，其面对困难的解决方式也越来越受到关注。困难解决方式不仅反映着大学生的学识和修养，也与其固有的人格特质有关，而人格特质会影响心理防御机制等的形成。在困难解决情境中，本文选取人际冲突解决方式为着眼点，探究大学生积极人格特质在其中产生的作用及其引发的心理防御机制等影响。

一、人际困难解决方式类型

人际冲突导致的人际困难和突发事件是大学生群体中不可忽略的现象，也是许多学生在心理咨询时求助的困境之一。虽然大学生在生理年龄上已经成年，但是在心理上属于刚形成牢固的自我统一性的成年早期，敢于与他人在关系上产生冲突和风险，导致一系列攻击性倾向和行为。

（一）大学生的人际信心不同

本研究随机抽取了 200 名中国政法大学在读学生，预测我校大学生群体对人际交往的信心。采用 7 点问卷，询问作答者对宿舍人际关系的总体看法。得分越高代表总体看法越积极，得分越低代表总体看法越消极。分析发现，参与测评的女生人际信心的平均值为 5.87，男生人际信心的平均值为 5.24。

表1　不同性别学生的人际信心得分

	女生（n=114）	男生（n=86）
人际信心	5.87	5.24

我校宿舍一般为四人间或六人间，属于一个小群体，在小群体内每天都

发生着人际交往，称为个体接触。而宿舍间还常常存在着更大范围的人际交往，称为群际接触。一般来说，两个或两个以上群体之间的社会性交往为群际接触。[1]而在正式接触之前，每个个体和群体之间都可能因为缺少对对方完整的、正确的认识，形成对人际交往和群际接触片面的、刻板的印象，从而产生误解、矛盾等问题。在实际接触中，同时存在着积极接触和消极接触两方面。学者奥尔波特（Allport）认为最佳人际接触的产生有四个条件[2]：第一，平等地位，即双方地位的平等能够促进积极接触的产生；第二，共同目标，双方有共同的目标、理想和信念可以促进相互激励和共赢；第三，群际合作，在实现共同目标的道路上，双方如果加强合作，可以减少竞争；第四，外部支持，如果双方都得到社会赞许性（如道德、法律方面）的支持，会加强人际接触的积极方面。实际上，人际接触本身可以减少人际交往中的焦虑体验，[3]也就是当人们越来越熟悉，不安全的感觉可能会越来越少。这也是大部分大学生可以在一两个月内适应集体宿舍生活的原因。

学生面对想象中的人际接触和群际接触，在问卷中的作答反映了自我效能感。从问卷结果可以看出，参加测评的学生人际自我效能感整体都较高，其中女生人际自我效能感略高于男生，反映出良好的人际自我效能感。自我效能感是个体对自己是否有能力完成某一行为做出的推测与判断。人际自我效能感高的个体，相信自己有能力应对即将进入的或者想象中的人际交往和群际接触，会做出更为积极的判断，从而会对整体的宿舍关系更有信心；而人际自我效能感低的个体，对即将进入的或者想象中的人际交往和群际接触的推测不那么乐观，会做出更为消极的判断，从而会对整体的宿舍关系更没有信心。

（二）大学生对人际冲突的解决方式不同

同样随机抽取200名中国政法大学在读学生，测量他们对人际冲突可能

---

[1] 朱晓雯：《女大学生求职者消极元刻板印象对职业自我效能感的影响及想象群际接触的作用》，上海师范大学2021年硕士学位论文。

[2] Allport, G. W., *The Nature of Prejudice*, Reading, Ma: Addison-Wesley, 1954, p.56.

[3] Paolini, S., Hewstone, M., Cairns, E., et al., *Effects of Direct and Indirect Cross-Group Friendships on Judgments of Catholics and Protestants in Northern Ireland: The Mediating Role of an Anxiety-Reduction Mechanism*, Pers Soc Psychol Bull, 2004, pp.770-786.

选择的应对方式。根据大学生在校园中常见的冲突情境，编写事件材料，要求作答者匿名填写，针对材料中提及的为了竞争评优名额和奖学金而发生冲突等情境时会选择的解决方式。得分越高，越倾向于用报复性的方式解决冲突困境；得分越低，越倾向于用和平的方式解决冲突困境。结果发现，女生的平均得分更低，表明女生用和平的解决方式的倾向多于男生。

表2 不同性别学生的冲突解决方式得分

	女生（n=114）	男生（n=86）
冲突解决方式	3.78	4.68

将人际信心和冲突解决得分进行相关分析发现两者呈显著正相关（$p<0.05$）。人际信心更高的个体，认为自己在人际交往中更加游刃有余，会选择偏平和的方式解决人际冲突；而人际信心更低的个体，不认为自己可以胜任人际关系的处理，会选择粗暴、偏报复的方式解决人际冲突。如果经过人际交往，在一定的信任和规则基础上产生了安全感和可靠感，那么人际交往将持续健康发展，这样能够避免一定的人际冲突。正如学者罗推尔（Rotter）所说，个体人际信任程度高，则内心少有冲突，较少出现精神失常或顺应不良现象，有更高的信心结识朋友，并善于处理人际冲突等一系列人际交往情境。[1]

二、心理防御机制类型

个体在面临应激等困境时所产生的自动化的心理适应机制，叫作心理防御机制。心理防御机制是调节内心冲突与外界现实的媒介，是面对一些不利因素冲突不可调和之时，为了缓解内心痛苦所产生的自我保护的想法和行为。根据这些想法和行为的社会适应水平，分为三种类型。[2]第一种是不成熟型防御机制，比如投射、退行和幻想等，用以改变角色之间的情感所引起的苦恼，但在旁观者看来，不是那么必要的；第二种是成熟型防御机制，比如升华和幽默，既能够解决现实困难，满足自我的欲望与需求，又能够为社会文

---

[1] 郑安云等：《心理防御机制对建立信任机制的影响》，载席恒主编：《西部公共政策与管理评论》（第1辑），西北大学出版社2008年版，第2页。

[2] 路敦跃等：《防御方式问卷初步试用结果》，载《中国心理卫生杂志》1993年第2期。

化所接受，对自我角色起到维护作用；第三种是中间型防御机制，如回避、否认、隔离等，面对内心与现实世界的冲突寻找借口，表现为对自我角色的多角度审视。研究发现，个体在高水平应激状态下，如果没有采取合适的解决方式、没有运用成熟的心理防御机制，可能会产生应激反应，出现受伤害等情绪，对心理健康状况造成不良后果。

研究选用邦德（Bond）于1983年编制、路敦跃于1989年修订的防御方式问卷（DSQ），对200名在读学生进行测评。DSQ问卷包含88个项目，为自评问卷，能够清晰地评估作答者心理防御机制的运用情况，有较好的信度和效度。

表3 大学生心理防御机制均分

	成熟型	中间型	不成熟型
防御机制均分	6.42	4.57	4.63

结果发现，200名学生在生活中较多运用了成熟型防御机制，但也有一部分学生在生活中常常采用不成熟型防御机制和中间型防御机制。防御机制在某种程度上可以缓解压力，抵消在人际冲突中的挫败感，但不一定对解决问题有效。

三、防御机制和困难解决方式的关系分析

孔德明等人研究发现，[1]心理健康水平低的个体更容易采取不成熟的防御机制和中间型的防御机制，心理健康水平高的个体更容易采取成熟型的防御机制，为找到正确的困境解决方式提供了缓冲。同时，不成熟型和中间型的防御机制与消极应对方式呈正相关，成熟型的防御机制与积极应对方式呈正相关。上述防御机制对人际信任的回归系数有统计学意义。[2]而应对方式和人际信任都是人际冲突解决的原因和背景，可见防御机制的不同导致了人际冲突解决方式的差异。在人际交往过程中，如果出现了人际冲突事件，不

---

[1] 孔德明等：《大学生心理防御机制和应付方式与心理健康状况的相关性研究》，载《慢性病学杂志》2010年第9期。

[2] 韦耀阳、杨曹芬：《大学生防御机制及人际信任的相关研究》，载《精神医学杂志》2013年第3期。

论是何种人格特质的个体，短期内都会经历一定程度的恐慌、懊悔、愤怒和不平。信任的建立需要一定的过程，这期间，如果个体认同某种角色，并按照这个角色的标准行事，或者顺从社会赞许性的规则表现自己的言行，那么冲突可以顺利地化解；如果个体不认同、排斥某种角色，就会表现出相反的角色形象，或者背弃社会赞许性的规则行事；[1]如果个体对角色认知模糊，则可能产生认同冲突，在意识层面顺从角色要求，而在潜意识层面抗拒角色要求，导致内心的痛苦。抗拒行为是主体性表达的一种方式，是在不断地清晰化自己的认同。因此，不管个体采用什么类型的防御机制，都是一种潜意识中的应对方式，中间型与不成熟型的防御机制不利于问题的解决，而成熟型的防御机制则有利于困境的解决。

四、人格特质分析

成熟型防御机制能帮助我们更好地维护自己的心理健康并且适应社会的要求，而个体独有的人格特质也与心理健康水平相关。研究表明，在神经症水平患者身上，能发现许多症状与心理防御机制相关联，并且演变为稳定的人格特质的一部分。[2]

"人格"一词源于源自拉丁文 peu-sona，是不同情境下的稳定的行为方式和人际过程。心理学家杰瑞·本格（Jerry M. Burger）在《人格心理学》一书中提及，人格包含的人际过程是人与人之间的过程，是发生在个体外部，并影响着我们行动、感觉和知觉的情绪过程、动机过程和认知过程。因此，个体如何与他人互动，人格起着决定性作用。所以，健全的人格是个体存在于社会、作用于社会的稳定心理基础。在人格特质理论中，"大五人格特质"被深入地研究，在不同语言和文化背景下都运用广泛。该理论包含五个类型的特质：外倾性、神经质性、开放性、宜人性、尽责性。外倾性指沟通良好、热情、社交、果断、冒险、乐观等品质，反之则沟通不良、严肃、腼腆、对人疏远、喜欢独处、从容不迫、谨慎；神经质性指不具有保持情绪稳定性的

---

[1] 李霞、钟建林：《心理防御机制视角下学生抗拒行为研究》，载《教育理论与实践》2022年第8期。

[2] 刘卡静、邹晓丹：《大学生防御机制与大五人格的关系研究》，载《赤峰学院学报（自然科学版）》2015年第14期。

能力，表现为烦躁、不安全、自我怜悯、焦虑、敌对、冲动、脆弱等情绪，反之则情绪稳定、不易动怒和悲伤、安静、安全、自我满足、自我控制；开放性指想象、审美、求异、情感丰富、智慧、寻求变化等品质，反之则理性现实、对美缺乏敏感性、生活方式固定、较少感知自己的情感内心世界；宜人性指信任、利他、直率、依从、热忱、谦虚等品质，反之则自私、危险、怀疑、不合作、谨慎悲观、掩饰自己、不介意与人发生冲突、傲慢、粗暴、对别人的痛苦没有强烈的感受；尽责性指相信自己的能力、有计划和条理、公正性、追求成功和卓越、尽职尽责、追求成就等特质，反之则对自己的能力不自信、无序杂乱、懒散悠闲、退缩健忘、草率冲动。研究认为，人格特质是影响心理防御机制运用的主要因素之一，即人格特质会影响其采用何种防御机制，反之个体采用的防御机制是其人格特质的表现形式。[1]学者刘卡静等人研究发现，大学生不成熟型防御机制与人格特质中的神经质得分呈正相关，与外倾性、宜人性和尽责性得分呈负相关，即采用不成熟型防御机制的个体情绪更不稳定，表现为更容易焦虑、愤怒、烦躁和冲动等倾向；大学生成熟型防御机制与开放性和尽责性得分呈正相关，即采用成熟型防御机制的个体更为严谨，情感和想象力更为丰富，兴趣更加广泛；大学生中间型防御机制与神经质性得分呈正相关，与外倾性和宜人性得分呈负相关。人格特质在神经质性上得分低的个体，常常采用成熟型防御机制来解决当下应激事件和心理冲突；人格特质为神经质性的个体多采用不成熟型防御机制和中间型防御机制；而人格特质为外倾性的个体常常同时采用成熟型防御机制和中间型防御机制。也就是说，特定人格特质的个体将有倾向性地采用特定的防御机制来应对困境。以上呈现了人格特质与防御机制错综复杂的关系。

自尊也是人格特质中广泛研究的对象。自尊是对自我的态度和感知，自尊水平低即自我评价较低时，在人际情景中会表现得不自信。高自尊个体一般表现得悦纳自我、善待他人，在人际交往中更加协调，在人际冲突中更善于克服恐惧、挽救局面；低自尊个体一般表现出较低的自我评价，在人际交往中会产生一定的社交焦虑，在人际冲突中显得更加不知所措。人际自我效能感高的个体往往自尊水平也较高，在人际交往中更为主动、自信，容易获

---

[1] 王学臣、李义安：《大学生防御方式与人格特征的相关研究》，载《中国心理卫生杂志》2004年第2期。

得他人的信任，相信自己有能力在人际交往中掌握主动权；[1]而人际自我效能感低的个体自尊水平可能会低，在人际交往中更加被动、自我怀疑，可能会回避一些人际冲突。防御性高的自尊个体会展现出一些敌对、偏执、武断等人格特质，在人际交往中容易产生欺负、报复等行为；安全性高的自尊个体会展现出一些包容、随机应变、善于合作等人格特质，在人际交往中是反欺负、反报复的风格。[2]

五、积极人格特质的引导探索

20世纪末，积极心理学开始在全球兴起。积极人格特质能够帮助人类发掘现实能力和潜在能力。主流积极心理学理论认为，积极人格特质的内涵包括乐观、快乐、自我决定、主动性、创造性、坚韧性等。其中主动性人格特质意味着积极改善当前环境或创造新环境，在人际冲突的解决中具有主导性的意义。而坚韧性是保护个体减少应激伤害的人格特质，是应对压力的重要来源，在人际冲突的善后中具有借鉴意义。自我决定是个体同时认识到自我需要和环境需要，权衡之下能够做出自由选择，这种人格特质将帮助个体更加理性地对待人际冲突，减少冲动行为产生。另外，研究发现，宽恕人格特质与攻击倾向有显著相关关系，即宽恕水平越高，则攻击倾向越低的趋势。宽恕的产生涉及个体的自我认知、态度和情感，具有较高宽恕人格特质水平的个体在经历人际冲突之后，经过认知重评，容易将对对方的愤怒、恐惧等情绪进行转化，减弱报复倾向，产生宽恕行为；宽恕人格水平较低的个体，则把对对方的愤怒、恐惧等情绪长时间留存，增强报复倾向，产生言语和身体上的极端行为。[3]麦卡洛（Mccullough）等人的纵向研究发现，[4]低宽恕水平的个体在若干周之后仍有较高的报复倾向，高宽恕水平的个体在若干周

---

[1] 谭先明、王玉昕：《大学生人际归因及其相关因素的研究》，载《中国临床康复》2004年第12期。

[2] 贾兆飞：《情境性宽恕下异质性高自尊对大学生人际冲突解决方式的影响》，南京师范大学2014年硕士学位论文。

[3] 梅亮：《大学生攻击行为倾向与人际宽恕的关系研究》，天津大学2011年硕士学位论文。

[4] Mccullough, M. E. & Worthington, E. L., "Encouraging Clients to Forgive People Who Have Hurt Them: Review, Critique, and Research Prospectus", *Journal of Psychology & Theology*, Vol. 22, 1994, pp. 3-20.

之后较少产生报复倾向。因此，宽恕对于修复人际冲突的双方关系具有积极的推动作用，能够减少回避和报复倾向，促进被侵犯者对侵犯者的原谅行为。

总之，高校承载着人才培养、科学研究、社会服务和文化传承的职责。高校心理育人是高校学生思想政治工作的重要内容，是助力青年大学生成长成才的重要支撑。而人格塑造体现着心理育人的价值遵循，也是新时代高校教育青年成长成才的使命。2013年，习近平总书记在同各界优秀青年代表座谈时指出："青年时期多经历一点摔打、挫折、考验，有利于走好一生的路。要历练宠辱不惊的心理素质，坚定百折不挠的进取意志，保持乐观向上的精神状态，变挫折为动力，用从挫折中吸取的教训启迪人生，使人生获得升华和超越。"强调了人格品质的重要性。2017年10月，党的十九大将"全面从严治党"写入党章，诠释了自我革命的内在要求。所以青年学生作为新时代人才储备，也应以自我革命为导向，进行自我建设，尤其是心理建设。2022年10月，党的二十大报告指出"实施科教兴国战略，强化现代化建设人才支撑"，其中"完善学校管理和教育评价体系，健全学校家庭社会育人机制"将教育、科技和人才视作全面建设社会主义现代化国家的支撑，这启示我们，教育工作者不仅要提升学生的技术素质、学术素质，同时还要提升心理专业素质，从而全面提高国民素质，真正实现人才强国。在心理防御机制理论、积极心理学理论与人格特质理论的支撑下，在实践中加强心理防御机制的觉察和改变，让学生认识到不成熟的心理防御机制的负面作用，并进行困难解决方式的训练，更为重要的是，加强人格教育，培养开放性等人格特质，促进成熟型心理防御机制的使用以代替不成熟型和中间型的心理防御机制，塑造更为稳定的行为方式和人际过程，进而帮助学生发挥人格在发展中的作用，在各种困境中应对挑战，成长成才。

后疫情时代大学生心理状态及高校心理健康工作方向探究

中国政法大学学生工作部（处）　胡佳丽

摘　要：新型冠状病毒给大学生的学习和生活方式带来了许多变化，在疫情发展的不同阶段，大学生的心理健康状态呈现出不同的特点。本文梳理了后疫情时代以来大学生的心理状态特点及突出的心理问题，揭示了新形势下高校学生心理健康工作面临的需求与挑战，并对下一步的心理工作方向提出了建议对策。

关键词：大学生　心理状态　高校心理健康工作

新型冠状病毒感染的疫情给人们的生活方式带来了诸多变化，同时也带来了持久深远的心理影响。随着疫情暴发期渐渐过去，我们进入了后疫情时代，疫情并没有彻底消失，而是我们渐渐学会了与病毒共存，随着疫情时起时伏，随时可能暴发，这些都给心理健康带来了新的挑战。因此，后疫情时代是对疫情持续应对、反思和调整的时期。过去三年，为应对疫情这一公共卫生事件带来的冲击，高校学生心理健康工作做出了许多积极的应对举措，如今在新形势下，我们亟须思考和探讨大学生心理健康需求的新变化，以及后疫情时代高校心理健康工作下一步的落脚点和发力点在何处。

一、疫情发展对高校学生产生的心理影响

疫情带来的心理影响是持久的，在疫情背景下，大学生的学习、生活、社交、考试、就业等方方面面都受到了影响，而在疫情发展的不同阶段，大学生所受到的心理影响表现出明显的差异。大致上，可以分为疫情初期、疫

情常态化防控时期、疫情高发期和后疫情时代四个阶段。[1]

（一）疫情初期的高校学生心理特点

在疫情初期，疫情的突然暴发对大学生心理健康产生了较大冲击，也带来了许多适应性问题。一方面，网上的信息量巨大，信息来源真假难辨，而大学生正处于智力发展高峰，学习能力强，对新事物具有强烈的好奇心和探索欲，自我意识强，具有自我表达和自我暴露的意愿，同时情感较为丰富，一部分大学生还存在着抗挫折能力较弱的问题。以上特点使得大学生更容易被负面信息洪流裹挟，引发长时间的焦虑、抑郁情绪。另一方面，新冠疫情对生命健康造成的威胁，让很多学生开始思考生命的意义，疫情突然出现激活了死亡焦虑，带来了更多的心理波动。研究显示，这一阶段大学生的焦虑情绪发生率高达29.60%，抑郁情绪发生率高达21.16%。

（二）疫情常态化防控时期的高校学生心理特点

在疫情常态化防控时期，疫情逐渐变得可防可控，恐慌情绪得以遏制，精准防控下生活也逐渐恢复秩序，这时学生逐渐开始适应新的生活方式。在这一时期，超长假期、居家隔离、复工复学、封校隔离、线上网课、线上活动等词汇给大学生留下了深刻印象，随着科学防疫工作的有效开展，学生渐渐更加适应疫情对学习、就业、生活等方面的影响，对变化的适应力有所提升，但疫情对心理健康的负面影响仍在继续，一方面，学生对疫情仍存在着焦虑情绪，另一方面，在这一阶段迷茫感和无力感也开始蔓延，一些学生对自身价值和生活意义产生了怀疑，对疫情结束的渴望与日俱增。

（三）疫情高发期的高校学生心理特点

随着疫情进入高发期，很多学生陷入矛盾情绪中，既对疫情即将结束感到激动，又对自身健康状况感到担忧。这个阶段的疫情发展特点是传播速度迅速、感染范围大，病毒感染形势牵动着每个人的心。在这个阶段，大多数同学能够科学看待疫情，积极做好自身防护，同时不恐慌、不传谣，理性对待新冠病毒给身体带来的影响，但是也有少数同学出现了恐惧、疑病等情绪，

---

[1] 石静、刘穿石：《疫情背景下高校加强大学生心理健康教育工作研究》，载《中国多媒体与网络教学学报（中旬刊）》2022年第1期。

甚至有同学出现惊恐发作症状。

（四）后疫情时代的高校学生心理健康特点

随着后疫情时代到来，抗击新冠病毒的战役已经取得了阶段性胜利，大学生的心理健康状态渐趋稳定，但是奥密克戎变异株的不断出现、疫苗防御性的降低、感染病毒对身体长期影响的不明确，又给大学生心理健康带来了新的挑战。

二、后疫情时代高校心理健康工作面临的突出心理问题

大学生正处于生理心理发育关键期，也处于抑郁、焦虑等心理问题高发阶段，后疫情时代主要的突出心理问题有：

（1）抑郁情绪[1]。由于长期人际交往和活动范围减少，不确定性增加，生活秩序被打乱，容易产生抑郁情绪，尤其对于患有抑郁症、焦虑症、双相情感障碍的学生，自杀风险明显上升。

（2）疑病心理。部分学生出现轻微身体不适时，就会怀疑自己已经感染新冠病毒，甚至怀疑自己已经"白肺""心肌炎""重症"等，急于求诊，更有甚者自己盲目用药，损伤身体。

（3）恐阳心理。当周围亲友已经出现病毒感染时，有的学生会陷入恐慌中，由于极度担心感染而过度自我保护，例如足不出户、不肯见人、频繁上网查阅病毒相关信息、乱用药物或保健品等，这样不仅会影响日常生活、对身体健康造成伤害，也十分不利于心理健康。在恐惧状态下，还可能加重原有的强迫症状，包括强迫思维和强迫行为，如强迫洗手、强迫清洁等，在不断重复的行为中，心理更加紧张不安，难以放松。

（4）从众心理。由于疫情形势变化，高校会相应地对校园管理措施不断做出调整，对于这些变化，一部分学生会曲解信息、以讹传讹，在从众心理的影响下，加上各种网络社交媒体推波助澜，谣言的传播速度往往非常快，由于大学生情感丰富、注重自我表达、较为敏感的内心特质，容易被煽动网上跟帖或线下聚集，失去独立思考的判断力，人云亦云，在集体的推波助澜

---

[1]《新型冠状病毒感染疫情形势下学生突出心理问题防治工作实施方案》，教体艺厅函〔2022〕50号。

下做出冲动的不理智行为，这些状况也给高校的心理健康工作带来了新的挑战。

（5）长期应激。对于原本患有慢性生理疾病、确诊心理疾病、身心较为脆弱的学生而言，新冠病毒传播的三年是痛苦逐渐累积的过程，到了后疫情时代，他们难以从痛苦中走出，有学生表示，"疫情发生期间还有借口无心学习，现在疫情没了才发现其他人都在进步，只有自己原地踏步，这种感觉像是潮水退去发现只有我一个人在裸泳，感到更加痛苦"，对于这样的同学，后疫情时代他们难以适应生活节奏的改变，发生心理危机的可能性不容小觑，需要更加关注。

（6）学习问题。在疫情防控期间，高校往往采取线上授课、线上讲座、线上活动的方式教学，部分同学不适应这种教学方式，难以集中注意力思考，使得学业进度一直落后于同龄人，此外，疫情防控期间为配合线上教学，高校纷纷采取缓考、降低考试难度、变换考核方式等途径减轻学生的学业压力，随着后疫情时代到来，学生将重新面临着考试考核的压力，更多的学业问题也暴露了出来。

（7）就业压力。当前就业形势较为严峻，部分毕业生受疫情影响，不能去企事业单位正常见习或实习，工作机会减少，就业焦虑持续上升。已感染新冠病毒的学生担心身体恢复慢、错过工作机会，未感染病毒的学生担心生病后可能影响考公、考研和笔试面试发挥等，易伴随焦虑、恐慌、疑病等负性情绪。

（8）人际问题。受疫情影响，长时间居家隔离的学生易出现亲子关系矛盾，在校隔离的学生易出现宿舍关系矛盾，线上交流代替了线下交流，人际关系类型改变，加上疫情无形中拉大了社交距离，人与人之间真实的互动减少，导致缺乏心理宣泄渠道，缺乏归属感，容易产生不安全感和孤独感。社会支持系统被削弱，减少了大学生应对压力的内部资源，进而会影响其心理健康水平。

（9）网络成瘾。疫情防控期间现实社交活动缺失，延长了学生使用网络的时间。另外，疫情相关信息借助网络进一步传播、扩散，容易让学生沉浸其中，对学生的自控力提出了更大的挑战。这样的情况下，学生可能会沉迷于网络游戏、网络购物、网络短视频等，对真实世界丧失兴趣，一蹶不振。

（10）校园霸凌。疫情冲击下，未成年人遭受校园霸凌的可能性提高。较早感染新冠病毒的学生群体可能会遭到孤立、歧视甚至言语和行为攻击，带来严重的心理伤害，有极少数同学经历疫情后甚至出现创伤后应激障碍。同时，校园霸凌风气也不利于构建良好的校园心理健康氛围，应当及时予以干预和纠正。

三、后疫情时代高校学生心理健康工作面临的需求与挑战

（一）需要将疫后高校心理健康工作与"立德树人"相结合[1]

"立德树人"要求高校以德育教育为首，通过积极向上的教育来引导、感化和激励学生。疫情后，大学生的心理疏导至关重要。在心理健康工作中，要着重培养学生理性平和的阳光心态，培养学生的抗挫折能力，增强学生的心理弹性。

（二）需要注意疫情反复给学生心理健康带来的较大负面影响

个体咨询数据显示，疫情反复对学生的心理健康影响越来越复杂，除了常规的恐惧、焦虑等情绪外，愤怒、不满等情绪也逐渐显现。以中国政法大学为例，咨询问题主要包含亲子关系、恋爱关系、宿舍关系、身体疾病、创伤经历、适应不良、情绪调节不良、抗挫应对、自我价值感低、精神疾病等。在校园相对封闭管理期间，心理中心24小时热线共接电话73人次1000余分钟，多为情绪的发泄。抗击疫情虽然已取得阶段性胜利，但疫情防控期间积累的负面情绪并不能一朝消散，仍然要注意通过多种心理健康教育途径逐步化解疫情产生的负面心理影响。

另外，疫情防控期间个体心理咨询往往采用线上方式，来访学生无法身临其境，兼职咨询师不能正常入校，一定程度上影响了咨询效果。后疫情时代，需要将线上咨询与线下咨询相结合，发挥线上咨询不受空间约束的灵活性，同时逐步恢复线下咨询，给学生提供一个安全、隐私、舒适的咨询空间。

（三）需要注意高风险群体学生的潜在心理危机

疫情后，对平时心理重点关注人群尤其需要加以关注，如过往发生过心

---

[1] 李林娇：《疫情后时代高校资助管理育人工作"心"发展》，载《人才资源开发》2020年第17期。

理危机的同学、过往有心理疾病确诊史的同学、过往有长程心理咨询史的同学以及在新生筛查、危机排查名单中显示存在心理风险的同学，对于以上人群，需要特别加以关注，实施精准心理辅导。

因疫情带来的学习方式的转变、家庭经济的变故和就业压力的增加，需要对家庭经济困难学生、少数民族学生以及学业困难学生等群体，多方用力，综合施策，给予更多的关注和更有力的帮扶。

（四）需要进一步保障心理健康工作队伍与经费建设

过去几年在疫情影响下，高校咨询量飞速增长，大量心理健康工作转为线上，对高校专职咨询师的工作提出了新的要求，这种情况下，需要保障心理健康工作经费，加强心理健康工作队伍建设，更新心理健康工作设施，以满足学生日益增长的、多样化的心理需求。

四、后疫情时代高校学生心理健康工作建议对策

（一）以科学、专业为原则指导开展心理健康工作，夯实心理危机干预体系

高校心理健康工作应当全面评估整个疫情发展过程对学生心理健康带来的影响，聚焦学生突出心理问题，以科学、专业为指导为原则，根据大学生身心发展的规律特点，及时关注学生心理健康动态，寻找科学有效的途径，全面提高学生心理健康素质。

后疫情时代，夯实心理危机干预体系能够帮助我们未雨绸缪。高校应构建完善的校—院—班—宿四级危机干预网络，一方面，与学院紧密配合，对辅导员做好危机干预培训；另一方面，充分调动学生骨干的积极性，对潜在的心理危机事件加以关注和干预，以中国政法大学为例，学校对心理委员和宿舍长定期展开心理危机干预培训，并建立了长效培训-反馈机制。除危机干预主题外，应对疫情还开展了"疫情防控常态化下的心理调节""挫折应对主题的朋辈辅导技能""疫情期间，如何保持积极心态""疫情之下，如何睡个好觉""疫情防控之下如何提高我们的独处能力"等专题培训，培训完成后，鼓励学生骨干回到所在班级、宿舍开展心理班会、心理团体和朋辈辅导活动，并及时向心理中心反馈活动效果；心理中心专职教师与心理委员建立微信群，沟通直接、及时、顺畅，由学生骨干构成的危机干预网络最后一环，大大延

展了心理危机网络的覆盖面，减少了平时不易关注到的心理危机死角，保障了同学们的身心安全。

（二）探索多形式心理健康教育活动方式，扩大覆盖面[1]

受疫情影响，高校心理健康活动大部分转为线上活动，必须认识到，这一改变利弊共存，线上活动的优势在于不受空间的约束，师生参与活动的灵活性提高，参与人数不受场地限制，高校之间共享资源也更加便利，但线上活动的劣势在于难以调动学生的主观能动性，难以创造身临其境的真实感，学生之间的互动也更加困难。另外，一些以现场体验为主的活动，如舞动治疗团体、音乐治疗团体等，转为线上活动后效果参差不齐，也给活动带领者带来了新的挑战。

在后疫情时代，线下活动渐渐得以恢复，同时我们可以最大程度保留线上活动的优势，采用线上、线下相结合的方式开展心理健康工作。如举办线下心理公开课时，可以同步云直播，扩大受众范围，同时保证在场同学的互动性；建设心理课程时，既保证线下开课的数量与质量，也可以着重建设可共享的线上微课平台，以中国政法大学心理微课堂为例，面向新生开设的"如何拒绝拖延""学习方式的变化""宿舍人际关系""缓解思乡情绪"等心理微课，超过2000名新生观看。面向新生开设的"入学适应""情绪管理""健康睡眠"等十门入学选修微课，超过6000人次观看。

（三）加大心理健康教育经费、人员、场地建设投入力度

后疫情时代给高校心理健康工作提出了新的挑战，当前，学生心理健康问题呈上升趋势，个体咨询量处于快速增长态势。而一些学生心理问题的出现时间早、绵延时间长，在需要专业治疗同时，需要长期的心理咨询予以帮扶。对此，建议进一步加大心理健康教育的经费投入，加强兼职心理咨询师队伍建设，更新完善现有心理健康设施，心理咨询室可配备线上咨询设备，增设一键报警系统保障咨访双方人身安全，建设更加完备的团体辅导室以备线下团体活动，视情况增设减压室、沙盘室等活动空间，确保大学生心理健康需求得到满足。

---

[1] 刘卉：《疫情防控常态化背景下大学生心理健康教育研究——以北京大学学生心理健康教育工作为例》，载《北京教育（德育）》2022年第11期。

（四）不断深化心理育人全员体系建设，加强家校院社协作

鼓励引导高校全体教职工都积极主动参与到心理育人中来。进一步加强对于辅导员尤其是新辅导员、班主任的专业培训，推广设立学院二级心理辅导站，结合深度辅导等日常思想政治教育工作，全面普及心理健康知识和增强危机应对能力。落实上级文件要求，心理培训纳入导师、新教师培训的必修课程，推进教师心理教育。

加强家校院社合作，与家庭、医院、社会力量结合，建立全民参与的学生心理健康工作机制，有效预警、及时干预，必要时及时转介医生就诊，使学生得到有效的心理治疗。对疫情中长期居家的学生来说，虽然学生不在校，但学校依然有责任做好学生心理健康保障工作，这就需要高校与家庭、社区紧密配合，共同为学生心理健康保驾护航。[1]

结　语

经历了疫情发展的不同阶段，大学生心理健康需求在不断变化和成长，后疫情时代，高校心理健康工作也面临着新的挑战。以科学、专业为原则指导开展心理健康工作，夯实心理危机干预体系，加大心理健康教育经费、人员、场地建设投入力度探索多形式心理健康教育活动方式，扩大覆盖面，不断深化心理育人全员体系建设，加强家校院社协作，这些在后疫情时代是经过验证行之有效的高校心理健康工作途径。下一步，如何立足于当前的外部疫情发展形势和内部大学生心理需求，精准把握心理工作的落脚点，仍是需要我们在实践中不断探究和解决的问题。

---

[1] 陈梓尧等：《"后疫情时代"学生心理健康状况调查研究——以京内部分高校学生为例》，载《心理月刊》2020年第24期。

团体辅导在文科院校心理健康课程中的应用

中国政法大学学生工作部（处）　魏旭晨

摘　要：开设大学生心理健康课程是提升大学生心理健康水平、增强大学生心理素质的重要途径。团体辅导是一项兼具体验性、互动性、高效性的新型专业化教学方法，将团体辅导广泛应用于心理健康课程对于提高教学效果具有重要的积极意义。本文基于文科院校大学生的特点与优化大学生心理健康课程体系的需要，讨论在文科院校心理健康课程中广泛应用团体辅导的必要性及其积极影响，旨在探索更适合文科院校大学生的心理健康课程教学方式，进一步丰富心理健康课程的教学方法，提升教学成效，推动学生素质与学生心理的健康发展。

关键词：团体辅导　文科院校　心理健康课程

心理健康对大学生的成长与发展起着极其重要的作用。2002年，教育部发布《普通高等学校大学生心理健康教育工作实施纲要（试行）》，提出各高校应创造条件为大学生开设心理健康教育的课程或专题讲座、报告等。2018年，教育部颁发的《高等学校学生心理健康教育指导纲要》再次强调心理健康教育课程建设的重要性，提出要将心理健康课程纳入学校整体教学计划，实现大学生心理健康教育全覆盖。开设大学生心理健康课程已成为开展大学生心理健康教育，提升大学生心理素质的重要途径。整体看来，当前高校心理健康课程的普及度较高但仍难以满足大学生日益增长的个性化需求。在新时代，心理健康课程的教学需要有与时俱进的新方法，要随着受众群体的特点与需求进行调整和变化。

团体辅导是一种强调参与感与体验感的专业心理辅导方法。根据大学生的心理发展特点与学习需求，将团体辅导广泛应用于心理健康课程，突破传统的教学模式，能够激发学生的学习热情，有效提高学习效果。本文将基于

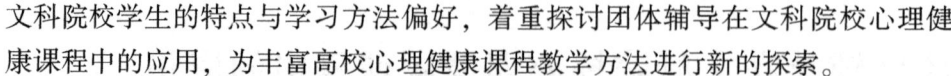

文科院校学生的特点与学习方法偏好,着重探讨团体辅导在文科院校心理健康课程中的应用,为丰富高校心理健康课程教学方法进行新的探索。

一、团体辅导概述

团体辅导是在团体情境下进行的一种心理辅导方法。它是以参与成员共同组成的团体为对象,运用适当的心理辅导方法与策略,利用团体内的人际交互作用,促进参与个体在交流互动中通过观察、学习、体验,进行自我探索、自我认识、自我接纳;发展适应行为、增强适应能力;调整与改善人际关系;激发个人潜能的助人过程。

团体辅导在实际进行时,通常由具备专业团体知识且经验丰富的带领者主持,根据团体的主题创设合适的情境,依照团体辅导的原则与团体内部协商的规则,通过团体活动、小组任务、讨论分享等方式,运用心理剧、音乐治疗、绘画疗法、舞动治疗、认知行为训练、意象对话、角色扮演、正念冥想等技术,组织团体成员分享表达自己的感受、观点、收获,并在此过程中相互支持鼓励、相互作用、彼此启发,充分发挥每个人的主动性和参与度,帮助组织成员深入了解自己和他人的心理与行为,促进人格健康成长。

二、文科院校大学生的特点

(一)大学生的心理发展特点

大学生处于从青年期过渡到成年早期的重要时期,具有独特的心理发展特点。进入大学后,随着独立生活的开始,大学生开始了更深入和丰富的自我探索与发现,更加注重自我内心的体验与分析,进而了解自己的心理变化;重视他人对自己的评价,渴望获得尊重与理解,渴望与同伴建立人际交流与情感沟通,并通过与他人的交往和对比加深自我认识与自我评价;情绪体验更加丰富,情感体验更加深刻,但情绪波动较大,情绪转换较为明显;此外,大学生的心理矛盾与冲突较为明显,例如独立或依赖、自信或自卑、开放与封闭、理想与现实等,需要正确的引导和帮助。整体来看,大学生通过不断地探索与学习,心理逐渐成熟,人格逐渐完善。

(二)文科专业大学生的学习特点

研究显示,与理工科学生相比,文科生的自我表露倾向较高,愿意与人分享自己的观点。在心理健康课堂中，运用启发式提问、课堂讨论与分享的教学方法时，文科生回答问题更加积极踊跃且有理有据，持不同观点的学生可能会在课堂上进行讨论与辩驳。同时，有研究发现文科生的师生互动频率、学生互动参与性显著高于理科专业学生，例如在课堂上会主动回答老师的问题，包括小组互动与个体互动在内的课堂互动频率明显更高等。

三、在心理健康课程中广泛应用团体辅导的必要性

（一）当前心理健康课程可能存在的问题

1. 授课形式传统单一，学生学习缺乏积极性

传统的授课形式通常是以教师、教材、考试为主体，教师进行课堂讲授，学生被动地接收知识，是一种内容单向传递的程式化教学方式。由于课程体系有待完善、授课方式有待丰富，心理健康课程大多也采用传统教学方式进行授课，课程内容大多根据教材设定，以讲授理论知识为主，较少与学生感兴趣的热点话题相结合；授课形式相对固定，缺乏新意和吸引力，难以激发学生的学习兴趣和热情。整体来看，传统的授课方式容易让学生失去主动性、参与感和学习积极性，在一定程度上影响了大学生心理健康课程目标的实现。

2. 课堂学习与实践应用的结合不够紧密

心理健康课程是一门以体验为主的课程，更是一门"教人自助"的课程。因此，心理健康课程的重点并非理论知识的记忆与背诵，其教学效果也不能仅仅用学生的卷面成绩来衡量，能够将课程中学习的心理健康知识在生活中实践应用，更好地了解自己、他人、世界，妥善地处理人际关系，不畏惧生活中遇到的挫折与挑战，培养健康的人格，增强适应能力，提升自身心理素质更是这门课程的目标与意义。

（二）团体辅导的优势与特点

1. 符合大学生的心理发展特点

不论从个体社会化的角度还是大学生人际交往的角度来讲，同伴关系都是大学生生活中极为重要的一部分，可以满足大学生的归属需求和尊重需求。成长中的大学生渴望了解自己，也对他人充满好奇，渴望与他人建立关系，更重视他人对自己的评价，因此也更容易接受同伴的反馈和建议。团体辅导

的基础是所有参与成员共同构成的团体,强调参与成员之间的交流、分享、讨论、总结,加强了参与个体的融入感,发挥同伴关系的重要作用,利用团体成员之间的人际互动和相互影响达到心理辅导的目的。

2. 符合心理健康教育的目标

区别于一般的传统学科课程,心理健康教育是一门自我教育的课程,强调"助人自助,而不能代人成长"。团体辅导引导参与成员从活动中体验、在互动中思考,在总结中感悟,充分给予个体探索、发展、成长的空间,促进团体成员将团体中的收获转变为日常生活中自我帮助的能量。团体辅导的教学方式将传统教学中的以"教"为重提升到以"育"为本,突出体现了心理健康教育的教学本质。

3. 以学生为主体

团体辅导可以充分有效地展现学生在心理健康课程中的主体地位。团体辅导的教学主题、教学设计、教学方式、教学活动均基于团体成员的特点及需求进行设计,并根据成员的课堂反应与课后反馈随时进行灵活调整,有效地引导学生积极参与其中,让学生意识到自己对自己的健康与发展负有最大的责任,鼓励学生以主人翁的姿态直面自身问题,在团体活动中通过与他人的互动主动觉察自身问题,有意识地调整自己的情绪,改善自己的个性,提升幸福感知能力。在团体辅导中,每一位团体成员将会得到充分的尊重,感受到被尊重的大学生也更加容易卸下防御心态,使得教育内容更加容易内化。

4. 专业性

团体辅导是一种有理论依据的专业心理辅导方法。团体动力学理论认为团体是一个有机的整体,其本身具有巨大的能量,团体期待会强烈地影响个人,例如促使个体进行自我实现,在一定程度上满足个体的内在需求,同时个人行为也反过来影响整个团体。团体辅导的过程也是人际沟通相互作用的过程,不同于一般的集体活动,人际沟通理论为团体中的个体如何进行交往、怎样增强沟通效果、促进人际关系等提供了重要参考,同时也为团体带领者如何设计合理的团体环节、选择恰当的团体沟通方式、有效地观察成员间的互动提供了大量指导。

团体辅导的专业性还体现在其保密性上。团体辅导在进行过程中通常需要所有参与人员都保持对彼此和团体的高度信任,在此基础上团体成员才能更加开放、更加轻松自然地进行自我表露，团体内的交流才会更加充分、畅通，团体效果才会得到最大限度的展现。为了尊重并保护所有参与团体的成员同时充分发挥团体辅导的作用，开展团体辅导时通常需要制定严格的保密原则并要求成员承诺严格遵守，避免在团体之外泄露或讨论他人隐私，确保团体辅导能够顺利开展并获得良好成效。

5. 互动性

团体辅导可以促进课堂内的有效互动。在心理健康课程中广泛应用团体辅导可以促使参与团体的学生在教师的专业引导下，逐步构建一个相互信任、支持、理解的环境，培养一种安全、开放、包容的团体氛围，为团体内的互动做好前提保障。在开展团体辅导的过程中，教师可以积极创设互动条件，例如调整课堂座位，安排团体成员围坐在一起，拉近教师和团体成员彼此之间的距离，每一位成员都能够看到彼此的面容，感受到彼此的情绪，促进团体内的自由表达与顺畅沟通，也为成员的成长与改变提供了便利。同时，教师可以利用活动体验、案例分析、小组讨论等多种方法，引导学生积极参与团体互动，领悟知识、探讨问题，进行成员间的相互启发、支持、鼓励，充分发挥团体内的相互作用与团体自身的能量，促进团体成员在互动中轻松愉快地学习探索自我和改进自我的方法。

6. 全员参与性与体验性

研究发现，个体在心理健康课程中的参与度和内心体验的丰富程度在很大程度上影响了课程的教学效果。团体辅导以其独特的授课方式要求学生全员参与到团体当中，并将热身游戏、团体活动、多种技术训练、分享总结等方法运用于教学环节的设计中，引导大学生积极主动地参与到团体中，发自内心地投入课程中，与成员分享自己经历、感受、收获，在这个过程中每位成员都会产生自己独特的新的体验。这种在认知、情感、行为等多维度的参与和体验能够最大限度地促进大学生心理成长。

7. 形式新颖多样

团体辅导中十分强调的参与性与体验性通常需要借助团体活动等教学设计来实现。区别于传统课堂的教学，团体辅导展现出的教育过程较为含蓄，教师会将心理健康课程的教学目标与任务隐含在团体辅导的框架中，不直接讲述教学内容，而是通过教师的引导，让学生在团体中感受、体验、探索、感悟，从而实现教育目标。同时，团体活动的开展形式也十分丰富，常见的有认知行为训练、多种艺术性治疗方法、冥想和放松训练、独特而巧妙的团体游戏等。新颖的教学设计和灵活多样的授课形式让团体辅导的优势更加突出。

8. 实践性

团体辅导可以利用团体的优势将教学内容与生活实践紧密结合。团体成员可以在教师的引导下扮演特定的角色、模拟特定的社会情境，通过模仿、示范、观察、反思等方法，让每位成员都在这种接近真实社会的情境中深刻体会自己的认知、情感、行为，改善自身问题，探索成长方向，并通过后续的小组交流集思广益，与小组成员共同进步。这样的课程模式鼓励大学生将自己在团体中的实践经历、反思、收获积极地迁移到日常生活中，获得进一步的成长。

四、在文科院校心理健康课程中广泛应用团体辅导的积极影响

（一）尊重学生特点，因材施教

心理健康课程的学习并非简单的脑部工作，更强调全身心的投入。因此，知识的传授只是心理健康课程中的一部分，尊重学生的个性特点与心理发展特点，重视学生在课程中的情感体验以及课后的认知行为改变也同样重要。心理健康课程的教学需要综合大学生的心理发展特点与学生的学习特点进行个性化设计，在文科院校中，学生大多具有心思敏感、情绪丰富、情感充沛、感知力和觉察力较强、愿意自我表露、擅长表达与沟通、乐于与老师同学互动、偏爱启发式提问等特点，而以形式多样的团体活动、小组讨论、分享互动等为主要内容的团体辅导能够与文科专业学生的特点高度匹配。在文科院校广泛应用团体辅导的教学方法就是从学生本位的教学理论出发，充分尊重学生，根据学生的性格、兴趣、特点因材施教，充分调动学生丰富的情绪情感以及敏锐的感知能力，通过团体内的人际互动与讨论分享进一步提升心理健康教育效果。

（二）顺应时代要求，满足学生发展需要

大学生作为社会未来发展的主要人才，承担着重大的责任与使命。新时

代背景下，社会对于人才提出了更高的标准与要求。人才不仅需要具有具备专业技术和能力，更需要具有过硬的心理素质、综合能力与可持续发展能力。因此，大学生综合素质的提升与潜能发掘也成为高校教育中非常重要的一部分，大学生心理健康课程也被赋予了新的要求和意义。大学生心理健康课程不仅要关注大学生心理健康，提升心理素质，也需要提高包括学习能力、情绪识别与调节能力、人际交往能力、创新实践能力等在内的综合能力，而实现新的教学目标也需要采取与之相对应的教学方式与教学内容。

团体辅导认为个体都有让自己向着更好方向发展和改变的意识与能力，通过团体互动引导个体解决发展过程中可能面临的困扰与问题，促进个体不断探索自我，发掘自身潜能，从而实现自我。基于团体辅导的特点，将团体辅导广泛应用于大学生心理健康课程有利于新的教学目标的有效实现，更顺应了时代的要求，满足了学生的发展需要。

(三) 感染力强，覆盖范围广泛

团体辅导强调团体内的人际互动激发的团体动力，团体互动促进个体的成长与改变，个体的改变也作用于整个团体。同时，团体内的个体影响着其他每一位成员并被其他成员所影响，由此构成了多向交流与沟通的环境，将团体成员的情绪、情感、感悟充分交织在一起，形成了极具感染力的氛围，促使团体成员在彼此互动中学习与成长。

团体辅导的应用范围非常广泛，可以根据大学生在不同阶段的困惑有针对性地进行设计，对可能出现的心理问题进行提前预防与干预。在初入学阶段，可以开展大学新生适应团体辅导，帮助新生度过刚入学的过渡阶段，更快地适应大学校园生活。在大二大三阶段，可以围绕认识自我的主题开展团体辅导，引导大学生积极探索自我、发挥潜能、实现自我；开展例如情绪觉察、情绪探索、情绪管理等主题的情绪团体辅导，协助大学生探寻情绪背后的意义，找到适合自己的调节负面情绪的方法；开展人际关系主题的团体辅导，学习人际交往的技巧，增强人际交往能力；开展亲密关系团体辅导，增进大学生在成年早期对亲密关系的理解和培养，抵抗孤独感；开展成长型思维的团体辅导，鼓励大学生打破自身限制，增强自信，建立终身学习、终身发展的意识，探索充满无限可能的未来。在大四阶段，可以开展生涯规划团体辅导，帮助大学生探索职业兴趣和职业能力，树立生涯意识，尝试生涯规划，促进自我实现。

（四）教学效果明显

为了探索团体辅导对于提升大学心理健康水平的作用，部分研究者以大一新生为研究样本，采用SCL-90量表施测，将单纯开展团体辅导、心理健康讲座与团体辅导结合、单纯开展讲座三种教学形式进行对比，研究结果发现与传统的心理专题讲座相比，团体辅导在优化大学生的心理素质方面的效果更为明显，且单纯开展团体辅导比讲座与团体辅导相结合的方式效果更好。或许是由于相比于传统的心理健康讲座，团体活动的特点和氛围容易让参与成员全情投入并找到共鸣，且在团体互动中为参与成员提供了全方位多角度的学习和体验机会，促使其从认识自我、探索自我开始反思和改进，从而提升心理健康水平。同时，也有实验发现，团体辅导可以降低大学生在SCL-90量表中的得分，提高大学生心理健康水平，表明团体辅导在心理健康课程中的应用是十分有效的。还有研究发现，经过团体辅导的干预后，学生的整体心理健康水平得到了提高，SCL-90量表中人际关系敏感、抑郁、焦虑、恐怖等五个因子都得到了显著改善。多项研究均表明，将团体辅导应用于心理健康课程可以有效提升教学效果。

五、结语

大学生心理健康课程是提升大学生心理素质的重要举措之一。将团体辅导广泛应用于文科院校的心理健康课程，可以结合文科生的心理发展特点与学习特点因材施教，增强学生的学习热情和兴趣，引导学生积极参与团体互动，促进个体探索自我，完善自我，并将课程收获与实际生活相结合，实现生活中的成长与发展。

参考文献

［1］何瑾、樊富珉：《团体辅导提高贫困大学生心理健康水平的效果研究——基于积极心理学的理论》，载《中国临床心理学杂志》2010年第3期。

［2］郭霞、邱美玲：《积极心理学在大学生心理健康教育课程中的运用实践研究》，载《品味经典》2020年第9期。

［3］刘雪珍、覃奠仁：《团体辅导在大学生心理健康教育课程教学中的应用》，载《河池学

院学报》2008 年第 S2 期。

[4] 唐嵩潇、郝丽莉:《团体心理辅导在高校心理健康教育工作中的积极意义》,载《吉林化工学院学报》2019 年第 2 期。

[5] 李锐:《从人本主义心理学的角度看文科与理工科大学生〈心理健康〉的课程教学》,载《科技信息》2013 年第 14 期。

[6] 刘小平:《团体辅导模式在大学生心理健康教育课程中的应用研究》,载《新疆警察学院学报》2018 年第 2 期。

[7] 裴利华:《团体辅导在心理健康教育课程中的应用研究》,载《中国心理卫生杂志》2006 年第 8 期。

[8] 邱小艳、唐君:《团体辅导在大学生心理健康教育课程中运用的实证研究》,载《湖南师范大学教育科学学报》2011 年第 1 期。

[9] 唐小丽等:《体验式团体辅导教学方式在大学生心理健康教育课程中的应用及评价》,载《齐齐哈尔医学院学报》2017 年第 7 期。

积极心理学视域下基于大学生心理健康教育需求的团体心理辅导实践
——以中国政法大学为例

中国政法大学民商经济法学院　苑　阳

摘　要：团体心理辅导是一种心理团体工作，也是高校心理健康教育的有效方式之一，本研究通过大学生团体心理辅导实践，阐述了团体心理辅导对大学生的意义，团体带领者所需技术，团体方案设计，实施过程，后期评估及实践案例等。

关键词：积极心理学　大学生心理健康教育需求　团体心理辅导

一、团体心理辅导对大学生群体的意义

（一）大学生团体心理辅导的特点

团体辅导是一门以心理学理论和技术为基础，在团体情境中提供心理帮助与指导的专业助人方法。[1]团体心理辅导是一种心理团体工作，大学生在集体中生活，当团体以心理性的资料为主题，如价值认同、情感联结等，来设计和组织，并设定特定目标，解决学生个人困扰、人际困扰或处理人格问题时，即为心理团体。

团体辅导具有教育性、预防性、治疗性。其中，大学生在团体情境中通过知识的获得、同伴信息交流、组员行为模仿、活动中的尝试与创造体现出心理教育性的特点；团体心理辅导具有其独特的团体情境，组员会在带领者

---

〔1〕韩月芳、李亚男：《学校治理视角下青少年心理健康服务体系构建与实施》，载《教育观察》2022年第23期。

的引导下，了解并接纳自己，接纳他人，从而产生对团体的归属感，并获得安全感，可以有预防性地解决大学生心理健康问题；通过团体辅导的不断深入，学生可以通过人际互动，自我反思等学会改善与自我、家人、同伴间的关系，学会面对和解决问题，甚至重建人格。

团体辅导聚焦正常学生成长与发展，不涉及有心理疾病等学生群体，活动目标聚焦在帮助学生发展现有需要，并预防不良情况的发生。此外，团体辅导中，需要设定明确的目标，如如何增强学习动力、学习沟通技巧等。团体心理辅导也包含了结构性的练习和活动，时间和流程相对可控。

（二）团体心理辅导的有效性因素

团体心理辅导中，通过学生组员的互动，学生会有"和他人一样"的体验感，小组进行工作时，学生往往会发现可以和其他组员找到共同点，自己并不是独一无二的，自己和其他人拥有类似的想法、担忧、焦虑等情绪和体验，此时，可以帮助学生克服自己的困扰。团体心理辅导期间，通过建立组规，组员磨合，学生间会逐渐彼此认同，体验到被认可和接纳，满足学生的归属感。

一些学生产生焦虑抑郁的情绪，往往因为自己片面的、错误的认知，在团体情境和结构性的活动中，学生往往可以通过体验和互动，在团体中重建理性的认知。同时，学生可以在结构化的练习中，将自己内心中的消极情绪表达出来，并在自我感受和反馈中体会到自己的变化和成长。

团体辅导中，团体情境为大学生提供了可以交流和给予反馈和被反馈的机会。学生可以有机会感受到他人对自己的反映和评价、建议等。团体的反馈往往比个人的反馈更具有说服性和力量感，使参与的学生更体会到真实的积极反馈，从而增强自己在学生生活中的信心。

团体心理辅导如社会学习理论，学生在团体中有机会听到其他同学和自己有相同的忧虑，通过观看、聆听他人看待问题、解决问题的方式，从而受到启发，并运用到自己的学习生活中。

综上，在团体情境中，可以帮助学生进行自我了解、人际获取及情绪宣泄等，针对目前大学生存在的心理健康隐患可以起到教育性和预防性的作用。同时，团体心理辅导中学生可以互相观察学习，自我成长，且辐射的学生人数相对心理咨询较多，是可以在高校中进行广泛推广的活动。高校的团体心理辅导可以帮助学生开发心理潜能，增进学生的心理健康水平，激发学生的自我教育、朋辈教育，促进学生之间的交流合作，同时也提高带领者的教育与共情能力。

二、团体领导者技术

（一）团体心理辅导前的准备

1. 目标确定，编制方案

团体计划开始前，需要确定团体目标，针对大学生的团体目标主要围绕学习动力、生涯规划、社会交往、亲密关系、时间规划、价值取向等，可根据学生近期学习生活情境中最关注的方面制定团体主题。并依据积极心理学等理论编制设计团体方案，分为一次性团体和主题式短期团体，可根据团体主题和参与学生类型安排团体次数。设计方案时，可对团体学生进行问卷或访谈调研，了解学生参与团体的需要，从而设计方案时更具有针对性。

2. 团体招募，确定时间规模

可以通过线上线下的方式对团体学生成员进行招募，对主题、时间、形式做好宣传。团体成员可以以整班学生为对象，以学生或社团组织为对象，通过心理健康课、生涯辅导课课堂学生等为对象均可。对招募的成员可进行前期问卷调研，评估报名学生是否适宜参与团体活动。如了解学生参加的目的、希望从团体中获得什么、是否了解团体的目的和性质等，需要通过前期的调研排除掉充满敌意、极端、有自杀倾向、精神分裂、反社会性格障碍等的学生。

团体时间可尽量安排在学生没有课程安排的完整时间段，如整个下午都没有课，或周末时间，以免学生在整个过程中不放松或影响上课时间。大学生线下团体的规模可根据主题和参与人员而定，便于学生充分分享交流即可。

3. 准备会议

在团体开始前，可与团体学生进行线上或线下见面，使学生了解本次团体的目标、流程、时间等，同时将团体的要求与规范告知学生，团体前让学生有大致了解，提前做好心理和时间准备。

(二) 团体的基本技巧

1. 积极倾听

在团体中，带领者要接纳、尊重、共情，要愿意平等地倾听，不批判、不贬低团体学生，在工作阶段允许成员表达自己的想法，并对学生的观点表示理解和尊重。同时要在团体中创建倾听的氛围，并培养学生学会节制地、有温度地、共情地回应，而不是分析学生的发言。

2. 扫视

在一名学生进行发言时，仍要与其他团体学生保持连接，既关注个体，也要关注团体。当一名成员在发言时，领导者也要扫视其他团体学生，观察他们的行动和反应，关注他们是否将注意力集中在团体中。在分享阶段将观察到的内容运用其中。

3. 调和

领导者要确保所有学生的意见、观点、想法都能公平平等地在团体中表达，要注重团体的平衡，帮助较为弱势的学生有更多发言和表达自己想法的机会。

4. 联结

在团体中，领导者将成员沟通中的共同因素联系在一起，要帮助学生更加认同彼此，发展团体内的凝聚力，探索彼此间的相同点和差异。从而使学生产生自我认同感和安全感。

三、团体心理辅导的实践

(一) 团体辅导的方案设计

1. 了解学生需要

团体辅导前，会通过线上线下等方式进行学生招募，如人数较多，可以先通过对学生进行心理适应性测试，筛选出适宜参加该主题的团体学生。同时，前期可以通过对部分学生的访谈，了解学生参与团体的期待以及可接受的方式及禁忌问题，便于创造出更加和谐稳定的团体氛围。

2. 设计事宜的团体主题和名称

名称需要符合团体的性质、目标，有助于学生成长，最好可以发挥指导者的创意，使学生愿意参与其中。

3. 设置好时间及次数

针对大学生的团体辅导，既可以设置为单次的团体，也可以设定为多次的团体，这与团体的目标相关。但需要考虑到团体活动的整体目标与每个活动环节的具体目标，并且在活动过程中要时刻围绕目标，严格控制各流程时间。

4. 团体人数及场地

团体心理辅导活动一般以 15~20 人左右为一组，既可以提供足够的活动动力，也可以更好促进学生间的表达与互动。场地方面需要选择尽量宽敞、安静、布置温馨的场地，让学生感受到安全，更容易放松下来。同时要有可以活动的桌椅，保证学生之间分组交流。

5. 准备充分的团体带领者

需要根据不同的团体主题安排专业性的团体带领者，带领者最好两人为宜，一名带领者主要负责方案流程，另一名带领者配合并及时处理突发情况。

（二）团体心理辅导的实施过程

1. 热身活动

热身活动中，带领者帮助团体学生开场打破僵局，促使学生进入团体增加团体凝聚力，为增进学生彼此互动，为主要活动做准备。此时，团体中的学生会体会客气、陌生、小心、怀疑等不同负面感受，带领者通过营造良好氛围、订立团体规范、建立团体内部信任等方式，完成团体辅导的创始期。

2. 工作阶段

工作阶段也是主要活动阶段，此阶段是团体的核心活动，关系到团体的目标能否达成。此阶段中学生会从内心冲突、攻击、阻抗等情绪转换为主动、充分互动、彼此接纳、有凝聚力。可以设计音乐表达、绘画表达、纸笔练习、角色扮演、拍卖练习、幻游技术等鼓励学生分享内心感受的形式，给他人反馈，体验和建立责任感，学会运用团体资源进行自我评估，尝试新的行为。

3. 结束活动

工作阶段结束后，对该次团体进行总结，让学生在组内分享心得，从而巩固所学，同时可以给学生布置家庭作业。指导者要回顾总结团体经验，评价学生的成长与变化，提出希望。并协助学生对团体经历进行个人评估，鼓励学生表达对团体结束的感受，提供机会让学生彼此提出建设性的反馈。最后帮助学生把团体中的转变应用到生活中。肯定学生在团体内的成长，同时可以通过问卷等形式追踪团体结束后学生的反馈。

（三）团体心理辅导评估

团体结束后，需要对本次活动进行评估，团体辅导的目标是否达成、团体成员反应是否良好、团体工作方法是否正确、团体成员合作是否充分等，一般可通过自编问卷或量表、心理测量表、录音录像、访谈等方式对团体效果进行评估。

团体评估中分为领导者的自我评估及对参与学生的调查评估。自我评估方面可包括是否严格遵循团体计划、多大程度上满足成员需要、哪些地方可以改善等方面。学生调查评估多采用问卷等方式，如了解学生在团体中获得最重要的东西是什么，团体中最喜欢哪些地方、最不喜欢哪些地方，对领导者带领团体的方法有什么意见等来评估团体的发展和效果。

四、团体心理辅导实践案例

（一）团体计划书

团体名称：发现更好的自己
团体成员：本科生，15 人
团体时长：3 小时
团体地点：活动教室

阶　段	目　标	练　习	时间与材料
开始阶段	温暖大团体氛围，形成可以工作的小团体	热身练习：成长五部曲 形成小团体：自我介绍、选组长、起组名、定组规	热身练习15分钟； 形成小组15分钟
工作阶段	从纵向生长历程发掘自身的性格优势	让我自豪	50分钟，纸笔练习
工作阶段	从人生的不同方面总结与表达对自己的欣赏	天生我才	50分钟，纸笔练习

续表

阶　段	目　标	练　习	时间与材料
结束阶段	通过彼此积极反馈增强自信；总结团体辅导的收获	小组内积极反馈与一句话总结，大团体后测评估，一个动作表达，一起承诺并道别，结束团体	20分钟

(二) 工作阶段

1. 建立六人小组

第一步：每个人选用自己喜欢的小物件 1~2 分钟进行自我介绍。

第二步：成员们选出一人担任组长。

第三步：组长带领成员起组名、定组规定（4~5 条）。

组长需要保证小组自始至终都处在温暖支持的氛围中，每一位成员都有机会分享自己的练习。并协助指导老师掌握好每一次练习的时间，最后代表小组在大团体成员间分享自己的感悟和经验。

2. 练习一：让我自豪

每名组员在每一个年代（小学、初中、高中、大学、现在）写一件令自己引以为豪的事件，每个组员三分钟时间填写表格，小组交流 25 分钟，第一轮分享中，每名成员讲述不同年代的积极事件和感受，哪些性格优势发挥了作用。第二轮分享中，成员分享完成这个练习后个人有什么察觉和启发。

3. 练习二：天生我才

组员进行纸笔练习，说说你最欣赏自己的地方是什么，为什么那么欣赏，说完以后你的感受是什么？包括：我最欣赏自己的外表是？我最欣赏自己的性格是？我最欣赏自己对家人的态度是？我最欣赏自己对朋友的态度是？我最欣赏自己对学习的态度是？我最欣赏自己对工作的态度是？我最欣赏自己一次从挫折中崛起的经验是？我最欣赏自己的一次成功是？成员写完后先在小组内分享，然后再通过大组分享通过这个练习有什么察觉和启发。

4. 结束环节

第一轮，给每一位成员积极反馈，告诉对方你最欣赏他什么？第二轮，每人一句话总结今天参加自信提升团体辅导的体验和收获。最后，组长带领成员道谢、道别，重申团体规范的重要，承诺遵守。

(三) 回顾反思

1. 目标与主题

此次团体的目标是，了解自己的性格优势，强化自信心；了解他人的性格优势，欣赏他人；从彼此的积极反馈中提升自我效能感。活动是在学期中进行，针对本科 1~4 年级学生，活动实际参与人数 15 人，共分为三个小组。该主题适宜针对大学生群体开展，此次团体的类型为增强自信团体，让学生在练习中，在人生的不同阶段和不同方面，肯定和表述对自己的欣赏，增强自信。适合大部分学生开展，可以作为新生入学阶段班级团体破冰使用；也可以在学期中，学生学习压力较大时开展；也可在考试前学生存在紧张焦虑状态下开展，使用情境较多。

2. 团体进程

团体心理辅导会经历开始、过渡、结束、成熟的发展过程，在整个团体的过程中，每一个部分都是连续且相互影响相互促进的。

在开始阶段中，学生表现为客气、疏离、沉默、试探等特征，但通过热身的成长五部曲游戏及自我介绍及分组后，学生开始彼此相识，建立了初步的信任，部分学生通过交流已经找到在团体中的归属感和安全感。

在第二个阶段中，通过纸笔练习"让我自豪"和"天生我才"，学生通过梳理自己不同年龄阶段有成就感的事，逐渐发掘自身优势和已经被淡忘的闪光点。同时成员间真诚地分享和彼此反馈，更加深了成员对自我的认同及对能力的肯定，让团体成员更加接纳自己和他人，建立信任，通过团体促进成长。

第三个结束阶段中，每名成员都可以收到其他组员对自己的评价，全部成员分享的均为积极评价，并表示了对此次团体辅导的感受。在过程中，成员间彼此相互给予支持，确认并肯定自己的成长。在最后评估团体效果中，大部分学生都认为此次团体心理辅导为他们提供了积极的正能量，增强了自信，找到了志同道合的新朋友等，并舍不得离别，整体活动效果良好。

3. 团体评估

此次团体中，已经完成团体辅导的目标，学生在反馈中表示通过团体增强了自信心，提升自我效能感。团体过程中，成员间始终保持温暖和谐积极向上的氛围，学生间的小组合作及分享比较充分。方案进行过程中，两个练习操作和分享时间固定，学生感到时间不充裕，没有表达交流完全。反思在后续的活动中，可以将分享交流时间增加或为学生建立团体后的交流渠道，使学生可以在团体结束后继续维系小组或团体间的关系。总体而言，该方案实施过程相对顺利，具有可操作性和推广价值。

参考文献

［1］陈丽：《当代大学生心理健康现状分析与对策》，载《西南交通大学学报（社会科学版）》2007年第5期。

［2］李献中、李宏志：《团体心理咨询对大学生自卑心理影响的实验研究》，载《河北师范大学学报（教育科学版）》2004年第4期。

［3］张淑娟：《大学生心理健康状况与应对措施》，载《中国药管理杂志》2016年第3期。

［4］刘婧、谢晋燕：《大学生心理健康服务需求研究综述》，广东省心理学会2017年年会论文集。

［5］鲍金勇等：《朋辈心理辅导在高等农业院校新生适应性教育中的应用》，载《漯河职业技术学院学报》2008年第4期。

［6］肖水源、刘飞跃：《精神卫生服务评估的基本框架》，载《中国心理卫生杂志》2010年第12期。

［7］赵琼等：《浅谈高校朋辈团体心理辅导》，载《社会心理科学》2014年第1期。

［8］程科、黄希庭：《健全人格取向的大学生心理健康结构初探》，载《心理科学》2009年第3期。

［9］吕冬诗、张忠宇：《朋辈心理辅导在我国高校心理健康教育中的本土化研究》，载《思想政治教育研究》2012年第1期。

［10］樊富珉：《我国团体心理咨询的发展：回顾与展望》，载《清华大学学报（哲学社会科学版）》2005年第6期。

［11］高培：《中国团体心理咨询的发展情况探析》，载《知识经济》2011年第7期。

［12］周凤华、王敬尧：《Q方法论———一座沟通定量研究与定性研究的桥梁》，载《武汉大学学报（哲学社会科学版）》2006年第3期。

［13］冯成志、贾凤芹：《Q方法论及其在临床研究中的应用（综述）》，载《中国心理卫生杂志》2010年第1期。

［14］赵德雷、乐国安：《Q方法论述评》，载《自然辩证法通讯》2003年第4期。

大学生心理健康必修课以心养心教学模式的探讨

中国政法大学学生工作部（处）　许晶晶

摘　要：大学生作为国家未来的建设者，应对自身心理状况有深刻的了解，并及时调整自己的情绪状态，才能在踏入职场之后以积极饱满的心态全身心地投入工作中。本文总结了大学生心理健康既有规律性又有特殊性的特点，提出了开设大学生心理健康必修课的重要性，同时分析了现有心理健康必修课存在教学模式两极分化现状。为了更好地将心理健康必修课适配学生的需求，本文提出以心养心的教学模式，并对这个模式进行了详尽的介绍。

关键词：心理健康必修课　以心养心　教学模式　大学生

心理学是研究人和动物的外在行为及内在心理活动规律的学科。学生在课堂上学习心理学知识，可以把它既看作是一门科学研究也看作是一种生活方式。作为科学研究来说，心理学有许多有趣而神秘的问题等待探讨；而作为生活方式来说，学过心理学意味着学生可以运用相关的知识和技能去解决健康、教育、工作、运动、管理、法律、工程等各方面的问题。故大学生在本科阶段接受心理健康方面的培训，能够有效地帮助其形成完善的人格，更好地在未来适应社会。正是意识到了心理知识普及对学生的重要性，从国家到高校都积极推动大学生心理健康课程必修课的建设和普及，以便学生能够从中受益。教育部在《普通高等学校学生心理健康教育工作基本建设标准（试行）》（教思政厅〔2011〕1号）和《普通高等学校学生心理健康教育课程教学基本要求》（教思政厅〔2011〕5号）中都提到了要求学校开设心理健康相应的必修课的规定，并且需要给予学生相应的学分，使得每个大学生在读期间都能够学习心理学知识。虽然心理健康课程的相关文件下发已经有十几年，但是一门课程体系完善，需要多年的经验累积，且由于大环境的影响，学生心理状态近几年发生很大变化，在这样的情形下，作为心理工作者搭建成熟且贴合学生需求的课程体系可谓任重而道远。本文从大学生心理健康特点出发，结合已有心理健康必修课的经验构建了以心养心教学模式，创设出更加贴合高校学生心理健康状况，并不断完善的心理健康课程模式。

一、心理健康必修课对大学生心理素质提升的重要性

作为未来国家的主要建设者，大学生应能够在学习阶段认识自己的心理健康状态，具备良好的调节能力，为其在校期间全身心投入学习、工作后顺利适应职场环境打下良好的基础。由于大学生还处于心理发展的青春期后期到青年早期之间，各方面都还不够稳定，易受环境影响，故整个群体的心理特点呈现既有规律性又有特殊性的状况。

（一）大学生心理健康状况的规律性

根据埃里克森人生发展的八阶段理论，大学生现正处于青春期的后期到成年早期的阶段，他们不断在大学阶段寻找自己在群体中的位置，尝试建立亲密的关系，并对自己的职业生涯有所思索。正是由于大学生的年龄段较为集中，所以他们有着较多共同性质的问题，例如刚刚迈入大学的时候，学生出现适应不良的情况，对环境和人际都非常的敏感，甚至出现专业不认同的现象；在大学二年级时候，开始涉及到专业课程，学习难度加大，学生的学业负担重，在看到他人成就时，产生嫉妒或自卑的心理；到大学三年级时候，学生熟悉了周围的环境，并对自己的专业学习驾轻就熟，有部分同学开始尝试建立亲密关系，情绪状态极易受到关系的干扰，出现极端的情绪，同时经过两年多大学生活，对自己在群体中的位置有了更加深刻的认识，若无法接纳就会出现自我混乱的状况；到大学最后一年，学生进入毕业和就业季，会根据自身特点选择就业、出国、深造等不同的发展路径，极易在这个阶段对未来产生迷失感。由于年龄增加和学习进度，大学生都会在四年过程中或多或少地遇到各种发展性问题，如果能够在大学阶段开设心理健康的必修课，在发生问题之前或早期提醒同学注意自己的心理状态，并掌握合适的应对方式，更有利于学生顺利地渡过难关。

（二）大学生心理健康状况的特殊性

在群体内的特殊性方面，由于大学生正处于青春期到成年早期的过渡期，并且刚刚脱离了以高考为指挥棒的中学生活，对周围的环境有着较高的好奇心，比如尝试社团工作、参与科研、接触异性等，而各种尝试的反馈所得到的反应不一定都是积极的，常常会产生挫折感，比如失恋、竞争失败、被同学排挤等。由于每个人已经有十几年的生活经验，在遇到挫折的时候应对模式是非常不同的，所以学生心理状态会产生较大的差异。在群体外的差异性方面，大学生正处于学习阶段，心理和知识两个部分都处于发展阶段，所以很容易受到社会环境的影响，例如疫情防控期间，大学生由于封校出现了较为广泛的心理问题。根据郑海燕等人[1]对甘肃省2000名大学生调查发现，大学生心理异常发生情况在疫情防控期间高于普通人，且不同性质的大学生的情绪状态存在差异，比如医学生的负性情绪更严重。可见，大学生群体心理发展具有普遍规律的同时，与其他群体及群体内部的心理健康差异也是存在的，但有些学生对自身心理健康状况认识不足，故开设心理健康必修课并赋予学分，强制接受心理健康知识的普及，提高对自己心境的觉察，为之后选择合适的其他心理方面课程做准备。

正是由于大学生心理发展具有普遍性和特殊性，所以开设必修课程让学生了解最基础心理健康知识，对自己的心理状态有所觉察，并在之后可以选择适合自己的选修课程是非常重要的。教育部也多次发文强调大学生心理健康的重要性，认为心理健康课程是提升学生心理健康素质的强有力手段，最新的关于课程建设的内容发布在2021年《关于加强学生心理健康管理工作的通知》中。此文件的第一个举措就是加强心理健康课程建设，提出要发挥课堂教学主渠道作用，帮助学生掌握心理健康知识和技能，树立自助互助求助意识，学会理性面对挫折和困难。高校要面向本专科生开设心理健康公共必修课，原则上应设置2个学分（32~36学时），有条件的高校可开设更具针对性的心理健康选修课。为了顺应时代潮流，各高校都逐渐开设了心理健康必修课，将其打造为大学生心理健康教育的前沿阵地，激发学生学习心理知识的热情，重视自身和周围人的心理健康状况。自2011年教育部倡导开设心理健康必修课后的十余年，高校心理教育工作者一直在摸索课程建设方式，做到贴近学生，服务于学生，但是仍旧存在较多问题。

---

[1] 郑海燕等：《新冠肺炎疫情下大学生心理健康状况及影响因素分析》，载《卫生职业教育》2023年第1期。

二、心理健康必修课的现有教学模式所存在的问题

既然心理健康既具有科学属性,又具有生活属性,必然是不同于其他的专业课的。那么如何通过心理健康必修课让学生既学到学科知识,又能领悟自己的生活真谛,这是一个非常重要的课题。由于是必修课程,为了能够使得学生尽早接受心理健康教育,高校多采用大班教学的方式,例如李蔓荻等人[1]在对北京高校的心理健康必修课的调查中发现,80人以上的教学班规模占到了77%。所以面对如此大规模的教学班级,如何上好心理健康必修课是值得思考的。在心理健康课程的教授过程,心理健康必修课的课堂教学呈现了以活动为主和以讲授为主两极分化的教学模式,这两种教学模式各有利弊。

(一)以传统讲授为主的心理健康必修课所存在的问题

第一,在教学环节上,传统的教学重视教材内容的传授和学习者的被动接受,但缺乏对这些教学内容的反思和质疑,忽视了学生对知识的应用,以及应用的反思。传统的教学重视对心理健康知识的系统、完整介绍,强调学生理解、记忆大量的术语、概念和知识观点,但缺乏对这些知识在应用层面的进一步挖掘。

第二,在教学方法上,传统教学主要基于专题讲授的方法,比较单一,不能有效地培养学生的心理机能、人际意识以及团队合作技能和沟通技能。传统的课堂教学虽然充分利用了多媒体教学手段,但是在如何引导学生自主学习,自主探究、从科学知识的角度了解和认识自己与他人心理特点方面,还缺乏比较成熟的教学方法。

第三,在教学目标上,传统教学注重心理知识的传播,侧重理论讲解,没有充分发挥和平衡该课程的知识传播和心理素质成长的两种功能,使得学生在学完心理健康课程之后,并不能很好地认识自己和周围人的心理特点,忽略了心理学的教育功能,不利于培养学生的心理学价值观,不利于学生人格的健康发展。

---

[1] 李蔓荻等:《北京高校心理健康必修课师资队伍现状的调查研究》,载《中医药管理杂志》2017年第18期。

(二) 以活动体验为主的心理健康必修课所存在的问题

第一，在教学环节上，活动体验式教学注重学生在课堂中参与到活动中，以自身体验为主，这种方式有助于调动学生的积极性，让其能够身临其境地感受到心理学知识的魅力。但是由于心理活动多需要学生动手参与，非常占用课堂时间，很容易使得心理健康知识深度和广度是不够的，比如"自我"这一心理学概念对于非专业学生来说是很难深入理解的，如果只是用活动体验自我的功能，而缺少理论背景支持，就会使得自我理解非常浅显。

第二，在教学方法上，线上教学开展已较为成熟，而这种教学方式开阔了教学思路，使得老师和学生近年都不再紧盯课堂传统教学模式，教学方法变得非常多元化。这种情况使得老师在心理健康课堂上采用不同教学模式，但是也容易造成只重视新颖的教学模式，而一定程度上忽视了真正的教学目标。如果多为心理活动开展课程，在如此庞大的课堂规模中，教学秩序会难以控制，达不到以活动育心的目的。

第三，在教学目标上，活动体验式教学让学生沉浸其中，强调让学生在课堂中注重自己的感受和反思，但是现有的心理健康必修课的课时是非常短的，在李蔓荻等人[1]对北京高校的调研中发现大多数心理健康必修课只有16~18学时，如果只是以体验活动形式为主，就无法达到心理必修课让学生了解健康知识的目的。

综上所述，单一地、死板地以某种教学模式开展心理健康必修课，无法达到增强大学生心理保健意识和危机预防意识的目的，而只有评估现有学生特点和教学条件，灵活分配知识和活动的比例，才能做到将知识深入学生心中，又能让学生以体验理解心理知识，同时，开拓新的教学手段是势在必行的。

三、心理健康必修课以心养心教学模式的构建

德国著名教育学家斯普朗格曾说过，"教育的最终目的不是传授已有的东西，而是要把人的创造力量诱导出来，将生命感、价值感唤醒"。马克思也曾

---

[1] 李蔓荻等：《北京高校心理健康必修课师资队伍现状的调查研究》，载《中医药管理杂志》2017年第18期。

说过,"教育绝非单纯的文化传递,教育之为教育,正是在于它是一种人格心灵的唤醒",因此说教育的本质是唤醒。所以,为了真正做到唤醒人的心灵,以心养心教学模式中的第一个"心"是指学生的心理发展特点和教师的心理氛围营造两个部分,而第二个"心"是指学生的心理健康素质,"养"寓意用第一个"心"逐渐滋养到第二个"心",而"养"说明了这是一个缓慢且动态的过程。所以,以心养心教学模式是以提高大学生心理健康素质为目的,在评估学生心理发展特点的基础上,教师选择适合教学目标的多元手段,让学生在心理健康必修课的课堂中在理解知识的基础上,体会到老师的用心、真心和诚心,促使学生能够在学习过程中从感官和思想上对心理健康状态有所察觉,并进一步完善自己的人格。以心养心教学模式的模型具体如下:

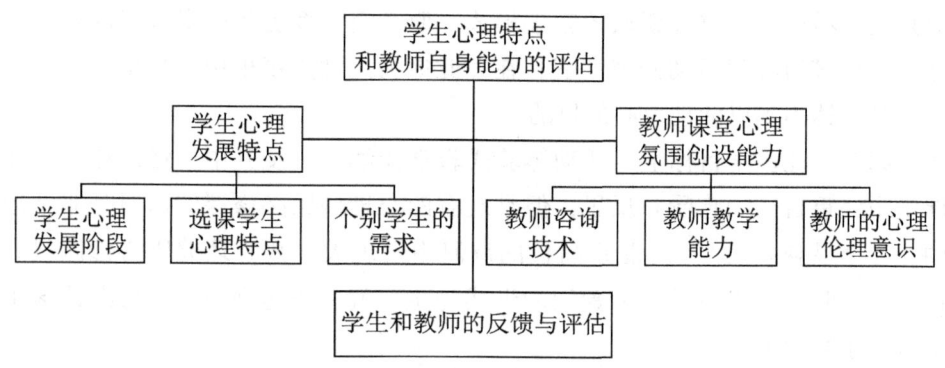

图1 以心养心心理健康必修课教学模式

从以心养心心理健康必修课教学模式的图解可以看出,该模式主要分为四个层次:在第一个层次主要是关注学生心理特点和教师自身能力的评估;第二个层次将评估结果分为了学生心理发展特点和教师的课堂心理氛围营造两个部分;第三个层次详尽地论述了学生心理发展特点和教师课堂营造心理氛围的具体内容;最后一个层次从教师和学生两个群体反馈及评估课堂教学效果,并根据结果对前三层次的内容进行调整。以心养心心理健康必修课教学模式的分层次具体解释如下:

第一层次,主要是针对学生的心理特点和教师的自身能力进行评估,这部分是整个教学模式的基础。作为高校心理健康教师需要对就读大学生的心理特点进行了解,可以采用实证研究的方法,如利用SCL-90对现就读学生的心理健康情况调查，与之前的学生结果相比较，并对其有变化的维度进行访谈，了解发生变化的原因，真正在授课之前做到对学生群体特点了然于心。另外，由于现在讲授心理健康课程的教师并非全部心理学专业出身，在前人的调查中发现有17%的教师为德育或心理系的教师，所以对于教师讲授心理健康课程的胜任力需要进行详细的评估，不能简单粗暴地认为只要接受过心理学培训即可担任课程老师。只有通过了对学生和教师的详尽评估，才能在课堂中既能够讲授清晰知识，同时又能结合活动让学生深刻体验。

第二层次，在进行过学生心理特点和教师自身能力的评估之后，选择适用于本学期选修课的结果，根据结果尽可能地搜集资料，从而在理论方面对其有更深刻的认识，例如在对学生心理健康状况调查中发现，疫情之后学生抑郁情绪较多，且在访谈中了解到是由于学生对生命意义产生了疑问，那么在第二层次中，就可以在设计教学方案之前多阅读相关的理论文献，以便在第三层次中选择合适的教学手段，营造生命上升力的课程氛围。

第三层次，分别根据学生心理特点和教师的营造课堂氛围能力，在教学方案、教学过程和教学手段方面设计适合本届学生的课程体系。在学生心理特点方面，学生选择必修课的开设主要是在大一和大二阶段，在课程的模块选择中要偏重于适应能力提升和专业认同方面，同时关注此届学生的心理特点，如前面举例，由于疫情的出现该届学生普遍出现了对生命价值的困惑，那么在设计方案中就要加重此部分的教学力度。另外，随着心理健康课程的开展，学生更加了解自己的心理状况，但个别学生自己无法解答困惑，教师需要注意到这部分的学生，在课程讲授中做好引导工作，使得其能够继续对自己的心理进行探索。教师课堂心理氛围的创设是非常考验教师的综合能力的，比如在必修课教学手段中运用心理咨询的个体和团体咨询技术。如前述例子，为了让学生理解生命的意义，教师在设计活动和开展活动时，既要唤起学生对死亡和生命的思考，又同时注意到学生对死亡的恐惧，利用个体心理咨询技术接纳情绪变化，并激发团体力量将死亡接纳和升华。另外，现在高校心理健康必修课的大多数人数超过百人，教师必须具有较强的教学能力，如清晰表达语言，维持教学纪律，吸引学生注意力，等等。最后，作为心理健康的教师，需要真正做到行为示范，这就要求教师对自己的心理状态有较好的了解和调整，在课程中时刻察觉自己的情绪状态，以学生利益为先，在整个教学过程中做到善行、尊重、公正、诚信并富有责任心。

第四层次,从学生和老师两个角度进行反馈和评价,并根据结果反思之前的三个层次的问题,在之后的心理健康必修课模块及时调整,所以以心养心的心理健康必修课模式不是一成不变的,而是动态进行调整,真正体现出"养"的精髓。这种动态的教学模式更能够贴合学生和教师,激发学生的体验,形成良好的师生之间"心"的互动,从感官和思想上对心理健康知识进行深入体会。

以心养心的心理健康必修课教学模式的特色主要在于实证与实践结合,理论与应用相结合,从心理本身特点出发,用心养心,建立多元化的教学手段,在必修课教学过程中,促使学生从内心认同心理健康知识,并应用于自己的生活和学习中。

七、队伍建设

论高校辅导员职业发展培养体系

中国政法大学外国语学院　　许慧芳

摘　要：辅导员职业发展培养体系的建设是完善、提升思想政治教育的重要组织保障，通过吸引、选拔优秀青年骨干进入辅导员工作团队，拓展、加强辅导员专业化、职业化全员培训，确立辅导员职业归属感和认同感，规范辅导员工作绩效考评，建立公正、合理的考核评价机制，加强辅导员队伍建设，增进思想政治教育工作效能，强化学生工作队伍的稳定性和接续性，全面提升学生思想政治工作科学化水平。

关键词：辅导员　职业归属　职业发展　绩效考评

辅导员是高校思想政治工作的骨干力量，是思想政治教育和学生管理、服务的组织者、实施者和指导者，是扶助学生成长成才的人生导师和健康生活的知心朋友。[1]规范、完善辅导员职业发展培养，是提升学生思想政治教育水平，维护稳定、有序的学校教育体制的重要组织保证。

一、吸引、选拔优秀青年骨干进入辅导员工作团队

保持辅导员队伍的活力和战斗力，要坚持定期培养、吸收优秀青年骨干加入辅导员团队。学校应当把辅导员队伍建设作为教师队伍和管理队伍建设的重要内容，[2]定向激励支持，落实专职辅导员职务、职级的"双线"晋

---

〔1〕《普通高等学校辅导员队伍建设规定》（中华人民共和国教育部令第43号）第2条规定，辅导员是开展大学生思想政治教育的骨干力量，是高等学校学生日常思想政治教育和管理工作的组织者、实施者、指导者。辅导员应当努力成为学生成长成才的人生导师和健康生活的知心朋友。

〔2〕《普通高等学校辅导员队伍建设规定》（中华人民共和国教育部令第43号）第3条规定，高等学校要坚持把立德树人作为中心环节，把辅导员队伍建设作为教师队伍和管理队伍建设的重要内容，整体规划、统筹安排，不断提高队伍的专业水平和职业能力，保证辅导员工作有条件、干事有平台、待遇有保障、发展有空间。

升,将辅导员纳入党政管理干部后备人才库,完善辅导员发展的制度保障。

在舒尔茨(Schultz)的人力资本理论中,人力资本是指"包括人自身能够内化拥有的知识、经验、技能等表现形式,是属于人的一部分"[1]。与物理资本相比,这种内化于个人的知识、技能和经验等,主要来自后天的训练和培养,只有自身可以利用和转化于个人的知识、技能和经验等并加以利用和转化,无法出售和复制给他人。[2]辅导员是学生工作最重要的人力资本,直接联系学生,与学生关系最密切。辅导员通过思想政治教育和学生事务管理与服务,给予学生情感和资源支持,教育、引导学生。因此在辅导员招聘中,对知识、经验、技能等内容的考核是必需的。同时作为高校学生人力资本,基于思政教育的特殊性,辅导员的政治信仰、政治素质以及心理素养等也是遴选的必要内容。在长期的辅导员工作实践中,我们常常发现,每个辅导员所指导的学生都或多或少能看到辅导员的影响痕迹。因此,严把辅导员遴选的入口关,在综合考评选聘人员的政治履历、学校教育、在职培训、从业经历、个人技能以及奖惩情况等基础上,确认选聘人选,是辅导员队伍建设的起点。

辅导员工作和服务的对象是青年学生。随着社会知识的快速更新和海量信息汇集,青年学生价值追求的日益个性化和多元化,要求从事一线学生工作的辅导员需要能够与学生实时共情,深入学生心灵,理解学生成长需求,才能有效扶助学生应对学习、工作和生活中的各种挑战,引导学生健康成长、成才。因此辅导员队伍应定期更新,常纳常新。作为一线学生思政教育工作者,辅导员的选拔应坚持从优秀本科生,优秀研究生和30岁以下的青年教师中选聘,缩小辅导员与所辅导的青年学生之间的代际差异。

一线辅导员工作内容丰富繁杂,需全天候保持工作状态,在迅速落实学校各项工作任务的基础上,需及时回应学生需求,主动发起深度访谈,自主策划、开展有助于学生成长发展的具体工作和各类活动。因此辅导员的选聘应着重审核政治素质和理想信念,考察参选人的政治敏锐性和政治辨别力,并通过面试、核实参选人履历证明、走访参选人所在学校师生或工作单位同

---

[1] 江涛:《舒尔茨人力资本理论的核心思想及其启示》,载《扬州大学学报(人文社会科学版)》2008年第6期。

[2] 参见李舟、周超:《对舒尔茨人力资本理论的理解与思考》,载《江南论坛》2019年第6期。

事等确认参选人对学生工作的事业心和责任感,在事务性工作中的组织管理能力、语言和文字表达能力、教育引导能力、调查研究能力、团队协作能力和抗压抗挫能力等多方面,[1]从严考核,优中选优,遴选政治强、业务精、纪律严、作风正的青年人才聘为辅导员。

同时,被选聘为辅导员,并不等于能够胜任辅导员工作。基于学校的人才培养和教学资源的差异,以及学校教育管理体制的具体情况,对学生工作者的具体要求也会有所差别。舒尔茨认为,教育和培训是提高个人使用价值的有效途径,也是高校辅导员人力资本积累的最主要途径。[2]培养胜任本校学生工作的辅导员,确立新任辅导员的群体认同感和职业归属感,必须在正式任职前,以及在任职过程中,定期进行校史、校情、教育管理服务、思想政治教育、职业规划、团队建设、职业指导等辅导员专业化、职业化全员培训。

二、拓展、加强辅导员专业化、职业化全员培训,确立辅导员职业归属感和认同感

在对某政法院校辅导员2022年和2016年的任职数据对比中,虽然因学校教学机构调整,实际从事一线学生工作的专职辅导员从2016年的63人增长为2022年的68人,但2016年在岗的一线辅导员中,已经有29人离职,其中5人退休,2人升职,2人辞职,2人转教学岗位,18人转为行政岗位。除因退休或升职离开辅导员岗,主动申请离职或转岗的辅导员为2016年辅导员总人数的35%。这并不是个案。在文献检索中,辅导员职业归属感和认同感的研究已经成为研究者关注的焦点之一,在"中国知网"2022年度的发文中,以辅导员归属为文章摘要研究最早是在2005年9月,截至2023年1月8日,仅"中国知网"一个研究文献汇集平台所录入的各类研究发文为437篇,

---

[1] 参见《普通高等学校辅导员队伍建设规定》(中华人民共和国教育部令第43号)第5条和第7条的规定。

[2] 余钦:《舒尔茨人力资本理论对高校辅导员职业能力建设的启示》,载《学校党建与思想教育》2018年第6期。

2005年的相关论文为2篇，研究逐年增长，2022年的相关论文为22篇。[1]

辅导员的工作直接面向学生，而和学生交流沟通，乃至于引导和影响学生认知和行为模式的前提是与学生建立关系。彼此信任，才能彼此交流、接受、理解，才会产生认知和行为的调整和改变。在实际工作中，初入校园的一年级新生一般需要一个学期的时间来适应高校的人际交往环境，部分学生需要的时间会更长。本科学习期间，学生与辅导员之间相对稳定的信任关系将有助于学生形成对所在学院、专业的归属感和认同感。辅导员的岗位变迁和人员更换，将会直接影响学生在未完成学业、生活中的成长和发展。确立辅导员的职业归属感和认同感，保持辅导员队伍在至少2个学生培养周期，即至少8年的相对稳定性，对于人才培养是非常重要的。拓展、加强辅导员专业化、职业化全员培训，势在必行。

(一) 职业归属和认同：组织和个人之间相互博弈的动态平衡

1994年，阿瑟（Arthur）等学者提出了无边界职业生涯概念，"在知识经济时代中，组织环境已经发生了变化，彼此之间的界限日益模糊，跨组织行为日益增多。"[2]无边界职业生涯即"个体打破单一雇佣范围，跨越组织或职业就业，即雇员可以跨越部门、组织甚至职业流动就业、完成职业生涯实现职业发展的目标，并突出强调个人能力的累积及其对组织做出的贡献"。[3]1999年，苏利文（Sullivan）进一步提出，相对于组织而言，雇员成为职业生涯管理的主体，作为个体的雇员的适应性和自我导向性增强，能够通过自身"可转移的能力和技术"，在可选择的多个组织之间进行自由流动。[4]无边界职业生涯概念的提出和研究的深入推进，展现了知识经济时代的职业生涯规

---

[1] 参见中国知网（https://kns.cnki.net/kns8/defaultresult/index）截至2023年1月8日数据。参见郑珍:《高校辅导员职业认同：现状、归因与提升策略——基于奥尔德弗"ERG理论"的调查研究》，载《湖北科技学院学报》2019年第6期；马成瑶:《论辅导员在高校思想政治工作体系中的职能定位及价值体现》，载《思想理论教育》2021年第5期；简超宗、张永红:《新时期高校辅导员职业倦怠的归因及消解路径》，载《华北理工大学学报（社会科学版）》2022年第4期。

[2] 罗媛媛:《高校辅导员胜任力对职业成功的影响研究》，中南财经政法大学2019年博士学位论文。

[3] 罗媛媛:《高校辅导员胜任力对职业成功的影响研究》，中南财经政法大学2019年博士学位论文。

[4] 罗媛媛:《高校辅导员胜任力对职业成功的影响研究》，中南财经政法大学2019年博士学位论文。

划模式,即组织需重视雇员的绩效和灵活性,只有认可、尊重雇员,并且根据职业具体要求开展充分的职业培训,增强雇员职业能力,持续提升人力资本价值,通过满足雇员不断增长的职业成功渴望,组织才能获得一定时期内相对持续、稳定的发展,实现组织和雇员个人之间的共赢。

在这一理论基础上,学者进一步修正了职业认同的概念,"职业认同通常被认为是帮助个人应对当代职业边界变化的关键",[1] 在关涉职业认同的研究中,包括年龄、性别、民族、籍贯、学历、政治面貌、职级、职称、工作年限等在内的个人因素,和涵盖宏观社会环境、历史环境、文化环境、中观的校园教学管理环境、学生管理工作环境在内的环境因素,以及个人因素和环境因素之间的相互作用,直接影响雇员的职业认同和归属感的建立和形成。雇员对自身的反思,对执业环境的感知等主观感受成为职业归属和认同研究中所不能忽视的因素。

辅导员的"留"与"离",即职业归属和认同,所呈现的恰恰是组织和个人之间相互博弈的动态平衡。

(二) 改善、提升辅导员工作体验,保障辅导员工作顺利开展

在工作职能方面,职责边界模糊、内容庞杂、重心偏离是亟须解决的问题。虽有教育部43号令指导,但在实际工作中,辅导员职责内容不明晰,"一根针千条线",使得辅导员普遍感到终日疲于应对各类事务性工作,无暇专注于学生思想政治教育,以至于没有充分的时间和精力开展深度辅导、针对性就业指导、心理帮扶等辅导员本职工作,不仅直接影响辅导员工作考评,严重挫伤工作积极性,而且使辅导员很难形成对本职工作的认同和归属。对此,学校、学院应首先坚持"全员全过程全方位育人格局"[2],要求与学生教学、管理与服务的各个部门都要直接面向职责所涉及的相对人——教师和学生,并根据教育部43号令明确辅导员职责界限,使辅导员可以聚焦思想政治教育。职责明确,分工协作,不仅能提升学校各个部门的工作效能,而且

---

〔1〕 罗媛媛:《高校辅导员胜任力对职业成功的影响研究》,中南财经政法大学2019年博士学位论文。

〔2〕 参见《教育部办公厅关于开展"三全育人"综合改革试点工作的通知》,载中华人民共和国教育部政府门户网站:http://www.moe.gov.cn/srcsite/A12/moe_1407/s253/201805/t20180528_337433.html。

也将引导各个部门形成对彼此工作的尊重和认同。职业尊重和职业认同的建立和巩固，是树立辅导员职业归属感的前提。

在工作环境方面，根据辅导员履职具体需求，立足学校、学院具体实际，建立相对独立的学生工作会议室、党团活动室、学业咨询室、心理咨询室、深度访谈室以及就业指导室等功能空间，配备相关设施，为精细化、深入化学生辅导工作创造条件。根据辅导员工作特点，学校在岗位津贴、办公条件、通讯经费等方面为辅导员的工作和生活提供必要保障。

在工资待遇方面，根据任职年限以及实际工作表现，比照同期任职行政人员及工作表现确定辅导员相应级别的行政待遇。同时，辅导员培养应纳入全校师资培训规划，比照专任教师进行培养。[1]

在职称评定方面，根据辅导员所负责学生的情况，设置专职辅导员的相应教师职称岗位。专职辅导员按助教、讲师、副教授、教授要求评聘思想政治教育学科或相关学科技术职务。在技术职务评定中，应选聘具有丰富党政工作经验、学生工作经验和较高思政理论研究水平的专家作为评委，根据辅导员岗位职责内容，立足工作实绩，结合科研成果，考察辅导员学术研究能力和学生工作水平。[2]

在沟通交流方面，关心辅导员成长发展。通过定期（每个学期至少一次）开展辅导员思想工作调研，学工领导与辅导员深度访谈，辅导员职场体验圆桌分享等活动，深入辅导员工作，贴近辅导员生活，及时回应辅导员工作和生活需求，构建辅导员"家园文化"，凝聚学工力量，提升辅导员的团队认同感和归属感。

（三）巩固、强化辅导员思政理论素养和学生工作能力，建设专业化、职业化学生工作队伍

从辅导员工作需要出发，由学生处牵头，邀请校团委、学生处、宣传部、马克思主义学院、法学院、社会学院、新闻与传播学院等部处、学院专家，以及清华大学、北京师范大学等学校资深学生工作专家，以专题讲座、小组

---

[1] 参见《普通高等学校辅导员队伍建设规定》第10~13条，载中华人民共和国教育部政府门户网站：http://www.moe.gov.cn/srcsite/A02/s5911/moe_621/201709/t20170929_315781.html。

[2] 参见《普通高等学校辅导员队伍建设规定》第10~13条，载中华人民共和国教育部政府门户网站：http://www.moe.gov.cn/srcsite/A02/s5911/moe_621/201709/t20170929_315781.html。

研讨、沙龙分享、案例研习等方式对辅导员工作技能进行系统培训。建立岗前教育与日常培训相结合、线下学习与线上课程相结合、专项提升与综合训练相结合、骨干研修与全员集训相结合的多层次、立体化辅导员培训体系。

在队伍建设方面，建立辅导员阶梯化培养机制，培育老中青辅导员人才梯队，凝聚学生工作力量。依托北京市高校培训和研修基地，以及学工教育资源，邀请经验丰富的资深辅导员、心理咨询专家和职业规划指导专家等与辅导员"一对一"结对，开展辅导员阶梯培养。针对新入职辅导员，邀请资深辅导员进行学生辅导基础技能培训；针对顺利完成基础技能培训，且任职四年以上的辅导员，邀请党团建设、学业指导、就业规划、心理咨询、网络思政、危机处理等领域的专家进行专题化技能指导；针对综合素质优秀，学生工作成效突出的资深辅导员，邀请学生思政研究、学生事务管理研究等方面的专家进行课题立项研究指导。

在思政教育课程培育方面，搭建思政课程建设平台，提升辅导员教学能力。选聘思政教育专业且有志于从事思政理论课程教学的专职辅导员，担任"形势与政策""职业规划与指导"等课程授课教师，通过集体备课、教师说课、公开示范课、专家听课督导以及校级优质课评选等方式，培育辅导员思政理论课教学体系，通过案例式、启发式、互动式、体验式等多种教学形式技能培训，不断提高辅导员教学能力和水平。

在学生思政科研团队建设方面，支持专职辅导员以团队形式申请科研立项。通过党建立项、学工立项等多种形式，鼓励学生与辅导员关心时政，把握时代主题，实时学习国家领导人和党中央重要会议精神和文件精神，与党和国家同心同向，及时总结反思学生工作经验，研究、分享学生工作案例，创新学生思政理论和学生工作模式，研学结合，知行结合，引导辅导员结合实践开展理论研究，以理论成果指导实践。

三、规范辅导员工作绩效考核，建立公平合理的辅导员工作评价机制

辅导员的工作任务事无巨细，工作类别多元化、多层次，公平合理的绩效考核和评价机制，不仅是学校对辅导员予以奖惩的依据，也是形成辅导员职业归属、集体归属的基础。

工作是辅导员绩效考核的基础，对辅导员的工作评价应以高校辅导员的

具体工作职责为基础来建立。同时，实践中学校各部门及学院常常认为"凡是与学生相关的事务都需要辅导员来负责"，学生辅导员还需承担部分教务、考务、后勤督导、校园应急工作事务以及大量的不同口径的数据统计汇总工作。所有的工作都需要花费时间和精力。作为一线基层的学生工作者，必须按照各部门的要求及时上报工作完成情况，而事实上很多数据调研并不在辅导员工作内容之内，各部门依照本部门职责进行的实践调研完全可以直接面向学生进行搜集，然而辅导员所做的这类支持性工作往往因为非辅导员职责又不被列入绩效考核和工作评价中。因此，在对辅导员工作绩效进行考核和评价中，应考虑辅导员所承担的这部分支持性工作的成效以及对辅导员本职工作的影响。

人才培养是"树人"工程，学生培养是一个阶段性的长期过程，需要包括辅导员在内的全校教职员工的共同努力，因此辅导员工作考核应兼顾过程性考核和结果性考核，尤其是辅导员工作成效的指标设置应与辅导员职责要求、实际工作内容以及预期可实现目标相匹配，指标过低难以实现育人目标，指标过高则会挫伤工作热情，甚至引发其他问题。在历年的辅导员工作评优中，就业率和就业质量等都是重要的结果性考核指标。但同时，我们无法忽视的是辅导员只是"全员育人"的"一员"，在整个学校教育管理体系中，辅导员被归入"教辅人员"，在二级学院管理体系中，辅导员在学科建设、学生培养方案的制定以及专业课程的教学方式等方面并没有发言权，甚至在向学院反馈学生对教学提出的意见和问题时，也会受到专业教师的质疑。就业率和就业质量的考核应该列入作为代表学院的党政领导集体，以及参与人才培养的每个部门，每个教师、辅导员和行政人员的考核指标中，而不仅仅是对于辅导员单列的指标。评价指标是一个重要的行为指引，全员育人，全员应接受相应指标的考核。无论学科设置是否符合国家、社会的人才需求，无论教学培养中是否依循学生的成长需要因材施教，无论学校对各个专业的教学资源的分配情况，而只要求各个专业的毕业生高质量就业，并且就业率都应达到100%就业，很难。社会需求弱的专业，人才培养方案设置不合理的专业以及缺乏学校教学资源支持的专业，学生辅导员的工作可能会徒劳无功，很难得到认可。对于国家211、985高校的学生，毕业就业不难，但是不同专业的就业质量则必会参差不齐。缺乏认可，可能直接导致归属感的缺乏。因此，对于需要全员育人才能实现的评价指标，要更加侧重于考核过程性考核，对辅导员在人才培养过程中的付出予以认可和尊重。

因此，辅导员工作考评的指标设定一定要慎重，在广泛、深入调研全校各学院辅导员工作实际的基础上，根据辅导员工作职责，综合考虑辅导员个体的工作独立完成度，确定结果考评标准，对于辅导员所从事的保障、支持性工作或整体工作序列中某一环节的工作，要着重进行过程性考核，在引导辅导员认真负责完成工作的基础上，尊重、认可辅导员的努力和付出。辅导员的考评指标的设定，考核评审过程应定期调研实际从事一线学生工作的辅导员的意见和建议，评审组成员中应包括任职 8 年以上的辅导员或曾从事 8 年以上辅导员工作的学生工作者参加。

四、结语

作为与学生关系最密切的一线学生工作者，辅导员的队伍建设与学生人才培养成效密切相关，只有健全、完善辅导员职业发展培养体系，提升辅导员的获得感、幸福感和安全感，增强职业认同感，才能增进思想政治教育工作效能，强化学生工作队伍的稳定性和接续性，全面提升学生思想政治工作科学化水平。辅导员的队伍建设任重而道远。

参考文献

[1] 江涛：《舒尔茨人力资本理论的核心思想及其启示》，载《扬州大学学报（人文社会科学版）》2008 年第 6 期。

[2] 余钦：《舒尔茨人力资本理论对高校辅导员职业能力建设的启示》，载《学校党建与思想教育》2018 年第 6 期。

[3] 罗媛媛：《高校辅导员胜任力对职业成功的影响研究》，中南财经政法大学 2019 年博士学位论文。

[4] 李舟、周超：《对舒尔茨人力资本理论的理解与思考》，载《江南论坛》2019 年第 6 期。

[5] 郑珍：《高校辅导员职业认同：现状、归因与提升策略——基于奥尔德弗"ERG 理论"的调查研究》，载《湖北科技学院学报》2019 年第 6 期。

[6] 马成瑶：《论辅导员在高校思想政治工作体系中的职能定位及价值体现》，载《思想理论教育》2021 年第 5 期。

[7] 简超宗、张永红：《新时期高校辅导员职业倦怠的归因及消解路径》，载《华北理工

大学学报（社会科学版）》2022年第4期。

［8］《教育部办公厅关于开展"三全育人"综合改革试点工作的通知》，载中华人民共和国教育部政府门户网站：http://www.moe.gov.cn/srcsite/A12/moe_1407/s253/201805/t20180528_337433.html。

［9］《普通高等学校辅导员队伍建设规定》，载中华人民共和国教育部政府门户网站：http://www.moe.gov.cn/srcsite/A02/s5911/moe_621/201709/t20170929_315781.html。

新形势下高校研究生兼职辅导员制度合理性论述

中国政法大学社会学院　唐铭泽

在中国高素质人才的教育培养中，思想政治工作一直处于核心位置，思想政治工作队伍建设因而也成为高校学生管理工作的重中之重。2018年，习近平总书记在全国教育大会上的讲话中指出：思想政治工作是学校各项工作的生命线，各级党委、各级教育主管部门、学校党组织都必须紧紧抓在手上。要精心培养和组织一支会做思想政治工作的政工队伍，把思想政治工作做在日常、做到个人。[1]在新时代新形势下，面临越加扩大的高校学生群体和越发提高的政治教育要求，高校思想政治工作队伍的质量、规模，以及信念经验传承、教育覆盖广度深度与工作可持续性等方面的提升被提到了更加重要的位置。

一、高校辅导员制度建设现状

（一）专职辅导员制度

高校思想政治工作队伍建立的起源可追溯至1961年，党中央出台专门文件提出在各高校设立专职辅导员，并得到广泛实施。随着时间的推移，专职辅导员的职能逐步完善，演变为了涵盖思想理论教育和价值引领、党团和班级建设、学风建设、学生日常事务管理、心理健康教育与咨询工作、网络思想政治教育、校园危机事件应对、职业规划与就业创业指导、理论和实践研究等九大职责的功能体系，为党和国家培养德智体美劳全面发展的社会主义事业建设者和接班人提供了重要的制度与队伍保障。但与此同时，专职辅导

---

[1]《习近平出席全国教育大会并发表重要讲话》，载 http://www.gov.cn/xinwen/2018-09/10/content_5320835.htm，最后访问日期：2023年2月23日。

员制度存在的问题与限制也在逐渐显现，包括学生数量逐年增长而专职辅导员数量不足引发的精细化管理困难，辅导员队伍不稳定造成的工作可持续性低，以及辅导员队伍年龄、专业和学历结构不合理产生的工作体系失衡等问题。[1]这些问题与限制都对思政队伍建设与大学生思政工作的高质量开展提出了新的挑战，亟需设立更加清晰明确并能够广泛沉淀为长效机制的政工队伍制度。

（二）兼职辅导员制度

在专职辅导员制度全面施行的同时，作为对其不足与有限性进行补充的兼职政工队伍制度也在被大范围地试用，包括思想政治课教师担任兼职辅导员、心理学教师担任兼职辅导员、授课教师担任班主任、博硕士研究生担任兼职辅导员等，其中被广泛应用并产生实效的是聘任博硕士研究生担任兼职辅导员。自1953年清华大学创立"双肩挑"辅导员制度以来，清华大学招生人数迅速扩张，思想政治教育工作成效显著，该制度经过数十年的发展已十分完善并成为清华大学辅导员制度的最大特色。[2]2000年7月，教育部出台了《关于进一步加强高等学校学生思想政治工作队伍建设的若干意见》（教党〔2000〕21号），其中规定："高等学校学生思想政治工作人员包括专职人员和兼职人员。……兼职学生思想政治工作人员，是指从教师和品学兼优的党员研究生、高年级大学生中选拔配备的半脱产学生班主任、导师或学生政治辅导员。他们一边从事教学、科研工作或学习，一边从事学生思想政治工作。……有条件的高等学校可以根据工作需要和选留人员的条件，在本校推荐免试研究生的计划中划出一定的名额，用于选留作学生政治辅导员的人员，这些人员取得攻读硕士学位研究生资格后，工作2年再读研究生。"这一意见为高校配备研究生兼职辅导员提供了制度保障。随后，选聘政治素质强、工作积极性高的研究生担任兼职辅导员的制度逐渐被越来越多的高校所采用，有力促进了高校思想政治教育工作的开展。[3]2017年10月，教育部《普通高等学

---

[1] 孙睿：《现代教育制度下地方院校辅导员队伍建设问题与对策》，载《中国教育学刊》2017年第S1期。

[2] 林泰、彭庆红：《清华大学政治辅导员制度的特色及其发展》，载《清华大学学报（哲学社会科学版）》2003年第6期。

[3] 赵其波等：《对高校研究生担任兼职辅导员工作的思考》，载《教育探索》2012年第3期。

校辅导员队伍建设规定》指出辅导员岗位设置"按照专兼结合、以专为主的原则,足额配备到位"[1],进一步规范了辅导员队伍建设的配备问题。研究生兼职辅导员制度补充了专职辅导员制度存在的种种短板,正与专职辅导员制度同步发展完善,并构成了"专兼结合"的互补模式。

二、研究生兼职辅导员制度合理性阐释

研究生兼职辅导员制度的优势已被日渐关注,作为对专职辅导员制度的补充,其合理性可以在与专职辅导员制度的对比和结合分析中进一步体现。

(一)增加导员总体数量,满足教育管理需求

近年来,高校招生人数日趋增长且高校编制逐渐收紧,许多高校专职辅导员岗位数量与学生比例很难达到教育部1∶200的要求。[2]对于某些高校来说,辅导员与学生比甚至会达到1∶500。[3]在这种现状下,专职辅导员往往深陷日常管理琐事中难以脱身,九大职责仅能重点关注其中几项,难以精细化教育与管理的问题日渐成为常态。而研究生专职辅导员队伍的建立,将直接缓解这一人员紧张问题,高校可以根据不同学院专业实际的学生人数,按比例选拔聘任兼职辅导员,甚至可以在比例达标的基础上选聘更多的人员,分散管理性事务的压力,满足教育管理的需求。

事实上,目前各高校也广泛依照教育部第43号令"按照专兼结合、以专为主的原则,足额配备到位"的要求,普遍聘用在读研究生担任兼职辅导员。[4]专职辅导员与兼职辅导员相结合的队伍建设模式,在满足师生配比的制度性要求的同时,正在为学生工作精细化教育管理提供了重要的保障。

(二)发挥专兼结合优势,优化人员配备结构

教育部"专兼结合、以专为主"的原则,正是对专职辅导员制度与兼职

---

[1] 《普通高等学校辅导员队伍建设规定》,载 http://www.moe.gov.cn/srcsite/A02/s5911/moe_621/201709/t20170929_315781.html,最后访问日期:2023年2月23日。

[2] 李国政、史雅然:《"三全育人"背景下高校研究生兼职辅导员工作的思考》,载《教育教学论坛》2020年第33期。

[3] 孙睿:《现代教育制度下地方院校辅导员队伍建设问题与对策》,载《中国教育学刊》2017年第S1期。

[4] 王方霞:《当代研究生应聘兼职辅导员的动机调查研究》,载《科学咨询(科技·管理)》2020年第10期。

辅导员制度搭配共建、优势结合、结构互补的合理性反映。两种辅导员制度都存在其不足之处，专职辅导员经验丰富，更具备思想政治教育规划意识与学生总体培养思想，但囿于日常具体管理事务难以充分发挥其优势或开展系统性工作，也致使辅导员职能一定程度上的缺失。而专职与兼职辅导员队伍的互相补充可以很大程度上解决这一问题，两相配合、以老带新，专职辅导员工作重心放置在总体规划、教育与建设中，兼职辅导员负责细致处理落实并在这个过程中成长进步，提升自身思想与水平，积累工作经验，并共同实现精神信念的传承与维系。

此外，当兼职辅导员制度落地成熟后，兼职辅导员能够循环不断补充进入政工队伍，辅导员数量问题得以解决，学校对专职辅导员的招聘与要求亦可更加重视质量。经过一段时期的队伍建设，专职辅导员队伍也将留下更具备政治素养、工作热情与经验能力的人选，进一步优化专职辅导员队伍。专兼职辅导员相结合的结构也会愈发合理，构成年龄、分工、经验与专业配比均衡的人员体系。

（三）激发队伍热情活力，孕养人文关怀氛围

相比于专职辅导员来说，研究生兼职辅导员更加年轻化，且往往具备高于普通学生的政治素质、理想信念与事业热情，在实际工作中更容易产生内驱动力，对所部署的工作更具服从度，处理学生事务更加细致耐心，也会更注重工作的实际质量，乐于积极投身其中。有研究指出，研究生党员兼职辅导员，不仅具备年轻有活力、思想先进、政治立场坚定的优势，而且还具有较强的学习能力、科研能力和组织能力，能够有效提升工作质量。[1]兼职辅导员参与工作具备更高的热情与活力是这一群体的优势，也能够在热情的推动下高质量开展具体工作。

跳出从个人角度看，从整个兼职辅导员队伍建设层面来说，研究生兼职辅导员体系的建立，尤其是当能够为这一群体提供共同的工作场所时或是有互动机会的工作方案时，会容易孕育出他们之间深厚的友谊、互相争先创优的劲头，在共同体般的工作与生活中由衷生发出对辅导员工作的热爱，逐渐

---

[1] 于萍、陈秋敏：《新时期高校研究生兼职辅导员工作的实践与思考》，载《教育现代化》2019年第74期。

营造人文关怀的氛围。在人文气息孕养与总体精神培植中发挥出意想不到的作用，冲击当下一些沉寂冷硬、缺失活力的辅导员工作困境。

（四）提升具体工作质量，落实三全育人要求

研究生兼职辅导员本身便是双重身份，同样作为学生，这一层身份能够使其更贴近所教育管理的学生群体，方便以一种亦师亦友的角色与学生建立信任关系，提升沟通与相处的亲切感与坦诚度，在潜移默化中加强思想政治工作质量，同时落实"三全育人"要求。兼职辅导员与学生建立起充分的信任关系，不仅能够提升思想政治工作的实效，还能够通过朋友圈的社交平台以及日常各种场合的接触，更加密切地了解学生的学生与生活，及时掌握其思想与行为动态，从而有效引导学生的思想与规划，帮助解决困难并及时应对可能出现的突发事件。研究生兼职辅导员思维更加活跃且接受新鲜事物能力较强，对于现代化教育工具的使用也更为熟练，对于全方位开展思政工作具有明显的创新优势。

另外，在兼职辅导员的选聘中，出于选拔更精准与工作更有效的角度考虑，学院往往会聘用学生同院乃至同专业的研究生。这类兼职辅导员对所在学院与专业较为了解，学业水平与学术能力较之本科生更高，可以在学业发展方面给予学生更精细的指导帮助。另一方面，兼职辅导员往往担任过学生干部，具备较强的政治意识、工作能力与规划本领，可以将优异的精神与经验传授给学生，发挥榜样示范效应，指导学生综合全面成长。

（五）缓解人员流失压力，保证体系平稳有序

有部分研究在讨论研究生兼职辅导员制度时，都提到研究生兼职辅导员由于是学生身份而存在流动性大、工作不稳定、可持续性弱的弊端。从具体工作方面来看，这确实是研究生兼职辅导员制度的不足之处，也是尚有不少高校未推行兼职辅导员制度的原因之一。但是当从总体层面与专兼结合的角度来看待，这一问题另一方面也是缓解辅导员整体队伍人员流失的压力，保障学工体系与学生工作平稳有序开展和人员过渡的优势与保障。

由于专职辅导员编制紧俏，一人一岗，招聘到人员后往往只能满足岗位工作人员的数量需求，当面临人员流失时不可避免地会产生工作缺位、人事缺口并增加其他同岗人员的工作压力。再次招聘人员同样需要固定周期与适

当契机，编制的再分配也会存在紧缺与平衡的考量，时常难以满足所有部门与学院的需求，即使匆忙招聘到人员也并非人人质量达标。而且专职辅导员队伍也并不稳定，高校辅导员年流动率约在 5%~8%。[1]这本身就是专职辅导员制度存在的困境，如无有效措施介入，此问题很难得到根本解决。

而兼职辅导员的选聘并无编制限制，能够维持总体人数的充足，即便更换周期较短，但是兼职辅导员队伍基数大，人员选聘更具灵活性。即使专职辅导员临时缺岗，也能够保证工作队伍数量充足，及时将兼职辅导员补充到缺失的工作职责上，留给学校更充分的时间招聘合适的专职辅导员，一定程度上规避了专职辅导员编制不足的问题。且在 2000 年教育部《关于进一步加强高等学校学生思想政治工作队伍建设的若干意见》的基础上，众多学校同时也要求通过兼职辅导员路径获取免试攻读研究生资格的学生，在读研期间继续担任辅导员，进一步解决了兼职辅导员工作周期短、作用发挥有限的问题。总的来说，即使兼职辅导员流动性高，但是其选聘灵活、数量充足的优势，能够在与专职辅导员制度相结合的过程中，提升总体工作的可持续性，保证体系平稳有序发展。

（六）磨炼思想能力素质，搭建人才培养平台

兼职辅导员读研期间便从事学生思想政治工作，同时负责学生党团班级建设、学风建设、日常管理教育、心理健康工作、网络思政教育、应急处突、发展规划与理论实践研究，还可能有机会参与负责行政事务与秘书事务，这些都是对思想观念与个人素质的极大历练。此外，兼职辅导员本身同时具备"学生"与"辅导员"双重身份，在投身辅导员事业的同时还要兼顾学业，这亦是对时间规划意识、学习工作效率以及吃苦耐劳精神的有益培养。

对于高校来说，研究生兼职辅导员制度的施行也是搭建起了一个人才培养平台。经过兼职辅导员经历的磨炼，脱颖而出的研究生毕业生已具备了必要的专职辅导员或是行政人员素质，构成了学校招聘的人才储备队伍。如南开大学，近年来研究生兼职辅导员最终留校担任专职辅导员的比例超过了 50%。[2]

---

[1] 孙睿：《现代教育制度下地方院校辅导员队伍建设问题与对策》，载《中国教育学刊》2017 年第 S1 期。

[2] 赵甘、高珊：《学生骨干担任兼职辅导员工作研究与对策》，载《高校辅导员》2015 年第 3 期。

更进一步说，大部分研究生兼职辅导员毕业后还是将离开学校求职的，相比于普通学生，经过兼职辅导员工作历练的研究生，离开校园踏入任何工作岗位都更有信念、能力与经验优势，也是在为国家与社会建设培养并产出更多成熟优异的年轻人才。高校对于有计划继续从事专职辅导员工作的兼职辅导员应给予各方面的专业指导，而对于有其他发展规划的人员也要尽量提供生涯规划帮助与工作推荐。[1]

三、研究生兼职辅导员制度建设保障

建设高质量的研究生兼职辅导员队伍亦需要做好各类充分的准备，构建起完善的保障体系。

（一）明确选拔聘任机制

研究生兼职辅导员的选拔聘任应要求明确，设定符合校情的报名条件，如具备学生干部经历、社会实践经验、科研创新能力与优异的学业水平等，保证选拔出信念坚定、能力卓越、富有热情且匹配岗位的人选，对于参与选聘人员的思想动机更要高度关注并加强正面引导。选拔流程应充分考虑个人自荐、学院推荐、笔试面试、成绩核定与结果公示等环节的完整性，将这一新制度有机融入学校原有的制度系统与文化环境中。

（二）保证政策制度待遇

研究生兼职辅导员的选聘可从在读的硕士博士中选拔，亦可依照教育部意见规定从本校推荐免试研究生的计划中划出一定的名额，给予愿意担任兼职辅导员且符合推荐免试研究生条件的应届本科毕业生，以增强吸引力，扩大选拔范围，择优录用。此外，对于担任兼职辅导员的研究生来说，还可在荣誉评定、毕业要求与职业发展等方面给予适当的政策倾斜，激发其工作积极性并树立起身份荣誉感。

（三）重视培训激励建设

相比于专职辅导员来说，兼职辅导员存在工作经验较少、业务水平不足的问题，持续做好培训教育是提升兼职辅导员工作能力的必要措施。应增强

---

[1] 于蕾：《研究生兼职辅导员发展路径优化》，载《教育现代化》2019年第56期。

兼职辅导员的信念与精神、业务与专业建设，提升培训的系统性、持续性、针对性与实效性。设定考核评价体系，包含诸如学校评价、学院评价、学生评价、自我述职等层面，以此向兼职辅导员反馈工作效果，配套必要的奖惩措施，激发工作驱动力。给予兼职辅导员合适的基础薪酬待遇，并制定科学的绩效机制，根据工作质量、考勤评价等考核标准发放绩效奖励。

（四）做好相关配套保障

研究生兼职辅导员制度的建设另需配套相应的财政、机制与场地等保障。尤其是财政方面，需要单列兼职辅导员队伍建设专项经费，其中包含人员经费、活动经费、培训经费及其他必要的支出预算，这更加需要校方的高度重视与大力支持。此外，在选拔聘任兼职辅导员的过程中构建起适当的政策制度待遇与培训激励体系是一种正向的功能建构，但是也需要一定的约束措施，以防止可能产生的兼职辅导员工作懈怠与中途辞职的隐患。最后，如条件允许，校方还可以为兼职辅导员提供合作办公的场地与方案，推动其形成共同体意识，凝聚工作合力，相互创优争先，在良性互动中营造出高涨活跃的工作氛围。

四、结语

当然，研究生兼职辅导员制度之所以没有被全面制度化规范化而广泛施行，其同样存在一些不足之处，研究生兼职辅导员经验不足、流动性大与精力不够的问题是不可避免的。[1]如对于兼职辅导员个人来说，分散出精力开展学生思想政治工作与日常管理，势必造成投入自身科研的时间与精力降低，产生更大的科研与毕业压力，甚至致使工作与学业失衡，科研学术能力降低。[2]但是对于这一问题，不同的研究者结论却不尽相同，有人在对某高校的实证研究中发现，学生担任兼职辅导员是对时间管理能力与思维方式的很大锻炼，担任兼职辅导员的研究生也比其他研究生GPA更高。[3]再如，选聘兼职辅导

---

[1] 于萍、陈秋敏：《新时期高校研究生兼职辅导员工作的实践与思考》，载《教育现代化》2019年第74期。

[2] 申新等：《论研究生兼职辅导员角色冲突之根源》，载《煤炭高等教育》2016年第2期。

[3] 张夏蕊：《研究生兼职辅导员对学业水平影响的调查研究——以西北地区某外语类大学为例》，载《新西部》2019年第29期。

员需要有适当的激励机制吸引研究生申报，并保证其乐于任职，尽责工作。在这一方面仅靠微薄的薪资待遇与荣誉奖励是并不牢靠的，更重要的是培养起该群体的思想信念认同，以及升学乃至求职等方面的政策倾斜。而政策倾斜的设定，若不契合校情实际，极容易产生关于"公平公正"等方面的制度和舆论压力，甚至造成原有辅导员制度体系与升学体系的失衡。对于校方来说，制定何种符合实际且又产生效果的选拔任用方式、福利待遇保障与考核激励机制，怎样从财政预算中单列出供给兼职辅导员的人事与工作经费支出都是需要慎重考虑的问题。

诚然兼职辅导员制度同样存在一些不可避免的问题，但面临着日趋严峻的专职辅导员制度困境，对于并未开展但有意建立兼职辅导员制度的高校来说，最需要具备的先决条件是在充分调研、分析、研判与做好各方面扎实准备的基础上，推动学校上下达成共识，带着开创的决心与魄力果断推行，并积极应对可能发生的意外情况，勇于承担起制度初行时产生的试错成本。一项新制度新体系的建立与实施或将引发人们忧惧改变的本能心理的抵触与反弹，容易冲击到原有的平衡与稳定，但同时也意味着将要激发新的活力并孕育出新的可能性。当转型与重塑的阵痛期过去，新的尝试变为习以为常，制度会逐渐完善并形成路径习惯沉淀下来，构成一套符合价值理性预期的功用系统。

参考文献

［1］《普通高等学校辅导员队伍建设规定》，载 http：//www.moe.gov.cn/srcsite/A02/s5911/moe_621/201709/t20170929_315781.html，最后访问日期：2023 年 2 月 23 日。

［2］《习近平出席全国教育大会并发表重要讲话》，载 http：//www.gov.cn/xinwen/2018-09/10/content_5320835.htm，最后访问日期：2023 年 2 月 23 日。

［3］李国政、史雅然：《"三全育人"背景下高校研究生兼职辅导员工作的思考》，载《教育教学论坛》2020 年第 33 期。

［4］林泰、彭庆红：《清华大学政治辅导员制度的特色及其发展》，载《清华大学学报（哲学社会科学版）》2003 年第 6 期。

［5］申新等：《论研究生兼职辅导员角色冲突之根源》，载《煤炭高等教育》2016 年第 2 期。

［6］孙睿：《现代教育制度下地方院校辅导员队伍建设问题与对策》，载《中国教育学刊》2017 年第 S1 期。

［7］王方霞：《当代研究生应聘兼职辅导员的动机调查研究》，载《科学咨询（科技·管理）》2020年第10期。

［8］于蕾：《研究生兼职辅导员发展路径优化》，载《教育现代化》2019年第56期。

［9］于萍、陈秋敏：《新时期高校研究生兼职辅导员工作的实践与思考》，载《教育现代化》2019年第74期。

［10］张夏蕊：《研究生兼职辅导员对学业水平影响的调查研究——以西北地区某外语类大学为例》，载《新西部》2019年第29期。

［11］赵甘、高珊：《学生骨干担任兼职辅导员工作研究与对策》，载《高校辅导员》2015年第3期。

［12］赵其波等：《对高校研究生担任兼职辅导员工作的思考》，载《教育探索》2012年第3期。

提高斗争本领
——高校辅导员意识形态工作能力研究

中国政法大学民商经济法学院　王　彤

摘　要：意识形态工作是党的一项极端重要的工作，高校是意识形态斗争的前沿阵地，高校辅导员是大学生思想政治教育的骨干，是高校意识形态工作的重要力量。从意识、知识、技能三个维度进一步明确高校辅导员应具备的意识形态工作能力是提高意识形态工作水平的前提，高校要从强化职业认同感、加强专业培训、注重实践锻炼三个方面来提升辅导员的意识形态工作能力，以提高其应对意识形态激烈斗争的本领。

关键词：高校　辅导员　意识形态能力

习近平总书记指出："意识形态工作是党的一项极端重要的工作"，"历史和现实反复证明，能否做好意识形态工作，事关党的前途命运，事关国家长治久安，事关民族凝聚力和向心力。"[1]高校是意识形态工作的重要领域和前沿阵地，肩负着学习研究宣传马克思主义、培育和践行社会主义核心价值观、培养中国特色社会主义事业建设者和接班人的重大任务。高校辅导员是开展大学生思想政治教育的一线骨干，是高校意识形态工作的重要力量，需要与时俱进提高意识形态工作能力，增强斗争精神，提高斗争本领，方能打好防范化解风险的主动仗。

一、辅导员是高校意识形态工作的重要力量

高等学校承担着立德树人的根本任务，是培养社会主义合格建设者和接

---

[1]　习近平总书记在全国宣传思想工作会议上的讲话。

班人的主阵地，是意识形态教育的主要渠道，当然也是各种思想文化交锋交融的前沿。青年学生对事物的认识能力有限，理论辨别能力较弱，同时又对新鲜事物很容易产生好奇，抵抗诱惑力不强，容易被煽动，不良的社会思潮和风气很容易影响到青年学生。因此，高校的意识形态工作尤为重要。2015年1月，中共中央办公厅、国务院办公厅印发《关于进一步加强和改进新形势下高校宣传思想工作的意见》中明确指出，加强高校意识形态阵地建设，是一项战略工程、固本工程、铸魂工程，事关党对高校的领导，事关全面贯彻党的教育方针，事关中国特色社会主义事业后继有人，对于巩固马克思主义在意识形态领域的指导地位，巩固全党全国人民团结奋斗的共同思想基础，具有十分重要而深远的意义。这为高校意识形态工作指明了方向、明确了要求。《普通高等学校辅导员队伍建设规定》（2017年教育部第43号令）指出，辅导员是开展大学生思想政治教育的骨干力量，是高等学校学生日常思想政治教育和管理工作的组织者、实施者、指导者。在辅导员的工作职责中，首先明确了思想理论教育和价值引领。由此，我们认为辅导员担负着高校思想政治教育和意识形态教育工作的重要责任，是高校意识形态教育工作的重要力量，是高校意识形态教育工作的组织者和实施者。在实际工作中，应与时俱进提高高校辅导员意识形态工作能力，提升工作水平，方能应对复杂激烈的意识形态斗争。

二、辅导员应具备的意识形态工作能力

加强高校辅导员意识形态工作能力建设，提升辅导员意识形态水平，首先要对辅导员意识形态工作能力的内容进行划分，才能有针对性地开展工作。

辅导员意识形态工作能力的内容有不同的划分方法，有的被划分为意识形态认知力、意识形态处理力、意识形态引领力，[1]有的按照内容被划分为马克思主义理论的理解和宣传能力、社会思潮的辨别能力、学生思想观念的引导能力、互联网意识形态的管控能力以及兼顾日常管理和意识形态的工作能力[2]。对一线辅导员来讲，上述划分方式便于理解但其有针对性的提升实

---

[1] 徐喜春：《高校辅导员意识形态能力建设的困难与突破》，载《焦作师范高等专科学校学报》2022年第2期。

[2] 胡雪婷：《新时代高校辅导员意识形态工作能力提升研究》，上海海事大学2021年硕士学位论文。

操性不强，本文拟从意识、知识、技能三个维度切入，将辅导员意识形态工作能力划分为辅导员的角色意识、意识形态理论知识与工作方法技能三个方面。

（一）辅导员的角色意识

辅导员的角色意识主要是指辅导员对于意识形态工作的价值认同、职责认同和职业敏感性。辅导员要树立意识形态工作是党和国家一项极端重要的工作，高校作为意识形态工作前沿阵地，肩负着学习研究宣传马克思主义，培育和弘扬社会主义核心价值观，为实现中华民族伟大复兴的中国梦提供人才保障和智力支持的重要任务的意识。辅导员要认识到自身是开展大学生思想政治教育的骨干力量，进行思想理论教育和价值引领是辅导员工作的重要职责，要旗帜鲜明地开展以理想信念教育为核心的意识形态工作，大力培育和弘扬社会主义核心价值观，以正确的思想武装学生头脑。在落实意识形态工作职责时，要具有职业敏感性，要能够在重大问题和关键环节上头脑清醒、眼睛明亮，要善于从一般事务中发现政治问题，从倾向性、苗头性问题中发现政治端倪，从错综复杂的矛盾关系中把握政治逻辑，时刻保持政治立场不移、政治方向不偏。要在工作中敢管敢抓，敢于亮剑，敢于与错误的思潮交锋与斗争。

（二）意识形态理论知识

意识形态理论知识是指辅导员对于开展意识形态工作所需要的基本理论、知识、观点、政策等。对这些知识的掌握和熟悉程度，决定了辅导员开展意识形态工作的水平和高度。我们认为，理论知识应当主要包括马克思主义基本理论、习近平新时代中国特色社会主义思想、社会主义核心价值观、各种社会思潮、民族宗教政策、国际国内形势等，需要高校辅导员在实际工作中持续不断进行理论学习。

1. 辅导员要系统学习马克思主义理论

习近平总书记指出："政治上的坚定、党性上的坚定都离不开理论上的坚定"[1]，这充分强调了理论素养的重要性。牢牢把握党对教育系统意识形态

---

[1]《在常学常新中加强理论修养 在知行合一中主动担当作为》，载《人民日报》2019年3月2日，第1版。

工作的领导权，要坚持马克思主义的指导，坚持中国特色社会主义发展道路，坚定教育自信。[1]辅导员应当学习马克思主义经典理论，学习马克思主义中国化的最新理论成果，深化对马克思主义基本原理和立场、观点、方法的理解和掌握，要全面学习贯彻习近平新时代中国特色社会主义思想，用习近平新时代中国特色社会主义思想武装头脑、指导行动，这是开展意识形态工作的知识前提。

2. 辅导员要科学理解社会主义核心价值观

要充分理解社会主义核心价值观的丰富内涵和价值意义，理解社会主义核心价值观是巩固全党全国人民团结奋斗的共同思想基础，对于促进人的全面发展、引领社会全面进步，实现中华民族伟大复兴中国梦具有强大的正能量。要将社会主义核心价值观培育融入大学生日常教育管理和服务工作，善于把解决学生的思想问题与解决实际问题相结合，引导学生坚定不移地走中国道路。

3. 辅导员要及时了解掌握各种社会思潮

随着中国综合国力和国际影响力的不断增强，部分西方国家对中国发展表现出前所未有的焦虑和警惕，不断加强干扰，阻遏中国发展，其中很明显的做法就是加大对意识形态领域的渗透。不断出现的各种错误思潮冲击着学生的思想观念，特别是网络信息化更加深刻地影响着学生，辅导员要了解各种错误思潮背后的观点，准确判断和辨别各种社会思潮，能够对错误观点抽丝剥茧，找到其中的漏洞予以批驳攻击，从而加强对马克思主义主流意识形态的舆论控制力。

4. 辅导员要主动密切关注国际国内形势

当前，国际形势严峻复杂，西方国家意识形态领域的渗透将更趋激烈，呈现方式也更加隐蔽、日常和生活化。通过对敏感问题的炒作或者以学术活动相联以潜移默化影响青年学生的认识，具有极强的迷惑性。辅导员要密切关注国际国内形势，关注大国关系，能够透过现象看本质，与时俱进，增强意识形态处置能力。

---

〔1〕 檀慧玲：《牢牢把握党对教育系统意识形态工作的领导权》，载《中国高等教育》2023年第7期。

5. 辅导员要把握民族宗教的相关政策

在新形势下，辅导员应不断加强自身的宗教观教育，提高理论修养。要加强对我国宗教政策的理解和宗教相关法律法规的学习。要全面系统学习宗教基本知识，了解我国主要宗教的文化，以便于在面对宗教学生、处理相关问题时更加游刃有余，日常工作中掌握了解各级新闻媒体对民族、宗教方面的舆情动态，预防可能出现的舆情，及时进行相关同学的疏导工作。

(三) 技能方法

技能方法是指辅导员开展意识形态工作所需要的具体工作方法、技术、理念等，是影响意识形态工作效果的最直接因素，是意识形态引领能力的落脚点。我们认为辅导员须具备以下五项基本技能：

1. 教育活动组织能力

高校辅导员意识形态能力就必然包含着政治引领、价值引领等要求，辅导员要善于正面组织开展意识形态教育引导活动。要具备通过理论宣讲、党团日活动、主题班会、座谈会、社会实践、骨干培训等多种渠道和方式，向学生宣传和传播马克思主义的基本原理和方法，宣传马克思主义中国化的最新理论成果，弘扬社会主义核心价值观，帮助学生增强抵御各种错误思潮的能力。这就要求辅导员了解和掌握新时代学生特点和需求，通过组织学生喜闻乐见的活动、用好新媒体新技术来讲好"共产党为什么能""马克思主义为什么行""中国特色社会主义为什么好"等问题，增强他们对中国特色社会主义意识形态的认知度与认同感。

2. 网络宣传教育能力

当前意识形态交锋由传统的现实场域向网络空间拓展，极大地加大了意识形态工作的复杂性。面对意识形态的网络化交锋，但是部分高校辅导员对于如何有效地运用新媒体讲好中国故事、如何在网络空间批驳错误社会思潮出现了"本领恐慌"。辅导员要主动提升自己，适应信息化时代学生特点，主动创新方式方法，运用新载体新技术，主动开展网络思想政治教育工作，以学生喜闻乐见方式开展意识形态工作，工作中要注意学习宣传教育的时代感和实效性，可以通过选树学生先进典型，宣传优秀事迹等教育引导学生。

3. 舆情把握处置能力

当下，网络已经成为青年学生开展学习生活、思想文化交流的主要场所，网络舆情也成为高校意识形态工作的一个重要内容。借助网络和新媒体可以丰富知识、开阔视野，但也很容易受到其中错误信息的影响，给学校的意识形态工作、学生的身心健康以及校园的和谐稳定带来困扰。辅导员作为高校意识形态工作的重要力量，要具备舆情的预警、研判和处置能力。作为与学生最密切接触的教师群体，要能够第一时间跟踪了解学生的思想动态，及时捕获网络舆情信息，对于可能出现的舆情点依据网络舆情传播的特点和规律，做出预判，善于从初期有效介入，因势利导，避免酝酿成为意识形态事件，同时要加强政治站位，面对政治性事件、敏感性问题要"敢于亮剑"。

4. 深度访谈辅导技能

"深度辅导"是指深入、动态地了解学生，根据学生成长发展需求，辅导员针对性采取措施，帮助学生解决问题的过程。意识形态工作是解决学生思想困惑，有时是深层次思想困惑的工作，要求辅导员做到与学生深层次、高质量地交流，因此，深度辅导技能是非常重要的。这就要求辅导员要具备专业知识、并与学生建立起长期的信任关系，了解学生的话语体系，能够走入学生内心。深度辅导场所不应只局限于办公室，辅导员要将其开展到活动场地、宿舍里等学生更熟悉舒适的环境中，掌握谈话技巧，获取学生真实想法，以更易于进行思想引导和教育转化。

5. 阵地监督管理能力

阵地是推进高校意识形态工作的重要依托。辅导员要坚持马克思主义意识形态标准，敢抓会管，深入课堂、宿舍、食堂等学生学习生活的各个领域，加强对课堂、网络、校园文化活动的管理，加强对学生会、党团支部、班集体等学团组织的引导。对于微信、微博、微视频等网络新兴意识形态阵地的建设和管理要加强，抓住各种舆论争端和学生困惑的思想焦点，主动发声，抢占思想舆论阵地。

三、辅导员意识形态工作能力提升路径

（一）坚定理想信念，增强职业认同感

理想信念是总开关，是共产党人精神上的"钙"。坚定理想信念，坚守共

产党人精神追求，始终是共产党人安身立命的根本。[1]立德树人是高校的根本使命，高校必须坚持社会主义办学方向，旗帜鲜明地开展以理想信念教育为核心的意识形态工作，以正确的思想武装学生头脑。作为开展大学生思想政治教育的主要力量，引导大学生坚定理想信念，厚植爱国情怀，树立社会主义核心价值观，是高校育人的最重要使命，也是辅导员岗位职责的应有之义。因此，要提升意识形态工作能力，作为思政工作者的辅导员，自己首先就要有坚定的理想信念，只有自己坚定了，才能教育学生坚定信念。对于中国特色社会主义等基本而重大的理论问题，高校辅导员必先明、必自明、需真懂、需真信，方能以正向的价值观教育塑造学生，以坚定的理想信念感染学生，而这，也是这份职业义不容辞的责任。

(二) 加强专业培训，提升思想理论素养

在经济全球化、文化多元化的时代背景下，面对复杂多变的国际国内形势，以及新时期教育环境和教育对象的巨大变化，高校辅导员的意识形态工作也面临着不小的挑战。而在实际工作中，高校的大部分辅导员都不是思想政治教育专业出身，没有接受过思想政治理论的专业系统学习，部分辅导员对中国特色社会主义理论等知识学习不深入，理解不透彻，对马克思主义中国化的最新理论成果掌握不够，对一些错误的社会思潮、宗教迷信等观点不能很好地辨别和批判，对意识形态工作存在一定程度的"本领恐慌"。因此，要提高辅导员意识形态工作能力就必须加强自身的专业素养，夯实看家本领。高校的辅导员管理部门必须以时不我待的紧迫感，帮助辅导员尽快补齐能力短板。务必要加强系统的理论培训，使辅导员构建正确的知识理论体系。掌握马克思主义的立场、观点、方法，形成对社会主义核心价值观的正确理解，辨别各类社会思潮的产生背景、历史发展、现实危害，熟悉国家有关意识形态问题的政策规定，做一个思想清醒的思政工作者。辅导员自身要加强理论学习。习近平总书记强调，"中国共产党人依靠学习走到今天，也必然要依靠学习走向未来"，作为思政工作者，每一个辅导员都要热爱学习、善于学习，逐步在学习中提高自己，提高自己的理论修养后，对于错误思潮才敢于回击，这样才能更好地引领社会思潮，这也是意识形态能力的一个重要体现。

---

[1] 习近平：《坚定理想信念 补足精神之钙》，载《求是》2021年第21期。

（三）强化实践锻炼，提高工作质量和水平

实践是检验真理的唯一标准。辅导员要做好意识形态工作，也要深入实践，加强调查研究。习近平总书记在全国网络安全与信息化工作会议上说："群众在哪儿，我们的领导干部就要到哪儿去，不然怎么联系群众呢？"辅导员意识形态工作能力提升，很多时候是需要深入学生、依靠学生解决的。因此，要努力做到真正深入课堂、深入宿舍、深入食堂，了解学生的所思所想，及时发现和化解可能存在的意识形态问题。同时，网络已成为意识形态斗争最前沿，高校辅导员要深入网络，了解自媒体，运用好自媒体，跟上青年学生的节奏，适应他们的行为习惯，理解他们的思维模式，了解他们的话语权，主动开展网络思想政治教育，保持话语权和思想引领力。

基于"三全育人"体系建设下新手辅导员困境的几点思考

中国政法大学国际儒学院　高凯杰

摘　要："三全育人"教育体系以"全员、全程、全方位"为内容，落实立德树人根本任务，为实现中国特色社会主义教育指明了方向。高校辅导员是当代大学生思想政治教育的骨干，在大学生成长成才、价值引领等方面起着重要作用，同样也是践行"三全育人"体系的中坚力量。但随着时代的发展，新手辅导员不断增多，他们在"三全育人"体系建设下出现诸多困境。本研究以此为研究内容进行思考，发现新手辅导员出现经验储备和人生阅历不足、工作效率不高，与学生年龄相仿、职业边界感不强，专业知识和工作技巧欠缺、技能本领不足，工作量繁重、职业成就感不高等问题，随后详细分析其产生原因，并建议新手辅导员正视角色，明确使命、夯实理论，提升能力、利用特点，抓住机会、调整心态，展望未来。

关键词："三全育人"　新手辅导员　能力提升

新时代，党和国家为进一步培养有担当、有作为、有能力的新青年，落实立德树人的根本任务，回应"培养什么人、怎样培养人、为谁培养人"的问题，提出了"三全育人"的理念，即"全员育人、全程育人、全方位育人"。这一理念对推动新时代高校思想政治工作改革创新、建立并完善高水平人才培养体系的思想政治工作具有重大意义。高校辅导员是大学生日常思想教育和管理工作的组织者、实施者、指导者，是高校思想政治工作的骨干力量，"三全育人"这一教育体系也为辅导员队伍的建设提出了新要求。如今，随着全国大学生数量的不断增多，高校对辅导员的需求量也日渐增多，大批刚刚毕业的新手辅导员走上工作岗位，成为高校思想政治工作的主力军，因此研究新手辅导员在"三全育人"体系下的困境,有助于帮助其解决发展过程中的困难,不断提高辅导员队伍质量,使其更快做好角色定位,更好地完成立德树人的教育目标。

一、"三全育人"体系建设下,新手辅导员的现实困境

(一)缺少经验储备和人生阅历,工作效率不高

"三全育人"中强调要"全员、全程、全方位"提升学生的主体地位,因此新手辅导员在刚工作时干劲十足,想要积极调动学生参与活动的积极性,但是由于新手辅导员大多为高校毕业的硕士研究生,他们虽然在学生期间有过部分学生工作经验,但并未接触到辅导员的全部工作,同时由于年纪尚小,缺少工作经验和人生阅历,工作效率不高。

一方面,新手辅导员在工作过程中,往往会继续沿用自己学生期间处理学生工作的方式方法,但是由于实际工作时身份角色不同、立场定位不同和工作量的增多,这种学生时期经验往往不能解决全部工作;还有一些新手辅导员,由于缺少经验储备,虽然心中想做到"全方位"了解学生情况,但是在与学生谈心谈话过程中缺少科学有效的技巧和方法,不能快速深入地了解学生情况,往往只能采用简单的"共情法",大量叙述自己的成长经验,来引导学生开口,这样的谈心谈话效果总是耗时长、见效慢。另一方面,面对一些突发性或紧急性情况时,新手辅导员工作起来总会显得手忙脚乱或无从下手,同时面对问题无法精准找到突破口或敏感内容,处理问题时缺少果断思维或是仅停留在问题的表面,不能挖掘问题背后学生出现问题的原因。

不仅如此,新手辅导员比较年轻,在处理一些学生私密问题时,也会出现"不好意思"等害羞情绪,例如异性学生身体出现问题,有时辅导员会碍于性别和年龄,"不好意思"一直询问或向他人求助并反馈问题,有时反而导致学生后续出现其他更多问题。

(二)与学生年龄相仿,职业边界感不强

"三全育人"理念主要还是在做"人"的工作,高校辅导员的工作对象则是"大学生"。现今,"00后""05后"已经正式进入大学校园,这些学生受到时代背景、社会环境、原生家庭等多方影响更加崇尚平等、自由,具有

较强自我意识和维权精神，拥有极具个性化和多元化的性格特点。面对这样多元化的学生，新手辅导员年龄与他们相仿，可以很快与他们"打成一片"，但是过分的亲密，也会使辅导员与学生的边界感减退，影响教育效果和工作效率。

一方面，辅导员老师是学生的成长成才过程中的"人生导师"和生活中的"知心朋友"，新手辅导员刚刚结束学生时代，可以更好地理解学生想法、顺应学生兴趣爱好，从"过来人"的角度帮助学生解决问题，与大家成为"知心朋友"，但是这种"亲密"会让新手辅导员忘记自身作为"老师"的职责和立场，在处理问题时，会自动代入"学生思维"，这样往往不利于对学生开展思想道德教育工作。另一方面，新手辅导员与学生年龄相仿，很难在学生中产生威慑力，学生会对辅导员的能力产生怀疑，从而缺乏对辅导员的基本尊重，出现不服从管理、顶撞老师等不当行为。

(三) 缺乏专业知识和技巧，技能本领不足

"三全育人"教育理念要求将"全"这一核心嵌入学生教育教学的各个环节与层面，这就要求辅导员要挖掘各类教育资源，将思想教育深入到学生学习生活的方方面面，[1]同时也对辅导员的专业知识和技能有了更高、更新的要求。目前的大学教育中并未专门开设辅导员相关专业，因此刚毕业的新手辅导员并未接受过专业教育，仅少部分辅导员是思政或教育学专业出身，大部分新手辅导员所学专业与辅导员岗位需要具备的专业技能相差较大，这就造成了他们专业性不强，不能尽快地利用科学准确的方法引导学生，从而在工作中处于被动状态。

一方面，新手辅导员缺少辅导员特需的专业技能知识。《普通高等学校辅导员队伍建设规定》中对辅导员主要工作职责有了更明确的解读，主要包括思想理论教育和价值引领、党团和班级建设、学风建设、学生日常事务管理、心理健康教育与咨询工作、网络思想政治教育、校园危机事件应对、职业规划与就业创业指导、理论与实践研究等九个方面。但在实际工作中，某些新手辅导员入职前并未接触过全部内容，有的甚至是第一次给学生进行心理辅

---

[1] 刘思洋：《浅谈"三全育人"体系建设下新手辅导员的角色定位》，载《就业与保障》2021年第21期。

导或就业指导。他们缺少专业化知识,在辅导中仅是"纸上谈兵",未能给予学生行之有效的帮助或建议。另一方面,新手辅导员缺少学生所学专业知识。辅导员的一项工作就是对学生进行"学业指导",但是很多辅导员所学专业与所带学生所学专业并不对口,这时辅导员老师不能真正了解学生学习情况,更不能体会到学生学习的困难,学生也会以"我说的,您也不懂"等为借口,拒绝与辅导员进行沟通,造成无效沟通的情况。

此外,新手辅导员缺少教育学和管理学知识,工作方式简单,缺少技巧。新手辅导员刚入职时对工作充满热情,但由于缺少教育学和管理学知识,不能将班委、党员等学生干部的力量化为己用,凡事只会亲力亲为,于是工作逐渐增多,压力越来越大。同时新手辅导员教育方法单一,不能有效地抓住学生特点,仅是"为了完成任务而完成任务"机械地开展教育工作,对学生思想教育工作仅能浮于表面,不能起到深刻引导作用。

(四)工作量繁重,职业成就感不高

新手辅导员在入职之初,总是信心满满,对工作满怀期望,但实际工作中并没有建立成套完整的工作体系,面对错综复杂的工作内容,很容易因手足无措而产生现实与梦想的强烈落差,失去职业成就感。

在"三全育人"体系下,新手辅导员秉持"全方位"配合"全员"完成教育"全程"的原则,始终满足每一位学生的一切需求。学生无论在什么时候有什么需求都会第一时间联系辅导员,"学生宿舍没电了,如何购买""选课没选上如何补选""去医院看病后如何报销"……而新手辅导员都会24小时不间断地帮助学生解决各种问题,长此以往,新手辅导员无法调节工作与自身生活之间的平衡,产生疲惫感。同时,这些琐碎的事务让辅导员感到自己并不像是一名教师,反而更像是一位"保姆",工作毫无意义。

另外,新手辅导员需要与学校大部分部门进行对接,接受多方下达的工作任务,有的甚至与学生工作无关。这种"上面万根线,下面一根针"的工作,纷繁复杂,耗时耗力,却并未对自身工作有任何提升或改变。新手辅导员面对这些工作时,往往无法把握工作重心,只会疲于应付,这严重影响了新手辅导员的工作热情和成就感。

二、"教书育人"过程中，新手辅导员的困境缘由

（一）对"三全育人"的内涵理解不足，概念模糊

"三全育人"是中国步入新时代背景下提出的新的教育理念，其核心宗旨是更好地为祖国培养德才兼备的社会主义建设者和接班人。但是新手辅导员刚刚步入职场，身份由学生瞬间转变为老师，其间没有经过系统的学习和培训，于是对"三全育人"教育理念的理解和认识并不深入，不能深刻领会其中内涵，工作仅能停留在字词层面，造成工作方法单一，教育效果无法深入的情况。

同时，部分新手辅导员并未认识到自己在"三全育人"过程中的作用，借助于各种班会、活动，一味鼓励学生增加参与积极性，提升他们的主体地位，但是在活动中自身并未对学生进行深刻的思想政治引导，教育形式流于表面。

"三全育人"体系的建立使高校新手辅导员面临新的挑战和机遇，因此全面深入地了解"三全育人"教育理念的内涵是实现教育理想的第一步。

（二）对辅导员角色定位不清晰，工作边界模糊

新手辅导员刚走上工作岗位，往往会出现"什么是辅导员""辅导员职责是什么""怎么做好辅导员""辅导员怎么有这么多工作"等困惑或疑问，从而产生职业迷茫和倦怠感，这正是辅导员对角色定位不清晰，工作边界模糊所导致的。

部分新手辅导员在校期间可能有过学生工作经验，但是并未做过专职辅导员，所以他们对辅导员的角色定位仅停留在学生时期的简单认识。工作时他们更容易从学生的角度看待问题，也会一味满足学生需求，从而失去了教师的引领作用和威信力。另外，有部分新手辅导员当初选择这个岗位只是为了能够"工作稳定，收入可观"，他们对这项工作没有清晰的认识和正确的价值判断，走上工作岗位后，这些新手辅导员对工作内容不熟悉，角色定位和职责不明确，要花更多的时间和精力去处理琐碎的学生问题，工作预期与现实情况出现强烈反差，从而逐渐产生倦怠感。

不仅如此，也正是因为新手辅导员对角色定位不清晰，使得他们不能清

晰划分自己的工作领域和需要培养的工作能力。一方面，错综复杂的工作让他们不知道哪些是自己的主要工作，所有工作都想尽心完成，不分主次，但自己的主要思政教育工作完成度不高，也忽视了自己的优势和劣势，不能有效提升能力。另一方面，大量不属于本职工作的任务，让新手辅导员没有多余的时间提升自身能力，很多新手辅导员感慨"仅仅是完成已有工作，就已经感到精疲力竭了"。

高校辅导员贯穿学生教育、管理、服务的始终，是大学生意志品格的锤炼人、学习知识的同路人、学生创新思维的拓荒人、学生报效祖国的引路人。[1]新手辅导员只有认清自己的角色定位，才能在工作中抓住工作的重点，清晰认识到自身的不足并加以改进和提升，从而起到引导作用，完成立德树人的教育目的。

（三）新时期学生特点多变，对辅导员要求更高

21世纪是信息化、全球化、网络化的新时代，在这样社会背景下成长起来的新时代大学生具有多元化的性格特点，他们思想活跃，求知欲强，也善于借助网络等信息手段获取新鲜知识、维护自身权益，他们主见性强，但是行动能力弱，这些特点让他们对辅导员有了更多更新的要求，这也是让新手辅导员产生困境的原因之一。

现今大学生主见性强，崇尚自由，他们不愿意服从学校较"死板"的思想政治管教，这就要求新手辅导员要打破思维定式，采用他们喜闻乐见的方式进行教育教学；还有部分大学生，受到之前义务教育和家庭父母溺爱的影响，进入大学后很难适应校园生活，宿舍矛盾、情感困惑、沉迷网络、"生活不能自理"等问题层出不穷，这就要求新手辅导员拥有较高的洞察能力和沟通能力，能够及时有效地与学生进行沟通，并挖掘问题背后的原因，帮助同学走出困境；同时，根据数据显示，近几年大学生患心理疾病的比例越来越高，这就要求辅导员还要掌握心理学相关知识，在完成日常工作之余，还要重点关注心理异常同学情况，如发生特殊问题要第一时间建立紧急预案并采取有效措施。

---

〔1〕 刘思洋：《浅谈"三全育人"体系建设下新手辅导员的角色定位》，载《就业与保障》2021年第21期。

新时代大学生性格更加鲜活，同时对辅导员老师的依赖性也更高，新手辅导员只有了解学生性格特点，掌握他们的发展规律，才能游刃有余地处理好学生工作。

（四）学校辅导员队伍建设措施不完善，辅导员缺少针对性帮助

学校层面对新手辅导员缺少针对性帮助也是造成他们不能走出困境的原因之一。

首先，新手辅导员缺少切实有效的培训。新手辅导员入职之初会进行岗前培训，但是这些培训更注重理论层面的讲解，实践性不强，新手辅导员并没有真切意识到后续工作要如何开展。工作日期间，部分学校会组织各类专题培训，但有些培训会与学校会议或学生突发事件时间冲突，新手辅导员只能一边收看视频培训，一边完成日常工作，这样的培训效果并不理想；有的培训安排在周末或节假日，新手辅导员既要牺牲休息时间收听课程，又要花费大量时间完成培训心得的撰写，没有足够时间吸收培训讲座中的内容。

其次，对新手辅导员职责划分不明确。现今很多新手辅导员由于年轻，精力旺盛，所以还可能会被要求完成很多不属于辅导员的工作内容，这样工作量增多，严重影响了其对本职工作的效率和职能的发挥。

最后，对新手辅导员的心理健康疏导力度不够。新手辅导员在长时间的紧张和繁重工作中，很容易产生精神和心理的双重压力。同时，面对现今高发的学生心理危机事件，新手辅导员需要花更多精力处理问题，他们为了与学生产生共鸣，往往将自己代入到事件中，后续造成失落情绪。在这种情况下，新手辅导员的心理健康问题也是需要被关注和照顾的。

三、"立德树人"教育目标下，新手辅导员的能力提升

"三全育人"建设体系下，新手辅导员的能力提升是一个系统且漫长的过程，只有细致分析困难的原因，才能不断总结方法，走出困境。

（一）正视角色，明确使命

新手辅导员应正视自己的教师角色，从教师、学校的角度看待学生问题，同时认清并熟知辅导员的九大职责，始终牢记自己是学生成长成才的引航人、守护人、传道人，区分辅导员与"行政人员""高级保姆"的区别，在"三

全育人"建设体系下,充分发挥自身引领作用,将思想道德教育贯彻到学生的学习、生活中。

不仅如此,新手辅导要深刻意识到自己肩负着"为党育人,为国育才"的使命,始终围绕解决"培养什么样的人,如何培养人,为谁培养人"等问题,严格落实思想教育工作,将"三全育人"教育理念做细、做实、做深。

(二)夯实理论,提升能力

扎实的理论基础,卓越的能力本领,是成为一名优秀的思想政治工作者的先决条件。高校辅导员身兼多重角色,更应该具备扎实的理论素养和卓越的技能本领。

首先,新手辅导员要加强对"三全育人"教育体系的学习,只有深入理解这一教育理念内涵,才能在实际的思想政治教育中运用自如,将立德树人的教育目标有效实现。其次,新手辅导员要加强马克思理论的学习,在思想政治、行动上始终与党中央保持一致,扎实的理论基础才能让新手辅导员做到面对困难,心中有数;面对质疑,言中有理;面对问题,行动有度。

此外,新手辅导员应保持"终身学习"的习惯,不断增强技能本领,积累方法经验。一方面,新手辅导员要在自身工作中不断积累经验,提升自己的人际沟通能力、语言表达能力、组织领导能力、敏感问题洞察能力以及各种办公软件和网络设备使用能力。新手辅导员应养成每周或每月总结复盘的习惯,将工作中遇到的突发情况或重点问题,及时进行反思和总结,逐步积累经验教训,找到合适自己的工作方法。另一方面,新手辅导员可以通过阅读专业书籍或观看相关比赛视频,学习优秀辅导员的本领技能,同时也可以经常向本校资深辅导员请教交流,在沟通中提升经验本领。

(三)利用特点,抓住机会

新手辅导员也有自身独特的特点和优势,在实际工作中也应发扬优势,抓住机会。

新手辅导员由于年纪与学生相差不大,同时刚刚度过学生时代,因此比较了解学生兴趣和想法,能够与他们快速建立友好关系。新手辅导员要利用好这个优势,找到"人生导师"与"知心朋友"之间的平衡点,在彼此尊重的基础上,减少学生的反感,深入了解学生,采用他们喜欢的方式开展教育工作。此外，新手辅导员充满活力，对未来充满希望，他们身上自带正能量和无限吸引力，学生更愿意与他们亲近和交流，此时更应注意自己的言行，在日常交流接触中进行言传身教，将思想政治教育深入生活。

与此同时，新手辅导员由于刚刚走上工作岗位，具有较高的可塑性，因此更应该不断培养自己的创新精神和探索精神，努力探索新的工作方法，借助周围力量提升工作效率，开创具有个人特色的辅导员工作方法，探索创新性工作模式。同时，新手辅导员要积极把握学校提供的各种机会，例如参与交流研讨、参加培训会议、进行科研学习等机会，这些都是提升自身职业素养的直接方法。

（四）调整心态，展望未来

良好的心态能够更有效地提升工作效率。新手辅导员初入职场，要学会积极调整工作心态以此来应对工作中出现的任何问题。与学生谈心谈话中，需要进行共情，但是结束后也要从悲伤的情感中抽离出来；可以有一定的工作压力，但还要学会释放压力，缓解情绪，情绪压抑时可以寻求专业心理咨询人员帮助。不仅如此，新手辅导员还要不断调整自己的工作预期，能够以平稳的心态接受现阶段的"平凡和琐碎"，同时也要对未来充满希望和憧憬。

此外，新手辅导员要养成制定计划的习惯，提前对后续工作进行初步的预判和安排，这样不仅能够及时调整工作节奏，还可以针对重点问题进行提前准备，从而提高工作效率。不仅如此，新手辅导员要逐步形成自己的职业规划，针对自己薄弱的地方进行改进，擅长的地方加以巩固，逐渐成为具有"政治强、业务精、纪律严、作风正"等职业能力的优秀辅导员。

"三全育人"体系建设下，高校辅导员发挥着积极的思想政治引领作用，未来之路任重而道远。基于此新手辅导员更要始终明确角色定位，肩负自身责任与使命，把握机遇，迎接挑战，不断夯实理论基础和技能本领，走出"本领恐慌"的困境，通过提升自我能力，不断壮大辅导员队伍，为培养社会主义合格建设者和接班人贡献力量！

参考文献

[1]《普通高等学校辅导员队伍建设规定》，载中华人民共和国教育部网站：http://www.moe.gov.cn/srcsite/A02/s5911/moe_621/201709/t20170929_315781.html。

[2] 刘思洋：《浅谈"三全育人"体系建设下新手辅导员的角色定位》，载《就业与保障》2021年第21期。

[3] 胡彩：《本领恐慌与能力提升：高校新手辅导员的困境与突围》，载《教育教学论坛》2021年第39期。

[4] 敬官旭、孟东方：《高校辅导员"以生为本"工作理念的实现路径》，载《学校党建与思想教育》2022年第12期。

[5] 柴颖、汪勇：《高校研究生辅导员的教师角色分析》，载《黑龙江高教研究》2022年第5期。

[6] 石梦真、王翠翠：《浅析新手辅导员的困境与解决方案》，载《才智》2022年第19期。

高校辅导员职业倦怠成因及对策分析

中国政法大学学生工作部（处）　邱　然

摘　要：高等院校以辅导员为主体的学工队伍是学生思想政治教育的主要力量，是高校学生成长的引路人，更是人才培养过程中的直接实践者。然而在新时期和背景下，高校辅导员的职业倦怠表现日益突出。高校辅导员的职业倦怠问题成为辅导员队伍建设面临的不可忽视的重要问题，通过分析工作压力和职业倦怠的关系，探析辅导员职业倦怠的产生的不良影响及成因，正视职业倦怠、分析职业倦怠、为职业倦怠找到解决办法和应对策略，是本文探讨的主要问题。

关键词：辅导员　职业倦怠　应对策略

高校辅导员是一个非常有意义的职业；然而，它也意味着高度紧张和被高水平的要求。新冠肺炎疫情防控增加了辅导员的工作压力，辅导员成为支持学生学习的重要前线工作者，承担了在互联网飞速发展时代需要快速提升线上工作相关技能的工作负担，同时还需要担心学生因为线上学习而出现的参与度降低和积极性减弱等现实情况的出现。

与此同时，中国进入高等教育大众化阶段，高校招生规模扩大，当代大学生追求个性，喜欢非常规、非正统的东西，思想和行为叛逆性更强。辅导员工作任务繁重，加上学生工作的特殊性所带来的压力，导致高校辅导员队伍出现职业倦怠，人才流失严重。

根据压力和应对的交互模型，当对个人的要求与其成功满足这些要求的资源（如时间、能力等）之间存在明显差异时，压力就会产生。持续暴露在职业压力下会导致工作满意度下降、心理健康问题，并可能导致倦怠和决定离开该行业。因此，当务之急是了解辅导员工作过程中压力是如何以及为什么产生的，以便对其进行有效预防和干预。本文旨在加深对可能导致辅导员工作压力和职业倦怠的个人和环境因素的理解，并有针对性地提出应对辅导员职业倦怠的对策和方法，以期能在一定程度上缓解高校辅导员的职业倦怠现象。

一、辅导员工作压力和职业倦怠的关系

"工作压力"被定义为"他们工作的某些方面产生的不愉快的负面情绪体验，如愤怒、焦虑、紧张、沮丧或抑郁"。另外"职业倦怠"的相关概念最早于1974年首次由美国学者费登伯格提出，用以形容教师、辅导员等主要从事助人工作的工作人员因为工作时间长、工作量大、工作强度高而产生的一种精疲力尽的状态。[1]

1980年，在美国费城召开了第一届职业倦怠研讨会，"职业倦怠"被作为一个专业名词，它的研究扩大到了更多的行业，也更被人们熟知。此后陆续有学者对这一主题开展相关研究。专家学者们对职业倦怠的具体定义大致可以分成三类：情感冲突观、情感损耗观和多成因观。情感冲突观学者主要认为职业倦怠是由于个体不能获得预期目标而在情感方面产生冲突；情感损耗观则认为在一些需要长期付出情感的工作中，由于情感损耗而导致职业倦怠出现；如果说前两类观点是部分研究者在职业倦怠研究早期的主要指导思想的话，那么中后期研究者则更倾向于用多成因观来分析和解释职业倦怠。[2]

多项研究成果已经表明，慢性压力隐含在职业倦怠的发展中。工作压力本身被认为是由环境和个人因素的相互作用产生的。经常被认为是辅导员工作压力来源的环境因素包括外部需求，如过度的工作量、时间压力、资源缺乏、文字工作、学生行为、组织因素（如领导支持水平、学校氛围）。相对而言，较少关注可能减轻或加重压力的内在因素的重要性，如情绪调节、主观幸福感、认知评估和个性因素。

---

[1] R. L. Schnob, "Teacher Stress and Burnout", *Handbook of Research on Teacher Education*, 1996, pp. 53-54.

[2] 曾玲娟、伍新春：《国外职业倦怠研究概说》，载《沈阳师范大学学报（社会科学版）》2003年第1期。

二、新时期高校辅导员职业倦怠表现

辅导员是高校思政教育队伍中的中坚力量。每位高校辅导员负责约200名学生的日常管理、思想政治教育工作。对于新时期的大学生，辅导员不仅要关注其思想动态、还要对其进行学业和就业教育。辅导员队伍的稳定性是做好学生工作的有力保障。

高校辅导员作为在高校一线工作的学生管理人员，承担着立德树人的根本任务，是高校学生思想政治工作的主要力量。同时辅导员也面临着对接部门多、工作内容涉及面广、管理学生多等实际情况，进而使得辅导员在面对日常工作时疲于应付，易出现身体和情感上的疲劳状态，从而产生职业倦怠感。

新时期高校辅导员职业倦怠的表现主要在以下几个方面：情绪倦怠感、对工作的去人格化、低成就感、社会适应失范、心理失衡。

（一）情绪倦怠感

在职业倦怠状态下，辅导员往往表现出疲倦、鲁莽、暴躁和低耐受性。有一种疲惫和无助的感觉，一种对生活漠不关心和悲观的态度。缺乏精力，缺乏热情，极度疲惫，有一种情绪资源枯竭的感觉，经常感到焦虑、紧张、孤独和情绪困扰。情绪衰竭是工作倦怠的核心维度，也是最具代表性的指标。

（二）对工作的去人格化

对工作去人格化的表现之一就是减少与学生的接触或拒绝接受学生，把学生当作冷漠的对象，对他们表现出麻木、冷漠和恼怒的态度。

（三）低成就感

辅导员开始在他们的工作中感觉到没有什么值得做的，他们不能给他们的学生带来更多的改变。此外，当他们的薪资和社会认可度等职业带来的显性回报与预期相差甚远时，大多数高校辅导员都会有强烈的自卑感。当低成就感与前两次工作枯竭交织在一起时，会大大降低辅导员的工作动力。最终导致工作能力衰退、应对能力下降、职业动机下降、热情和满足感减少。

（四）社会适应失范

高校辅导员工作是最基础性的工作，工作量大、工作压力大，由于待遇较低，随着社会经济的不断发展，人们的社会价值观和生活态度也在不断变化，这些都会引发他们内心的强烈冲突，造成他们的不适。与此同时，大多数年轻辅导员刚刚离开校园进入工作状态。他们对工作、未来和工作对象抱有理想主义的想法。一旦他们遇到与同事相处不好，学生不服从管理或处理一些突发事件不当等情况，他们往往会感到沮丧，失去信心。

（五）心理失衡

一些辅导员不能及时缓解压力，调整态度。一旦遇到挫折，他们就容易出现心理失衡等消极情绪。在长期紧张、焦虑和抑郁的状态下，辅导员心理健康水平下降，处于心理亚健康状态。

三、高校辅导员职业倦怠的影响

（一）影响辅导员个人身心健康与职业发展

职业倦怠感对于辅导员个人的生理状况、心理健康、未来职业规划等均会产生不同程度的影响。职业倦怠生理表现为身体长期处于"亚健康"状态，轻则食欲不振、睡眠质量下降，重则因心理压力引起神经衰弱，甚至精神崩溃。

长期处于职业倦怠之中的辅导员，易出现工作效率低下、情绪波动大、注意力分散、脾气暴躁难沟通、对本职工作与学生产生本能的厌倦与排斥感，处理不好学生日常事务。长此以往，对学生工作丧失热情、面对学生越发没耐心，个人价值追求与实际价值观相矛盾，职业前途渺茫，进而影响到个人未来的发展与职业规划。

（二）影响高校学生的成长与成才

首先，辅导员是学生思想政治教育工作和日常生活管理的组织者和实施者，因此辅导员这一角色在大学生的成长与成才方面有着至关重要的影响。例如长期受到负面情绪的影响，职业倦怠感难以排解，导致师生之间关系紧张、疏离。有些教师因压力过大，用急躁的情绪来对待学生，有时会给学生身体及心理带来难以弥补的伤害。

其次，辅导员是联系学校与学生的重要桥梁，如工作效率低、上传下达不及时，会切实影响到学生工作的实效。

最后，辅导员的职业倦怠感会影响到与学生之间的良性沟通。辅导员需要及时了解学生的心理动向、需求与变化，如果对学生冷漠、不愿理睬，学生也难以敞开心扉，报告自己的动态，易导致各类突发事件的发生。与学生良性的沟通是辅导员开展工作的重要基础，如发生职业倦怠，就会对学生问题的解决造成不良的影响，进而导致育人效果不佳。

四、新时期高校辅导员职业倦怠成因

职业倦怠症状在高校辅导员队伍中凸显。究其根源，学生工作本身的特殊性给高校辅导员带来了极大的压力。对于个别辅导员来说，导致职业倦怠的原因各不相同。然而，近年来的研究证实，社会、组织和个人因素与职业倦怠有很大的关系。

（一）社会根源因素

世界上大多数国家都对自己的教育寄予厚望，因为教师肩负着培养人才和历史文化的重任。在中国的大学里，教师作为学生的直接监督者，每当教育质量下降，学生问题增加时，辅导员会在内心产生强烈的挫败感和失落感，不可避免地会产生工作倦怠。

但事实是，即使辅导员全力以赴，他们也不能消除偶然因素的作用。这与教育的整体性、初衷等教育状况的纵向复核、家庭和社会教育的横向复核密切相关。

（二）角色冲突与角色模糊

大量研究表明，角色冲突和角色模糊与职业倦怠有中等或高度的相关度。[1]医生的工作是通过治病来完成的，律师的工作是通过结案来完成的，而高校辅导员的工作不是这样的。在时间和空间上，辅导员的工作具有接触不断扩大的性质和特点。因为没有明确的界限，辅导员实际上不知道其什么时候完成了工作。这造成了辅导员在角色扮演中看到成就的需求与许多成就的隐蔽性之间的矛盾。

---

[1] Wang Xiaochun and Gan Yiqun, "Foreign Review on the Present Research Situation of the Job Burnout", *Advances in Psychological Science* 5, 2003, pp. 567-572.

(三) 辅导员工作强度大且事务繁杂

在日常工作中，辅导员需要花费大量的时间和精力来处理一些学生之间的琐事。辅导员的工作时间和高校的其他部门不同，不仅仅是朝九晚五，很多事情需要在学校的非上课时间开展，这会使辅导员的工作时间没有明确的界限。为了保障学生的安全，辅导员需要24小时开机随时待命，使得辅导员的休息无法得到保障。在此工作状态下，辅导员会觉得压力大，易产生抱怨，会导致工作缺乏主动性。

(四) 个人职业成长受到限制

很多辅导员对自己工作的认识不够充分，认为辅导员的工作谁都可以做，并不需要很强的专业知识或技能。每天就是数据的统计、资料的发放、思想政治教育等。在这样的观念下，部分辅导员会觉得自己的专业和才华没有得到施展。在平时工作中，辅导员花费了大量的时间和精力，没有太多的时间去思考自己的职业发展方向，致使自己看不到未来和希望。因此也会产生职业倦怠的心理。

(五) 工作与生活带来的双重压力

辅导员的日常事务非常繁杂，对于有家庭的辅导员来说，同时还有家庭的琐事。在工作与生活带来的双重压力下，辅导员的确会有一种无力感和挫败感。有时为了工作需要舍弃家庭和孩子对自己的需要，会导致心态的崩溃。这些会影响辅导员的身心健康和对工作的认同。

五、缓解新时期高校辅导员职业倦怠的应对策略

通过第四部分的分析，可以看出高校辅导员职业倦怠的产生既有社会方面的原因，也有组织和个人的原因。因此预防和缓解高校辅导员的职业倦怠应从社会、组织和个人三个方面入手。

(一) 社会支持，为逐步改善的环境提供有力支持

首先，要在信任和支持的氛围中形成良好的师生氛围，社会及学校应制定合理、切实可行的目标，既不能过于简单，也不能遥不可及。在辅导员的日常工作中，对每个成功的点点滴滴给予表扬以提高工作满意度，增强工作

动力，只有这样辅导员才能更加具有职业荣誉感和归属感。同时，社会及学校应树立对辅导员和学生工作的合理期待，打破把思想政治教育作为引发社会问题的关键因素的惯性思维。

（二）组织支持，改进管理体现人文关怀

1. 明确辅导员的岗位职责

首先，学校要进一步明确学生日常管理工作的范畴，避免工作不清不楚，尽可能地分担辅导员的日常工作，不要万事都找辅导员。其次，辅导员可以参与教学，也可以涉及行政方面的工作。要根据学生人数，合理配备辅导员。同时要重视辅导员心理健康问题。最后，从辅导员自身来说，选择了这份工作，就要担起这份责任。必须加强对高校辅导员当前职业观念的培训。特别是部分刚入职的辅导员，在入职热血期过后，会出现倦怠期，这对辅导员的工作非常不利，因此要加强对辅导员压力的疏导和岗位职责观念的培训，提高其工作的积极性，让辅导员保持积极健康的心态投身于学生工作中来。

2. 引入竞争机制并倡导流动机制

改革人事管理制度，强化竞争机制。创新公开招聘、调研、民主评议等多种竞争形式，增加辅导员考评工作的透明度。对高校辅导员管理工作进行制度性改革，并逐步建立起竞争格局，这无疑将大大减少职业倦怠现象的产生，没有流动就没有稳定性。高校应适当采取有效措施以提高学工队伍的合理流动，实现学生工作队伍的动态稳定。

3. 建立合理的培训机制

人力资源管理的最大目标之一就是把合适的人分配到合适的岗位上。而实现这一目标的一个重要手段就是对员工进行培训。对于辅导员来说，培训需求更强烈，培训条件更便利。社会及学校应多层次建立辅导员队伍培养体系，做到"走出去"和"请进来"相结合，帮助高校辅导员克服倦怠心理，更好完成立德树人的初心与使命。他们主要可以参加两种类型的培训：一种是职业技能培训，通过定期的专业技能培训、讲座、研讨会、走访等形式，吸收最新的研究成果和工作经验，帮助其提高工作绩效，如参加心理咨询师的资格认证学习。另一种是知识学习，辅导员可以通过较高的学历教育来提高自身素质。这不仅是一种激励，而且也有利于学生工作的改进。

(三) 个人层面，积极应对工作变革

1. 辅导员需找准个人定位

知识变革要求教师更清楚地认识自己的能力和机会，不会因为过高的期望和工作过程中的失败而感到职业倦怠；以积极的心态和建构性的方式对待问题，而不是逃避。首先，辅导员的主要职责还是学生工作，要把其主要精力放在学生身上。多和学生进行交流，了解学生。辅导员要有适合自己的工作方法和思路。面对00后的学生，要有与时俱进的工作模式。其次，辅导员要对自己的个人成长和职业规划有清晰的认识，从而为自身设立目标。

2. 辅导员需提高情绪调节能力

情绪调节是一种关键的内省能力，它可以增强抗压能力或防止压力的累积效应。情绪调节是一种习得的技能，可以概括为个体检测和识别自己或他人情绪状态的能力，然后采用上调、维持或下调这些情绪的策略来实现预期结果。增强有效的情绪调节技能是促进或恢复心理健康的一种有效的方式。在辅导员的工作环境中，要不断管理人际关系，因此拥有更强大的情绪调节能力的辅导员可能会经历较少的压力和倦怠。在人际关系层面，具有良好情绪调节能力的辅导员更有可能识别学生的情绪，预测学生相关的认知和行为，并选择适当的满足学生需求的行为反应。在个人层面，具有良好情绪调节能力的辅导员可以更好地识别自己内心的愤怒或沮丧等情绪，并拥有选择是否表达这些情绪的良好能力，也更有利于维持良好的师生关系，促进自我效能感。

3. 辅导员需多与家人进行沟通和交流

辅导员良好的工作状态离不开家人的支持和帮助。只有得到家人的理解和支持，才能安心工作。因此，要经常和家人保持联系。辅导员可以通过电话、视频等形式和家人分享在学校发生的事情，适当的时候可以多听听家人的建议。辅导员还可以利用周末和节假日的时间多陪伴家人，增加与家人之间的感情，营造和谐的家庭氛围，有机会可以带家人来学校，让其感受一下自己的工作环境和氛围。如果来自家庭的压力较小，辅导员就可以把更多的心思投入到工作中，这样职业倦怠感也可以减轻或消除。

高校辅导员的职业倦怠问题是我国高校辅导员队伍管理中存在的普遍问题之一。造成辅导员职业倦怠的原因有很多，有来自社会、学校、家庭以及

辅导员自身等多重方面。职业倦怠不仅会对个人的职业生涯和社会功能造成损害、降低个人的生活质量，还会给组织带来破坏性影响。了解、评估和干预辅导员的职业倦怠，不仅能有效地解决高校辅导员职业倦怠的问题、保障辅导员的健康和幸福，而且对人才的培养和社会的可持续发展都具有重要意义。

参考文献

[1] R. L. Schnob, "Teacher Stress and Burnout", *Handbook of Research on Teacher Education*, 1996, pp. 53-54.

[2] 曾玲娟、伍新春：《国外职业倦怠研究概说》，载《沈阳师范大学学报（社会科学版）》2003年第1期。

[3] Wang Xiaochun and Gan Yiqun, "Foreign Review on the Present Research Situation of the Job Burnout", *Advances in Psychological Science* 5, 2003, pp. 567-572.